HISTOIRE

DE LA DÉCADENCE ET DE LA CHUTE

DE

L'EMPIRE ROMAIN,

TRADUITE DE L'ANGLAIS

D'ÉDOUARD GIBBON;

NOUVELLE ÉDITION,

ENTIÈREMENT REVUE ET CORRIGÉE,

PRÉCÉDÉE D'UNE NOTICE SUR LA VIE ET LE CARACTÈRE DE GIBBON,
ET ACCOMPAGNÉE DE NOTES CRITIQUES ET HISTORIQUES
RELATIVES, POUR LA PLUPART, A L'HISTOIRE
DE LA PROPAGATION DU CHRISTIANISME,

PAR M. F. GUIZOT.

Tome Sixième.

A PARIS,

CHEZ LEDENTU, LIBRAIRE,

QUAI DES AUGUSTINS, N° 31.

1828.

HISTOIRE

DE LA DÉCADENCE ET DE LA CHUTE

DE L'EMPIRE ROMAIN.

VI.

PARIS.—IMPRIMERIE DE CASIMIR,
Rue de la Vieille-Monnaie, n° 12.

HISTOIRE

DE LA DÉCADENCE ET DE LA CHUTE

DE

L'EMPIRE ROMAIN,

TRADUITE DE L'ANGLAIS

D'ÉDOUARD GIBBON.

NOUVELLE ÉDITION,

ENTIÈREMENT REVUE ET CORRIGÉE, PRÉCÉDÉE D'UNE NOTICE SUR LA VIE ET LE CARACTÈRE DE GIBBON, ET ACCOMPAGNÉE DE NOTES CRITIQUES ET HISTORIQUES RELATIVES, POUR LA PLUPART, A L'HISTOIRE DE LA PROPAGATION DU CHRISTIANISME,

PAR M. F. GUIZOT.

TOME SIXIÈME.

A PARIS,

CHEZ LEDENTU, LIBRAIRE,

QUAI DES AUGUSTINS, N° 31.

MDCCCXXVIII.

HISTOIRE

DE LA DÉCADENCE ET DE LA CHUTE

DE L'EMPIRE ROMAIN.

CHAPITRE XXXI.

Invasion de l'Italie par Alaric. Mœurs du peuple et du sénat romain. Rome est assiégée trois fois, et enfin pillée par les Goths. Mort d'Alaric. Les Goths évacuent l'Italie. Chute de Constantin. Les Barbares occupent la Gaule et l'Espagne. Indépendance de la Grande-Bretagne.

Les dissensions et l'incapacité d'un gouvernement faible produisent souvent l'apparence et les effets d'une intelligence coupable avec l'ennemi public. Les ministres d'Honorius (1) firent à peu près tout ce que le roi des Goths aurait pu leur dicter pour son propre avantage, s'il eût été admis dans leurs conseils : peut-être même le généreux Alaric n'aurait-il conspiré qu'avec répugnance la perte du formidable adversaire dont les armes l'avaient chassé deux fois de la Grèce et de l'Italie ; mais les efforts de la

Faiblesse de la cour de Ravenne. A. D. 408, septemb.

---

(1) Zozime est le seul qui rende compte des événemens qui se passèrent depuis la mort de Stilichon jusqu'à l'arrivée d'Alaric aux portes de Rome (l. v, p. 347-350).

haine active et intéressée des favoris de l'empereur avaient enfin accompli la disgrâce et la ruine du grand Stilichon. La valeur de Sarus, sa réputation militaire et son influence héréditaire ou personnelle sur les Barbares confédérés, ne le recommandaient qu'aux amis de la patrie qui méprisaient le vil caractère de Turpilion, de Varannes et de Vigilantius : mais quoique ces généraux se fussent montrés indignes du nom de soldat (1), les pressantes sollicitations des nouveaux favoris d'Honorius leur obtinrent le commandement de la cavalerie, de l'infanterie et des troupes du palais. Le roi des Goths aurait souscrit avec plaisir l'édit que le fanatisme d'Olympius dicta au simple et dévot empereur. Par cet édit, Honorius écartait de tous les emplois de l'État tous ceux dont la croyance était en opposition avec la foi de l'Église catholique, rejetait absolument les services de tous ceux dont les sentimens religieux ne s'accordaient pas avec les siens, et se privait ainsi d'un grand nombre de ses meilleurs et de ses plus braves officiers, attachés au culte des païens ou aux erreurs de l'arianisme (2). Alaric aurait approuvé et

---

(1) L'expression de Zozime est forte et vive, καταφρονησιν εμποιησαι τοις πολεμιοις αρχοντας ; cela suffisait pour exciter le mépris des Barbares.

(2) *Eos qui catholicæ sectæ sunt inimici, intra palatium militare prohibemus. Nullus nobis sit aliquâ ratione conjunctus, qui à nobis fide et religione discordat.* Cod. Theod., l. xvi, tit. 5, leg. 42 ; et le *Commentaire* de Godefroy, t. vi,

conseillé peut-être des dispositions si favorables aux ennemis de l'empire ; mais on peut douter que le prince barbare eût consenti, pour servir ses projets, à l'absurde et inhumaine mesure qui fut exécutée par l'ordre, ou du moins avec la connivence des ministres impériaux. Les auxiliaires étrangers déploraient la mort de Stilichon leur protecteur; mais de justes craintes pour la sûreté de leurs femmes et de leurs enfans, retenus comme ôtages dans les villes fortes de l'Italie, où ils avaient aussi déposé leurs effets précieux, contenaient leurs désirs de vengeance. A la même heure et comme au même signal, les villes d'Italie, souillées par une même scène d'horreur, virent un massacre et un pillage général anéantir à la fois les familles et les fortunes des Barbares. Furieux et désespérés d'un outrage capable de pousser à bout les esprits les plus doux et les plus serviles, ils jetèrent vers le camp d'Alaric un regard d'indignation et d'espoir, et jurèrent une guerre aussi juste qu'implacable à la nation perfide qui violait si bassement les lois de l'hospitalité. Par cette conduite inconcevable, les ministres d'Honorius perdirent non-seulement trente mille des plus braves soldats de leur armée, mais en firent leurs ennemis; et le poids que devait mettre dans la balance ce corps formidable, capable à lui seul de déterminer l'événement

---

p. 164. On donna à cette loi la plus grande extension, et elle fut exécutée à la rigueur. Zozime, l. v, p. 364.

de la guerre, passa du parti des Romains dans celui des Goths.

<small>Alaric marche à Rome. A. D. 408, oct., etc.</small>

Dans les négociations comme dans les opérations militaires, Alaric conservait sa supériorité sur des ennemis qui, n'ayant ni desseins ni plans fixes, variaient sans cesse dans leurs résolutions. De son camp placé sur les frontières de l'Italie, il observait attentivement les révolutions du palais, épiait les progrès de l'esprit de mécontentement et de faction, et déguisait avec soin les projets ennemis d'un conquérant et d'un Barbare, sous l'apparence bien plus favorable d'ami et d'allié du grand Stilichon : il payait sans peine un tribut de louanges et de regrets aux vertus d'un héros dont il n'avait plus rien à redouter. L'invitation des mécontens qui le pressaient d'entrer en Italie, s'accordait parfaitement avec le désir de venger sa propre injure. Alaric pouvait se plaindre, avec une sorte de justice, de ce que les ministres d'Honorius éloignaient et éludaient même le paiement de quatre mille livres d'or accordées par le sénat de Rome pour récompenser ses services ou apaiser son ressentiment. La noble fermeté de ses discours était accompagnée d'une apparence de modération qui contribua au succès de ses desseins. Il demandait qu'on satisfît de bonne foi à ce qu'il avait droit d'attendre ; mais il donnait les plus fortes assurances de sa promptitude à se retirer aussitôt qu'il l'aurait obtenu. Il refusait de s'en fier au serment des Romains, à moins qu'ils ne lui livrassent pour ôtages Ætius et Jason, les fils des deux premiers officiers de l'empire; mais il offrait de donner en échange plusieurs jeunes gens des plus distingués de sa nation. Les ministres de Ravenne regardèrent la modération d'Alaric comme une preuve évidente de sa faiblesse et de ses craintes; ils ne daignèrent ni entrer en négociation, ni assembler une armée; et leur confiance insensée, soutenue par l'ignorance du danger terrible qui les menaçait, négligea également le moment de faire la paix et celui de se préparer à la guerre. Tandis que dans un silence méprisant ils s'attendaient tous les jours à voir les Barbares évacuer l'Italie, Alaric, par des marches rapides et hardies, passa les Alpes et le Pô, pilla presque sans s'arrêter les villes d'Aquilée, d'Altinum, de Concordia et de Crémone, qui succombèrent sous l'effort de ses armes. Il recruta son armée de trente mille auxiliaires, et s'avança, sans rencontrer un seul ennemi qui s'opposât à son passage, jusqu'au bord des marais qui environnaient la résidence inattaquable de l'empereur d'Occident. Trop sage pour perdre son temps et consumer ses forces en assiégeant une ville qu'il ne se flattait point d'emporter, il avança jusqu'à Rimini, continua ses ravages sur les côtes de la mer Adriatique, et médita la conquête de l'ancienne maîtresse du monde. Un ermite italien, dont le zèle et la sainteté obtinrent le respect des Barbares eux-mêmes, vint au devant du monarque victorieux, et lui annonça courageusement l'indignation du ciel contre les oppresseurs de la terre; mais Alaric embarrassa beaucoup le saint en lui déclarant qu'il était entraîné presque malgré lui aux portes de Rome, par une impulsion inconnue et surnaturelle. Le roi des Goths se sentait élevé par sa fortune et son génie à la hauteur des entreprises les plus difficiles, et l'enthousiasme qu'il inspirait aux Barbares effaça insensiblement l'antique et presque superstitieuse vénération qu'imprimait encore aux nations la majesté du nom romain. Ses troupes, animées par l'espoir du butin, suivirent la voie Flaminienne, occupèrent les passages abandonnés de l'Apennin (1), descendirent dans les plaines fertiles de l'Ombrie, et purent se rassasier à leur plaisir, sur les bords du Clitumne, de la chair des bœufs sacrés, dont la race blanche comme neige avait été si long-temps réservée à l'usage des sacrifices célébrés à l'occasion des triomphes (2). La position escarpée

---

(1) Addison (*voyez* ses ouvrages, vol. II, p. 54, édit. Baskerville) a donné une description très-pittoresque de la route qui traverse l'Apennin. Les Goths ne s'amusèrent point à admirer les beautés de cette perspective; mais ils virent avec satisfaction que le passage étroit pratiqué dans le rocher par Vespasien, et connu sous le nom de *Saxa intercisa*, était tout-à-fait abandonné. Cluvier, *Italia antiq.*, t. 1, p. 618.

(2) *Hinc albi Clitumni greges, et maxima taurus*
Victima sæpè tuo perfusi flumine sacro,
Romanos ad templa Deûm duxêre triumphos.

Outre Virgile, la plupart des poëtes latins, Properce, Lucain, Silius-Italicus, Claudien, etc., dont les passages sont rapportés dans Cluvier et dans Addison, ont célébré les victimes triomphales du Clitumne.

de la ville de Narni, un orage et le tonnerre qui grondait avec violence, sauvèrent cette petite ville. Le roi des Goths, dédaignant de s'arrêter pour une si vile proie, continua de s'avancer avec la même ardeur; et, après avoir passé sous les superbes arcs de triomphe ornés des dépouilles des Barbares, il déploya ses tentes sous les murs de Rome (1).

Durant le long espace de six cent quatre-vingt-dix ans, la capitale du monde romain ne s'était point vue insultée par la présence d'un ennemi étranger. L'expédition malheureuse d'Annibal (2) n'avait servi qu'à faire briller la courageuse énergie du peuple et du sénat; de ce sénat qu'on dégradait plutôt que de l'élever en le comparant à une assemblée de rois, et de ce peuple à qui l'ambassadeur de Pyrrhus attribuait les intarissables ressources de l'hydre (3). A l'époque de la guerre punique, tout sénateur devait accomplir son temps de service militaire, ou dans

Annibal aux portes de Rome.

---

(1) Le voyage d'Honorius, qui fit le même trajet, nous a fourni quelques détails sur la marche d'Alaric. *Voy*. Claudien, *in* VI *cons. Honor.*, 494-522. La distance mesurée entre Ravenne et Rome était de deux cent cinquante-quatre milles romains. *Itinerar.* Wesseling, p. 126.

(2) Tite-Live (l. XXVI, c. 7, 8, 9, 10, 11) décrit la marche et la retraite d'Annibal, et rend le lecteur spectateur en quelque sorte de cette scène intéressante.

(3) Cynéas, le ministre de Pyrrhus, se servit de cette comparaison au retour de l'ambassade durant laquelle il avait soigneusement étudié les mœurs et la discipline des Romains. *Voyez* Plutarque, *in Pyrrho*, t. II, p. 459.

un poste supérieur ou dans des emplois subordonnés ; et le décret qui investissait d'un commandement temporaire tous ceux qui avaient été censeurs, consuls ou dictateurs, assurait à la république le secours toujours prêt d'un grand nombre de généraux braves et expérimentés. Au commencement de la guerre, le peuple romain se composait de deux cent cinquante mille citoyens en âge de porter les armes (1). Cinquante mille avaient déjà sacrifié leur vie à la défense de leur pays; et les vingt-trois légions qui composaient les différens camps de l'Italie, de la

---

(1) Dans les trois *census* qui furent faits du peuple romain vers le temps de la seconde guerre punique, on trouva les nombres dont voici le détail (*voyez* Tite-Live, *Epitom.*, l. xx; *Hist.*, l. xxvii, 36; xxix, 37), deux cent soixante-dix mille deux cent treize, cent trente-sept mille cent huit, deux cent quatorze mille. La diminution considérable qui se trouve dans le second, et l'augmentation du troisième, ont paru si extraordinaires, que, malgré le témoignage unanime des manuscrits, plusieurs critiques ont soupçonné quelque erreur dans le texte de Tite-Live. *Voyez* Drakenborch, *ad* xxvii, 36; et Beaufort, *Républ. romain.*, t. 1, p. 325. Ils ne considéraient pas que le second *census* ne comprenait que ce qui se trouvait dans Rome, et que le nombre de citoyens était diminué non-seulement par la mort, mais aussi par l'absence d'un grand nombre de soldats. Tite-Live affirme que dans le troisième *census* les légions furent comptées, et que le dénombrement en fut fait par des commissaires particuliers. Du nombre que porte la liste, il faut toujours déduire un douzième d'hommes au-dessus de soixante ans, et incapables de porter les armes. Voyez *Population de la France*, p. 72.

Grèce, de la Sardaigne, de la Sicile et de l'Espagne, exigeaient environ cent mille hommes; mais il en restait encore autant dans Rome et dans les environs, tous animés d'un courage intrépide, et accoutumés, dès leur plus tendre jeunesse, aux exercices et à la discipline du soldat. Annibal vit avec étonnement la fermeté du sénat, qui, sans lever le siége de Capoue, sans rappeler les troupes dispersées, attendait tranquillement l'approche des Carthaginois. Leur général campa sur les bords de l'Anio, à environ trois milles de Rome; sa surprise augmenta quand il apprit que le terrain sur lequel était placée sa tente venait d'être vendu dans une enchère, au prix ordinaire, et qu'on avait fait sortir de la ville, par la porte opposée, un corps de troupes qui allait joindre les légions d'Espagne (1). Annibal conduisit ses Africains aux portes de cette orgueilleuse capitale, et trouva trois armées prêtes à le recevoir. Il craignit l'événement d'une bataille dont il ne pouvait sortir victorieux sans immoler jusqu'au dernier de ses ennemis, et sa retraite précipitée fut un aveu de l'invincible courage des Romains.

Depuis l'époque de la guerre punique, la succession non interrompue des sénateurs conservait encore l'image et le nom de la république, et les sujets dégénérés d'Honorius prétendaient tirer leur origine

Généalogie des sénateurs.

---

(1) Tite-Live considère ces deux incidens comme les effets du hasard et du courage; mais je soupçonne qu'ils furent conduits tous deux par l'admirable politique du sénat.

des héros qui avaient repoussé Annibal et soumis toutes les nations de la terre. Saint Jérôme, qui dirigeait la conscience de la dévote Paula (1) et qui a écrit son histoire, a récapitulé avec soin tous les honneurs et les titres dont avait hérité cette sainte, et dont elle faisait peu de cas. La généalogie de son père Rogatus, qui remontait jusqu'à Agamemnon, pourrait faire soupçonner une origine grecque; mais sa mère Blœsile comptait Paul-Émile, les Scipions et les Gracques, au nombre de ses ancêtres; et Toxotius, le mari de Paula, tirait sa royale origine d'Énée, tige de la race Julienne. Les citoyens opulens voulaient être nobles, et satisfaisaient leur vanité par ces hautes prétentions. Encouragés par les applaudissemens de leurs parasites, ils en imposaient aisément à la crédulité du peuple, et l'ancienne coutume d'adopter le nom de son patron, qui avait toujours été suivie par les cliens et les affranchis des familles illustres, favorisait en quelque façon cette supercherie. La plupart de ces anciennes familles, soumises à tant de causes de destruction, soit intérieures, soit étrangères, s'étaient successivement éteintes; et l'on

---

(1) *Voyez* saint Jérôme, tome 1, p. 169, 170, *ad Eustochium*. Il donne à Paula le titre de *Gracchorum stirps, soboles Scipionum; Pauli hæres, cujus vocabulum trahit; Martiæ Papyriæ, matris Africani, vera et germana propago*. Cette description particulière suppose un titre plus solide que le surnom de Jules, que Toxotius partageait avec mille familles des provinces de l'Occident. *Voyez* l'*Index* de Tacite, des *Inscriptions* de Gruter, etc.

aurait trouvé plus aisément sans doute une filiation de vingt générations dans les montagnes des Alpes ou dans les contrées paisibles de l'Apulie, qu'à Rome, théâtre des coups de la fortune, des dangers et des révolutions. Sous chaque règne, une foule d'aventuriers accouraient de toutes les provinces dans la capitale ; ceux qui faisaient fortune par leurs vices ou par leurs talens, occupaient les palais de Rome, usurpaient les titres, les honneurs, et opprimaient ou protégeaient les restes humbles et appauvris des familles consulaires qui ignoraient peut-être l'ancienne gloire de leurs ancêtres (1).

Du temps de saint Jérôme et de Claudien, les sénateurs cédaient unanimement la préséance à la famille Anicienne ; et un léger coup d'œil sur son histoire fera apprécier l'ancienneté des familles nobles qui ne réclamaient que le second rang (2). Durant les cinq premiers siècles de la république, le nom

Famille Anicienne.

---

(1) Tacite (*Annal.*, III, 55) affirme qu'entre la bataille d'Actium et le règne de Vespasien, le sénat se remplit peu à peu de nouvelles familles des villes municipales et des colonies de l'Italie.

(2)   *Nec quisquam procerum tentet (licet ære vetusto*
    Floreat, et claro cingatur Roma senatu)
    Se jactare parem ; sed primâ sede relictâ
    Aucheniis, de jure licet certare secundo.
          CLAUD., in Prob. et Olybrii Coss. 18.

Un tel hommage rendu au nom obscur des Auchenii, a fort étonné les critiques ; mais ils conviennent tous que quel que soit le véritable texte, on ne peut appliquer le sens de Claudien qu'à la famille des Aniciens.

des Aniciens fut tout-à-fait inconnu. Il paraît qu'ils étaient originaires de Préneste, et ces nouveaux citoyens se contentèrent long-temps des honneurs plébéiens accordés aux tribuns du peuple (1). Cent soixante-huit ans avant l'ère chrétienne, la charge de préteur conférée à Anicius anoblit sa famille. Il termina glorieusement la guerre d'Illyrie par la captivité du roi et la conquête de la nation (2). Depuis le triomphe de ce général, trois consulats, à des époques éloignées l'une de l'autre, marquèrent la filiation des Aniciens (3). Depuis le règne de Dioclétien jusqu'à la destruction totale de l'empire d'Occident, l'éclat de leur nom ne le céda pas, dans l'opinion

---

(1) La plus ancienne date relative aux Aniciens dans les Annales de Pighius, est celle de M. Anicius Gallus, Trib. Pl. A. U. C. 506; un autre tribun, Q. Anicius, A. U. C. 508, est distingué par le surnom de Prænestinus. Tite-Live (XLV, 43) place les Aniciens au-dessous des familles illustres de Rome.

(2) Tite-Live, XLIV, 30-31; XLV, 3, 26, 43. Il apprécie avec impartialité le mérite d'Anicius, et observe que la gloire du triomphe de l'Illyrie fut obscurcie par celui de la Macédoine, qui venait de le précéder.

(3) Les dates des trois consulats sont A. U. C. 593, 818, 967; les deux derniers sous les règnes de Néron et de Caracalla. Le second de ces consuls ne se distingua que par ses infâmes flatteries. Tacite, *Annal.*, xv, 76. Mais les maisons nobles admettent sans répugnance dans leur généalogie la bassesse et même le crime, pourvu qu'ils puissent servir à en démontrer l'ancienneté.

du peuple, à la pourpre impériale (1). Les différentes branches qui le portèrent réunirent, ou par des mariages, ou par des successions, les honneurs et les richesses des familles Anicienne, Pétronienne et Olybrienne, et à chaque génération, le nombre des consulats s'y multiplia par une espèce de droit héréditaire (2). La famille Anicienne surpassait toutes les autres par sa piété comme par ses richesses. Les Aniciens furent les premiers du sénat qui embrassèrent le christianisme : on peut supposer qu'Anicius Julien, depuis consul et préfet de Rome, expia, par sa prompte docilité à accepter la religion de Constantin, le crime d'avoir suivi le parti de Maxence (3). Probus, chef de la maison des Aniciens, augmenta

---

(1) Dans le sixième siècle, un ministre d'un roi goth d'Italie (Cassiodore, *Variar.*, l. x, *ep.* 10-12) parle avec le plus grand respect de la noblesse des Aniciens.

(2) . . . . *Fixus in omnes*
Cognatos procedit honos; quemcumque requiras
Hâc de stirpe virum, certum est de consule nasci.
Per fasces numerantur avi, semperque renatâ
Nobilitate virent : et prolem fata sequuntur.

Claudien, *in Prob. et Olyb cons.*, 12, etc. Les Anniens, dont le nom semble s'être confondu dans celui des Aniciens, furent illustrés par plusieurs consulats, depuis le temps de Vespasien jusqu'au quatrième siècle.

(3) Le titre de premier des sénateurs chrétiens paraît justifié par l'autorité de Prudence (*in Symmach.*, 1, 553) et par l'éloignement des païens pour la famille Anicienne. *Voyez* Tillemont, *Hist. des Emp.*, t. IV, p. 183; V, p. 44; Baronius, *Annal.*, A. D. 312, n° 78; A. D. 322, n° 2.

par son industrie l'opulence de la famille. Il partagea avec l'empereur Gratien les honneurs du consulat, et occupa quatre fois le poste distingué de préfet du prétoire (1). Ses vastes possessions étaient répandues dans toutes les provinces de l'empire romain; et, quoique les moyens dont il s'était servi pour les acquérir ne fussent pas peut-être à l'abri du blâme ou du soupçon, la magnificence et la générosité de cet heureux ministre obtinrent la reconnaissance de ses cliens et l'admiration des étrangers (2). Les Romains avaient une si grande vénération pour la mémoire de Probus, qu'à la requête du sénat, ses deux fils, encore très-jeunes, occupèrent conjointement les deux places de consuls; les annales de Rome n'offrent point d'exemples d'une pareille distinction (3).

---

(1) *Probus...... claritudine generis, et potentiâ, et opum magnitudine, cognitus orbi romano, per quem universum penè patrimonia sparsa possedit, justè an secùs non judicioli est nostri.* (Ammien-Marcellin, XVII, 11.) Ses enfans et sa veuve lui élevèrent dans le Vatican un superbe mausolée, qui fut démoli du temps du pape Nicolas v, pour faire place à la nouvelle église de Saint-Pierre. Baronius, qui déplore la destruction de ce monument chrétien, en a conservé avec soin les bas-reliefs et les inscriptions. Voyez *Annal. eccles.*, A. D. 395, n° 5-17.

(2) Deux satrapes persans firent le voyage de Milan et de Rome, pour entendre saint Ambroise et voir Probus. (Paulin, *in Vit. S. Ambros.*) Claudien (*in consul. Probin. et Olybr.*, 30-60) semble manquer de termes pour décrire la gloire de Probus.

(3) *Voyez* le poëme de Claudien adressé aux deux jeunes consuls.

Les marbres du palais Anicien passèrent en proverbe pour exprimer la richesse et la magnificence (1) ; mais les nobles et les sénateurs s'efforçaient, selon leurs facultés, d'imiter cette famille illustre. La description de Rome, faite avec soin sous le règne de Théodose, contient l'énumération de dix-sept cent quatre-vingts maisons habitées par des citoyens opulens (2). Plusieurs de ces superbes bâtimens pourraient presque excuser l'exagération du poëte qui prétend que Rome renfermait un grand nombre de palais, dont chacun était aussi grand qu'une ville. On trouvait effectivement dans leur enceinte tout ce qui pouvait servir au luxe ou à l'utilité ; des marchés, des hippodromes, des temples, des fontaines, des bains, des portiques, des bocages et des volières (3). L'historien Olympiodore, qui décrit l'état de la ville de Rome (4) au moment où les Goths l'as-

Opulence de la noblesse romaine.

---

(1) Secundinus le manichéen (*ap.* Baron., *Annal. eccles.*, A. D. 390, n° 34.

(2) *Voy.* Nardini, *Roma antica*, p. 89, 498, 500.

(3) *Quid loquar inclusas inter laquearia sylvas;*
   Vernula quæ vario carmine ludit avis?

Claudien, *Rutil. Numatian. Itinerar. ver.*, 3. Le poëte vivait dans le temps de l'invasion des Goths. Un palais médiocre aurait couvert le bien de Cincinnatus, qui ne contenait que quatre acres. (Val.-Max., IV, 4.) *In laxitatem ruris excurrunt*, dit Sénèque, *epist.* 114. *Voyez* la note judicieuse de M. Hume dans ses *Essais*, vol. 1, p. 562, dernière édit. *in-8°*.

(4) On trouve cette curieuse description de Rome au temps

siégèrent, observe que quelques-uns des plus riches sénateurs tiraient de leur patrimoine un revenu de quatre mille livres pesant d'or, ou cent soixante mille livres sterling, sans compter les redevances fixées pour leur provision en blé et en vins, et qui, si elles eussent été vendues, auraient pu s'évaluer à un tiers de la somme précédente. En comparaison de ces fortunes énormes, un revenu de mille ou quinze cents livres pesant d'or pouvait paraître comme suffisant à peine à la dignité de sénateur, qui exigeait beaucoup de dépenses publiques et de représentation. On cite plusieurs exemples de nobles fastueux et jaloux de la popularité, qui, sous le règne d'Honorius, célébrèrent l'anniversaire de leur préture par une fête dont la durée fut de sept jours et la dépense de plus de cent mille livres sterling (1). Les

---

d'Honorius, dans un fragment de l'historien Olympiodore, *apud Photium*, p. 197.

(1) Les fils d'Alypius, de Symmaque et de Maxime, dépensèrent durant le temps de leur préture douze ou vingt ou quarante *centenaires*, où cent livres pesant d'or. *Voyez* Olympiodore, *apud* Phot., p. 197. Cette estimation populaire laisse quelque latitude; mais il est assez difficile d'expliquer une loi du Code de Théodose (l. vi, leg. 5), qui fixe la dépense du premier préteur à vingt-cinq mille folles, celle du second à vingt mille, et celle du troisième à quinze mille. Le nom de *follis* (voyez *Mém. de l'Acad. des Inscript.*, t. xxviii, p. 727) s'appliquait également à une bourse de cent vingt-cinq pièces d'argent, et à une petite monnaie de cuivre de la valeur de la deux mille six cent vingt-cinquième partie de cette bourse. Dans le premier sens, les

domaines des sénateurs romains, qui excédaient si considérablement les bornes des fortunes modernes, n'étaient pas toujours situés en Italie; ils s'étendaient au-delà de la mer Ionienne et de la mer Égée, dans les provinces les plus reculées de l'empire. La ville de Nicopolis, fondée par Auguste comme un monument durable de la victoire d'Actium, appartenait à la dévote Paula (1); et Sénèque observe que les rivières qui avaient séparé des nations ennemies se trouvaient maintenant traverser les propriétés d'un simple particulier (2). Une partie des Romains, selon

---

vingt-cinq mille folles auraient été égales à cent cinquante mille livres sterling; dans le dernier, elles n'en auraient valu que cinq ou six. Le premier serait extravagant, et le second ridicule. Il faut qu'il ait existé quelque valeur moyenne, désignée aussi sous le nom de folles, dont il serait question ici; mais l'ambiguïté est une faute inexcusable dans l'expression d'une loi.

(1.) *Nicopolis... in Actiaco littore sita possessionis vestræ nunc pars vel maxima est.* S. Jérôme, *in Præfat. Comment. ad epist. ad Titum*, t. IX, p. 243. M. de Tillemont suppose assez étrangement qu'elle faisait partie de la succession d'Agamemnon. *Mém. ecclés.*, t. XII, p. 85.

(2) Sénèque, *epist.* 89. Son discours est dans le genre déclamatoire; mais il était difficile de trouver des expressions qui pussent exagérer l'avarice et le luxe des Romains. Le philosophe n'a pas lui-même été exempt du reproche, s'il est vrai que la rentrée de *quadragenties*, ce qui excédait la somme de trois cent mille livres sterling, et qu'il exigea rigoureusement de ceux auxquels il les avait prêtés à gros intérêt, excita une révolte en Bretagne. (Dion-Cassius, l. LXII, p. 1003). Selon la conjecture de Gale (dans son Iti-

leur goût ou leur situation, faisaient cultiver leurs terres par des esclaves, et d'autres les donnaient à bail à un fermier. Les écrivains économiques de l'antiquité recommandent la première de ces deux manières de faire valoir, comme la meilleure lorsqu'elle est praticable; mais si, à raison de l'éloignement ou de l'étendue, le propriétaire ne pouvait point y veiller lui-même, ils conseillent de préférer un fermier héréditaire qui s'attache au sol et qui est intéressé à la récolte, à un intendant mercenaire, souvent négligent et quelquefois infidèle (1).

<small>Leurs mœurs.</small>

L'opulente noblesse d'une ville immense, peu avide de la gloire militaire, et se livrant bien rarement aux occupations du gouvernement civil, devait naturellement dévouer ses loisirs aux affaires et aux plaisirs de la vie privée. Les Romains méprisèrent toujours le commerce; mais les sénateurs du premier âge de la république augmentaient leur patrimoine et multipliaient leurs cliens par la pratique lucrative de l'usure. L'intérêt et l'inclination des deux parties concouraient à éluder ou à violer des lois antiques et

---

néraire d'Antonin *in Britann.*; p. 92), le même Faustinus possédait un domaine dans la province de Suffolk près Bury, et un autre dans le royaume de Naples.

(1) Volusius, riche sénateur (Tacit., *Annal.*, III, 30) préférait toujours pour fermiers ceux qui étaient nés sur ses terres. Columelle, qui adopta de lui cette maxime, raisonne très-pertinemment sur ce sujet. *De Re rusticâ*, l. 1, c. 7, p. 408, édit. Gesner; Leipzig, 1735.

oubliées (1). Rome doit avoir renfermé toujours des trésors considérables, soit en monnaie courante au coin de l'empire, ou en vaisselle d'or et d'argent; et, du temps de Pline, on aurait trouvé dans le buffet d'un grand nombre de particuliers plus d'argent massif que Scipion n'en avait rapporté de Carthage (2). La majeure partie des nobles, dissipant leurs fortunes en profusions, se trouvaient souvent pauvres au milieu des richesses, et désœuvrés dans un cercle perpétuel d'amusemens. Une nombreuse suite d'esclaves, dont l'activité était excitée par la crainte du châtiment, et une multitude d'ouvriers et de marchands, animés par le désir et l'espérance de s'enrichir, leur fournissaient des milliers de bras sans cesse en mouvement pour satisfaire leurs moindres désirs. Les anciens manquaient d'une grande partie des commodités inventées ou perfectionnées, de nos jours, par les pro-

---

(1) Valois (*ad* Ammien, XIV, 6) a prouvé, par le témoignage de saint Chrysostôme et de saint Augustin, qu'il était défendu aux sénateurs de prêter leur argent à usure. Cependant il paraît, par le Code Théodosien (*voyez* Godefroy, *ad* l. II, tit. 33, t. I, p. 230-289), qu'il leur était permis de prendre six pour cent, ou une moitié de l'intérêt légal; et ce qu'il y a de particulier, c'est que cette permission fut accordée aux *jeunes* sénateurs.

(2) Pline, *Hist. nat.*, XXXIII, 50. Il fixe la masse d'argent à quatre mille trois cent quatre-vingts livres, que Tite-Live porte jusqu'à cent mille vingt-trois liv. (XXX; 45). La première estimation paraît fort au-dessous d'une ville opulente, et la seconde est beaucoup trop considérable pour le buffet d'un particulier.

grès de l'industrie ; et l'usage général du linge et du verre procure aux habitans de l'Europe des jouissances infiniment préférables à toutes celles que les sénateurs de Rome pouvaient tirer des raffinemens de leur fastueuse et voluptueuse profusion (1). Leur luxe et leurs mœurs ont été l'objet de recherches très-laborieuses et très-détaillées ; mais comme elles m'éloigneraient trop du plan de cet ouvrage, je présenterai au lecteur une description authentique de Rome et de ses habitans, qui a plus de relation avec l'époque de l'invasion des Goths. Ammien-Marcellin, qui fixa sagement sa résidence dans la capitale comme dans le lieu le plus convenable pour l'homme qui voulait écrire l'histoire de son siècle, a mélangé le récit des événemens publics, du tableau frappant de scènes particulières dont il était tous les jours le témoin. Le lecteur judicieux n'approuvera pas toujours l'amertume de sa censure, le choix des circonstances et des expressions, et découvrira peut-être les préjugés secrets et les animosités personnelles qui aigrissaient le caractère d'Ammien lui-même; mais il observera sûrement avec une curiosité philosophique le tableau original et intéressant des mœurs de Rome (2).

(1). Le savant Arbuthnot (*Tableau des anc: mon.*, etc., p. 153) a observé plaisamment, et je crois avec vérité, qu'Auguste n'avait ni vitres à ses croisées, ni chemise sur le corps. Dans le bas-empire, l'usage du linge et du verre devint un peu plus commun.

(2) Il convient que j'avertisse des changemens que j'ai

« La grandeur de Rome, dit Ammien, était fondée sur l'alliance rare et presque incroyable de la vertu et de la fortune. La longue période de son enfance se passa en efforts contre les tribus de l'Italie, voisines et ennemies d'une ville naissante. Dans la vigueur de sa jeunesse, elle eut à soutenir les orages de la guerre ; elle porta ses armes victorieuses au-delà des montagnes et des mers, et rapporta des lauriers cueillis dans toutes les parties du globe. Déclinant enfin vers sa vieillesse, et triomphant encore quelquefois par la terreur de son nom, elle chercha les douceurs de l'aisance et de la tranquillité. La *vénérable cité*, qui avait foulé les têtes orgueilleuses des nations les plus fières, et établi un code de lois pour protéger à jamais la justice et la liberté, abandonna, en mère sage et puissante, aux Césars, ses enfans favoris, le gouvernement de ses immenses possessions (1). Une paix solide et profonde, qui rappelait le règne heureux de Numa, succéda aux révolutions sanglantes de la république. Rome était

<small>Tableau du caractère de la noblesse romaine, par Amm.-Marcellin.</small>

---

pris la liberté de faire au texte d'Ammien : 1° j'ai fondu ensemble le sixième chapitre du quatorzième livre et le quatrième chapitre du vingt-huitième ; 2° j'ai donné un peu d'ordre et de liaison aux matériaux épars ; 3°-j'ai adouci quelques hyperboles extravagantes, et supprimé quelques-unes des superfluités de l'original ; 3° j'ai développé des observations qui n'étaient qu'indiquées. En admettant ces licences, on trouvera une version, non pas littérale, mais exacte et fidèle.

(1) Claudien, qui semble avoir lu l'histoire d'Ammien,

toujours adorée comme la reine de l'univers, et les nations vaincues respectaient encore la dignité du peuple et la majesté du sénat; mais cette ancienne splendeur, ajoute Ammien, est ternie et déshonorée par la conduite de quelques-uns des nobles, qui, oubliant et leur propre dignité et celle de leur pays, se livrent sans pudeur aux excès du vice et de l'extravagance. Disputant entre eux de vanité et de puérilité dans le choix de leurs titres et de leurs surnoms, ils adoptent ou inventent des noms sonores et pompeux, Reburrus ou Fabunius, Pagonius ou Tarrasius (1), afin de frapper la foule crédule d'étonnement et de respect. Dans la vaine espérance de perpétuer leur mémoire, ils multiplient leurs statues en bronze et en marbre, et ne sont point contens que

---

parle de cette grande révolution d'un ton beaucoup moins flatteur.

Postquàm jura ferox in se commun.a Cæsar
Transtulit; et lapsi mores, desuetaque priscis
Artibus, in gremium pacis servile recessi.
De Bell. gildonico, 49.

(1) Les recherches les plus exactes des antiquaires ont été insuffisantes pour vérifier ces noms extraordinaires. Je suis persuadé qu'ils ont été inventés par l'historien lui-même, pour éviter toute application de satire personnelle. Toujours est-il vrai que les Romains, long-temps désignés par un seul nom, vinrent par degrés à adopter l'usage d'ajouter à leur nom propre quatre, cinq et même jusqu'à sept pompeux surnoms, comme, par exemple, Marcus-Mæcius-Mæmmius-Furius-Balburius-Cæcilianus-Placidus. *Voy.* Noris. Cenotaph. Pisan., *Dissert.* iv, p. 438.

ces monumens de leur vanité ne soient couverts de lames d'or ; distinction honorable que le consul Acilius obtint le premier, après avoir détruit, par sa valeur et son habileté, la puissance du monarque Antiochus. L'ostentation avec laquelle ils exposent aux regards et enflent peut-être l'état du revenu de leurs domaines situés dans toutes les provinces de l'Orient et de l'Occident, excitent justement l'indignation, lorsqu'on se rappelle la valeur et la pauvreté de leurs ancêtres, qui ne se distinguaient du simple soldat ni par la nourriture ni par l'habillement ; mais nos nobles modernes calculent leur rang et leur considération par l'élévation de leurs chars (1), et par la pesante magnificence de leurs vêtemens. Leurs longues robes de pourpre et de soie flottent au gré du vent, et en s'agitant laissent apercevoir, ou par leur arrangement, ou par hasard, de riches

---

(1) Les *carrucæ*, ou voitures des Romains, étaient souvent d'argent massif, ciselé ou gravé. Les harnais des mules ou des chevaux étaient embossés d'or. Cette magnificence continua depuis le règne de Néron jusqu'à celui d'Honorius ; et la voie Appienne fut couverte de magnifiques équipages qui allèrent à la rencontre de sainte Mélanie quand elle revint à Rome, six ans avant le siége des Goths. (Sénèque, *epist.* 87 ; Pline, *Hist. natur.*, xxxviii, 49 ; Paulin. Nolan. *apud* Baron., *Annal. eccles.*, A. D. 397, n° 5.) Cependant le faste est bien remplacé par la commodité, et un carrosse uni, suspendu sur de bons ressorts, vaut infiniment mieux que les charrettes d'argent ou d'or de l'antiquité, portant à plomb sur l'essieu, et ordinairement sans aucun préservatif contre les injures de l'air.

tuniques ornées d'une broderie qui représente la figure de différens animaux (1). Suivis d'un train de cinquante serviteurs, leurs chars ébranlent les pavés en parcourant les rues avec autant de rapidité que s'ils couraient la poste. Les matrones et les dames romaines imitent hardiment l'exemple des sénateurs, et leurs chars couverts parcourent sans cesse l'espace immense de la ville et des faubourgs. Si quelque personnage d'une haute distinction daigne entrer dans un bain public, il donne ses ordres d'un ton impérieux, et approprie insolemment à son usage exclusif toutes les commodités destinées au peuple romain. Si dans ces lieux de rendez-vous général pour toutes les classes, il rencontre par hasard quelque méprisable agent de ses plaisirs, une tendre accolade exprime aussitôt son affection, tandis qu'il évite orgueilleusement le salut de ses concitoyens, auxquels il permet seulement d'aspirer à lui baiser la main ou les genoux. Après avoir joui des plaisirs du bain, ces fastueux personnages reprennent leurs bagues, leurs bijoux et les marques de leur dignité ; ils choisissent dans leur garde-robe particulière, composée des plus fines étoffes et suffisante pour une douzaine

---

(1) M. de Valois a découvert dans une homélie d'Astérius, évêque d'Amasée (*ad* Ammien, xiv, 6), que c'était une mode nouvelle de représenter en broderie des ours, des loups, des lions et des tigres, des bois et des parties de chasse ; et que les élégans plus dévots y substituaient la figure ou la légende de leur saint favori.

de personnes, les vêtemens qui flattent le plus leur fantaisie, et conservent jusqu'au départ un maintien arrogant, qu'on aurait peut-être excusé dans le grand Marcellus après la conquête de Syracuse. Quelquefois, à la vérité, ces héros entreprennent des expéditions plus hardies; ils visitent leurs domaines en Italie, et se procurent l'amusement d'une chasse dont leurs esclaves prennent tout le soin et la fatigue (1). S'il arrive par hasard, et surtout dans un jour de chaleur, qu'ils aient le courage de faire dans leurs galères dorées le trajet du lac Lucrin (2) jusqu'à leurs magnifiques maisons de campagne situées sur la côte maritime de Puteoli ou de Cayète (3), ils

---

(1) *Voyez* les Lettres de Pline, 1, 6. Trois énormes sangliers furent attirés et pris dans les filets, sans distraire le chasseur philosophe de son étude.

(2) Le changement du mot *Averne*, de sinistre signification, qui se trouve dans Ammien, est de peu de conséquence. Les deux lac Averne et Lucrin se communiquaient, et ce fut de ces deux lacs qu'au moyen des prodigieux môles d'Agrippa, fut fait le port Julien, dont l'étroite entrée donnait dans le golfe de Pouzzole. Virgile, qui demeurait sur les lieux, a décrit (*Georgic.*, II, 161) cet ouvrage au moment de son exécution. Ses commentateurs, principalement Cartrou, ont tiré beaucoup de lumières de Strabon, de Suétone et de Dion. Des tremblemens de terre et des volcans ont changé la face du pays, et le mont Nuovo a pris depuis 1538 la place du lac Lucrin. *Voy.* Camillo Pellegrino, *Discorsi della Campania Felice*, p. 239-244; etc.; Antonii Sanfelicii *Campania*, p. 13-88.

(3) Les *regna Cumana et Puteolana; loca cætero qui valdè*

comparent ces pénibles travaux aux marches de César et d'Alexandre. Si cependant une mouche se hasarde à se poser sur les rideaux de soie de leurs pavillons dorés, si un pli mal fermé laisse passer un rayon de soleil, ils déplorent le malheur de leur situation, et se lamentent, dans un langage affecté, de n'être point nés dans le pays des Cimmériens (1), séjour d'éternelle obscurité. Dans ces voyages à la campagne, le maître est suivi de toute sa maison (2); et, de même que dans la marche d'une armée les généraux font les dispositions pour la cavalerie et pour l'infanterie, pour l'avant et l'arrière-garde, les officiers domestiques, portant en main une baguette, symbole de leur autorité, distribuent et rangent la

---

expetenda, interpellantium autem multitudine penè fugienda. Cicero, *ad Attic.*, XVI, 17.

(1) L'expression proverbiale d'*obscurité cimmérienne* a été originairement empruntée d'une description d'Homère (onzième livre de *l'Odyssée*), qu'il applique à une contrée fabuleuse sur les rives éloignées de l'Océan. *Voyez* Erasmi Adagia, dans *ses OEuvres*, t. II, p. 593, édit. de Leyde.

(2) Sénèque (épît. 123) rapporte trois circonstances curieuses relativement aux voyages des Romains. 1° Ils étaient précédés d'une troupe de cavalerie numide, qui annonçait un grand seigneur par une nuée de poussière. 2° On chargeait sur des mules non-seulement les vases précieux, mais encore la fragile vaisselle de cristal et de *murra*. Le savant traducteur français de Sénèque (t. III, p. 402-422) a presque démontré que *murra* signifiait des porcelaines de la Chine et du Japon. 3° On enduisait d'une espèce d'onguent les belles figures des jeunes esclaves, pour les mettre à l'abri des effets du soleil ou du grand froid.

nombreuse suite des serviteurs et des esclaves. Le bagage et la garde-robe marchent en tête, ensuite une foule de cuisiniers avec tous les subordonnés employés au service de la cuisine et de la table. Le corps de bataille est composé des esclaves, et grossi par la foule des plébéiens oisifs ou des cliens qui sont venus s'y mêler. Une bande d'eunuques choisis forment l'arrière-garde ; ils sont rangés par ordre d'âge, depuis les plus vieux jusqu'aux plus jeunes. Leur nombre et leur difformité font éprouver un mouvement d'horreur et d'indignation ; et les spectateurs maudissent la mémoire de Sémiramis, qui inventa l'art cruel de mutiler la nature, et de détruire, dès sa naissance, l'espoir de la génération suivante. Dans l'exercice de la juridiction domestique, les nobles de Rome montrent la plus délicate sensibilité pour toute injure qui leur est personnelle, et une indifférence dédaigneuse pour tout le reste du genre humain. Demandent-ils un vase d'eau chaude, si l'esclave tarde à l'apporter, trois cents coups de fouet le corrigent de sa lenteur ; mais si ce même esclave commet un meurtre volontaire, son maître observe avec douceur que c'est un fort mauvais sujet, et l'avertit que, s'il récidive, il le fera punir comme il le mérite. Les Romains exerçaient autrefois la vertu de l'hospitalité : tout étranger, soit que ses titres fussent fondés sur le mérite ou sur le malheur, obtenait de leur générosité secours ou récompense. Qu'on introduise aujourd'hui un étranger, même d'une condition honnête, chez un de nos riches et orgueilleux sénateurs, il sera, à la vérité, bien reçu à sa première visite, et même avec de si vives protestations d'amitié et des questions si obligeantes, qu'il se retirera enchanté de l'affabilité de son illustre ami, et désolé peut-être d'avoir différé si long-temps son voyage à la capitale, le centre de la politesse aussi bien que de l'empire. Assuré d'une réception gracieuse, il répète le lendemain sa visite, et s'aperçoit avec mortification que le sénateur a déjà oublié sa personne, son nom et son pays. S'il a le courage de persévérer, il se trouve insensiblement classé dans le nombre des cliens, et obtient la stérile permission de faire assidument et inutilement sa cour à un patron également incapable de reconnaissance et d'amitié, qui daigne à peine remarquer sa présence, son départ ou son retour. Lorsque les hommes opulens préparent une fête publique et populaire (1), lorsqu'ils célèbrent avec un luxe et une profusion

---

(1) *Distributio solemnium sportularum.* Les *sportulæ* ou *sportellæ* étaient de petits paniers qui étaient supposés contenir une certaine quantité de mets chauds, de la valeur de cent quadrantes, ou environ douze sous et demi. On les rangeait avec ostentation dans la première salle, et on les distribuait à la foule affamée ou servile qui assiégeait la porte. Les satires de Juvénal et les épigrammes de Martial font souvent mention de cette coutume peu délicate. *Voyez* aussi Suétone, *in* Claud., c. 21; *in* Neron., c. 16; *in* Domit., c. 4-7. Ces paniers de nourriture furent ensuite convertis en larges pièces d'or et d'argent monnayées ou de vaisselles, qui étaient réciproquement données et acceptées par les citoyens du premier rang (*voyez* Symmaque, *epist.* IV,

pernicieuse leurs banquets particuliers ; le choix des convives est l'objet d'une longue et pénible délibération. Les citoyens sobres, savans ou modestes, obtiennent rarement la préférence ; et les nomenclateurs, presque toujours dirigés par des motifs intéressés, insèrent adroitement dans la liste de l'invitation les noms obscurs des plus méprisables citoyens ; mais les compagnons les plus familiers des grands, ceux qu'ils chérissent le plus, ce sont ces parasites qui pratiquent effrontément le plus utile de tous les métiers, celui de l'adulation ; qui applaudissent avec vivacité à chaque action, à chaque parole de leur immortel patron, qui contemplent avec ravissement les colonnes de marbre, les couleurs variées du pavé des appartemens, et qui font continuellement l'éloge d'un faste et d'une élégance que celui auquel ils l'adressent est accoutumé à considérer comme une partie de son mérite personnel. Aux tables des Romains, les oiseaux, les loirs (1) ou les poissons dont

---

55 ; IX, 124 ; et Miscell., p. 256), dans les occasions solennelles de mariages ou de consulats, etc.

(1) En latin *glis*, et *loir* en français. Ce petit animal habite dans les bois, et paraît privé de mouvement dans les froids rigoureux. *Voyez* Pline, *Hist. nat.*, t. VIII, p. 82 ; Buffon, *Hist. nat.*, t. VII, p. 158 ; et l'*Abrégé* de Pennant *sur les quadrupèdes*, p. 289. On s'occupait dans les maisons de campagne d'élever et d'engraisser une grande quantité de *glires* ou loirs, et on en faisait un article d'économie très-lucratif. (Varron, *de Re rusticâ*, III, 15.) Ce mets fut plus recherché dans les tables somptueuses, depuis la défense

la taille excède la grandeur ordinaire, excitent la plus sérieuse attention : on apporte des balances pour s'assurer du poids ; et, tandis que quelques convives plus sensés détournent leurs regards de cette fastidieuse répétition, des notaires sont mandés et viennent dresser un procès-verbal de ce merveilleux événement. La profession de joueur est encore un moyen sûr de s'introduire dans la familiarité des grands. Les confédérés sont unis par un lien indissoluble d'attachement, ou plutôt par une sorte de conspiration ; et un degré de science supérieure dans l'art *tessérarien* (qu'on peut regarder comme le jeu de trictrac) (1) est un moyen sûr d'acquérir de l'opulence,

---

ridicule des censeurs. On assure qu'on en fait encore grand cas aujourd'hui à Rome, et que les princes de la maison des Colonnes en font souvent des présens. *Voyez* Brottier, le dernier éditeur de Pline, tome II, page 558, *apud* Barbou ; 1779.

(1) Ce jeu, dont le nom peut être traduit par la dénomination plus familière de *trictrac*, était le passe-temps favori des plus graves Romains, et le vieux jurisconsulte Mutius-Scævola avait la réputation de le jouer très-savamment. On le nommait *ludus duodecim scriptorum*, en raison des douze *scripta* ou lignes qui partageaient également l'*alveolus* ou la table. On plaçait régulièrement les deux armées, l'une blanche et l'autre noire, sur cette table, et chaque armée consistait en quinze soldats ou *calculi*, que l'on remuait conformément aux règles du jeu et aux chances des *tesseræ* ou dés. Le docteur Hyde, qui détaille soigneusement l'histoire et les variations du *nerdiludium*, nom tiré de la langue persane, depuis l'Irlande jusqu'au Japon, prodigue sur ce

et de la réputation. Un maître de cet art sublime, qui, dans un souper ou dans une assemblée, se trouve placé au-dessous d'un magistrat, fait voir dans son maintien cette surprise et cette indignation qu'a pu éprouver Caton lorsqu'un peuple capricieux lui refusa son suffrage pour la préture. L'envie de s'instruire prend rarement à des nobles, qui abhorrent toute espèce de fatigue et méprisent tous les avantages de l'étude. Les satires de Juvénal, les verbeuses et fabuleuses histoires de Marius-Maximus, sont les seuls livres qu'ils se permettent de lire (1). Les bibliothèques qu'ils ont héritées de leurs pères sont fermées comme des sépulcres, et le jour n'y pénètre jamais (2); mais ils font fabriquer pour leur usage de dispendieux instrumens de théâtre, des flûtes, d'énormes lyres, des orgues hydrauliques; et les palais de Rome retentissent sans cesse de la voix des chanteurs et du son des instrumens. Dans ces

---

sujet peu important un torrent d'érudition classique et orientale. Voy. *Syntagma Dissert.*, t. II, p. 217-405.

(1) *Marius-Maximus, homo omnium verbosissimus, qui et mythistoricis se voluminibus implicavit.* Vopiscus, *in Hist. August.*, p. 242. Il a écrit la vie des empereurs depuis Trajan jusqu'à Alexandre-Sévère. *Voyez* Gérard Vossius; *de Hist. latin.*, l. II, c. 3, dans *ses OEuvres*, vol. IV, p. 57.

(2) Il y a probablement de l'exagération dans cette satire. Les Saturnales de Macrobe et les Épîtres de saint Jérôme prouvent d'une manière incontestable qu'un grand nombre de Romains, des deux sexes et du premier rang, cultivaient la littérature classique et la théologie chrétienne.

palais, on préfère le son au bon sens, et l'on s'occupe beaucoup plus du corps que de l'esprit. On y adopte pour maxime que le plus léger soupçon d'une maladie contagieuse est une excuse qui dispense les plus intimes amis de se rendre visite ; et si, dans ces occasions, l'on envoie par décence un domestique savoir des nouvelles, il ne rentre dans la maison qu'après s'être purifié par un bain. Cependant cette crainte égoïste et pusillanime cède, dans l'occasion, à l'avarice, passion plus impérieuse encore. L'espoir du moindre gain conduira jusqu'à Spolète un sénateur riche; et l'espoir d'une succession ou même d'un legs fait disparaître l'arrogance et la fierté. Un citoyen riche et sans enfans est le plus puissant des Romains. Ils sont très-experts dans l'art d'obtenir la signature d'un testament favorable, et même de hâter le moment de la jouissance. Il est arrivé que, dans la même maison, le mari et la femme ont appelé séparément chacun son notaire dans un appartement différent, et, dans la louable intention de se survivre l'un à l'autre, ont fait au même instant des dispositions tout-à-fait opposées. La détresse, qui est la suite et la punition d'un luxe extravagant, réduit souvent ces nobles orgueilleux aux plus honteux expédiens. S'agit-il d'emprunter, ils deviennent bas et rampans comme l'esclave dans la comédie; mais quand le malheureux créancier réclame son argent, ils prennent le ton tragique et impérieux des petits-fils d'Hercule; si le demandeur les importune, ils obtiennent aisément d'un des vils agens de leurs plaisirs une accusation de poison ou de magie contre le créancier insolent, qui sort rarement de prison sans avoir donné quittance de toute la dette. Aux vices honteux dont les Romains sont infectés, se joint une superstition ridicule qui déshonore leur jugement. Ils écoutent avec crédulité les prédictions des aruspices, qui prétendent lire dans les entrailles d'une victime les signes de leur grandeur future et de leur prospérité; il s'en trouve un grand nombre qui n'oseraient ni prendre le bain, ni dîner, ni paraître en public, avant d'avoir consulté avec soin, selon les règles de l'astrologie, la position de Mercure et l'aspect de la lune (1). Il est assez plaisant de découvrir cette crédulité chez des sceptiques impies, qui osent nier ou révoquer en doute l'existence d'un pouvoir céleste. »

Dans les villes très-peuplées, où fleurissent le commerce et les manufactures, les habitans de la classe mitoyenne, qui tirent leur subsistance du travail ou de l'adresse de leurs mains, et se produisent en plus grand nombre que les autres, sont les plus utiles et, en ce sens, les plus respectables de la société civile; mais les plébéiens de Rome, qui dédaignaient les arts serviles et sédentaires, avaient été écrasés, dès les premiers temps de la république,

---

(1) Macrobe, l'ami de ces nobles Romains, considère les étoiles comme la cause, ou au moins comme l'indice certain des événemens futurs. *De Somn. Scip.*, l. 1, c. 19, page 68.

sous le poids des dettes et de l'usure, et le laboureur était forcé d'abandonner ses cultures durant le terme de son service militaire (1). Les terres de l'Italie, originairement partagées entre plusieurs familles de propriétaires libres et indigens, passèrent insensiblement dans les mains avides de la noblesse romaine, qui tantôt les achetait et tantôt les usurpait. Dans le siècle qui précéda la destruction de la république, on ne comptait que deux mille citoyens qui possédassent une fortune indépendante (2). Cependant, aussi long-temps que les suffrages du peuple conférèrent les dignités de l'État, le commandement des légions et l'administration des opulentes provinces, un sentiment d'orgueil servit à adoucir jusqu'à un certain point les rigueurs de la pauvreté, et le nécessiteux trouvait une ressource dans l'ambitieuse libéralité des candidats, cherchant par leurs largesses à

---

(1) L'histoire de Tite-Live (*voyez* particulièrement VI, 36) parle sans cesse des extorsions des riches et de la misère des débiteurs indigens. La triste histoire d'un brave et vieux soldat (Denys d'Halicarnasse, l. VI, c. 26, p. 347, édit. Hudson; et Tite-Live, II, 23) doit s'être répétée fréquemment dans ces premiers temps, dont on fait mal à propos l'éloge.

(2) *Non esse in civitate duo millia hominum qui rem haberent.* Cicero, *Offic.*, II, 21; *Comment. Paul. Manut. in edit. Græv.* Philippe, tribun du peuple, inséra ce dénombrement vague dans son discours, A. U. C. 649; et son objet, ainsi que celui des Gracques (*voyez* Plutarque), était de déplorer et peut-être d'exagérer la misère du peuple.

s'assurer une majorité de suffrages dans les trente-cinq tribus, ou les cent quatre-vingt-treize centuries, dont le peuple de Rome était composé; mais, lorsque les prodigues communes eurent imprudemment aliéné leur puissance et celle de leur postérité, elles n'offrirent plus, sous le règne des Césars, qu'une vile populace qui aurait été bientôt anéantie si elle n'avait été recrutée à chaque génération par la manumission des esclaves et l'affluence des étrangers. Dès le temps d'Adrien, les Romains de bonne foi reconnaissaient avec regret que la capitale avait attiré dans son sein tous les vices de l'univers et les mœurs des nations les plus opposées. L'intempérance des Gaulois, la ruse et l'inconstance des Grecs, la farouche opiniâtreté des Juifs et des Égyptiens, la basse soumission des Asiatiques et la dissolution efféminée des Syriens, se trouvaient réunies dans une multitude d'hommes qui, sous la vaine et fausse dénomination de Romains, dédaignaient leurs concitoyens et même leurs monarques, parce qu'ils n'habitaient point dans l'enceinte de *la cité éternelle* (1).

---

(1) *Voyez* la troisième satire (60-125) de Juvénal, qui se plaint avec indignation,

> . . . . *Quamvis quota portio fecis Achæi !*
> *Jampridem Syrus in Tiberim defluxit Orontes ;*
> *Et linguam et mores*, etc.

Sénèque tâche de consoler sa mère, en lui faisant observer que presque tous les hommes passent leur vie dans l'exil, et lui rappelle que la plupart des habitans de Rome ne

Distribution publique de pain, de lard, de vin et d'huile, etc.

Cependant on prononçait encore le nom de Rome avec respect, on souffrait avec indulgence les fréquens et tumultueux caprices de ses habitans; et les successeurs de Constantin, au lieu d'anéantir les faibles restes de la démocratie par le despotisme de la puissance militaire, adoptèrent la politique modérée d'Auguste, et s'occupèrent de soulager l'indigence et de distraire l'oisiveté du peuple de la capitale (1). 1° Pour la commodité des plébéiens paresseux, on substitua aux distributions de grains qui se faisaient tous les mois, une ration de pain que l'on délivrait tous les jours; un grand nombre de fours furent construits et entretenus aux frais du public; et à l'heure fixée, chaque citoyen, muni d'un billet, montait l'escalier qui avait été assigné à son quartier ou à sa

---

sont point nés dans cette capitale. Voyez *Consolat. ad Helv.*, c. 6.

(1) On trouve dans le quatorzième livre du code de Théodose presque tout ce qui a rapport au pain, au porc salé, à l'huile et au vin, etc. Il traite particulièrement de la police des grandes villes. *Voyez* surtout les tit. 3, 4, 15, 16, 17, 24. Il paraît inutile de transcrire les témoignages secondaires qui se trouvent dans le commentateur Godefroy. D'après une loi de Théodose, qui apprécie en argent la ration militaire, une pièce d'or (onze schellings) était la valeur de quatre-vingts livres de porc salé, ou de quatre-vingts livres d'huile, ou de douze *modii* ou mesures de sel. *Cod. Theod.*, l. VIII, tit. 4, leg. 17. Cette évaluation, comparée à une autre de soixante-dix livres de porc salé pour une *amphora* (*Cod. Theod.*, l: XIV, tit. 4, leg. 4), fixe le prix du vin à environ seize pence la bouteille.

division, et recevait, ou *gratis*, ou à très-bas prix, un pain du poids de trois livres pour la subsistance de sa famille. 2º Les forêts de la Lucanie, dont les glands servaient à engraisser du gros bétail et des porcs sauvages (1), fournissaient, en manière de tribut, une grande abondance de viande saine et à bas prix. Durant cinq mois de l'année, on faisait aux citoyens pauvres une distribution régulière de porc salé; et la consommation annuelle de la capitale, dans un temps où elle était déjà fort déchue de son ancienne splendeur, fut fixée et assurée, par un édit de Valentinien III, à trois millions six cent vingt-huit mille livres (2). 3º Les usages de l'antiquité faisaient de l'huile un besoin indispensable pour la lampe et pour le bain; et la taxe annuelle imposée sur l'Afrique au profit de Rome, montait au poids de trois millions de livres, faisant à peu près trois cent mille bouteilles, mesure anglaise. 4º Auguste, en apportant le plus grand soin à approvisionner sa capitale d'une quantité de grains suffisante, s'était borné à cet article de première nécessité; et lorsque le peuple se

---

(1) L'auteur anonyme de la Description du monde, p. 14, t. III, *Geograph. minor*, Hudson) observe sur la Lucanie, dans son latin barbare, *regio optima, et ipsa omnibus abundans, et lardum multum foras emittit. Propter quod est in montibus, cujus escam animalium variam*, etc.

(2) Voyez *Novell. ad calcem*, Cod. Theod. D. Valent., l. 1, tit. 15. Cette loi fut publiée à Rome, A. D. 442, le 29 du mois de juin.

plaignait de la cherté et de la rareté du vin, une proclamation de ce grave réformateur rappelait à ses sujets qu'aucun d'eux ne pouvait se plaindre raisonnablement de la soif dans une ville où les aqueducs d'Agrippa distribuaient de tous côtés une si grande quantité d'eau pure et salutaire (1). Cette sobriété sévère se relâcha insensiblement; et, quoique le dessein qu'avait conçu la libéralité d'Aurélien (2) n'ait pas été exécuté, à ce qu'il paraît, dans toute son étendue, on facilita beaucoup l'usage général du vin. Un magistrat d'un rang distingué avait l'administration des caves publiques, et une très-grande partie des vendanges de la Campanie était réservée pour les habitans de la capitale.

Bains publics. Les admirables aqueducs, si justement célébrés par Auguste, remplissaient les *thermæ* ou bains construits dans tous les quartiers de la ville avec une magnificence impériale. Les bains de Caracalla, qui étaient ouverts à des heures fixes pour le service des sénateurs et du peuple indistinctement, contenaient plus de seize cents siéges de marbre, et l'on en comptait plus de trois mille dans les bains de Dio-

---

(1) Suétone, *in August.*, c. 42. La plus forte débauche qu'on ait vu faire à cet empereur de son vin favori de Rhétie, n'excéda jamais un *sextarius* ou demi-pinte. *Id.*, c. 77. Torrentius, *ad loc.*, et les *Tables d'Arbuthnot*, p. 86.

(2) Son dessein était de planter des vignes tout le long de la côte d'Étrurie (Vopiscus, *in Hist. August.*, p. 225), les tristes, incultes et malsaines *maremme* de la Toscane moderne.

clétien (1). Les murs élevés des appartemens étaient couverts de mosaïques qui imitaient la peinture par l'élégance du dessin et par la variété des couleurs. On y voyait le granit d'Égypte artistement incrusté du précieux marbre vert de la Numidie. L'eau chaude coulait sans interruption dans de vastes bassins à travers de larges embouchures d'argent massif; et le plus obscur des Romains pouvait, pour une petite pièce de cuivre, se procurer tous les jours la jouissance d'un luxe fastueux capable d'exciter l'envie d'un monarque asiatique (2). On voyait sortir de ces superbes palais une foule de plébéiens sales et déguenillés, sans manteau et sans souliers, qui vaguaient toute la journée dans les rues ou dans le Forum pour apprendre des nouvelles ou pour s'y quereller, qui perdaient dans un jeu extravagant ce qui aurait dû faire subsister leur famille, et passaient la nuit dans des tavernes ou dans des lieux infâmes, livrés aux excès de la plus grossière débauche (3).

Mais les amusemens les plus vifs et les plus brillans de cette multitude oisive étaient les jeux du

Jeux et spectacles.

---

(1) Olympiodore, *apud Phot.*, p. 197.

(2) Sénèque (*epist.* 56) compare les bains de Scipion l'Africain dans sa maison de campagne à Liternum, avec la magnificence toujours croissante des bains publics de Rome, long-temps avant l'établissement des bains superbes de Caracalla et de Dioclétien. Le *quadrant* qu'on payait pour y entrer était la quatrième partie de l'*as*, à peu près la huitième du *penny* anglais.

(3) Ammien (l. xiv, c. 6; et l. xxviii, c. 4), après avoir

Cirque et les spectacles. La piété des princes chrétiens avait supprimé les combats de gladiateurs; mais les habitans de Rome regardaient encore le Cirque comme leur demeure, comme leur temple, et comme le siége de la république. La foule impatiente courait avant le jour pour en occuper les places; et quelques-uns même passaient la nuit avec inquiétude sous les portiques des environs. Depuis le lever de l'aurore jusqu'à la nuit, les spectateurs, quelquefois au nombre de trois ou quatre mille, indifférens à la pluie ou à l'ardeur du soleil, restaient les yeux fixés avec une avide attention sur les chars et sur leurs conducteurs, et l'âme alternativement agitée de crainte et d'espérance pour le succès de la *couleur* à laquelle ils s'étaient attachés. A les voir, on aurait pu penser que l'événement d'une course devait décider du destin de la république (1). Ils n'étaient pas moins impétueux dans leurs clameurs

---

décrit le luxe et l'orgueil des nobles romains, déclame avec la même indignation contre les vices et l'extravagance du peuple.

(1) Juvénal, *Satire* xi; 191, etc. Les expressions de l'historien Ammien ne sont ni moins fortes ni moins animées que celles du poëte satirique; et l'un et l'autre peignaient d'après nature. Le nombre de spectateurs que le Cirque pouvait contenir est tiré des *Notitiæ* de la ville. Les différences que l'on y rencontre prouvent qu'elles ne se copiaient pas; et ce nombre paraît incroyable même lorsque l'on considère que, dans ces occasions, tous les habitans de la campagne accouraient en foule dans la capitale.

et dans leurs applaudissemens., soit qu'on leur donnât le plaisir d'une chasse d'animaux sauvages, ou de quelque pièce de théâtre. Dans les capitales modernes, les représentations théâtrales peuvent être considérées comme l'école du bon goût et quelquefois de la vertu; mais la muse tragique et comique des Romains, qui n'aspirait guère qu'à l'imitation du génie attique (1), était presque condamnée au silence depuis la chute de la république (2); et la scène fut occupée alors par des farces indécentes, une musique efféminée, ou par le spectacle d'une vaine pompe. Les pantomimes (3), qui soutinrent leur réputation

---

(1) Ils composaient à la vérité quelquefois des pièces originales.

. . . . *Vestigia græca*
Ausi deserere et celebrare domestica facta.

Horace, *epist. ad Pison.*, 285; et la savante et obscure note de Dacier, qui aurait pu accorder le nom de tragédies au *Brutus* et au *Decius* de Pacuvius, ou au *Caton* de Maternus. L'*Octavie* attribuée à un des Sénèque existe encore, et ne donne pas grande opinion de la tragédie romaine.

(2) Du temps de Pline et de Quintilien, un poëte tragique était réduit à la triste ressource de louer une grande salle pour y lire sa pièce à l'assemblée qu'il y avait invitée. Voyez *Dialog. de Orationibus*, c. 9-11; et Pline, *epist.* VII, 17.

(3) *Voyez* le dialogue de Lucien, intitulé *de Saltatione*, t. II, p. 265-317, édit. Reitz. Les pantomimes obtinrent le nom honorable de χειροσοφοί, et on exigeait qu'ils eussent une teinture de tous les arts et de toutes les sciences. Burette (dans les *Mém. de l'Acad. des Inscript.*, t. I, p. 127, etc.) a donné une histoire abrégée de l'art des pantomimes.

depuis le temps d'Auguste jusqu'au sixième siècle, exprimaient, sans parler, les différentes fables des dieux de l'antiquité; et la perfection de leur art, qui désarmait quelquefois la sévérité du philosophe, excitait toujours les applaudissemens de la multitude. Les vastes et magnifiques théâtres de Rome avaient toujours à leurs gages trois mille danseuses et autant de chanteuses, avec les maîtres des différens chœurs. Telle était la faveur dont elles jouissaient, que, dans un temps de disette, le mérite d'amuser le peuple les fit excepter d'une loi qui bannissait tous les étrangers de la capitale, et qui fut si strictement exécutée, que les maîtres des arts libéraux ne purent obtenir d'en être dispensés (1).

<small>Population de Rome.</small>

On prétend qu'Élagabale eut l'extravagance de vouloir juger le nombre des habitans de Rome par la quantité des toiles d'araignées. Il eût été digne des plus sages empereurs d'employer à cette recherche des moyens moins ridicules. Ils auraient pu facilement résoudre une question si importante pour le gouvernement romain, si intéressante pour la postérité. On enregistrait exactement la mort et la naissance de tous les habitans; et si quelqu'un des écri-

---

(1) Ammien, l. xiv, c. 6. Il se plaint de ce que les rues de Rome sont pleines de filles qui auraient pu donner des enfans à l'État, et qui n'ont d'autre occupation que celle de friser leurs cheveux; *et jactari volubilibus gyris, dum exprimunt innumera simulacra, quæ finxere fabulæ theatrales.*

vains de l'antiquité avait daigné nous conserver le résultat de ces listes annuelles, ou simplement celui de l'année commune, nous pourrions présenter un calcul satisfaisant qui détruirait probablement les assertions exagérées des critiques, et confirmerait peut-être les conjectures plus modérées et plus probables des philosophes (1). Les recherches les plus exactes à ce sujet n'ont pu fournir que les faits suivans, qui, bien qu'insuffisans, peuvent cependant jeter quelque jour sur la question de la population de l'ancienne Rome. 1.° Lorsque la capitale de l'empire fut assiégée par les Goths, le mathématicien Ammonius mesura exactement l'enceinte de Rome, et trouva que la circonférence était de vingt et un milles (2). On ne doit pas oublier que le plan de la ville formait presqu'un cercle, et que cette figure géométrique est celle qui contient le plus d'espace dans une circonférence donnée. 2.° L'architecte Vitruve, qui vivait du temps d'Auguste, et dont l'autorité a un grand poids dans cette occasion, observe que, pour que les habitations du peuple romain ne

---

(1) Lipse (t. III, p. 423, *de Magnitudine romanâ*, l. III, c. 3) et Isaac Vossius (*Observat. Var.*, p. 26-34) adoptent l'étrange idée de quatre, huit et même quatorze millions d'habitans à Rome. M. Hume, dans ses *Essais* (volume I, p. 456-457), montre, avec une raison et un bon sens de scepticisme admirable, une disposition secrète à rabaisser la population des anciens temps.

(2) Olympiodore, *apud* Phot., p. 197. *Voyez* Fabricius, *Bibl. græc.*, t. IX, p. 400.

s'étendissent pas fort au-delà des limites de la ville, le manque de terrain, probablement resserré de tous côtés par des jardins et des maisons de campagne, suggéra la pratique ordinaire, quoique incommode, d'élever les maisons à une hauteur considérable (1) : mais l'élévation de ces bâtimens, souvent construits à la hâte et avec de mauvais matériaux, occasiona des accidens fréquens et funestes ; et les édits d'Auguste et de Néron défendirent plusieurs fois d'élever les maisons des particuliers, dans l'enceinte de Rome, à plus de soixante-dix pieds du niveau des fondemens (2). 3° Juvénal (3) déplore, à ce qu'il paraî-

---

(1) *In eâ autem majestate urbis, et civium infinitâ frequentiâ, innumerabiles habitationes opus fuit explicare. Ergo cùm recipere non posset area plana tantam multitudinem in urbe ; ad auxilium altitudinis ædificiorum res ipsa coëgit devenire.* Vitruv., II ; 8. Ce passage, dont je suis redevable à Vossius, est clair, important et remarquable.

(2) Les témoignages successifs de Pline, Aristide, Claudien, Rutilius, etc., prouvent que ces édits prohibitifs ne suffirent point pour arrêter l'abus. *Voy.* Lipse, *de Magnitudine romanâ,* l. III, c. 4.

. . . . *Tabulata tibi jam tertiâ fumant,*
Tu nescis ; nam si gradibus trepidatur ab imis,
Ultimus ardebit, quem tegula sola tuetur
A pluviâ. Juven., Sat. III, 199.

(3) Lisez la troisième satire entière, mais particulièrement 166, 223, etc. La description de la foule entassée dans une *insula* ou auberge (*voyez* Pétrone, c. 95, 97), justifie les complaintes de Juvénal ; et Heineccius (*Hist. jur. rom.*, c. 4, p. 181), dont l'autorité n'est pas récusable, nous

trait, d'après sa propre expérience, les souffrances des citoyens malaisés, auxquels il conseille de s'éloigner au plus vite de la fumée de Rome, et d'acheter, dans quelque petite ville de l'Italie, une maison commode, dont le prix n'excèdera pas celui qu'ils paient annuellement pour occuper un galetas dans la capitale. Les loyers y étaient donc excessivement chers. Les riches sacrifiaient des sommes immenses à l'acquisition du terrain où ils construisaient leurs palais et leurs jardins; mais le gros du peuple se trouvait entassé dans un petit espace, et les familles des plébéiens se partageaient, comme à Paris et dans beaucoup d'autres villes, les différens étages et les appartemens d'une même maison. 4° On trouve dans la description de Rome, faite avec exactitude sous le règne de Théodose, que la totalité des maisons des quatorze quartiers de la ville montait à quarante-huit mille trois cent quatre-vingt-deux (1).

---

apprend que, du temps d'Auguste, les différens *cœnacula* ou appartemens d'une *insula* produisaient ordinairement un revenu de quarante mille sesterces, entre trois et quatre cents livres sterl. (*Pandect.*, l. xix, tit. ii, n° 30), somme qui prouve à la fois la grande étendue de ces bâtimens publics, et le prix élevé des logemens qu'ils renfermaient.

(1) Ce nombre total est composé de mille sept cent quatre-vingts *domus* ou maisons principales, et quarante-six mille six cent deux *insulæ* ou habitations du peuple (*voy.* Nardini, *Roma antica*, l. iii, p. 88); et ce dénombrement est justifié par la conformité des textes des différentes *Notitiæ*. Nardini, l. viii, p. 498-500.

Les deux classes de domiciles comprenaient, sous le nom de *domus* et d'*insulæ*, toutes les habitations de la capitale, depuis le superbe palais des Aniciens avec les nombreux logemens des affranchis et des esclaves, jusqu'à l'hôtellerie étroite et élevée où le poëte Codrus occupait avec sa femme un misérable grenier, immédiatement sous les tuiles. En adoptant l'évaluation commune qu'on a cru pouvoir appliquer à la ville de Paris, où les habitans sont distribués à peu près de la même manière qu'ils l'étaient à Rome (1), et en accordant vingt-cinq personnes par maison de toute espèce, nous évaluerons les habitans de Rome à douze cent mille; et ce nombre ne peut paraître excessif pour la capitale d'un puissant empire, quoiqu'il excède la population des plus grandes villes de l'Europe moderne (2).

Premier siége de Rome par les Goths. A. D. 408.

Tel était l'état de Rome sous le règne d'Honorius, au moment où les Goths en formèrent le siége ou plutôt le blocus (3). Par une disposition habile de sa

---

(1) Lisez les *Recherches* de M. de Messance, écrivain exact, sur la population, p. 175-187. Il assigne à Paris, d'après des calculs sûrs ou probables, vingt-trois mille cinq cent soixante-cinq maisons, soixante-onze mille cent quatorze familles, et cinq cent soixante-seize mille six cent trente habitans.

(2) Ce calcul ne diffère pas beaucoup de celui que M. Brottier, dernier éditeur de Tacite (t. 11, p. 380.) a fait d'après les mêmes principes, quoiqu'il semble prétendre à une précision qui n'est ni possible ni fort importante.

(3) Relativement aux événemens du premier siége de

nombreuse armée, qui attendait avec impatience le moment de l'assaut, Alaric environna toute l'enceinte des murs, masqua les douze principales portes, intercepta toute communication avec les campagnes environnantes, et, fermant soigneusement la navigation du Tibre, priva les Romains de la seule ressource qui pût maintenir l'abondance en leur procurant de nouvelles provisions. La noblesse et le peuple romain éprouvèrent d'abord un mouvement de surprise et d'indignation, en voyant un vil Barbare insulter à la capitale du monde; mais le malheur abattit leur fierté. Trop lâches pour entreprendre de repousser un ennemi armé, ils exercèrent leurs fureurs sur une victime innocente et sans défense. Peut-être les Romains auraient-ils respecté dans la personne de Sérène la nièce du grand Théodose, la tante et la mère adoptive de l'empereur régnant; mais ils détestaient la veuve de Stilichon, et ils adoptèrent avec une fureur crédule la calomnie qui accusait cette princesse d'entretenir une correspondance criminelle avec le monarque des Goths. Les sénateurs, séduits ou entraînés malgré eux par la frénésie populaire, prononcèrent l'arrêt de sa mort sans exiger aucune preuve de son crime. Sérène fut ignominieusement étranglée; et la multitude aveu-

---

Rome, que l'on confond souvent avec le second et avec le troisième, *voyez* Zozime, l. v, p. 35-354; Sozomène, l. ix, c. 6; Olympiodore, *apud* Phot., p. 189; Philostorgius, l. xii, c. 3; et Godefroy, *Dissert.*, p. 467-475.

glée s'étonna de ce que cette inique cruauté n'opérait pas sur-le-champ la délivrance de Rome et la retraite des Barbares. La disette commençait à se faire sentir dans la capitale, et ses malheureux habitans éprouvèrent bientôt toutes les horreurs de la famine. La distribution du pain fut réduite de trois livres à une demi-livre, ensuite à un tiers de livre, et enfin à rien; le prix du blé s'élevait avec rapidité et dans une proportion exorbitante; les citoyens indigens, hors d'état de se procurer les moyens de subsister, se voyaient réduits à solliciter les secours précaires de la charité des riches. L'humanité de Læta (1), veuve de l'empereur Gratien, qui avait fixé sa résidence à Rome, adoucit quelque temps la misère publique, et consacra au soulagement de l'indigence l'immense revenu que les successeurs de son mari payaient à la veuve de leur bienfaiteur; mais ces charités particulières ne suffirent pas long-temps aux besoins d'un grand peuple, et la calamité publique s'étendit jusque dans les palais de marbre des sénateurs eux-mêmes. Les riches des deux sexes, élevés dans les jouissances du luxe, apprirent alors combien peu demandait réellement la nature; et ils prodiguèrent leurs inutiles trésors pour obtenir quelques alimens grossiers, dont, en des temps plus heureux, ils auraient dédaigneusement détourné leurs regards. La

_{Famine.}

---

(1) La mère de Læta portait le nom de Pissumena. On ignore le pays, la famille et le nom de son père. Ducange, *Fam. byzant.*, p. 59.

faim, tournée en rage, se disputait avec acharnement et dévorait avec avidité les alimens les plus faits pour révolter les sens et l'imagination, la nourriture la plus malsaine, et même la plus pernicieuse. On a soupçonné quelques malheureux, devenus féroces dans leur désespoir, d'avoir secrètement massacré d'autres hommes pour satisfaire avidement leur faim dévorante; et des mères, dit-on (quel dut être le combat affreux des deux plus puissans instincts que la nature ait placés dans le cœur humain!), se nourrirent de la chair de leurs enfans égorgés (1). Des milliers de Romains expirèrent d'inanition dans leurs maisons et dans les rues. Comme les cimetières publics, situés hors de la ville, étaient au pouvoir de l'ennemi, la puanteur qui s'exhalait d'un si grand nombre de cadavres restés sans sépulture infecta l'air; et une maladie contagieuse et pestilentielle suivit et augmenta les horreurs de la famine. Les assurances répétées que donnait la cour de Ravenne de l'envoi d'un prompt et puissant secours, soutin-

Peste.

---

(1) *Ad nefandos cibos erupit esurientium rabies, et sua invicem membra laniarunt, dum mater non parcit lactenti infantiæ; et recipit utero, quem paulo ante effuderat.* Saint Jérôme, *ad Principiam*, t. 1, p. 121. On raconte les mêmes horreurs du siège de Jérusalem et de celui de Paris. Relativement au dernier, comparez le dixième livre de la Henriade avec le Journal de Henri IV, t. 1, p. 47-83; et vous observerez qu'un simple récit de ces faits est infiniment plus pathétique que les descriptions les plus recherchées d'un poëme épique.

rent quelque temps le courage défaillant des habitans de Rome. Privés enfin de toute espérance de secours humains, ils furent séduits par l'offre d'une délivrance surnaturelle. Les artifices ou la superstition de quelques magiciens toscans avaient persuadé à Pompeïanus, préfet de la ville, que, par la force mystérieuse des conjurations et des sacrifices, ils pouvaient extraire la foudre des nuages et lancer ces feux célestes dans le camp des Barbares (1). On communiqua cet important secret à Innocent, évêque de Rome; et le successeur de saint Pierre est accusé, peut-être sans fondement, de s'être relâché, pour le salut de la république, de la sévérité des règles du christianisme : mais lorsqu'on agita cette question

Superstition.

---

(1) Zozime (l. v, p. 355, 356) parle de ces cérémonies comme un Grec qui n'avait aucune connaissance des superstitions romaines ou toscanes. Je soupçonne qu'elles consistaient en deux parties, l'une secrète et l'autre publique. La première était probablement une imitation des enchantemens au moyen desquels Numa avait fait descendre Jupiter et son tonnerre sur le mont Aventin.

. . . *Quid agant laqueis; quæ carmina dicant*
Quâque trahant superis sedibus arte Jovem,
Scire nefas homini.

Les *ancilia* ou boucliers de Mars, les *pignora imperii* que l'on portait en procession aux calendes de mars, tiraient leur origine de cet événement mystérieux. (Ovid., *Fast.*, III, 259-398.) Le dessein était probablement de rétablir cette ancienne fête que Théodose avait supprimée. En ce cas-là, nous retrouvons une date chronologique (le 1er mars A. D. 409) que l'on n'a point encore remarquée.

dans le sénat, lorsqu'on exigea comme une clause essentielle que les sacrifices fussent célébrés dans le Capitole, en présence et sous l'autorité des magistrats, la majeure partie de cette respectable assemblée, craignant d'offenser ou Dieu ou l'empereur, refusa de participer à une cérémonie qui paraissait équivalente à la restauration du paganisme (1).

Il ne restait de ressource aux Romains que dans la clémence ou du moins dans la modération du roi des Goths. Le sénat, qui, dans ces tristes circonstances, avait pris les rênes du gouvernement, lui envoya deux ambassadeurs. On confia cette commission importante à Basilius, Espagnol d'extraction, qui s'était distingué dans l'administration des provinces, et à Jean, le premier tribun des notaires, également propre à cette négociation par sa dextérité dans les affaires, et par son ancienne intimité avec le prince barbare. Admis en sa présence, ils déclarèrent, avec plus de hauteur peut-être que leur humble situation ne semblait le permettre, que les Romains étaient résolus de maintenir leur dignité, soit en paix, soit en guerre; et que si Alaric refusait de leur accorder une capitulation honorable, il pouvait donner le signal et se préparer à combattre une

Alaric accepte une rançon, et lève le siége. A. D. 409.

___

(1) Sozomène (l. IX, c. 6) insinue que cette expérience fut tentée sans succès; mais il ne parle point d'Innocent; et Tillemont (*Mém. ecclés.*, tome X, p. 645) est décidé à ne point croire qu'un pape ait été capable de cette complaisance impie.

multitude de guerriers exercés aux armes et animés par le désespoir. « Plus l'herbe est serrée, et mieux la faux y mord, » leur répondit laconiquement le roi des Goths ; et il accompagna cette rustique métaphore d'un éclat de rire insultant, qui annonçait son mépris pour les menaces d'un peuple énervé par le luxe avant d'avoir été épuisé par la famine. Il daigna stipuler la rançon qu'il exigeait pour se retirer des portes de Rome ; *tout* l'or et *tout* l'argent qui se trouvaient dans la ville, sans distinction de ce qui appartenait à l'État ou aux particuliers, *tous* les meubles de prix et *tous* les esclaves en état de prouver une origine barbare. Les députés du sénat se permirent de lui demander d'un ton modeste et suppliant : « O roi, si telles sont vos volontés, que comptez-vous donc laisser aux Romains ? — La vie, » répliqua l'orgueilleux vainqueur. Ils tremblèrent et se retirèrent. Avant leur départ, cependant, on convint d'une courte suspension d'armes qui facilita une négociation moins rigoureuse. L'esprit sévère d'Alaric se radoucit sensiblement ; il rabattit beaucoup de sa première demande, consentit enfin à lever le siége aussitôt qu'il aurait reçu cinq mille livres pesant d'or et trente mille livres pesant d'argent, quatre mille robes de soie, trois mille pièces de fin drap écarlate, et trois mille livres de poivre (1). Mais le tré-

---

(1) Le poivre était l'ingrédient favori de la cuisine la plus recherchée des Romains ; et la meilleure espèce se vendait communément quinze deniers, ou environ dix

sor public était épuisé, et les calamités de la guerre interceptaient les revenus de tous les grands domaines de l'Italie et des provinces. Durant la famine, on avait échangé l'or et les pierres précieuses contre les alimens les plus grossiers; et l'avarice des citoyens s'obstinant à cacher leurs trésors, quelques restes des dépouilles consacrées offrirent la seule ressource qui demeurât encore à la ville, pour éviter sa destruction. Dès que les Romains eurent satisfait à l'avidité d'Alaric, ils commencèrent à jouir en quelque façon de la paix et de l'abondance. On ouvrit avec précaution plusieurs portes de la ville. Les Barbares laissèrent passer sans opposition les provisions sur la rivière et sur les chemins, et les citoyens coururent en foule au marché, qui tint trois jours de suite dans les faubourgs. Tandis que les marchands s'enrichissaient à ce commerce lucratif, on assurait la subsistance future de la ville en remplissant de vastes magasins publics et particuliers. Alaric maintint dans son camp une discipline plus exacte qu'on ne pouvait l'espérer; et le prudent Barbare prouva son respect pour la foi des traités par le châtiment sévère et juste d'un parti de Goths qui avait insulté des citoyens de Rome sur le chemin d'Ostie,

___

schellings la livre. *Voyez* Pline, *Hist. nat.*, XII, 14. On l'apportait des Indes, et le même pays, la côte de Malabar, en fournit toujours très-abondamment; mais le commerce et la navigation ont multiplié la quantité et diminué le prix. Voyez *Hist. polit. et philos.*, etc., t. I, p. 457.

Son armée, enrichie des contributions de la capitale, s'avança lentement dans la belle et fertile province de Toscane, où il se proposait de prendre ses quartiers d'hiver. Quarante mille esclaves barbares, échappés de leurs chaînes, se réfugièrent sous ses drapeaux, et aspirèrent à se venger, sous la conduite de leur libérateur, des souffrances et de la honte de leur servitude. Il reçut en même temps un renfort plus honorable de Goths et de Huns, qu'Adolphe (1), frère de sa femme, lui amenait, d'après ses pressantes invitations, des bords du Danube sur ceux du Tibre, et qui s'était fait un passage, avec quelque perte et quelque difficulté, à travers les troupes de l'empire, supérieures en nombre. Un chef victorieux, qui joignait à l'audace d'un Barbare l'art et la discipline d'un général romain, se trouvait alors à la tête de cent mille combattans, et l'Italie ne prononçait qu'avec terreur et respect le formidable nom d'Alaric (2).

<small>Négociat. de paix inutiles.
A. D. 409.</small>

Dans un éloignement de quatorze siècles, nous devons nous contenter de raconter les exploits mi-

---

(1) Ce chef des Goths est nommé par Jornandès et par Isidore, *Athaulphe*; par Zozime et Orose, *Ataulphe*; et par Olympiodore, *Adoulphe*. Je me suis servi du nom célèbre d'Adolphe, autorisé ici par l'usage des Suédois, frères ou fils des anciens Goths.

(2) Le traité entre Alaric et les Romains, etc., est tiré de Zozime, l. v, p. 354, 355, 358, 359, 362, 363. Ce que nous savons des circonstances qui l'accompagnèrent n'est pas assez considérable et assez intéressant pour exiger d'autre citation.

litaires des conquérans de Rome, sans prétendre discuter les motifs de leur conduite politique. Alaric sentait peut-être, au milieu de sa prospérité, quelque faiblesse cachée, quelque vice intérieur qui menaçait sa puissance ; ou peut-être sa modération apparente ne tendait-elle qu'à désarmer les ministres d'Honorius en trompant leur complaisante crédulité. Alaric déclara plusieurs fois qu'il voulait être regardé comme l'ami de la paix et des Romains. Trois sénateurs se rendirent, à sa pressante requête, comme ambassadeurs à la cour de Ravenne, pour solliciter l'échange des ôtages et la ratification du traité; et les conditions qu'il proposa clairement, durant le cours des négociations, ne pouvaient faire soupçonner sa sincérité que par une modération qui semblait peu convenir à l'état de sa fortune. Alaric aspirait encore au rang de maître général des armées de l'Occident. Il stipulait un subside annuel en grains et en argent, et choisissait les provinces de Dalmatie, de Norique et de Vénétie, pour l'arrondissement de son nouveau royaume, qui l'aurait rendu maître de la communication importante entre l'Italie et le Danube. Alaric paraissait disposé, en cas que ces demandes modestes fussent rejetées, à renoncer au subside pécuniaire, et à se contenter même de la possession de la Norique, province dévastée, appauvrie et continuellement exposée aux incursions des Germains (1); mais toute espérance

---

(1) Zozime, l. v, p. 367, 368, 369.

de paix fut anéantie par l'obstination aveugle ou par les vues intéressées du ministre Olympius. Sans écouter les sages remontrances du sénat, il renvoya les ambassadeurs sous une escorte militaire, trop nombreuse pour une suite d'honneur, et trop faible pour une armée défensive. Six mille Dalmatiens, la fleur des légions impériales, avaient ordre de marcher de Ravenne à Rome, à travers un pays ouvert, occupé par la redoutable multitude des Barbares. Ces braves légionnaires, environnés et trahis, payèrent de leur vie l'imprudence du ministère : Valens, leur général, se sauva du champ de bataille suivi de cent soldats; et un des ambassadeurs, qui n'était plus autorisé à réclamer la protection du droit des gens, se vit réduit à racheter sa liberté au prix de trente mille pièces d'or. Cependant Alaric, au lieu de s'offenser de cette impuissante hostilité, renouvela ses propositions de paix; et la seconde ambassade du sénat romain, soutenue et relevée par la présence d'Innocent, évêque de Rome, évita les dangers de la route par la protection d'un détachement de l'armée des Barbares (1).

Olympius (2) aurait peut-être encore insulté long-

---

(1) Zozime, l. v, p. 360, 361, 362. L'évêque évita, en restant à Ravenne, les calamités qui menaçaient la ville. Orose, l. vii, c. 39, p. 573.

(2) Relativement aux aventures d'Olympius et de ses successeurs au ministère, *voyez* Zozime, l. v, p. 363, 365, 366; et Olympiodore, *ap. Phot.*, 180, 181.

temps au juste ressentiment d'un peuple qui l'accusait hautement d'être l'auteur des calamités publiques ; mais les intrigues secrètes du palais minaient sourdement sa puissance. Les eunuques favoris firent passer le gouvernement d'Honorius et de l'empire, à Jovius, préfet du prétoire, serviteur sans aucun mérite, qui ne compensa point par la fidélité de son attachement les fautes et les malheurs de son administration. L'exil ou la fuite du coupable Olympius le réservèrent à de nouvelles vicissitudes de fortune ; il fut quelque temps exposé à tous les incidens d'une vie errante et obscure, remonta ensuite au faîte des grandeurs, tomba une seconde fois dans la disgrâce, et eut les oreilles coupées ; il expira enfin sous les coups de fouet, et son supplice ignominieux offrit un doux spectacle au ressentiment des amis de Stilichon. Après la retraite d'Olympius, dont un des vices était le fanatisme religieux, les hérétiques et les païens furent délivrés de la proscription impolitique qui les excluait de toutes les dignités de l'État. Le brave Gennerid, soldat d'extraction barbare (1),

---

(1) Zozime (l. v, p. 364) raconte cette circonstance avec une satisfaction visible, et célèbre le caractère de Gennerid comme le dernier qui fit honneur au paganisme expirant. Le concile de Carthage n'était pas de cette opinion lorsqu'il députa quatre évêques à la cour de Ravenne pour se plaindre d'une loi nouvellement publiée, qui exigeait que toutes les conversions au christianisme fussent libres et volontaires. *Voyez* Baronius, *Annal. ecclesiast.*, A. D. 409, n° 12 ; A. D. 410, n°s 47, 48.

qui suivait encore le culte de ses ancêtres, avait été forcé de quitter le baudrier militaire ; et, quoique l'empereur l'eût assuré plusieurs fois lui-même que les hommes de son rang et de son mérite ne devaient point se regarder comme compris dans la loi ; il refusa toute dispense particulière, et persévéra dans une disgrâce honorable, jusqu'au moment où il arracha à l'embarras du gouvernement romain un acte de justice générale. La conduite de Gennerid dans la place importante de maître général de la Dalmatie, de la Pannonie, de la Norique et de la Rhétie, qui lui fut donnée ou rendue, sembla ranimer la discipline et l'esprit de la république. Les troupes, oisives et manquant de tout, reprirent leurs exercices et retrouvèrent en même temps une subsistance assurée ; et sa générosité suppléa souvent aux récompenses que leur refusait l'avarice ou la pauvreté de la cour de Ravenne. La valeur de Gennerid, redoutée des Barbares voisins, devint le plus ferme boulevard de la frontière d'Illyrie, et ses soins vigilans procurèrent à l'empire un renfort de dix mille Huns, qui vinrent des confins de l'Italie, suivis d'un tel convoi de munitions et de bœufs et de moutons, qu'ils auraient suffi, non-seulement pour la marche d'une armée, mais pour l'établissement d'une colonie. Mais la cour et les conseils d'Honorius offraient toujours le spectacle de la faiblesse, de la division, de la corruption et de l'anarchie. Les gardes, excités par le préfet Jovius, se révoltèrent, et demandèrent la tête de deux généraux et des deux principaux eunuques. Les généraux, trompés par une promesse perfide de leur sauver la vie, furent envoyés à bord d'un vaisseau et exécutés secrètement, tandis que la faveur dont jouissaient les eunuques leur procura un exil commode et sûr à Milan et à Constantinople. L'eunuque Eusèbe et le Barbare Allobich succédèrent au commandement de la chambre et des gardes, et ces ministres subordonnés périrent tous deux victimes de leur mutuelle jalousie. Par les ordres insolens du comte des domestiques, le grand chambellan expira sous les baguettes en présence de l'empereur étonné; et lorsque, peu de temps après, Allobich fut assassiné au milieu d'une procession publique, Honorius fit paraître pour la première fois de sa vie quelques lueurs de courage et de ressentiment; mais, avant de succomber, Eusèbe et Allobich avaient contribué, pour leur part, à la chute de l'empire, en arrêtant la conclusion du traité que, par des motifs personnels et peut-être coupables, Jovius avait négocié avec Alaric dans une entrevue sous les murs de Rimini. Durant l'absence de Jovius, l'empereur se laissa persuader de prendre un ton de hauteur et de dignité inflexible qui ne convenait ni à sa situation ni à son caractère. Il fit expédier en son nom une lettre au préfet du prétoire, qui lui accordait la permission de disposer des richesses publiques, mais par laquelle Honorius refusait dédaigneusement de prostituer les honneurs militaires de l'empire aux orgueilleux désirs d'un Barbare. On communiqua imprudemment cette lettre à Alaric; et le roi des

Goths, qui s'était comporté avec décence et modération durant tout le cours de la négociation, exhala dans les termes les plus outrageans un vif ressentiment contre ceux qui insultaient si gratuitement sa personne et sa nation. Les conférences de Rimini furent brusquement rompues, et le préfet Jovius se vit forcé, à son retour à Ravenne, d'adopter et même d'encourager les opinions alors en faveur à la cour. Les principaux officiers de l'État et de l'armée furent obligés, d'après son avis et par son exemple, de jurer que, sans égard aux circonstances, sans écouter aucune condition de paix, ils continueraient une guerre perpétuelle et implacable contre l'ennemi de la république. Cet imprudent engagement mit un obstacle insurmontable à toute nouvelle négociation. On entendit déclarer aux ministres d'Honorius que, s'ils n'avaient invoqué dans leur serment que le nom de la Divinité, ils pourraient encore consulter l'intérêt de la sûreté publique, et se confier à la miséricorde du Tout-Puissant; mais qu'ayant juré par la tête sacrée de l'empereur, qu'ayant touché de la main, dans une cérémonie solennelle, le siége auguste de la sagesse et de la majesté, ils s'exposeraient, en violant leur engagement, aux peines temporelles du sacrilége et de la rebellion (1).

---

(1) Zozime, l. v, p. 367, 368, 369. Cet usage de jurer par la tête, la vie, la sûreté ou le génie du souverain, était très-ancien en Égypte et en Scythie. (*Genèse*, XLII, 15.) L'adulation le fit bientôt passer chez les Césars; et Ter-

Tandis que l'orgueil opiniâtre de l'empereur et de sa cour se soutenait à l'abri des fortifications et des marais impénétrables de Ravenne, ils abandonnaient Rome sans défense au ressentiment d'Alaric. Telle était encore cependant la modération réelle ou affectée du roi des Goths que, tandis qu'il s'avançait avec son armée le long de la voie Flaminienne, il envoya successivement les évêques des différentes villes d'Italie pour réitérer ses offres de paix, et conjurer l'empereur de sauver Rome et ses habitans des flammes et du fer des Barbares (1). La ville évita cette affreuse calamité, non par la sagesse d'Honorius, mais par la prudence ou par l'humanité du roi des Goths, qui se servit, pour s'emparer de Rome, d'un moyen plus doux, mais non moins efficace. Au lieu d'assaillir la capitale, il dirigea ses efforts contre le port d'Ostie, un des plus étonnans ouvrages de la magnificence romaine (2). Les acci-

Second siége de Rome par les Goths. A. D. 409.

---

tullien se plaint de ce que, dans son temps, ce serment était le seul pour lequel les Romains affectassent de conserver du respect. *Voyez* l'élégante Dissertation de l'abbé Massieu sur les sermens de l'antiquité, *Mém. de l'Acad. des Inscript.*, t. 1, p. 208, 209.

(1) Zozime, l. v, p. 368, 369. J'ai adouci les expressions d'Alaric, qui s'étend trop pompeusement sur l'histoire de Rome.

(2) *Voy.* Suét., *in Claud.*, c. 20; Dion-Cass., l. LX, 949, édit. Reimar; et la vive description de Juvénal, satire XII, 75, etc. Dans le seizième siècle, tandis que les restes du port d'Auguste étaient encore visibles, les antiquaires en

dens auxquels la subsistance précaire de la capitale était continuellement exposée, en hiver, par les dangers de la navigation, avaient suggéré au génie du premier des Césars l'utile dessein qui s'exécuta sous le règne de l'empereur Claude. Les môles artificiels qui en formaient la passe étroite, s'avançaient dans la mer et repoussaient victorieusement la violence des vagues ; tandis que les plus gros vaisseaux étaient en sûreté à l'ancre dans trois bassins vastes et profonds, qui recevaient la branche septentrionale du Tibre à environ deux milles de l'ancienne colonie d'Ostie (1). Le port des Romains était insen-

---

esquissèrent le plan (*voyez* d'Anville ; *Mém. de l'Acad. des Inscript.*, t. XXX, p. 198); et ils déclarèrent avec enthousiasme que tous les monarques de l'Europe réunis ne parviendraient point à exécuter un pareil ouvrage. Bergier, *Hist. des grands chemins des Romains*, t. II, p. 356.

(1) *Ostia tiberina.* (*Voyez* Cluvier, *Italia antiqua*, l. III, p. 870-879.) Les deux bouches du Tibre étaient séparées par l'île sacrée, triangle équilatéral dont les côtés étaient évalués à environ deux milles. La colonie d'Ostie était placée immédiatement au-delà du bras gauche ou méridional de la rivière ; et le port au-delà du bras droit ou septentrional ; et la distance entre leurs restes, selon la carte de Cingolani, est d'un peu plus de deux milles. Du temps de Strabon, le sable et la vase avaient presque bouché le port d'Ostie ; le progrès de cette même cause a augmenté l'étendue de l'île sainte, et insensiblement Ostie et le port se sont trouvés à une distance considérable du rivage. Les canaux à sec, *fiumi morti*, et les vastes marais, *stagno di Ponente, di Levante*, marquent les retraites de la rivière et les efforts de la mer. Consultez, sur l'état de cette plage

siblement devenu une ville épiscopale (1), où l'on déposait les grains de l'Afrique dans de vastes greniers pour l'usage de la capitale. Dès qu'Alaric se fut rendu maître de cette place importante, il somma les Romains de se rendre à discrétion, en leur déclarant que sur leur refus, ou même sur leur délai, il ferait détruire à l'instant les magasins d'où dépendait la subsistance de leur ville. L'orgueil du sénat fut contraint de céder aux clameurs du peuple et à la terreur de la famine. Il consentit à placer un nouvel empereur sur le trône du méprisable Honorius, et le suffrage du victorieux Alaric donna la pourpre à Attale, préfet de la ville. Ce monarque reconnaissant nomma son protecteur maître général des armées de l'Occident. Adolphe, avec le rang

---

triste et solitaire, l'excellente carte de l'État ecclésiastique, par les mathématiciens de Benoît XIV, une vue de l'état présent de l'*Agro romano*, en six feuilles, par Cingolani, qui contient cent treize mille huit cent dix-neuf *rubbia*, environ cinq cent soixante-dix mille acres; et la grande carte topographique d'Ameti, en huit feuilles.

(1) Dès le troisième siècle (Lardner, *Crédibilité de l'Évangile*, part. 2, vol. III, p. 89-92), ou du moins dès le quatrième (*Carol. à sancto Paulo, Notit. eccles.*, p. 47), le port de Rome était devenu une ville épiscopale, qui a été démolie, à ce qu'il paraît, dans le neuvième siècle, par le pape Grégoire IV, au temps des incursions des Arabes. Elle se trouve aujourd'hui réduite à une auberge, une église, et une maison ou palais de l'évêque, qui est un des six cardinaux de l'Église romaine. *Voyez* Eschinard, *Descrizione di Roma et dell' Agro romano*, p. 328.

de comte des domestiques, obtint la garde de la personne du nouvel empereur; et les deux nations semblèrent réunies par l'alliance et par l'amitié (1).

Attale élu empereur par les Goths et les Romains.

Les portes de la ville s'ouvrirent, et Attale se rendit, environné d'un corps de Barbares, au milieu d'une pompe tumultueuse, au palais d'Auguste et de Trajan. Après avoir distribué à ses favoris et à ses partisans les honneurs civils et militaires, le nouveau monarque convoqua une assemblée du sénat, où il annonça, dans un discours grave et pompeux, le dessein de rétablir la majesté de la république, et de réunir les provinces de l'Égypte et de l'Orient, auxquelles Rome avait si long-temps donné des lois. Ces promesses extravagantes, faites par un usurpateur sans expérience et sans talens pour la guerre, excitèrent le mépris de tous les citoyens sensés, qui regardaient son élévation comme l'injure la plus humiliante que l'arrogance des Barbares eût encore osé faire à la république; mais la populace applaudissait avec sa légèreté ordinaire à un changement de maître, et le mécontentement public favorisait le rival d'Honorius. Les sectaires, persécutés par ses édits, espéraient trouver un appui ou du moins quelque indulgence chez un prince qui, né en Ionie, avait été élevé dans la religion païenne, et qui avait

---

(1) Relativement à l'élévation d'Attale, consultez Zozime, l. vi, p. 377-380; Sozomène, l. 9, c. 8, 9; Olympiodore, *apud. Phot.*, p. 180, 181; Philostorgius, l. xii, c. 3; et Godefroy, *Dissertat.*, p. 470.

depuis reçu le baptême des mains d'un évêque arien (1). Les commencemens du règne d'Attale s'annoncèrent d'une manière favorable. On envoya un officier de confiance avec un faible corps de troupes, pour assurer l'obéissance de l'Afrique. Presque toute l'Italie céda à la terreur qu'inspiraient les armes des Barbares ; la ville de Bologne se défendit avec opiniâtreté et avec succès ; mais le peuple de Milan, irrité peut-être de l'absence d'Honorius, accepta avec acclamation le choix du sénat. A la tête d'une armée formidable, Alaric conduisit son captif couronné presque jusqu'aux portes de Ravenne ; et une ambassade des principaux ministres, de Jovius, préfet du prétoire, de Valens, maître de la cavalerie et de l'infanterie, du questeur Potamius et de Julien, le premier des notaires, se rendit au camp des Goths. Ils offrirent, au nom de leur souverain, de reconnaître pour légitime l'élection de son compétiteur, et de partager entre les deux empereurs les provinces de l'Italie et de l'Occident. Leurs propositions furent rejetées avec mépris ; et Attale, affectant une clémence plus insultante que le refus, daigna promettre que si Honorius avait la sagesse de renoncer volontairement à la pourpre, il lui

---

(1) Nous pouvons admettre le témoignage de Sozomène relativement au baptême arien d'Attale, et celui de Philostorgius relativement à son éducation païenne. La joie visible de Zozime et le mécontentement qu'il impute à la famille Anicienne, ne font pas présumer favorablement du christianisme du nouvel empereur.

permettrait de passer tranquillement le reste de sa vie dans quelque île éloignée (1). La situation du fils de Théodose paraissait en effet si désespérée à ceux qui connaissaient le mieux ses forces et ses ressources, que Jovius et Valens, son ministre et son général, trahirent sa confiance, désertèrent indignement la cause expirante de leur bienfaiteur, et vouèrent à son heureux rival leurs infidèles services. Effrayé de ces exemples de trahison, Honorius tremblait à l'approche de tous ses serviteurs, à l'arrivée de tous les messagers. Il craignait sans cesse que quelque ennemi secret ne se glissât dans sa capitale, dans son palais et jusque dans son appartement; il tenait des vaisseaux prêts dans le port de Ravenne, pour le transporter, au besoin, dans les États de son neveu, l'empereur d'Orient.

<small>Attale est dégradé par Alaric. A. D. 410.</small>

Mais il existe, dit l'historien Procope, une Providence (2) qui protége l'innocence et la sottise; et elle ne pouvait raisonnablement refuser son secours à Honorius. Au moment où, incapable d'une entreprise sage ou hardie, il méditait une fuite honteuse, un renfort de quatre mille vétérans entra dans le port de Ravenne. L'empereur confia la garde des

---

(1) Il porta l'insolence jusqu'à déclarer qu'il ferait mutiler Honorius avant de l'envoyer en exil; mais cette assertion de Zozime est contredite par le témoignage plus impartial d'Olympiodore. Il impute cette proposition odieuse à la bassesse et peut-être à la perfidie de Jovius, et assure qu'elle fût absolument rejetée par Attale.

(2) Procope, *de Bell. vandal.*, l. 1, c. 2.

murs et des portes de la ville à ces braves étrangers, dont la fidélité n'était point corrompue par les intrigues de la cour ; et son sommeil cessa d'être troublé par la crainte d'un danger intérieur et imminent. Les nouvelles favorables qui arrivèrent d'Afrique changèrent l'opinion publique et l'état des affaires. Les troupes et les officiers envoyés par Attale dans cette province avaient été défaits et massacrés. Le zèle actif d'Héraclien maintenait l'obéissance des peuples soumis à son gouvernement. Il envoya une somme d'argent considérable pour assurer la fidélité des gardes impériales ; par sa vigilance à arrêter l'exportation d'huile et de grains, Rome éprouva la famine, et le mécontentement du peuple fit naître le tumulte et les séditions. Le mauvais succès de l'expédition d'Afrique devint la source de plaintes mutuelles et de récriminations entre les partisans d'Attale. Son protecteur se dégoûta insensiblement d'un prince qui manquait de talens pour commander, et de docilité pour obéir. Il adoptait les mesures les plus imprudentes sans en donner connaissance à Alaric, ou même contre son avis ; et le refus que le sénat fit d'admettre cinq cents Barbares au nombre des troupes qui s'embarquèrent, annonça une méfiance aussi imprudente dans la circonstance qu'elle était d'ailleurs peu généreuse. Jovius, nouvellement élevé au rang de patrice, enflamma par ses artifices le ressentiment du roi des Goths, et voulut ensuite excuser cette double perfidie en assurant qu'il n'avait feint d'abandonner le service d'Honorius que pour détruire plus facilement le parti de son rival. Dans une vaste plaine, auprès de Rimini, et en présence d'une multitude innombrable de Romains et de Barbares, Attale fut publiquement dépouillé de la pourpre et du diadême. Alaric envoya ces ornemens de la royauté au fils de Théodose, en signe de paix et d'amitié (1). Ceux des officiers qui rentrèrent dans le devoir reprirent leurs emplois, et le repentir le plus tardif ne resta point sans récompense ; mais l'empereur dégradé, moins sensible à la honte qu'au désir de conserver sa vie, demanda la permission de marcher dans le camp des Goths à la suite d'un Barbare hautain et capricieux (2).

Troisième siége et sac de Rome. A. D. 410, août 24.

La déposition d'Attale faisait cesser le seul obstacle réel qui pût s'opposer à la conclusion de la paix ; et Alaric s'avança jusqu'à trois milles de Ravenne, pour fixer l'irrésolution des ministres impériaux, dont ce retour de fortune avait ranimé l'insolence. Il apprit avec indignation que Sarus, l'un des chefs des Goths et son rival, ennemi personnel d'Adolphe et animé d'une haine héréditaire contre la maison

---

(1) *Voyez* la cause et les circonstances de la chute d'Attale, dans Zozime, l. VI, p. 380-383 ; Sozomène, l. IX, c. 8 ; Philostorgius, l. XII, c. 3. Les deux amnisties (*Cod. Theod.*, l. IX, tit. 38, leg. 11, 12) qui furent publiées le 12 février et le 8 d'août, A. D. 410, sont évidemment relatives à cet usurpateur.

(2) *In hoc, Alaricus, imperatore facto, infecto, refecto ac defecto...... mimum risit, et ludum spectavit imperii.* Orose, l. VII, c. 42, p. 582.

des Balti, était reçu dans le palais. A la tête de trois cents guerriers, cet intrépide Barbare sortit des portes de Ravenne, surprit et tailla en pièces un nombreux corps de Goths, rentra dans la ville en triomphe, et obtint la permission d'insulter son adversaire par un héraut, qui annonça publiquement que le crime d'Alaric le rendait irrévocablement indigne de l'alliance et de l'amitié de l'empereur (1). Les calamités de Rome expièrent, pour la troisième fois, les fautes et l'extravagance de la cour de Ravenne. Le roi des Goths, ne dissimulant plus le désir du pillage et de la vengeance, parut sous les murs de Rome à la tête de son armée, et le sénat tremblant se prépara, sans espoir de secours, à retarder du moins, par une résistance désespérée, la destruction de la capitale; mais on ne put défendre Rome contre la secrète conspiration des esclaves et des domestiques, que la naissance ou l'intérêt attachait au parti des Barbares. A minuit, ils ouvrirent sans bruit la porte Salarienne, et les habitans se réveillèrent au bruit redouté de la trompette des Goths. Onze cent soixante-trois ans après la fondation de Rome, cette cité impériale, qui avait soumis

---

(1) Zozime, l. vi, p. 384; Sozomène, l. ix, c. 9; Philostorgius, l. xii, c. 3. Dans cet endroit, le texte de Zozime se trouve mutilé, et nous avons perdu le reste de son sixième et dernier livre, qui finissait par le sac de Rome. Quoique cet historien puisse être accusé de partialité et de crédulité, nous ne nous en voyons point privé sans quelque regret.

et policé la plus grande partie de la terre, fut livrée à la fureur effrénée des Scythes et des Germains (1).

<small>Respect des Goths pour la religion chrétienne.</small>

Cependant la proclamation d'Alaric, au moment où il pénétra en vainqueur dans la ville, fit voir qu'il n'était point dépourvu des sentimens de religion et d'humanité. En encourageant ses soldats à s'emparer sans scrupule des biens qui devenaient le prix de leur valeur, et à s'enrichir des dépouilles d'un peuple opulent et efféminé, il leur recommanda d'épargner la vie des citoyens désarmés, et de respecter les églises des saints apôtres, de saint Pierre et de saint Paul, comme des asiles et des sanctuaires inviolables. Au milieu des horreurs d'un tumulte nocturne, plusieurs Goths firent admirer le zèle d'une conversion récente; et les écrivains ecclésiastiques rapportent, et peut-être avec quelques embellissemens, plusieurs exemples de leur piété et de leur modération (2). Tandis que les Barbares parcouraient la

---

(1) *Adest Alaricus, trepidam Romam obsidet, turbat, irrumpit.* Orose, l. VII, c. 39, p. 573. Il raconte en sept mots ce grand événement; mais il remplit des pages entières de la dévotion des Goths. J'ai tiré d'une histoire invraisemblable de Procope, les circonstances qui m'ont paru avoir quelque air de probabilité. (Procope, *de Bell. vandal.*, l. I, c. 2.) Il suppose que la ville fut prise tandis que les sénateurs dormaient après leur dîner; mais saint Jérôme, dont le témoignage a beaucoup d'autorité, assure, avec plus de vraisemblance, que ce fut dans la nuit : *Nocte Moab capta est; nocte cecidit murus ejus.* Tome I, page 121, *ad Principiam.*

(2) Orose (l. VII, c. 39, p. 573-576) applaudit à la piété

ville pour satisfaire leur avidité, un de leurs chefs força la maison d'une vierge âgée qui avait dévoué sa vie au service des autels. Il lui demanda, sans lui faire aucune insulte, tout l'or et tout l'argent qu'elle possédait, et fut étonné de la complaisance avec laquelle cette vierge le conduisit à un endroit où se trouvaient cachés un grand nombre de vases d'or et d'argent massif du travail le plus exquis. Le Barbare, saisi de joie et d'admiration, contemplait la riche proie qu'il venait d'acquérir, lorsque la vénérable gardienne le reprit gravement en ces termes : « Ces vases consacrés appartiennent à saint Pierre; si vous osez y toucher, c'est sur vous que tombera le sacrilége : quant à moi, je n'ose point garder ce que je ne suis pas en état de défendre. » Le capitaine des Goths, saisi d'une frayeur religieuse, fit savoir à son roi ce qu'il venait de découvrir, et Alaric lui envoya l'ordre de transporter, sans dommage et sans délai, tous les vases et tous les ornemens consacrés dans l'église de Saint-Pierre. Une pieuse procession de soldats goths, portant dévotement sur leur tête les

---

des Goths chrétiens, sans paraître réfléchir que le plus grand nombre était de la secte d'Arius. Jornandès (c. 30, p. 653) et Isidore de Séville (*Chron.*, p. 714, édit. Grot.), qui étaient fort attachés au parti des Goths, ont répété et embelli ces histoires édifiantes. Selon Isidore, on entendit dire à Alaric lui-même qu'il faisait la guerre aux Romains et non pas aux saints apôtres : tel était le style du septième siècle. Deux cents ans plus tôt, le mérite et la gloire étaient attribués au Christ et non pas à ses apôtres.

vases d'or et d'argent, parcourut, à travers les principales rues de Rome, la longue distance qui se trouve entre l'extrémité du mont Quirinal et le Vatican ; ils marchaient environnés et protégés par un fort détachement de leurs compatriotes en ordre de bataille, l'épée à la main, et mêlant leurs cris de guerre aux chants de la psalmodie religieuse. Une foule de chrétiens sortaient des maisons voisines pour suivre cette édifiante procession, et des fugitifs de tout âge, de tout rang, et même de toutes les sectes, eurent le bonheur de se sauver dans le sanctuaire protecteur de l'église du Vatican. Saint Augustin composa son savant ouvrage sur la Cité de Dieu pour justifier les voies de la Providence dans la destruction de la grandeur romaine. Il célèbre particulièrement ce mémorable triomphe du Christ, et insulte ses adversaires en les défiant de lui citer un exemple d'une ville prise d'assaut, où les divinités fabuleuses de l'antiquité aient été capables de se sauver elles-mêmes ou de protéger leurs crédules prosélytes (1).

Pillage et incendie de Rome.

C'est avec justice qu'on applaudit à de rares et extraordinaires exemples de vertus donnés par les Barbares dans le sac de Rome; mais l'enceinte sacrée du Vatican et les églises des apôtres ne pouvaient contenir qu'une petite portion du peuple romain. Des milliers de soldats, et principalement les Huns qui suivaient les drapeaux d'Alaric, ne connaissaient

---

(1) *Voyez* saint Augustin, *de Civit. Dei*, l. 1, c. 1-6. Il cite les exemples de Troie, de Syracuse et de Tarente.

ni la foi ni peut-être le nom du Christ; et nous pouvons même présumer, sans manquer à la charité ou à la bonne foi, que dans ces momens de licence et de désordre, où les passions enflammées avaient la force de se satisfaire, les Goths chrétiens ne se conduisirent pas tous selon les préceptes de l'Évangile. Les écrivains les plus disposés à exagérer leur clémence, avouent qu'un grand nombre de Romains furent massacrés (1), et que les rues étaient remplies de cadavres que la consternation générale laissait sans sépulture. Le désespoir des citoyens se changeait quelquefois en fureur; et lorsque les Barbares éprouvaient la moindre résistance, le châtiment s'étendait jusque sur le faible et sur l'innocent désarmé. Quarante mille esclaves exercèrent, sans pitié et sans remords, leur vengeance personnelle; et les traitemens ignominieux qu'ils avaient reçus furent expiés par le sang des familles les plus coupables ou les

---

(1) Saint Jérôme, t. 1, p. 121, *ad Principiam*. Il applique au sac de Rome les expressions énergiques de Virgile:

*Quis cladem illius noctis, quis funera fando,
Explicet?* etc.

Procope (l. 1, c. 2) affirme que les Goths massacrèrent un grand nombre de Romains. Saint Augustin (*de Civit. Dei*, l. 1, c. 12, 13) offre aux chrétiens des motifs de consolation pour la mort de ceux dont les cadavres; *multa corpora*, restèrent sans sépulture, *in tantâ strage*. Baronius a tiré des écrits des différens pères de l'Église quelques lumières sur le pillage de Rome. *Annal. eccles.*, A. D. 410, n°s 16-44.

plus accusées de cruauté envers eux. Les matrones et les vierges de Rome essuyèrent des insultes plus affreuses pour la chasteté que la mort même; et l'historien ecclésiastique nous a conservé d'une d'entre elles un exemple de vertu qu'il offre à l'admiration de la postérité (1). Une dame romaine, d'une grande beauté et d'une piété orthodoxe, avait enflammé par sa vue les désirs impétueux d'un jeune Barbare, que Sozomène a grand soin de nous faire connaître pour un arien. Irrité de sa résistance, il tira son épée, et, avec la colère d'un amant, lui fit au cou une blessure légère. L'héroïne vit couler son sang, mais n'en continua pas moins à braver le ressentiment et à repousser les entreprises de son ravisseur, qui, renonçant enfin à d'inutiles efforts, la conduisit respectueusement dans le sanctuaire du Vatican: il donna même six pièces d'or aux gardes de l'église, à condition qu'ils la rendraient à son mari sans lui faire la moindre insulte. Ces traits de courage et de gé-

---

(1) Sozomène, l. ix, c. 10. Saint Augustin (*de Civ. Dei*, l. 1, c. 17) assure que quelques vierges ou matrones se donnèrent la mort pour éviter d'être violées; et quoiqu'il admire leur courage, ses opinions théologiques le forcent à blâmer leur présomptueuse imprudence. Peut-être le bon évêque d'Hippone crut-il trop facilement à des actes d'héroïsme qu'il blâmait avec trop de sévérité. Les vingt vierges, supposé qu'elles aient existé, qui se jetèrent dans l'Elbe lorsque Magdebourg fut pris d'assaut, ont été multipliées au nombre de douze cents. *Voy.* l'*Hist. de Gustave-Adolphe*, par Harte, v. 1, p. 308.

nérosité ne se multiplièrent pas à un certain point. La brutale lubricité des soldats consulta peu les devoirs et l'inclination de leurs captives., et les casuistes agitèrent sérieusement une question assez singulière. Il s'agissait de décider si les victimes violées, malgré leurs efforts pour s'en défendre, avaient perdu, par un crime commis sans leur consentement, la glorieuse couronne de la virginité (1). Les Romains essuyèrent des pertes d'un genre moins arbitraire et d'un intérêt plus général. On ne peut supposer que tous les Barbares fussent continuellement disposés au crime du viol ; et le manque de jeunesse, de beauté ou de chasteté, mettait beaucoup de Romaines à l'abri de la violence : mais l'avarice est une passion universelle et insatiable, dont les succès peuvent procurer toutes les sortes de jouissances que les hommes sont capables de désirer. Dans le pillage de Rome, l'or et les diamans obtinrent une juste préférence, comme offrant une plus grande valeur que tous les

---

(1) *Voyez* saint Augustin, *de Civit. Dei*, l. 1, c. 16-18. Il traite ce sujet avec beaucoup d'attention ; et après avoir admis qu'il ne peut point y avoir de crime sans consentement, il ajoute : *Sed quia non solùm quod ad dolorem, verùm etiam quod ad libidinem pertinet, in corpore alieno perpetrari potest, quicquid tale factum fuerit, etsi retentam constantissimo animo pudicitiam non excutit, pudorem tamen incutit, ne credatur factum cùm mentis etiam voluntate, quod fieri fortassè sine carnis aliquâ voluptate non potuit.* Dans le chapitre 18 il fait quelques distinctions curieuses entre la virginité morale et la virginité physique.

autres objets sous un volume et un poids beaucoup moins considérables ; mais lorsque les plus diligens eurent enlevé ces richesses portatives, on en vint bientôt à dépouiller brutalement les palais de leurs magnifiques et coûteux ameublemens. L'argenterie et les robes de pourpre et de soie étaient jetées en tas dans les chariots qui suivaient l'armée des Goths ; les plus parfaits chefs-d'œuvre de l'art étaient brisés par maladresse ou détruits par plaisir. On fondit des statues pour en retirer le métal ; et plus d'une fois, dans le partage du butin, des vases furent mis en morceaux d'un coup de hache d'armes. L'acquisition de ces richesses ne servit qu'à enflammer l'avidité des Barbares ; et ils employaient les menaces, les mauvais traitemens et les tortures, pour forcer les citoyens à découvrir l'endroit qui recélait leurs trésors (1). L'apparence du luxe et de la dépense leur faisait supposer une grande fortune, et ils attribuaient l'apparence de la pauvreté à l'avarice ou à l'économie. L'obstination avec laquelle quelques Romains avaient souffert les traitemens les plus cruels avant de trahir le dépôt de leurs richesses, devint funeste à des mal-

---

(1) Marcella, Romaine également distinguée par son rang, par son âge et par sa piété, fut renversée à terre et inhumainement battue et fouettée : *Cæsam fustibus flagellisque*, etc. Saint Jérôme, tome 1, p. 121, *ad Principiam*. (*Voy.* saint Augustin, *de Civ. Dei*, l. 1, c. 10.) Le moderne *Sacco di Roma*, p. 208, donne une idée des différentes tortures que l'on faisait souffrir aux prisonniers pour découvrir leurs trésors.

heureux que les Barbares faisaient expirer sous les coups de fouet pour les forcer à déclarer des trésors imaginaires. Les Goths détruisirent ou mutilèrent quelques édifices de Rome ; mais le dommage a été fort exagéré. En entrant par la porte Salarienne, ils mirent le feu aux premières maisons pour éclairer leur marche et distraire l'attention des citoyens. Les flammes, que personne ne s'occupait d'éteindre, consumèrent pendant la nuit des bâtimens publics et particuliers ; et les ruines du palais de Salluste (1) offraient encore, du temps de Justinien, un vaste monument des fureurs et de l'incendie des Goths (2). Cependant un historien de ce siècle a observé que le feu pouvait difficilement consumer des couvertures et des poutres de cuivre massif, et que les efforts des

---

(1) L'historien Salluste, qui pratiquait utilement les vices qu'il a censurés avec éloquence, employa les dépouilles de la Numidie à embellir son palais et ses jardins sur le mont Quirinal. L'endroit où il était situé est occupé aujourd'hui par l'église de Sainte-Susanne, séparée par une seule rue des bains de Dioclétien, et peu éloignée de la porte Salarienne. *Voyez* Nardini, *Roma antica*, p. 192, 193 ; et le grand Plan de Rome moderne, par Nolli.

(2) Les expressions de Procope sont claires et modérées, *de Bell. vandal.*, l. 1, c. 2. La Chronique de Marcellin paraît s'exprimer trop fortement, *partem urbis Romæ cremavit* ; et les expressions de Philostorgius, εν ερειπιοις δε της πολεος κειμενης (l. XII, c. 3), donnent une idée fausse et exagérée. Bargæus a composé une Dissertation particulière pour prouver que les édifices de Rome ne furent point détruits par les Goths et par les Vandales.

hommes étaient insuffisans pour détruire les fondemens des anciens édifices. Peut-être sa dévote assertion n'est-elle pas tout-à-fait dénuée de vérité, lorsqu'il affirme que la colère du ciel suppléa à la faiblesse des Barbares, et que la foudre réduisit en poussière le Forum de Rome et les statues des dieux et des héros dont il était décoré (1).

<small>Captifs et fugitifs.</small>

Quel que puisse être le nombre des plébéiens ou des membres de l'ordre équestre qui perdirent la vie dans les massacres de Rome, on assure qu'un seul sénateur périt par le fer des Barbares (2); mais il n'est pas aisé de calculer la multitude de ceux qui,

---

(1) Orose, l. II, c. 19, p. 143. Il semblerait désapprouver toutes sortes de statues ; *vel Deum vel hominem mentiuntur*. Elles représentaient les rois d'Albe et de Rome depuis Énée, les Romains qui s'étaient illustrés par les armes ou par les arts, et les Césars qu'on avait mis au rang des dieux. Le nom de *Forum*, dont il se sert, est un peu équivoque, puisqu'il en existait cinq principaux ; mais comme ils étaient tous contigus les uns aux autres dans la plaine qui est environnée par les monts Capitolin, Quirinal, Esquilin et Palatin, on peut les regarder comme ne faisant qu'un seul *forum*. Voyez la *Roma antiqua* de Donat, p. 162-201 ; et la *Roma antica* de Nardini, p. 212-273. La première est plus utile pour les anciennes descriptions, et la seconde pour la topographie actuelle.

(2) Orose (l. II, c. 19, p. 142) compare la cruauté des Gaulois à la clémence des Goths. *Ibi vix quemquam inventum senatorem, qui vel absens evaserit; hic vix quemquam requiri, qui forte ut latens perierit.* Mais cette antithèse a un air de recherche qui ne ressemble point à la vérité; et Socrate (l. VII, c. 10) affirme, peut-être tout aussi fausse-

d'un état aisé et honorable, furent réduits en un instant à la situation cruelle de captifs et d'exilés. Comme l'argent était pour les Barbares d'un usage beaucoup plus utile que les esclaves, ils fixèrent la rançon de leurs prisonniers indigens à un prix modique souvent payé par leurs amis ou par la bienfaisance des étrangers (1). Les captifs vendus en plein marché ou par convention particulière, auraient pu reprendre légalement leur liberté, qu'un citoyen ne pouvait ni perdre ni aliéner (2); mais on sentit bientôt qu'en usant de ce droit, les Romains courraient risque de leur vie, et que les Goths, en perdant l'espoir de vendre des prisonniers qui leur étaient inutiles, pourraient être tentés de les massacrer. Un réglement sage dans la circonstance avait déjà modifié la jurisprudence civile, en ordonnant qu'ils seraient esclaves durant cinq ans pour acquitter, par leurs travaux, le prix de leur rançon (3). Les nations qui envahirent l'empire romain avaient chassé devant elles, en Italie, une multitude d'habitans

---

ment, qu'un grand nombre de sénateurs furent massacrés après avoir souffert les plus cruelles tortures.

(1) *Multi.... christiani in captivitatem ducti sunt* (saint Augustin, *de Civit. Dei*, l. 1, c. 14); et les chrétiens ne furent pas plus maltraités que les autres.

(2) *Voyez* Heineccius, *Antiq. juris roman.*, t. 1, p. 96.

(3) Appendix, *Cod. Theod.*, XVI; in Sirmond, *opera*, t. 1, p. 735. Cet édit fut publié le 11 décembre, A. D. 408, et annonce plus de sagesse qu'on ne pouvait en attendre des ministres d'Honorius.

de provinces affamés et tremblans, et redoutant plus la famine que l'esclavage. Les calamités de Rome et de l'Italie firent chercher à leurs habitans les refuges les plus sûrs, les plus éloignés et les plus solitaires. Tandis que la cavalerie des Goths répandait la terreur et la dévastation sur les côtes de la Campanie et de la Toscane, la petite île d'Igilium, séparée par un canal étroit du promontoire Argentarien, repoussa ou éluda leurs attaques; et à une si petite distance de Rome, une foule de citoyens trouvèrent leur sûreté dans les forêts de ce canton écarté (1). Les vastes patrimoines qu'un grand nombre de sénateurs possédaient en Afrique, offrirent un asile à ceux qui eurent le temps et la prudence de fuir la désolation de leur patrie. Parmi ces fugitifs, on remarqua surtout la noble et pieuse Proba (2),

---

(1) *Eminùs Igilii sylvosa cacumina miror,*
Quem fraudare nefas laudis honore suæ;
Hæc proprios nuper tutata est insula saltus;
Sive loci ingenio, seu Domini genio.
Gurgite cum modico victricibus obstitit armis,
Tanquam longinquo dissociata mari.
Hæc multos lacerâ suscepit ab urbe fugatos,
Hîc fessis, posito certa timore salus.
Plurima terreno populaverat æquora bello,
Contra naturam classe timendus eques,
Unum, mira fides, vario discrimine portum!
Tam propè Romanis, tam procul esse Getis.
Rutilius, in Itiner., l. 1, 325.

L'île est connue aujourd'hui sous le nom de Giglio. *Voy.* Cluvier, *Ital. antiq.*, l. 11, p. 502.

(2) Comme les aventures de Proba et de sa famille sont

veuve du préfet Petronius. Après la mort de son mari, le plus puissant des sujets de Rome, elle était demeurée à la tête de la famille Anicienne, et avait défrayé de sa fortune particulière les dépenses des consulats de ses trois fils. Lorsque les Goths assiégèrent et emportèrent la capitale, Proba, supportant avec une résignation chrétienne la perte de ses immenses richesses, s'embarqua dans un petit vaisseau, d'où elle vit, en naviguant, les flammes qui consumaient son magnifique palais. Elle se réfugia sur les côtes d'Afrique, accompagnée de sa fille Læta et de sa petite-fille, vierge célèbre, connue sous le nom de Demetrias. La générosité avec laquelle cette respectable matrone distribua les revenus et le prix de ses domaines, adoucit l'infortune des exilés et des captifs; mais la famille même de Proba ne fut point à l'abri de l'avide oppression du comte Héraclien, qui, par un honteux trafic, prostituait aux désirs ou aux vues intéressées des mar-

---

liées avec la vie de saint Augustin, Tillemont s'est appliqué avec beaucoup de soin à les éclaircir (*Mém. ecclés.*, t. XIII, p. 626-635). Quelque temps après leur arrivée en Afrique, Demetrias prit le voile, et fit vœu de virginité. On regarda cet événement comme très-intéressant pour Rome et pour le monde chrétien. Tous les saints écrivirent à Demetrias des lettres de félicitation. Celle de saint Jérôme existe encore (t. 1, p. 62-73, *ad Demetriad., de servandâ Virginitate*). C'est un mélange de raisonnemens absurdes, de déclamations véhémentes et de faits assez curieux, dont quelques-uns sont relatifs au siège et au pillage de Rome.

chands de Syrie l'alliance des plus nobles filles des familles romaines. Les Italiens fugitifs se dispersèrent dans les provinces le long des côtes de l'Égypte et de l'Asie; jusqu'à Constantinople et Jérusalem; et le village de Bethléem, la résidence solitaire de saint Jérôme et de ses nouvelles converties, se trouva rempli d'illustres mendians des deux sexes et de tous les âges, qui excitaient la compassion par le souvenir de leur ancienne opulence (1). L'affreuse catastrophe de Rome répandit dans tout l'empire la crainte et la douleur. Le contraste touchant de la grandeur et de la misère disposait le peuple à exagérer le malheur de la reine des cités. Le clergé, qui appliquait aux événemens récens les métaphores orientales des prophètes, était quelquefois tenté de confondre la destruction de la capitale avec la dissolution du globe.

Sac de Rome par les troupes de Charles-Quint.

Il existe chez tous les hommes un penchant à se grossir les malheurs du temps où ils vivent, et à s'en dissimuler les avantages. Cependant, lorsque le calme fut un peu rétabli, les plus savans et les plus judicieux des écrivains contemporains furent obligés d'avouer que le dommage réel occasioné par les Goths était fort au-dessous de celui que Rome avait souffert dans son enfance (2), lorsque les Gau-

---

(1) *Voyez* les lamentations pathétiques de saint Jérôme, t. v, p. 400, dans sa préface au second livre de ses Commentaires sur le prophète Ezéchiel.

(2) Orose établit cette comparaison sans pouvoir cepen-

lois s'en étaient emparés. L'expérience de onze siècles a fourni à la postérité un parallèle bien plus singulier, et elle peut affirmer avec confiance que les ravages des Barbares qu'Alaric conduisit des bords du Danube en Italie, furent bien moins funestes à la ville de Rome que les hostilités exercées dans cette même ville par les troupes de Charles-Quint, qui s'intitulait prince catholique et empereur des Romains (1). Les Goths évacuèrent la ville au bout de six jours; mais Rome fut, durant neuf mois, la victime des impériaux, et chaque jour, chaque heure était marquée par quelque acte abominable de cruauté, de débauche ou de rapine. L'autorité d'Alaric mettait quelques bornes à la licence de cette

---

dant se dépouiller de toute partialité théologique (l. II, c. 19, p. 142; l. VII, c. 39, p. 575). Mais dans l'histoire de la prise de Rome par les Gaulois tout est incertain et peut-être fabuleux. *Voyez* Beaufort, sur l'*Incertitude*, etc.; *de l'Histoire romaine*, p. 356; et Melot, *Mémoires de l'Acad. des Inscript.*, t. XV, p. 1-21.

(1) Le lecteur qui désire connaître les circonstances de ce fameux événement, peut lire l'excellent récit du docteur Robertson, *Hist. de Charles-Quint*, vol. II, p. 283; ou consulter *gli Annali d'Italia*, du savant Muratori, t. XIV, p. 230-244, édit. *in-8°*. S'il veut examiner les originaux, il peut avoir recours au dix-huitième livre de la grande, mais incomplète histoire de Guicciardini. Au reste, l'ouvrage qui mérite le mieux le titre d'authentique et d'original, est un petit livre intitulé *il Sacco di Roma*, composé environ un mois après le pillage de la ville, par le frère de l'historien Guicciardini, qui paraît avoir été magistrat habile et écrivain impartial.

multitude farouche qui le reconnaissait pour son chef et son monarque ; mais le connétable de Bourbon avait glorieusement perdu la vie à l'attaque des murs, et la mort du général ne laissait plus aucun frein ni aucune discipline dans une armée composée de trois nations différentes, d'Italiens, d'Allemands et d'Espagnols. Dans le commencement du seizième siècle, les mœurs de l'Italie présentaient le modèle le plus accompli de la dépravation humaine, et la réunion des crimes sanguinaires des nations sauvages aux vices qui naissent parmi les nations civilisées de l'abus du luxe et des arts. Les aventuriers qui, oubliant tous les sentimens du patriotisme et les préjugés de la superstition, assaillirent le palais du pontife romain, doivent être considérés comme les plus scélérats des Italiens. A cette époque, les Espagnols étaient la terreur de l'Ancien et du Nouveau-Monde : mais un orgueil farouche, une avide rapacité, une cruauté implacable, ternissaient l'éclat de leur haute valeur. Infatigables à la poursuite de l'or et de la renommée, ils avaient perfectionné, par la pratique, les méthodes les plus féroces de torturer leurs prisonniers. Parmi les Castillans qui pillèrent Rome, il se trouvait sans doute des familiers de l'inquisition, et peut-être quelques volontaires nouvellement arrivés du Mexique. Les Allemands étaient moins corrompus que les Italiens, moins cruels que les Espagnols ; et l'aspect rustique ou même sauvage de ces guerriers ultramontains déguisait souvent un caractère facile et compatissant : mais, dans la prémière ferveur d'une réformation récente, ils avaient adopté l'esprit aussi bien que les principes de Luther. Ils se plaisaient à insulter les catholiques et à détruire les objets consacrés aux cérémonies de leur religion ; ils se livraient sans remords et sans pitié à leur pieuse haine contre le clergé de toutes les classes et de toutes les dénominations, qui compose la plus grande partie des habitans de Rome moderne, et leur zèle fanatique aspirait peut-être à renverser le trône de l'antechrist, pour purifier par le feu et par le sang les abominations de la Babylone spirituelle (1).

La retraite des Goths victorieux, qui évacuèrent Rome le sixième jour (2), pouvait être motivée par la prudence ; mais elle ne fut probablement pas l'effet de la crainte (3). A la tête d'une armée chargée de riches et pesantes dépouilles, l'intrépide Alaric s'a-

Alaric se retire de Rome et ravage l'Italie. A. D. 410, août 29.

---

(1) Bossuet (*Hist. des Variations des Églises protestantes*; l. 1, p. 20-36) a attaqué vigoureusement la disposition fougueuse de Luther, effet du tempérament et de l'enthousiasme ; et Seckendorf (*Commentaire du luthéranisme*) l'a défendu faiblement (l. 1, n° 78, p. 120 ; et l. III, n° 122, p. 556).

(2) Marcellin dans sa *Chronique*. Orose (l. VII, c. 39, p. 575) assure qu'il quitta Rome le troisième jour ; mais cette différence peut aisément être conciliée par les mouvemens successifs des différens corps d'une grande armée.

(3) Socrate (l. VII, p. 10) prétend, sans aucune apparence de vérité ou de raison, qu'Alaric se retira à la hâte en apprenant que les armées de l'empire d'Orient étaient en marche pour venir l'attaquer.

vança, le long de la voie Appienne, dans les provinces méridionales de l'Italie, détruisant tout ce qui osait s'opposer à son passage, et se contentant de piller les pays qui ne lui offraient aucune résistance. Nous ignorons quel fut le sort de Capoue, l'orgueilleuse et voluptueuse capitale de la Campanie, qui, bien que déchue de son ancienne grandeur, passait encore pour la huitième ville de l'empire (1), tandis que Nole, située dans ses environs (2), a été illustrée dans cette occasion par la sainteté de Paulin (3), qui fut successivement consul, moine, et enfin évêque. A l'âge de quarante ans, il renonça aux richesses, aux honneurs, et aux plaisirs de la société et de la littérature, pour embrasser une vie de solitude et de pénitence; les vifs applaudissemens du clergé l'encouragèrent à mépriser les

---

(1) Ausone, *de claris Urbibus*, p. 233, édit. Toll. Le luxe de Capoue avait autrefois surpassé celui de Sybaris. Voyez *Athénée Deipnosophist.*, l. XII, p. 528, édit. Casaubon.

(2) Quarante-huit ans après la fondation de Rome, environ huit cents ans avant l'ère chrétienne, les Toscans bâtirent Capoue et Nole, à la distance de vingt-trois milles l'une de l'autre; mais la dernière de ces villes ne s'éleva jamais au-dessus d'un état de médiocrité.

(3) Tillemont (*Mém. ecclés.*, t. XIV, p. 1-146) a compilé avec son activité ordinaire tout ce qui a rapport à la vie ou aux écrits de saint Paulin, dont la retraite est célébrée dans ses propres écrits, et par les louanges de saint Ambroise, saint Jérôme, saint Augustin et Sulpice-Sévère, ses contemporains et ses amis.

reproches de ses amis mondains, qui attribuaient une conduite si extraordinaire à quelque indisposition du corps ou de l'esprit (1). La dévotion passionnée qu'il portait depuis long-temps à saint Félix le détermina à fixer son humble résidence dans un des faubourgs de Nole, près de la tombe miraculeuse de ce saint, que la piété publique avait déjà environnée de cinq églises vastes et fréquentées. Saint Paulin dévoua les restes de sa fortune et de ses talens au service du glorieux martyr. Il ne manquait jamais de célébrer le jour de sa fête par un hymne solennel. Il fit construire et lui dédia une sixième église plus magnifique que les autres, et ornée d'un grand nombre de tableaux dont le sujet était tiré de l'Ancien et du Nouveau-Testament. Un zèle si assidu lui assura la faveur du saint (2), ou au moins celle du peuple. Après quinze ans de retraite, le consul romain fut forcé d'accepter l'évêché de Nole, peu de mois avant l'époque où cette ville fut investie par les troupes d'Alaric. Durant le siége, quelques personnages

---

(1) *Voyez* les Lettres affectueuses d'Ausone (*epist.* 19-25, p. 650-698, édit. Toll.) à son collègue, son ami et son disciple saint Paulin. La religion d'Ausone est encore un problème. *Voyez* les *Mém. de l'Acad. des Inscript.*, tome XV, p. 123-138. Je crois qu'elle n'était pas moins un problème durant sa vie, et conséquemment qu'il était païen dans le cœur.

(2) L'humble saint Paulin eut une fois la présomption d'avouer qu'il croyait être aimé de saint Félix au moins comme un homme aime son petit chien.

pieux se persuadèrent qu'ils avaient aperçu en songe ou en vision la figure divine de leur saint protecteur. Cependant l'événement prouva que saint Félix manquait ou de pouvoir ou de volonté pour sauver son ancien troupeau. Nole essuya sa part de la dévastation générale (1), et son évêque captif ne dut son salut qu'à sa réputation d'innocence et de pauvreté. Depuis l'invasion de l'Italie par Alaric jusqu'à la retraite volontaire des Goths sous la conduite d'Adolphe, son successeur, ils furent, durant plus de quatre ans, les maîtres de l'Italie, et régnèrent despotiquement sur un pays qui, au jugement des anciens, réunissait tous les avantages de la nature et toutes les perfections de l'art. Le degré de prospérité auquel l'Italie était parvenue dans le siècle heureux des Antonins, avait, à la vérité, décliné avec la gloire de l'empire. Les fruits d'une longue paix périrent sous la main grossière des Barbares, peu susceptibles de goûter les élégantes délicatesses d'un luxe destiné aux doux et polis habitans de l'Italie. Chaque soldat cependant se faisait assigner une ample portion de solides approvisionnemens, tels que le grain, les troupeaux, l'huile et le vin, qui venaient tous les jours s'engloutir dans le camp des Goths ; et les chefs allaient piller les maisons de campagne et les jardins situés sur la délicieuse côte de Campanie,

<small>Les Goths possèdent l'Italie depuis l'année 408 jusqu'en 412.</small>

---

(1) *Voyez* Jornandès, *de Reb. get.*, c. 30, p. 653 ; Philostorgius, l. XII, c. 3 ; saint Augustin, *de Civ. Dei*, l. I, c. 10 ; Baronius, *Annal. eccles.*, A. D. 410, n°ˢ 45, 46.

précédemment habités par Lucullus ou par Cicéron. Leurs captifs tremblans, fils et filles de sénateurs romains, présentaient, dans des vases d'or et de pierres précieuses, le vin de Falerne à leurs orgueilleux vainqueurs étendus de toute la longueur de leurs vastes corps à l'ombre des platanes (1) industrieusement entrelacés, de manière à préserver des rayons brûlans du soleil, sans intercepter sa vivifiante chaleur. Ces jouissances étaient encore relevées par le souvenir de leurs dangers et de leurs travaux ; la comparaison de leur pays natal, des mornes et stériles collines de la Scythie et des bords glacés de l'Elbe et du Danube, ajoutait pour eux de nouveaux charmes aux délices de l'Italie (2).

---

(1) Le platane ou plane était l'arbre favori des anciens ; ils le multiplièrent, à raison de son ombrage, depuis l'Orient jusque dans la Gaule. Pline, *Hist. nat.*, XII, 3 ; 4, 5. Il en cite plusieurs d'une taille énorme, un entre autres dans une maison de campagne impériale à Velletri, que Caligula appelait son nid. Ses branches mettaient à l'abri une vaste table et toute la suite de l'empereur, que Pline nomme finement *pars umbræ*, expression qui pouvait aussi bien convenir à Alaric.

(2) *The prostrate South to the destroyer yields*
Her boasted titles, and her golden fields :
With grim delight the brood of winter view
A brighter day ; and skies of azure hue ;
Scent the new fragrance of the opening rose,
And quaff the pendant vintage as it grows.

« Le Midi consterné céda aux dévastateurs ses titres de gloire et ses champs dorés. Le fils de l'Hiver vit pour la première fois, avec une hideuse expression de plaisir, un

Mort d'Alaric.
A. D. 410.

Quel qu'ait été l'objet d'Alaric, la gloire, la conquête ou les richesses, il le poursuivit avec une ardeur infatigable, sans se rebuter des revers ou se laisser amollir par les succès. A peine eut-il atteint l'extrémité de l'Italie, qu'il tourna ses regards sur l'île fertile et paisible qui en est voisine. Le roi des Goths ne considérait cependant la possession de la Sicile que comme le premier pas vers l'importante expédition qu'il méditait déjà contre l'Afrique. Le détroit de Reggio à Messine (1) a douze milles de longueur, et, dans sa moindre largeur, à peu près un mille et demi de traversée. Les monstres fabuleux de la mer, les rochers de Scylla et le gouffre de Charybde, ne pouvaient effrayer que les plus timides et les plus ignorans des mariniers. Cependant, après l'embarquement de la première division des Goths, il s'éleva une tempête qui dispersa et engloutit une partie des bâtimens de transport. Les dangers de ce

---

jour brillant et des cieux teints d'azur; pour la première fois il sentit le parfum de la rose nouvellement épanouie, et savoura le jus de la grappe pendante sur le cep. »

Voy. les Poëmes de Gray, publiés par M. Mason, p. 197. Au lieu de compiler des tables chronologiques et d'histoire naturelle, pourquoi M. Gray n'a-t-il pas employé son génie à achever ce poëme philosophique, dont il nous a laissé un si précieux échantillon?

(1) On trouve une excellente description du détroit de Messine, de Charybde et de Scylla, dans Cluvier, *Italia antiq.*, l. IV, p. 1293; et *Sicil. antiq.*, l. I, p. 60-76. Il a soigneusement étudié les anciens, et examiné avec exactitude l'état actuel du pays.

nouvel élément triomphèrent du courage des Barbares; et la mort prématurée d'Alaric, arrivée à la suite d'une courte maladie, déconcerta l'entreprise et termina ses conquêtes. Les Goths déployèrent toute leur férocité dans les honneurs funèbres qu'ils rendirent à un héros dont ils célébrèrent la valeur et les succès par leurs lugubres applaudissemens. A force de travaux, leurs nombreux captifs détournèrent le cours du Busentin, petite rivière qui baigne les murs de Consentia. Après avoir construit au milieu de son lit, mis à sec, le sépulcre de leur général, orné des dépouilles et des trophées de Rome, ils y firent rentrer les eaux; et, pour que l'endroit qui recélait le corps du victorieux Alaric fût à jamais un secret, ils massacrèrent inhumainement tous les prisonniers qu'ils avaient employés à l'exécution de cet ouvrage (1).

L'embarras du moment suspendit les animosités personnelles et les rivalités héréditaires des Barbares; ils placèrent, d'une voix unanime, le brave Adolphe sur le trône de son beau-frère Alaric. Rien ne peut donner au lecteur une idée plus juste du caractère et du système politique de ce nouveau roi des Goths, que sa conversation avec un des premiers citoyens de la ville de Narbonne, qui, dans un pélerinage qu'il fit à la Terre-Sainte, la rendit à saint Jérôme en présence de l'historien Orose. « Dans la confiance qu'inspirent la valeur et la victoire, dit Adolphe,

Adolphe, roi des Goths, fait la paix avec l'empire, et marche dans la Gaule. A. D. 412.

---

(1) Jornandès, *de Reb. get.*, c. 30, p. 654.

j'ai fait autrefois le projet de changer la face de l'univers, d'en effacer le nom des Romains, d'élever le royaume des Goths sur leurs ruines, et d'acquérir, comme Auguste, la gloire immortelle de fondateur d'un nouvel empire ; mais l'expérience m'a peu à peu convaincu qu'il faut des lois pour maintenir la constitution d'un État, et que le caractère indocile et féroce des Goths n'est point susceptible de se soumettre à la contrainte salutaire d'un gouvernement civil. Dès ce moment, je me suis fait un autre plan de gloire et d'ambition, et mon plus sincère désir est aujourd'hui de faire en sorte que la postérité reconnaissante loue le mérite d'un étranger qui employa la valeur des Goths, non pas à renverser, mais à défendre l'empire romain et à maintenir sa prospérité (1). » D'après ces vues pacifiques, le nouveau monarque des Goths suspendit les opérations de la guerre, et négocia sérieusement un traité d'alliance avec la cour impériale. Les ministres d'Honorius, qui se trouvaient dégagés de leur vœu absurde par la mort d'Alaric, avaient le plus grand intérêt à délivrer l'Italie de l'intolérable oppression des Goths, qui consentirent avec joie à servir contre les tyrans et les Barbares dont les provinces au-delà des Alpes

---

(1) Orose, l. VII, c. 43, p. 584, 585. Saint Augustin l'envoya, en 415, d'Afrique en Palestine, visiter saint Jérôme, et le consulter relativement à la controverse de Pélage.

étaient infestées (1). Adolphe, devenu général des Romains, dirigea sa marche de l'extrémité de la Campanie vers les provinces méridionales de la Gaule. Ses troupes en arrivant occupèrent, de gré ou de force, les villes de Narbonne, de Toulouse et de Bordeaux ; et, quoique repoussées des murs de Marseille par le comte Boniface, elles étendirent bientôt leurs quartiers depuis la Méditerranée jusqu'à l'Océan. Les malheureux habitans de la province se plaignaient avec raison que ces prétendus alliés leur enlevaient le peu qui était échappé à la cupidité des ennemis. Cependant on ne manquait pas de prétextes spécieux pour pallier ou même pour justifier les violences des Goths. Les villes de la Gaule qu'ils attaquaient pouvaient être considérées comme rebelles au gouvernement d'Honorius. Adolphe avait toujours pour excuse de ses usurpations apparentes les articles du traité ou les instructions secrètes de la cour impériale ; et on pouvait toujours, avec une sorte de vérité, imputer à l'indocilité inquiète et indisciplinable des Barbares les actes d'hostilité irréguliers qui n'étaient point légitimés par le succès. Le luxe de l'Italie avait moins servi à adoucir la férocité des Goths qu'à amollir leur courage ; ils

---

(1) Jornandès suppose, sans beaucoup de probabilité, qu'Adolphe revint à Rome et la pilla une seconde fois, *more locustarum erasit.* Il convient cependant, avec Orose, que le roi des Goths conclut un traité avec Honorius. *Voyez* Orose, l. vii, c. 43 ; p. 584, 585 ; Jornandès, *de Reb. get.* c. 31, p. 654, 655.

avaient adopté les vices des nations civilisées, sans en imiter les arts ou les institutions (1).

Mariage d'Adolphe avec la princesse Placidie. A. D. 414.

Les protestations d'Adolphe étaient probablement sincères, et l'ascendant qu'une princesse romaine prit sur le cœur et sur l'esprit du monarque des Goths, devint un garant de sa fidélité pour les intérêts de l'empire. Placidie (2), fille du grand Théodose et de sa seconde femme Galla, avait été élevée dans le palais de Constantinople; mais les événemens dont est remplie sa vie se trouvent liés avec les révolutions qui agitèrent l'empire d'Occident sous le règne de son frère Honorius. Lorsque Rome fut investie pour la première fois par Alaric, Placidie, âgée d'environ vingt ans, habitait la capitale; et la facilité avec laquelle cette princesse consentit à la mort de Sérène, sa cousine, pourrait la faire soupçonner d'une ingratitude et d'une cruauté que, selon les circonstances qui accompagnèrent cette action, sa jeunesse peut ou excuser ou aggraver (3). Les Barbares retinrent la sœur d'Honorius en captivité

---

(1) La retraite des Goths hors de l'Italie, et leurs premières opérations dans la Gaule, sont obscures et douteuses. J'ai tiré beaucoup de secours de Mascou (*Hist. des anciens Germains*, l. VIII, c. 29, 35, 36, 37). Il a éclairci et lié les chroniques interrompues et les fragmens de ces temps-là.

(2) *Voyez* ce qui a rapport à Placidie dans Ducange, *Fam. byzant.*, p. 72; et Tillemont, *Hist. des Emper.*, t. V, p. 260-386, etc.; t. VI, p. 240.

(3) Zozime, l. V, p. 350.

où en ôtage (1); mais, quoique forcée de parcourir l'Italie avec l'armée des Barbares, elle fut toujours traitée avec les égards et le respect dus à son sexe et à son rang. Jornandès fait l'éloge de la beauté de Placidie; mais le silence expressif des courtisans de cette princesse peut faire raisonnablement douter des grâces de sa figure. Cependant sa haute naissance, sa jeunesse, l'élégance de ses manières et les adroits moyens d'insinuation qu'elle ne dédaigna point d'employer, firent une impression profonde dans le cœur d'Adolphe; et le monarque des Goths eut l'ambition de devenir le frère de l'empereur. Les ministres d'Honorius rejetèrent dédaigneusement la proposition d'une alliance si honteuse pour la fierté romaine, et pressèrent à plusieurs reprises le renvoi de Placidie comme une condition indispensable du traité de paix : mais la fille de Théodose se soumit sans répugnance aux désirs d'un conquérant jeune et intrépide, qui, ne le cédant à Alaric que par la taille et par la force du corps, l'emportait sur son prédécesseur par les avantages séduisans de la grâce et de la beauté. Le mariage d'Adolphe et de Placidie (2) fut consommé avant que les Goths évacuassent

---

(1) Zozime, l. vi, p. 383; Orose, l. vii, c. 40, p. 576. Les Chroniques de Marcellin et d'Idatius semblent supposer que les Goths n'emmenèrent Placidie qu'après le dernier siège et le sac de Rome.

(2) *Voyez* les portraits d'Adolphe et de Placidie, et les détails de leur mariage, dans Jornandès, *de Reb. get.*, c. 31, p. 654, 655. Quant à l'endroit où cette union fut con-

l'Italie ; et ils célébrèrent la fête ou peut-être l'anniversaire de leur union dans la maison d'Igenuus, un des plus illustres citoyens de Narbonne. La princesse, vêtue comme une impératrice, s'assit sur un trône élevé ; et le roi des Goths, habillé, dans cette cérémonie, à la romaine, se plaça à côté d'elle sur un siége moins éminent. Les dons qu'il offrit à son épouse, selon l'usage des Barbares, étaient composés des plus magnifiques dépouilles du pays de Placidie (1). Cinquante jeunes hommes de la plus belle figure et vêtus de robes de soie, portaient un bassin

---

tractée, célébrée ou consommée, les manuscrits de Jornandès ne sont point d'accord, et ils nomment deux villes proche l'une de l'autre, Forli et Imola (Forum Livii et Forum Cornelii). Il est aisé de concilier l'historien des Goths avec Olympiodore. (*Voyez* Mascou, l. viii, c. 36.) Mais Tillemont prend de l'humeur, et prétend qu'il est inutile de chercher à concilier Jornandès avec un bon auteur.

(1) Les Visigoths, sujets d'Adolphe, mirent depuis des bornes à la prodigalité de l'amour conjugal. Un mari ne pouvait légalement faire des dons ou des constitutions au profit de sa femme dans la première année de son mariage, et sa libéralité ne pouvait, dans aucun temps, passer la dixième partie de sa fortune. Les Lombards furent un peu plus indulgens. Ils permettaient le *morning-cap* le lendemain de la consommation du mariage ; et ce don fameux, la récompense de la virginité, pouvait être du quart de la fortune du mari. Quelques épousées prenaient, à la vérité, la précaution de stipuler la veille un présent qu'elles savaient ne pas mériter. *Voyez* Montesquieu, *Esprit des Lois*, l. xix, c. 25; Muratori, *delle Antichità italiane*, t. i, Dissertazion. xx, p. 243.

dans chaque main : l'un était rempli de pièces d'or, et l'autre de pierreries d'un prix inestimable. Attale, si long-temps le jouet de la fortune et des Goths, conduisait le chœur qui faisait entendre le chant d'hyménée, et cet empereur déposé aspirait peut-être à la gloire d'être regardé comme un habile musicien. Les Barbares jouissaient avec orgueil de leur triomphe, et les habitans du pays se félicitaient d'une alliance qui, par l'influence de l'amour et de la raison, pourrait adoucir la fierté du Barbare qu'ils avaient pour maître (1).

Les cent bassins remplis d'or et de diamans que Placidie reçut le jour de la fête nuptiale, n'étaient qu'une très-petite partie des trésors de son mari, dont l'histoire des successeurs d'Adolphe offre quelques échantillons assez extraordinaires. On trouva dans leur palais de Narbonne, lorsque les Francs le pillèrent dans le sixième siècle, soixante gobelets ou calices, quinze patènes pour l'usage de la communion, vingt boîtes ou coffres pour conserver les saintes Écritures : tous ces objets étaient d'or massif, enrichis de pierres d'un grand prix. Le fils de Clovis distribua ces richesses sacrées (2) aux églises

Trésor des Goths.

---

(1) Nous devons le détail de cette fête nuptiale à l'historien Olympiodore, *apud* Photium, p. 185-188.

(2) *Voyez* dans la grande Collection des historiens de France, par dom Bouquet, t. II, Grég. de Tours, l. III, c. 10, p. 191; *Gesta regum Francorum*, c. 23, p. 557. L'écrivain anonyme suppose, avec une ignorance digne de son siècle, que ces instrumens du culte des chrétiens avaient

VI. 7

de ses États ; et sa pieuse libéralité semble inculper les Goths de quelque sacrilége. Leur conscience devait être plus tranquille sur la possession du fameux *missorium*, un plat d'une grandeur extraordinaire, d'or massif du poids de cinq cents livres, destiné au service de la table, d'une valeur inestimable par la main-d'œuvre et les diamans dont il était incrusté, et par la tradition qui le faisait regarder comme un présent du patrice Ætius, offert à Torismond, roi des Goths. Un des successeurs de Torismond acheta le secours du roi des Francs par la promesse de ce don magnifique. Lorsqu'il eut pris possession du trône d'Espagne, le prince goth le remit à regret aux ambassadeurs de Dagobert, mais le fit reprendre sur la route; et, après avoir long-temps négocié pour convenir d'une rançon, il donna la somme, relativement très-modique, de deux cent mille pièces d'or, et conserva le missorium comme le plus glorieux ornement du trésor des rois goths (1). Lorsque les Arabes conquirent l'Espagne et pillèrent ce trésor, ils trouvèrent une curiosité encore plus précieuse dont ils

---

appartenu au temple de Salomon. Si cette expression a quelque sens, elle signifierait qu'ils ont été enlevés dans le sac de Rome.

(1) Consultez les témoignages originaux dans les historiens de France, t. II; Frédegarii *scholastici Chron.*, c. 73, p. 441; Fredegar. *Fragment.* 3, p. 463; *Gesta regis Dagobert.*, c. 29, p. 587. L'avénement de Sisenand au trône d'Espagne date A. D. 631. Dagobert employa les deux cent mille pièces d'or à la fondation de l'église de Saint-Denis.

ont admiré et célébré la magnificence : c'était une table fort grande, formée d'une seule émeraude (1), entourée de trois rangs de perles, soutenue par trois cent soixante-cinq pieds d'or massif, incrustée de pierres précieuses, et estimée à la valeur de cinq cent mille pièces d'or (2). Une partie des trésors du roi des Goths pouvait provenir des dons de l'amitié ou des tributs de l'obéissance ; mais la principale avait sans doute été le fruit de la guerre, et consistait en dépouilles arrachées à l'empire et peut-être à la ville de Rome.

Lorsque les Goths eurent évacué l'Italie, on permit à quelque conseiller obscur de s'occuper, au milieu des factions du palais, à soulager les maux de ce pays désolé (3). Par un réglement sage et humain, les huit provinces qui avaient le plus souf-

Réglemens pour le soulagement de Rome et de l'Italie. A. D. 410-417.

---

(1) Le président Goguet (*Origine des Lois*, etc., t. II, p. 239) pense que ces émeraudes d'une grandeur si extraordinaire, les statues et les colonnes que l'antiquité prétend avoir existé en Égypte, à Cadix et à Constantinople, n'étaient que des compositions de cristal coloré. Le fameux plat d'émeraude que l'on montre à Gênes pourrait, à ce qu'on croit, confirmer ce soupçon.

(2) Elmacin, *Hist. Saracenica*, l. 1, p. 85; Roderic Tolet, *Hist. Arab.*, c. 9; Cardonne, *Hist. de l'Afriq. et de l'Espagne sous les Arabes*, t. 1, p. 83. On l'appelait la Table de Salomon, selon la coutume des Orientaux, qui attribuent à ce prince tous les ouvrages savans ou magnifiques de l'antiquité.

(3) Ces trois lois sont insérées dans le Code de Théodose, l. XI, tit. 28, leg. 7; l. XIII, tit. 2, leg. 12; l. XV, tit. 14;

fert, savoir, la Campanie, la Toscane, le Picenum ou Picentin, le Samnium, l'Apulie ou la Pouille, la Calabre, le Bruttium et la Lucanie ou Basilicate, obtinrent pour cinq ans une diminution de tributs ; celui qu'elles payaient ordinairement fut réduit à un cinquième, qu'on destina même à rétablir et à défrayer l'institution utile des postes publiques. Une autre loi accorda, avec une diminution de taxe, aux voisins ou aux étrangers qui voudraient les occuper, la possession des terres restées sans culture et sans habitans, et on les mit à l'abri des réclamations futures des propriétaires fugitifs. A peu près dans le même temps, les ministres d'Honorius publièrent en son nom une amnistie générale qui abolissait la mémoire de toutes les offenses *involontaires* commises par ses malheureux sujets durant les désordres et les calamités publiques. On s'appliqua avec un soin convenable et décent à la restauration de la capitale ; on encouragea les citoyens à reconstruire les édifices détruits ou endommagés par l'incendie, et on fit venir des côtes d'Afrique des secours extraordinaires de grains. L'espoir de l'abondance et des plaisirs rappela bientôt la foule qui avait fui si récemment l'épée des Barbares ; et Albinus, préfet de Rome, instruisit la cour, non sans quelque surprise et quelque inquiétude, du compte qu'on lui avait rendu en

---

lég. 14. Les expressions de la dernière sont d'autant plus remarquables, qu'elles contiennent non-seulement un pardon, mais une apologie.

un seul jour de l'arrivée de quatorze mille étrangers (1). En moins de sept ans, il ne resta presque plus de vestiges de l'invasion des Goths; et Rome, avec la tranquillité, reprit son ancienne splendeur; cette vénérable matrone replaça sur sa tête la couronne de lauriers que lui avaient enlevée les orages de la guerre, et se laissa amuser, jusqu'au moment de sa chute, par des prédictions de vengeance, de victoire et de domination éternelle (2).

Cette apparence de tranquillité fut bientôt troublée par l'approche d'une flotte ennemie qui s'avançait vers Rome du pays d'où ses habitans tiraient leur subsistance journalière. Héraclien, comte d'Afrique, dans les circonstances les plus critiques et les plus désespérées, avait soutenu, par ses fidèles services, le parti d'Honorius; entraîné à la révolte dans

Révolte et défaite d'Héraclien, comte d'Afrique. A. D. 413.

---

(1) Olympiodore, *apud* Photium, p. 188. Philostorgius (l. XII, c. 5.) observe que quand Honorius fit son entrée triomphale, il encouragea les Romains de la main et de la voix, χειρι και γλωττη, à rebâtir leur cité; et la Chronique de Prosper fait l'éloge d'Héraclien, *qui in Romanæ urbis reparationem strenuum exhibuerat ministerium.*

(2) La date du voyage de Claudius-Rutilius-Numatianus est embarrassée de quelques difficultés; mais Scaliger juge, d'après des observations astronomiques, qu'il quitta Rome le 24 septembre, et s'embarqua à Porto le 9 d'octobre A. D. 416. (*Voy.* Tillemont, *Hist. des Emper.*, t. v, p. 820.) Dans cet Itinéraire poétique, Rutilius (l. 1, 115, etc.) adresse à Rome ses félicitations :

Erige crinales lauros, seniumque sacrati
Verticis in virides, Roma, recinge comas, etc.

l'année de son consulat, il prit le titre d'empereur, et se prépara à envahir l'Italie à la tête des forces maritimes dont il avait rempli les ports de l'Afrique. Lorsqu'il jeta l'ancre à l'embouchure du Tibre, s'il est vrai que ses bâtimens fussent au nombre de trois mille deux cents, en y comprenant depuis la galère qu'il montait jusqu'aux plus faibles bateaux, sa flotte surpassait celle de Xerxès et d'Alexandre (1). Cependant cet armement, capable de renverser ou de rétablir le plus vaste empire de l'univers, ne procura que de faibles succès à l'usurpateur de l'Afrique. Dans sa marche depuis le port, sur la route qui conduit aux portes de Rome, un des généraux de l'empire vint à sa rencontre, l'attaqua et le mit en fuite. Le chef de cette puissante armée désespéra de sa fortune, abandonna ses amis et disparut avec un seul vaisseau (2). Lorsque Héraclien aborda dans le port de Carthage, la province, pleine de mépris pour un chef si pusillanime, était rentrée sous l'obéissance

---

(1) Orose composa son histoire en Afrique, deux ans après l'événement. Cependant l'improbabilité suffit pour contrebalancer son autorité. La Chronique de Marcellin suppose à Héraclien sept cents bâtimens et trois mille hommes. Ce dernier nombre est ridiculement altéré, mais le premier me paraît beaucoup plus raisonnable.

(2) La Chronique d'Idatius affirme, sans la plus légère apparence de probabilité, qu'il avança jusqu'à Otriculum dans l'Ombrie ; et qu'il fut défait dans une bataille avec perte de cinquante mille hommes.

d'Honorius. Le rebelle eut la tête tranchée dans l'ancien temple de la Mémoire, son consulat fut aboli (1), et l'on accorda le reste de sa fortune, qui ne montait qu'à quatre mille livres pesant d'or, au brave Constance, qui défendait déjà le trône qu'il partagea depuis avec son faible souverain. Honorius regardait avec indifférence les calamités de Rome et de l'Italie (2); mais les révoltes d'Attale et d'Héraclien, qui attaquaient sa sûreté personnelle, le tirèrent pour un moment de son indolence habituelle. Il ignora probablement les causes et les événemens qui l'avaient délivré de ces dangers; et l'Italie se trouvant débarrassée de ses ennemis étrangers et domestiques, il continua de végéter paisiblement dans le palais de Ravenne, tandis qu'au-delà des Alpes, ses lieutenans poursuivaient les usurpateurs, et remportaient des victoires au nom du fils de Théodose (3). Occupé d'un

---

(1) Voyez *Cod. Theod.*, 1. xv, tit. 14, leg. 13. Les actes légaux faits en son nom furent déclarés nuls, et jusqu'à la manumission des esclaves, qu'on obligea à se faire affranchir une seconde fois.

(2) J'ai dédaigné de raconter une histoire ridicule et probablement fausse. Procope (*de Bell. vandal.*, l. 1, c. 2) assure qu'Honorius fut alarmé de la perte de Rome jusqu'au moment où il s'assura qu'il ne s'agissait point d'un poulet favori auquel il donnait ce nom, et qu'il n'était question que de la capitale de son empire. Cependant ce conte prouve l'opinion publique.

(3) J'ai tiré tous mes éclaircissemens sur la vie de ces différens usurpateurs de six historiens contemporains, deux

récit intéressant et compliqué, il serait possible que j'oubliasse d'annoncer l'époque de sa mort; et je prendrai d'avance la précaution d'avertir qu'il survécut environ treize ans au dernier siége de Rome.

Révolution de la Gaule et de l'Espagne. A. D., 409-413. Constantin, revêtu de la pourpre par les légions de la Bretagne, avait eu des succès qui semblaient devoir assurer son usurpation. On reconnaissait sa puissance depuis le mur d'Antonin jusqu'aux colonnes d'Hercule; et, au milieu des désordres publics, il partageait le pillage de la Gaule et de l'Espagne avec les Barbares, dont la marche destructive n'était plus arrêtée ni par le Rhin ni par les Pyrénées. Souillé du sang d'un parent d'Honorius, il arracha de la cour de Ravenne, avec laquelle il entretenait une secrète correspondance, l'autorisation de ses prétentions criminelles. Constantin, s'étant engagé par serment à délivrer l'Italie des Goths, s'avança jusqu'aux rives du Pô; et après avoir donné plus d'alarmes que de secours à son pusillanime allié, il se retira précipitamment dans le palais d'Arles, pour célébrer, avec un luxe désordonné, un triomphe sans réalité. Mais sa prospérité passagère fut troublée et bientôt détruite par la révolte du comte Geron-

---

latins et quatre grecs. Orose, l. VII, c. 42, p. 581, 582, 583; Renatus-Profuturus-Frigeridus, *ap.* Grég. de Tours, l. II, c. 9; dans les historiens de France, tome II., p. 165, 166; Zozime, l. VI, p. 370, 371; Olympiodore, *apud* Photium, p. 180, 181, 184, 185; Sozomène, l. IX, c. 12-15; *Dissert.* de Godefroy, p. 477-481; et les quatre Chroniques de Prosper-Tyro, Prosper d'Aquitaine, Idatius et Marcellin.

tius, le plus brave de ses généraux, qui, durant l'absence de Constans, fils de Constantin, et déjà revêtu de la pourpre, commandait dans les provinces de l'Espagne. Au lieu de se placer lui-même sur le trône, Gerontius, par des raisons dont nous ne sommes pas instruits, disposa du diadême en faveur de son ami Maxime, qui fixa sa résidence à Tarragone, tandis que son actif général traversait les Pyrénées pour surprendre les deux empereurs, Constantin et Constans, avant qu'ils fussent préparés à se défendre. Le fils perdit à Vienne la liberté et la vie; et ce jeune infortuné eut à peine le loisir de déplorer la funeste élévation de sa famille, qui l'avait pressé ou forcé de commettre un sacrilége, en quittant la paisible obscurité de la vie monastique. Le père s'enferma dans Arles, et soutint un siége; mais la ville aurait infailliblement été prise par Gerontius, si une armée d'Italie ne fût venue promptement à son secours. Le nom d'Honorius et la proclamation de l'empereur légitime étonnèrent également les deux partis rebelles. Gerontius, abandonné de ses troupes, s'enfuit sur les frontières d'Espagne, et sauva son nom de l'oubli, par le courage vraiment romain qu'il fit paraître dans ses derniers momens. Au milieu de la nuit, un corps nombreux de ses perfides soldats environna et attaqua sa maison, qu'il avait fortement barricadée. N'ayant avec lui que sa femme, un intrépide Alain de ses amis, et quelques esclaves fidèles, il se servit avec tant de courage et d'adresse d'un amas de dards et de flèches, que trois cents des assaillans perdirent la vie. Au point du jour, toutes les armes étant épuisées, ses esclaves prirent la fuite, et Gerontius aurait pu les suivre, s'il n'eût été retenu par l'amour conjugal. Les soldats, irrités d'une défense si opiniâtre, mirent le feu aux quatre coins de la maison. Dans cette extrémité funeste, il se rendit aux pressantes instances du brave Alain, et lui abattit la tête. La femme de Gerontius, le suppliant de la délivrer d'une vie de misère et d'ignominie, tendit la gorge à ses coups. Cette scène tragique fut terminée par la mort du comte, qui, après s'être frappé trois fois inutilement de son épée, tira un court poignard et se l'enfonça dans le cœur (1). Maxime, abandonné de son protecteur, n'eut obligation de la vie qu'au mépris qu'inspirait sa faiblesse et à son incapacité. Le caprice des Barbares qui ravageaient l'Espagne, plaça une seconde fois sur le trône ce fantôme impérial ; mais ils l'abandonnèrent bientôt à la justice d'Honorius ; et l'usurpateur Maxime, après avoir servi de spectacle à la populace de Ravenne et de Rome, fut exécuté publiquement.

<small>Caractère et victoires du général Constance.</small> Le général Constance, dont l'approche avait fait lever le siége d'Arles et dissipé les troupes de Geron-

---

(1) Les louanges que Sozomène a données à cet acte de désespoir sont étranges et scandaleuses dans la bouche d'un ecclésiastique : il observe (p. 379) que la femme de Gerontius était chrétienne, et que sa mort fut digne de sa religion et digne d'une gloire immortelle.

tius, était né Romain; et cette distinction remarquable prouve à quel point les sujets de l'empire avaient dégénéré de leur ancien esprit militaire. Une force singulière et un grand air de majesté faisaient de ce général, dans l'opinion populaire, un digne prétendant au trône où il monta par la suite (1). Ses manières dans la société étaient affables et enjouées, et il ne dédaignait pas de jouter, dans la joie d'un festin, avec les pantomimes, qu'il savait imiter dans l'exercice de leur ridicule profession; mais quand la trompette guerrière l'appelait aux armes, lorsque, penché sur le cou de son cheval (car tel était son usage), Constance roulait autour de lui, avec un regard terrible, ses grands yeux pleins de feu, il frappait les ennemis de terreur, et ses soldats encouragés ne doutaient plus de la victoire. La cour de Ravenne l'avait chargé de faire rentrer dans la soumission les provinces rebelles de l'Occident; et le prétendu empereur Constantin, après quelques momens de répit troublés par la crainte, se vit assiégé une seconde fois dans sa capitale par un ennemi plus formidable. Cependant l'intervalle de ces deux siéges lui donna le temps de négocier un traité avec les

---

(1) Ειδος αξιον τυραννιδος est l'expression d'Olympiodore, qu'il paraît avoir tirée d'*Éole*, tragédie d'Euripide, dont il ne nous reste que des fragmens. (Euripid. Barnes, t. II, p. 443, vers 38.) Cette allusion annonce que les anciens poëtes tragiques étaient encore familiers aux Grecs du cinquième siècle.

Francs et les Allemands; et Édobic, son ambassadeur, revint bientôt à la tête d'une armée pour troubler les opérations du siége. Le général romain, au lieu d'attendre qu'on l'attaquât dans ses lignes, se détermina hardiment, et peut-être sagement, à passer le Rhône et à prévenir les Barbares. Ses dispositions furent conduites avec tant de secret et d'intelligence, que, tandis que l'infanterie de Constance les attaquait en tête, son lieutenant Ulphilas, qui avait gagné en silence un poste avantageux sur leurs derrières, les environna avec sa cavalerie, en fit un grand carnage, et détruisit toute leur armée. Les restes sauvèrent leur vie par la fuite ou par la soumission, et leur général Édobic trouva la mort dans la maison d'un ami perfide, qui se flattait d'obtenir du général de l'empire un présent magnifique pour récompense de sa trahison. Constance se conduisit dans cette occasion avec la magnanimité d'un vrai Romain. Réprimant tout sentiment de jalousie, il reconnut devant l'armée le mérite et le service important d'Ulphilas; mais il détourna ses regards avec horreur de l'assassin d'Édobic, et donna des ordres sévères pour que le camp ne fût pas souillé plus long-temps de la présence d'un misérable qui avait violé les lois de l'honneur et de l'hospitalité. L'usurpateur, qui du haut des murs d'Arles voyait anéantir sa dernière espérance, résolut de confier sa vie à un vainqueur si généreux. Après avoir exigé sûreté pour sa personne, et s'être fait donner, par l'imposition des mains, le caractère sacré d'ecclésiastique, il ouvrit les portes d'Arles; mais Constantin éprouva bientôt que les principes d'honneur et d'intégrité qui dirigeaient la conduite ordinaire de Constance, étaient subordonnés à la doctrine de la politique. Le général romain ne voulut pas, à la vérité, souiller ses lauriers du sang d'un rebelle; mais il fit partir, sous une forte garde, Constantin et son fils Julien pour l'Italie; et, avant d'arriver à Ravenne, ils rencontrèrent les ministres de la mort.

<small>Mort de l'usurpateur Constantin. A. D. 411, nov. 18</small>

Dans un temps où l'on convenait généralement qu'il se trouvait à peine un seul citoyen dans tout l'empire, dont le mérite personnel ne fût supérieur à celui des princes que le hasard de la naissance avait placés sur le trône, une foule d'usurpateurs se succédaient rapidement, sans réfléchir au sort de leurs prédécesseurs. Ce désordre se faisait particulièrement sentir dans les provinces de la Gaule et de l'Espagne, où les ravages de la guerre et l'esprit de révolte avaient anéanti tous les principes d'ordre et d'obéissance. Durant le quatrième mois du siége d'Arles, avant que Constantin eût quitté la pourpre, on apprit dans le camp impérial que Jovinus, couronné à Mayence, dans la Haute-Germanie, à l'instigation de Goar, roi des Alains, et de Guntiarius, roi des Bourguignons, s'avançait des bords du Rhin vers ceux du Rhône, à la tête d'une nombreuse armée de Barbares. La courte histoire du règne de Jovinus est extraordinaire et obscure dans toutes ses circonstances. On devait naturellement supposer qu'un gé-

<small>Chute des usurpateurs Jovinus, Sébastien et Attale. A. D. 411-416.</small>

néral habile et courageux, à la tête d'une armée victorieuse, ne craindrait point d'exposer au sort d'une bataille les droits légitimes d'Honorius. La retraite précipitée de Constance fut sans doute déterminée par de fortes raisons; mais il abandonna sans un seul combat la possession entière de la Gaule; et Dardanus, préfet du prétoire, est cité comme le seul magistrat qui ait refusé de se soumettre à l'usurpateur (1). Quand les Goths, deux ans après le siége de Rome, établirent leurs quartiers dans la Gaule, on pouvait croire que leurs inclinations ne seraient partagées qu'entre l'empereur Honorius, dont ils étaient récemment devenus les alliés, et Attale, monarque dégradé, qu'ils réservaient dans leur camp, à jouer, selon l'occasion, le personnage de musicien ou celui d'empereur. Cependant, dans un moment d'humeur dont on ne découvre ni la date ni la cause, Adolphe entra en pourparler avec l'usurpateur de la Gaule, et chargea Attale de l'humiliante commission de négocier un traité qui confirmait sa propre igno-

---

(1) Sidonius-Apollinaris, l. v, *epist.* 9, p. 139; et les notes de Sirmond, p. 58. Après avoir répandu le blâme sur l'*inconstance* de Constantin, la *facilité* de Jovinus et la *perfidie* de Gerontius, il observe que les vices de tous ces usurpateurs se trouvaient réunis dans la personne de Dardanus. Cependant ce préfet conserva une réputation honorable dans le monde et même dans l'Église. Il entretint une pieuse correspondance avec saint Jérôme et avec saint Augustin, et le premier lui donna (t. III, p. 66) les épithètes de *christianorum nobilissime* et de *nobilium christianissime*.

minie. Nous lisons encore, avec étonnement, qu'au lieu de considérer l'alliance des Goths comme le plus ferme appui de son trône, Jovinus réprimanda en termes obscurs et ambigus l'officieuse importunité d'Attale; que, méprisant les avis de son puissant allié, il revêtit son frère Sébastien de la pourpre, et qu'il accepta très-imprudemment les services de Sarus, lorsque ce brave soldat d'Honorius quitta, dans un mouvement de colère, la cour d'un prince qui ne savait ni punir ni récompenser. Adolphe, élevé dans une nation de guerriers qui regardaient la vengeance comme le plus doux des plaisirs et le plus sacré des devoirs, s'avança, suivi de dix mille Goths, à la rencontre de l'ennemi héréditaire de la maison des Balti, et le surprit accompagné, pour toute escorte, de dix-huit ou vingt de ses intrépides compagnons. Unie par l'amitié, animée par le désespoir, mais à la fin écrasée par la multitude, cette petite troupe de héros mérita l'estime des ennemis, sans obtenir leur compassion; et dès que le lion fut dans les lacs, on lui arracha la vie (1). La mort de Sarus rompit l'alliance incertaine qu'Adolphe entretenait

---

(1) On peut prendre l'expression presque à la lettre; Olympiodore dit μολις σακκοις εξωγρησαν. Σάκκος ou σακος peut signifier un sac ou un habit flottant; et cette manière d'embarrasser un ennemi ou de s'en rendre maître, *laciniis contortis*, se pratiquait souvent chez les Huns. (Ammien, xxxi; 2.) Il fut pris vif avec des filets; c'est ainsi que le traduit Tillemont, *Hist. des Emper.*, t. v, p. 608.

avec les usurpateurs de la Gaule. Il écouta de nouveau la voix de l'amour et de la prudence, et promit au frère de Placidie de lui porter bientôt à Ravenne les têtes de Jovinus et de Sébastien. Le roi des Goths exécuta sa promesse sans délai et sans difficulté. Les deux frères, sans amis et sans mérite personnel, virent déserter tous leurs auxiliaires barbares; et Valence, une des plus belles villes de la Gaule, expia, par sa ruine, sa courte résistance. L'empereur choisi par le sénat de Rome, après avoir été successivement élevé sur le trône, dégradé, insulté, rétabli, et dégradé une seconde fois avec ignominie, fut enfin abandonné à son triste sort. Lorsque le roi des Goths lui retira totalement sa protection, le mépris ou la pitié l'empêchèrent de faire aucune violence au malheureux Attale. Ce fantôme d'empereur, sans alliés et sans sujets, s'embarqua dans un port de l'Espagne, pour se réfugier dans quelque retraite solitaire; mais il fut pris en mer, traîné en présence d'Honorius, conduit en triomphe dans les rues de Rome et de Ravenne, et publiquement exposé aux regards de la multitude, sur la seconde marche du trône de son *invincible* vainqueur. Attale subit le châtiment dont on l'accusait d'avoir menacé Honorius dans les jours de sa prospérité. Après lui avoir coupé deux doigts de la main, on le condamna à un exil perpétuel dans l'île de Lipari, où il reçut du gouvernement une honnête subsistance. Il n'y eut plus de révolte durant le reste du règne d'Honorius, et l'on peut observer que dans l'espace de cinq ans, sept usurpateurs avaient cédé à la fortune d'un prince également incapable d'agir et de commander.

La situation de l'Espagne, séparée de tous côtés des ennemis de Rome par des mers ou des montagnes et par des provinces intermédiaires, avait conservé long-temps sa tranquillité, et nous pouvons observer, comme une preuve de son bonheur intérieur, que, durant une période de quatre siècles, l'Espagne a fourni très-peu de matériaux à l'histoire de l'empire romain. Le retour de la paix effaça rapidement les traces des Barbares qui avaient franchi les Pyrénées sous le règne de Gallien ; et dans le quatrième siècle de l'ère chrétienne, on comptait les villes d'Emerita ou Merida, de Cordoue, de Bracara et de Séville, au nombre des plus belles et des plus riches du monde romain. Des peuples industrieux entretenaient l'abondance des différentes races d'animaux, des végétaux et des minéraux. Les manufactures étaient en vigueur, et l'avantage particulier des productions nécessaires à la marine contribuait à soutenir un commerce lucratif et très-étendu (1). Les arts et les sciences florissaient sous la protection

<small>Invasion de l'Espagne par les Suèves, les Alains et les Vandales. A. D. 409, oct. 13.</small>

---

(1) Sans recourir à des auteurs plus anciens, je citerai trois témoignages respectables du quatrième et du septième siècle : *Expositio totius mundi*, p. 16, dans le troisième volume des géographes d'Hudson ; Ausone, *de claris Urbibus*, p. 242, édit. Toll. ; Isidore de Séville, *Préface de la Chronique*, apud Grotium, *Hist. des Goths*, p. 707. On peut trouver beaucoup de particularités relatives à la fertilité et au commerce de l'Espagne, dans Nonnius, *Hispania*

dés empereurs ; et le courage des Espagnols, un peu affaibli par l'habitude de la paix et de la servitude, sembla jeter de nouveau quelques étincelles, lorsque les Germains répandirent la terreur depuis les bords du Rhin jusqu'aux Pyrénées. Tant que les braves et fidèles milices du pays conservèrent la garde de ces montagnes, elles repoussèrent avec succès toutes les entreprises des Barbares ; mais dès que les troupes nationales furent forcées de remettre leurs postes aux bandes honoriennes qui combattaient pour Constantin, ces troupes perfides livrèrent les barrières de l'Espagne aux ennemis, environ dix mois avant le sac de Rome par les Goths (1). Coupables de rebellion contre leur souverain légitime, affamés de pillage, les gardes mercenaires des Pyrénées abandonnèrent leur poste, appelèrent à leur aide les Suèves, les Alains et les Vandales, et grossirent le torrent dévastateur qui se répandait avec une violence irrésistible depuis les frontières de la Gaule jusqu'à la mer d'Afrique. Un des plus éloquens historiens de l'Espagne a décrit les malheurs de sa patrie dans un discours concis, où il a rassemblé les déclamations violentes et peut-être

---

illustrata ; et dans Huet, *Histoire du Commerce des Anciens,* c. 40 ; p. 228-234.

(1) La date est soigneusement fixée dans les *Fasti* et dans la *Chronique* d'Idatius. Orose (l. VII, c. 40, p. 578) assure que la trahison des honoriens livra l'Espagne ; mais Sozomène (l. IX., c. 12) ne les accuse que de négligence.

exagérées des auteurs contemporains (1). « L'irruption de ces peuples fut suivie des plus affreuses calamités. Les Barbares pillaient et massacraient indifféremment les Romains et les Espagnols, et ravageaient avec la même fureur les villes et les campagnes. La famine réduisit les malheureux habitans à se nourrir de chair humaine; et les animaux sauvages qui se multipliaient sans obstacle, rendus plus furieux par l'habitude du sang et les aiguillons de la faim, attaquaient sans crainte les hommes pour les dévorer. La peste, suite inévitable de la famine, vint bientôt combler la désolation; la plus grande partie des peuples en fut la victime, et les gémissemens des mourans n'excitaient que l'envie de ceux qui leur survivaient. Enfin les Barbares, rassasiés de meurtre et de brigandage, et atteints eux-mêmes de la maladie contagieuse dont ils étaient les funestes auteurs, se fixèrent dans le pays qu'ils avaient dépeuplé. Les Suèves et les Vandales se partagèrent l'ancienne Galice, où se trouvait enclavé le royaume de la Vieille-Castille. Les Alains se répandirent dans les provinces de Carthagène et de Lusitanie, depuis la Méditerranée jusqu'à l'océan Atlantique. Les Silinges, branche de la nation des Vandales, s'emparèrent du territoire fertile de la Bétique. Après avoir

---

(1) Idatius voudrait appliquer les prophéties de Daniel aux calamités de sa nation, et il est par conséquent obligé d'arranger les événemens d'une manière conforme aux termes de la prédiction.

réglé ce partage; les conquérans contractèrent avec leurs nouveaux sujets quelques engagemens réciproques d'obéissance et de protection. Les villes et les villages se remplirent peu à peu d'un peuple de captifs, et les terres recommencèrent à être cultivées. Des Espagnols, et même la plupart, se sentirent disposés à préférer cet état de misère et de barbarie aux anciennes vexations du gouvernement romain; plusieurs cependant défendirent avec succès leur liberté, et refusèrent, particulièrement dans les montagnes de la Galice, de se soumettre au joug des Barbares (1). »

Adolphe, roi des Goths, marche en Espagne. A. D. 414. La mort de Jovinus et de Sébastien avait prouvé l'attachement d'Adolphe pour son beau-frère Honorius, et lui avait soumis la Gaule. La paix était incompatible avec le caractère et la situation du monarque des Goths; il accepta sans peine la proposition de tourner ses armes victorieuses contre les Barbares de l'Espagne. Les troupes de Constance lui coupèrent toute communication avec les ports de la Gaule, et hâtèrent sans violence sa marche vers les Pyrénées (2). Il franchit ces montagnes, surprit et oc-

---

(1) Mariana, *de Rebus hispanicis*, l. v, c. 1, t. 1, p. 148; la Haye, 1733. Il avait lu dans Orose (l. vii, c. 41, p. 579) que les Barbares avaient quitté l'épée pour conduire la charrue, et qu'une grande partie des provinciaux préféraient *inter Barbaros pauperem libertatem, quàm inter Romanos tributariam sollicitudinem sustinere*.

(2) La force, à ce qu'il paraît, se joignit à la persuasion,

cupa, au nom de l'empereur, la ville de Barcelone. Le temps et la possession ne diminuaient point la tendresse d'Adolphe pour Placidie, et la naissance d'un fils qu'il nomma Théodose, par vénération pour son illustre aïeul, semblait lier pour jamais ses intérêts avec ceux de l'empire. La mort de cet enfant, inhumé dans un cercueil d'argent dans une église auprès de Barcelone, fut pour ses parens un sujet d'affliction; mais les soins de la guerre parvinrent aisément à distraire le roi des Goths de sa douleur, et une trahison domestique mit bientôt un terme à ses victoires. Il avait imprudemment reçu à son service un des compagnons de Sarus. Cet audacieux Barbare cherchait secrètement l'occasion de venger la mort de son général, et son nouveau maître réveillait sans cesse son ressentiment en le plaisantant sur la petitesse de sa taille. Adolphe fut assassiné dans le palais de Barcelone. Une faction tumultueuse viola les lois de la succession (1); un prince d'une maison étrangère, Singeric, frère de Sarus, fut placé sur le trône d'Adolphe. Il commença.

<small>Sa mort.
A. D. 415,
août.</small>

---

ainsi qu'on peut clairement l'inférer des témoignages comparés d'Orose et de Jornandès, historiens, l'un des Goths et l'autre des Romains.

(1) Selon le système de Jornandès (c. 33; p. 659) le véritable droit héréditaire au sceptre des Goths passait dans la maison des Amalis; mais ces princes, vassaux des Huns, commandaient les tribus des Ostrogoths dans quelque canton éloigné de la Germanie ou de la Scythie.

son règne par le meurtre inhumain de six enfans (1) que son prédécesseur avait eus d'un premier mariage, et qu'il arracha sans pitié des bras d'un vénérable évêque. L'infortunée Placidie, au lieu de la respectueuse compassion qu'elle avait droit d'attendre des cœurs les plus inhumains, essuya des traitemens barbares et ignominieux. La fille de l'empereur Théodose, confondue dans une foule de vils captifs, fut forcée de faire à pied un trajet de plus de douze milles, devant le cheval du Barbare, assassin d'un mari qu'elle aimait et regrettait (2).

Les Goths délivrent l'Espagne.
A. D. 415-418.

Mais Placidie ne tarda pas à jouir du plaisir de la vengeance. Les outrages qu'on lui faisait souffrir excitèrent peut-être l'indignation du peuple contre l'usurpateur, qui fut assassiné le septième jour de son règne. Le choix libre de la nation plaça sur le trône Wallia, guerrier ambitieux et entreprenant, dont les projets parurent d'abord menacer l'empire. Il conduisit son armée de Barcelone aux côtes de l'océan Atlantique, que les anciens révéraient et redoutaient comme les bornes de l'univers : mais quand il arriva au promontoire méridional de l'Espagne, et que, du haut du rocher où est aujourd'hui situé

---

(1) Olympiodore raconte le meurtre, mais le nombre des enfans est tiré d'une épitaphe peu authentique.

(2) On célébra à Constantinople la mort d'Adolphe par une représentation des jeux du Cirque, et par une illumination. Voyez *Chron. Alexandrin*. On ne sait pas bien si ce fut en haine des Barbares ou des Latins que les Grecs se livrèrent à ces réjouissances.

Gibraltar, il contempla les côtes fertiles de l'Afrique, Wallia reprit le projet de conquête suspendu par la mort d'Alaric (1). Les vents et les vagues s'opposèrent encore à l'entreprise des Goths, et cette seconde épreuve de la fureur des tempêtes fit une profonde impression sur l'imagination d'un peuple superstitieux. Dans cette disposition des esprits, le successeur d'Adolphe écouta les propositions de l'ambassadeur romain, et se laissa déterminer par la nouvelle de l'approche réelle ou supposée d'une armée conduite par le brave Constance. Le traité fut solennellement conclu et fidèlement observé; Placidie fut reconduite avec honneur dans le palais de son frère. Les Goths affamés (2) reçurent six cent mille mesures de grains, et Wallia fit le serment d'employer ses armes au service de l'empire. Dans ces circonstances, une guerre sanglante éclata entre les Barbares de l'Espagne. On prétend que les princes rivaux écrivirent à l'empereur d'Occident, et lui envoyèrent des ambassadeurs et des ôtages pour

---

(1) *Quòd Tartessiacis avus hujus Vallia terris*
Vandalicas turmas; et juncti Martis Alanos
Stravit, et occiduam texere cadavera Calpen.

Sidon.-Appollinar., *in Panegyr. Anthem.*, 363, p. 300, éd. Sirmond.

(2) Ce secours leur était très-nécessaire. Les Vandales de l'Espagne donnaient aux Goths l'épithète insultante de *Truli*, parce que durant la disette ils avaient donné une pièce d'or pour une *trula*, environ une demi-livre de farine. Olympiod., *apud* Phot., p. 189.

l'engager à demeurer tranquille spectateur de leur querelle, dont l'événement ne pouvait qu'être avantageux aux Romains par le massacre et l'affaiblissement de leurs ennemis (1). La guerre d'Espagne se soutint des deux côtés, durant trois campagnes, avec une valeur désespérée et avec des succès variés, et les exploits militaires de Wallia répandirent dans tout l'empire la renommée du héros des Goths. Il extermina les Silinges, qui avaient ruiné sans retour la belle et fertile province de Bétique. Il tua de sa propre main le roi des Alains dans une bataille; et ceux de ces Scythes errans qui échappèrent au fer du vainqueur, au lieu de choisir un nouveau chef, cherchèrent humblement un asile sous les drapeaux des Vandales, avec lesquels ils restèrent confondus. Les Vandales eux-mêmes et les Suèves cédèrent aux efforts irrésistibles des Goths. La multitude de ces Barbares mêlés ensemble fut coupée dans sa retraite et chassée jusque dans les montagnes de Galice, où ils continuèrent d'occuper le coin d'un canton aride et d'exercer leurs querelles et leurs fureurs. Au faîte de la gloire et de la prospérité, Wallia n'oublia point ses engagemens. Il remit ses conquêtes d'Es-

---

(1) Orose donne une copie de ces lettres prétendues. *Tu cum omnibus pacem habe, omniumque obsides accipe; nos nobis confligimus, nobis perimus; tibi vincimus; immortalis vero quæstus erit reipublicæ tuæ, si utrique pereamus.* L'idée est juste, mais je ne puis pas croire qu'elle ait été sentie et avouée par les Barbares.

pagne sous l'obéissance d'Honorius; et la tyrannie des officiers de l'empire fit bientôt regretter aux peuples le joug des Barbares. Tandis que l'événement de la guerre était encore douteux, les premiers succès de Wallia engagèrent les ministres de Ravenne à décerner les honneurs du triomphe à leur faible souverain. Il entra dans Rome comme les anciens conquérans des nations; et si les vils monumens de la flatterie n'avaient pas été ensevelis depuis longtemps dans l'oubli qu'ils méritent, nous trouverions sans doute encore les ouvrages d'une foule de poëtes, d'orateurs, de magistrats et d'évêques, qui applaudirent à la fortune, à la sagesse et au courage invincible d'Honorius (1).

Ce triomphe aurait pu être réclamé avec justice par l'allié de Rome, si, avant de repasser les Pyrénées, Wallia eût anéanti les semences de la guerre d'Espagne. Les Goths victorieux, quarante-trois ans après avoir traversé le Danube, obtinrent, conformément aux articles du traité, la possession de la seconde Aquitaine, province maritime entre la Loire et la Garonne, et soumise à la juridiction civile et ecclésiastique de Bordeaux. Cette capitale, avanta-

Leur établissement dans l'Aquitaine. A. D. 419.

---

(1) *Romam triumphans ingreditur.* Telle est l'expression positive de Prosper dans sa Chronique. Les faits relatifs à la mort d'Adolphe et aux exploits de Wallia se trouvent dans Olympiodore, *ap.* Phot., 188; Orose, l. VII, c. 43, p. 584-587; Jornandès, *de Reb. get.*, c. 31, 32; et dans les *Chroniques* d'Idatius et d'Isidore.

geusement située pour le commerce de l'Océan, était bâtie sur un plan élégant et régulier, et ses nombreux habitans se distinguaient du reste des Gaulois par leurs richesses, leurs connaissances et la politesse de leurs mœurs. La province environnante, qu'on a comparée avec complaisance au paradis terrestre, jouit d'un sol fertile et d'un climat tempéré. L'aspect du pays offrait partout les inventions de l'industrie et les richesses qui en sont la récompense; et les Goths, se reposant de leurs glorieux travaux, se rassasiaient délicieusement des excellens vins de l'Aquitaine (1). Leurs limites s'étendirent par le don de quelques diocèses voisins; et les successeurs d'Alaric fixèrent la résidence de leur cour à Toulouse, qui comprenait dans l'enceinte de ses murs cinq villes ou quartiers très-peuplés. A peu près au même temps, et dans les dernières années du règne d'Honorius, les Goths, les Francs et les Bourguignons obtinrent un établissement fixe et indépendant dans les provinces de la Gaule. L'empereur légitime confirma la concession de l'usurpateur Jovinus aux Bourguignons ses alliés. Les terres de la première ou de la Haute-Germanie devinrent la propriété de ces Barbares formidables qui occupèrent insensiblement,

Établissement des Bourguignons.

___

(1) Ausone (*de claris Urbibus*, p. 257-262) fait l'éloge de Bordeaux avec l'enthousiasme d'un citoyen qui célèbre sa ville natale. *Voyez* dans Salvien (*de Gubern. Dei*, p. 228, Paris, 1608) une description fleurie des provinces de l'Aquitaine et de la Novempopulanie.

par droit de conquête ou par convention, les deux provinces connues depuis sous le nom de duché et de comté de Bourgogne (1). Les Francs, ces vaillans et fidèles alliés de Rome, se laissèrent bientôt tenter d'imiter les usurpateurs auxquels ils avaient si courageusement résisté. Leurs bandes indisciplinées pillèrent la ville de Trèves, capitale de la Gaule ; et la faible colonie qu'ils conservaient depuis si longtemps dans le district de la Toxandrie ou Brabant, s'étendit peu à peu sur les bords de la Meuse et de la Scheld, et couvrit de leurs tribus indépendantes toute l'étendue de la seconde ou Basse-Germanie. Ces faits sont suffisamment prouvés par le témoignage de l'histoire; mais la fondation de la monarchie française par Pharamond, les conquêtes, les lieux et même l'existence de ce héros, ont été, avec justice, révoqués en doute par la sévérité impartiale des critiques modernes (2).

---

(1) Orose (l. VII, c. 32, p. 556) fait l'éloge de la douceur et de la modération des Bourguignons, qui traitaient leurs sujets gaulois comme leurs frères chrétiens. Mascou a éclairci l'origine de leur royaume dans les quatre premières notes qui se trouvent à la fin de sa laborieuse Histoire des anciens Germains; vol. XI, p. 555-592 de la traduction anglaise.

(2) *Voyez* Mascou, l. VIII, p. 43, 44, 45. A l'exception d'une ligne courte et peu authentique de la Chronique de Prosper (t. I, p. 638), on ne trouve nulle part le nom de Pharamond avant le septième siècle. L'auteur des *Gesta Francorum* (t. II, p. 543) suppose avec assez de probabilité

Situation des Barbares dans la Gaule. A. D. 420, etc.

On peut dater la ruine des plus riches provinces de la Gaule du moment où elle devint la résidence de ces Barbares, dont l'alliance était dangereuse et oppressive, et qui ne respectaient jamais la paix publique lorsque leur intérêt ou leur caprice les disposaient à la troubler. Ils exigèrent une forte rançon de tous ceux des habitans du pays qui avaient échappé aux calamités de la guerre, s'emparèrent des terres les plus fertiles et des demeures les plus commodes pour leurs familles, leurs esclaves et leurs troupeaux. Les malheureux habitans s'éloignaient en soupirant, et cédaient sans résistance à ces avides étrangers leurs biens et leurs maisons paternelles. Ces maux particuliers, d'ordinaire épargnés aux peuples vaincus, n'étaient cependant qu'une répétition de ce qu'avaient tour à tour éprouvé ou fait souffrir les Romains, non-seulement dans ces momens de tyrannie qui suivent la conquête, mais dans les fureurs de leurs discordes civiles. Les triumvirs proscrivirent dix-huit colonies florissantes, toutes situées en Italie, et distribuèrent les terres et les maisons des habitans aux vétérans qui vengèrent la mort de César et donnèrent des fers à la république. Deux poëtes, dont la réputation est bien différente, ont déploré, dans des circonstances semblables, la perte de leur patrimoine : mais les légionnaires d'Auguste sem-

---

que Marcomir, père de Pharamond, exilé en Toscane, engagea les Francs à faire choix de son fils, ou du moins d'un roi.

blent avoir surpassé l'injustice et la violence des Barbares qui envahirent la Gaule sous le règne d'Honorius. Virgile eut bien de la peine à sauver sa vie des fureurs du centurion qui s'empara de sa ferme de Mantoue (1); et Paulin de Bordeaux reçut du Goth qui s'établit dans sa maison, une somme d'argent qu'il accepta avec autant de joie que de surprise, quoiqu'elle fût très-inférieure au prix de son bien. La violence, dans cette occasion, chercha du moins à se déguiser sous le masque de la modération et de l'équité (2). A l'odieux nom de conquérans on substitua la douce et amicale dénomination d'*hôtes* des Romains; et les Barbares de la Gaule, particulièrement les Goths, déclarèrent à plusieurs reprises qu'ils étaient attachés aux peuples par les liens de l'hospitalité, et à l'empereur par ceux du devoir et de l'obéissance militaire. On reconnaissait, on res-

---

(1) O *Lycida! vivi pervenimus : advena nostri*
(Quod nunquam veriti sumus) ut possessor agelli
Diceret : Hæc mea sunt; veteres migrate coloni.
Nunc victi tristes, etc.

Voyez la neuvième églogue tout entière, avec l'utile Commentaire de Servius. On assigna aux vétérans quinze milles du territoire de Mantoue, avec une réserve de trois milles autour de la ville en faveur des habitans; et même Alfenus Varus, fameux jurisconsulte, et l'un des commissaires nommés dans cette occasion, les frauda en partie de ce qui leur était laissé, en y comprenant huit cents pas d'eau et de marais.

(2) *Voyez* le passage remarquable de l'Eucharisticon de Paulin, 575, *apud* Mascou, l. VIII, c. 42.

pectait encore, dans les provinces de la Gaule cédées aux Barbares, le titre d'Honorius et de ses successeurs, leurs lois, leurs magistrats civils ; et les rois, en exerçant sur leurs sujets une autorité suprême et indépendante, sollicitaient, comme un honneur, le rang de maître général des armées de l'empire (1). Telle était la vénération involontaire que le nom romain inspirait encore aux farouches guerriers qui avaient emporté en triomphe les dépouilles du Capitole.

Révolte de la Grande-Bretagne et de l'Armorique. A. D. 409.

Tandis que les Goths ravageaient l'Italie et que de faibles usurpateurs opprimaient successivement les provinces au-delà des Alpes, l'île de la Bretagne secouait le joug du gouvernement romain. On avait retiré peu à peu toutes les forces régulières qui gardaient cette province éloignée ; et la Bretagne se trouvait abandonnée sans défense aux pirates saxons et aux sauvages de l'Irlande et de la Calédonie. Les Bretons, réduits à cette extrémité, cessèrent de compter sur les secours tardifs et douteux d'une monarchie expirante. Ils prirent les armes, repoussèrent les Barbares, et se réjouirent d'avoir si heureusement éprouvé leurs propres forces (2). Les mêmes

---

(1) Cette importante vérité est établie par l'exactitude de Tillemont (*Hist. des Emper.*) et la sincérité de l'abbé Dubos (*Hist. de l'établissement de la Monarchie française dans les Gaules*, t. 1, p. 259).

(2) Zozime (l. vi, p. 376-383) raconte en peu de mots la révolte de la Bretagne et de l'Armorique. Nos antiquaires

calamités inspirèrent le même courage aux provinces de l'Armorique, qui comprenaient sous cette dénomination les contrées maritimes de la Gaule entre la Seine et la Loire (1). Les habitans chassèrent les magistrats romains qui commandaient sous l'autorité de l'usurpateur Constantin, et établirent un gouvernement libre chez un peuple qui obéissait depuis si long-temps au despotisme d'un maître. Honorius, empereur légitime de l'Occident, confirma bientôt l'indépendance de la Bretagne et de l'Armorique ; et les lettres que le fils de Théodose écrivit à ces nouveaux États, et dans lesquelles il les abandonnait à leur propre défense, peuvent être considérées comme une renonciation formelle aux droits et à l'exercice de la souveraineté. L'événement justifia en quelque manière cette interprétation. Lorsque tous les usurpateurs eurent succombé, l'empire reprit la possession des provinces maritimes ; mais leur soumission fût toujours imparfaite et précaire. Le caractère vain et inconstant de ces peuples, et leurs dispositions turbulentes, étaient également incompatibles avec

---

et le grand Camden lui-même ont été entraînés dans de grandes erreurs, faute d'une connaissance suffisante de l'histoire du continent.

(1) MM. de Valois et d'Anville, géographes nationaux, fixent les limites de l'Armorique dans leurs *Notitiæ* de l'ancienne Gaule. Le pays connu sous ce nom avait eu une beaucoup plus grande étendue que celle qu'ils lui assignent, et en eut par la suite une beaucoup moins considérable.

la servitude et avec la liberté (1). L'Armorique ne put conserver long-temps la forme d'une république (2) ; mais elle fut sans cesse agitée de révoltes et de factions, et la Bretagne fut perdue sans retour (3). Mais comme les empereurs consentirent sagement à l'indépendance de cette province éloignée, la séparation n'entraîna le reproche ni de rebellion, ni de tyrannie ; et les services volontaires de l'amitié na-

---

(1) *Gens inter geminos notissima clauditur amnes,*
Armoricana prius veteri cognomine dicta.
Torva, ferox, ventosa, procax, incauta, rebellis,
Inconstans, disparque sibi novitatis amore;
Prodiga verborum, sed non et prodiga facti.

Erricus, Monach. in Vit. S. Germani, l. v, apud Valois, Notit. Galliarum, p. 43. Valois rapporte plusieurs témoignages pour confirmer ce caractère, auxquels j'ajouterai celui du prêtre Constantin, A. D. 488. Dans la vie de saint Germain, il les appelle les rebelles Armoricains, *mobilem et indisciplinatum populum.* Voy. les historiens de France, t. 1, p. 643.

(2) J'ai cru devoir faire ma protestation contre cette partie du système de l'abbé Dubos, contre lequel Montesquieu s'est élevé si fortement. Voy. l'*Esprit des Lois*, l. xxx, c. 24.

(3) Βρεταννιαν μεν τοι Ρωμαιοι ανασωσασθαι ουκετι εχον, sont les expressions de Procope (*de Bell. vandal.*, l. 1, c. 2, p. 181, éd. du Louvre) dans un passage important qui a été trop négligé. Bède lui-même (*Hist. gent. anglic.*, l. 1, c. 12, p. 50, édit. Smith) convient que les Romains abandonnèrent tout-à-fait la Bretagne sous le règne d'Honorius. Cependant nos historiens modernes et nos antiquaires ne sont point de cette opinion ; et quelques-uns prétendent qu'il ne se passa que peu de mois entre la retraite des Romains et l'invasion des Saxons.

tionale succédèrent aux devoirs de l'obéissance et de la protection (1).

Cette révolution détruisit tout l'édifice du gouvernement civil et militaire; et, durant une période de quarante ans, la Bretagne se gouverna, jusqu'à la descente des Saxons, sous l'autorité du clergé, des nobles et des villes municipales (2). 1° Zozime, le seul qui ait conservé la mémoire de cette singulière transaction, observe que les lettres d'Honorius étaient adressées aux *villes* de la Bretagne (3). Quatre-vingt-dix cités considérables avaient pris naissance dans cette vaste province sous la protection des Romains; et, dans ce nombre, trente-trois se distinguaient des autres par leur importance et par des priviléges très-avantageux (4). Chacune de ces

État de la Bretagne.
A. D.
409-499.

---

(1) Bède n'a point omis le secours passager des légions contre les Pictes et les Écossais; nous offrirons bientôt la preuve la plus authentique d'une levée de douze mille hommes que les Bretons indépendans fournirent à l'empereur Anthemius pour la guerre de la Gaule.

(2) Je me dois à moi-même et à la vérité de l'histoire, de déclarer que quelques circonstances de ce paragraphe ne sont fondées que sur des analogies et des conjectures.

(3) Προς τας εν Βρεταννια πολεις. Zozime, l. vi, p. 383.

(4) Deux villes de la Bretagne étaient *municipia*, neuf des *colonies*, dix *latii jure donatæ*, douze *stipendiariæ* du premier rang. Ce détail est tiré de Richard de Cirencester (*de Situ Britanniæ*, p. 36); et quoiqu'on puisse douter qu'il ait écrit d'après le manuscrit d'un général romain, il montre une connaissance de l'antiquité très-rare chez un moine du quatorzième siècle.

villes formait, comme dans les autres provinces de l'empire, une corporation légale, à laquelle appartenait le droit de régler la police intérieure ; et l'autorité de ce gouvernement municipal se partageait entre des magistrats annuels, un sénat choisi et l'assemblée du peuple, conformément au modèle primitif de la constitution romaine (1). Ces petites républiques administraient le revenu public, exerçaient la juridiction civile et criminelle, et s'attribuaient, relativement à leurs intérêts politiques, le pouvoir de décider et de commander ; et lorsqu'elles défendaient leur indépendance, la jeunesse de la ville et des environs devait naturellement se ranger sous l'étendard du magistrat. Mais le désir d'obtenir tous les avantages de la société civile, sans s'asservir à aucune des charges qu'elle impose, est une source inépuisable de troubles et de discorde, et nous ne pouvons raisonnablement supposer que le rétablissement de l'indépendance de la Bretagne ait été exempt de tumulte et de factions. L'audace des citoyens des classes inférieures dut souvent méconnaître la supériorité du rang et de la fortune ; et l'orgueil des nobles, qui se plaignaient d'être devenus les sujets de leurs anciens serviteurs (2), regretta plus d'une fois sans doute le gouvernement arbi-

---

(1) *Voy.* Maffei, *Verona illustrata*, part. 1, l. v, p. 83-106.
(2) *Leges restituit, libertatemque reducit,*
  Et servos famulis non sinit esse suis.
                                   Itinerar. Rutil., l. 1, c. 215.

traire des empereurs. 2°. Les possessions territoriales des sénateurs de chaque cité leur donnaient sur le pays environnant une influence qui maintenait la juridiction de la ville. Les villages et les propriétaires des campagnes reconnaissaient l'autorité de ces républiques naissantes, afin d'y trouver, dans l'occasion, leur sûreté. La sphère d'attraction de chacune, s'il est permis de s'exprimer ainsi, était proportionnée au degré de population et de richesses qu'elle renfermait dans son sein ; mais les seigneurs héréditaires de vastes possessions, qui n'étaient point gênés par le voisinage d'une grande ville, aspiraient au rang de princes indépendans, et s'arrogeaient le droit de paix et de guerre. Les jardins et les maisons de campagne, faibles imitations de l'élégance italienne, durent se convertir bientôt en forteresses, où les habitans des environs se réfugiaient dans les momens de danger (1). Du produit de la terre on achetait des armes et des chevaux pour soutenir des forces militaires composées d'esclaves, de paysans et d'aventuriers sans discipline, dont le chef exerçait probablement dans son domaine l'autorité d'un magistrat civil. Une partie de ces chefs bretons tiraient peut-être leur origine d'anciens rois ; un

---

(1) Une inscription (*apud* Sirmond, *Not. ad Sidon.-Apoll.*, p. 59) décrit un château, *cum muris et portis, tuitioni omnium*, construit par Dardanus dans ses terres près Sistéron, dans la seconde Narbonnaise, et qu'il avait nommé Théopolis.

plus grand nombre encore put être tenté de s'attribuer cette honorable généalogie, et de réclamer des droits héréditaires suspendus par l'usurpation des Césars (1). Les circonstances et leur ambition purent les engager à affecter l'habillement, les mœurs et le langage de leurs ancêtres. Si les *princes* de la Bretagne retombèrent dans la barbarie, tandis que les *villes* conservaient soigneusement les mœurs et les lois des Romains, l'île entière dut insensiblement se diviser en deux partis subdivisés eux-mêmes, par différens motifs d'intérêt ou de ressentiment, en un nombre infini de différentes factions. Les forces publiques, au lieu de se réunir contre un ennemi étranger, se consumaient en querelles intestines ; le mérite personnel, qui plaçait un chef heureux à la tête de ses égaux, lui facilitait les moyens d'étendre sa tyrannie sur les villes voisines, et de réclamer un rang parmi les *tyrans* (2) qui opprimèrent la Bre-

---

(1) L'établissement de leur autorité n'aurait pas souffert de grandes difficultés, si l'on pouvait s'en rapporter au système impossible d'un savant et ingénieux antiquaire, qui prétend que les chefs des tribus bretonnes continuèrent toujours de régner, quoique avec un pouvoir subordonné, depuis le règne de Claude jusqu'à celui d'Honorius. *Voyez* l'*Histoire de Manchester*, par Whitaker, vol. 1, p. 247-257.

(2) Ἀλλ ουσα υπο τυραννοις απ' αυτου εμενε. (Procope, *de Bell. vandal.*, l. 1, c. 2 ; p. 181.) *Britannia, fertilis provincia tyrannorum*. Telle fut l'expression de saint Jérôme en 415, t. II, p. 255, *ad Ctesiphont*. Le moine de Bethléem recevait les premières nouvelles et les plus circonstanciées, par le moyen des pélerins qui visitaient tous les ans la Terre-Sainte.

tagne après la dissolution du gouvernement romain. 3º. L'Église bretonne devait être composée de trente ou quarante évêques (1) et d'un nombre proportionné du clergé inférieur; et le défaut de richesses (car il paraît que le clergé breton était pauvre) (2) devait les engager à mériter l'estime publique par l'exemple de leurs vertus. L'intérêt et l'inclination des ecclésiastiques tendaient à maintenir la paix et à réunir les différens partis. Ils répandaient souvent à ce sujet des leçons salutaires dans leurs instructions publiques, et les synodes des évêques étaient les seuls conseils qui pussent prétendre à l'autorité d'une assemblée nationale. Ces assemblées libres, où les princes et les magistrats siégeaient indistinctement avec les évêques, débattaient probablement les importantes affaires de l'État aussi bien que celles de l'Église. On y conciliait les différends, on contractait des alliances, on imposait des contributions, et l'on faisait souvent des projets sages qui étaient quelquefois suivis de l'exécution. Il y a lieu de croire que dans les dangers pressans, les Bretons, d'un accord unanime, se choisissaient un *pendragon* ou dictateur. Ces soins pastoraux, si dignes du caractère épis-

---

(1) *Voy.* les *Antiquités ecclésiastiques*, de Bingham, vol. I, c. 6, p. 394.

(2) L'histoire rapporte que *trois* évêques de la Bretagne qui assistèrent au concile de Rimini, A. D. 359, *tàm pauperes fuisse ut nihil haberent.* (Sulpice-Sévère, *Hist. Sacra*, l. III, p. 420.) Quelques-uns de leurs confrères jouissaient cependant d'un sort plus doux.

copal, étaient à la vérité quelquefois suspendus par le zèle et la superstition, tandis que le clergé de la Bretagne travaillait sans interruption à déraciner l'hérésie de Pélage, qu'il abhorrait et qu'il considérait comme la honte particulière de la nation (1).

Assemblée des sept provinces de la Gaule.
A. D. 428.

Il est assez remarquable, ou plutôt tout naturel, que la révolte de la Bretagne et de l'Armorique ait introduit une apparence de liberté dans les provinces soumises de la Gaule. Dans un édit (2) rempli des plus fortes assurances de l'affection paternelle, dont la plupart des princes emploient le langage sans en connaître le sentiment, l'empereur Honorius déclara l'intention de convoquer tous les ans une assemblée des *sept provinces*, dénomination particulièrement appliquée à l'Aquitaine et à l'ancienne Narbonnaise, d'où les arts utiles et agréables de l'Italie avaient fait disparaître depuis long-temps la grossièreté sauvage des Celtes, leurs premiers habitans (3). Arles, le

---

(1) Consultez Usher, *de Antiq. Eccles. Britann.*, c. 8-12.

(2) *Voyez* le texte exact de cet édit, tel que l'a publié Sirmond (*Not. ad* Sidon.-Apollinar., p. 147). Hincmar, qui assigne une place aux évêques, avait probablement vu dans le neuvième siècle une copie plus parfaite. Dubos, *Histoire critiq. de la Monarch. franç.*, t. 1, p. 241-255.

(3) La *Notitia* prouve évidemment que les sept provinces étaient le Viennois, les Alpes maritimes, la première et la seconde Narbonnaise, la Novempopulanie, et la première et seconde Aquitaine. Au lieu de la première Aquitaine, l'abbé Dubos, sur l'autorité de Hincmar, veut substituer la première Lyonnaise.

siége du gouvernement comme celui du commerce, fut choisie pour le lieu de l'assemblée, qui tenait régulièrement ses séances, tous les ans, durant vingt-huit jours, depuis le 15 août jusqu'au 13 septembre. Elle était composée du préfet du prétoire des Gaules, de sept gouverneurs de provinces, un consulaire et six présidens, des magistrats et peut-être des évêques d'environ soixante villes, et d'un nombre suffisant, mais indéterminé, des plus considérables et des plus opulens propriétaires des terres, qu'on pouvait raisonnablement regarder comme les représentans de leur nation. Ils étaient autorisés à interpréter et communiquer les lois du souverain, à exposer les griefs et les demandes de leurs constituans, à modérer ou à répartir également les impôts, et à délibérer sur tous les objets d'intérêt local ou national qui pouvaient tendre à maintenir la paix et la prospérité des sept provinces. Si cette institution, qui acccordait aux peuples une influence sur leur gouvernement, eût été universellement établie par Trajan ou par les Antonins, des semences de sagesse et de vertu publique auraient pu germer et se multiplier dans l'empire romain; les privilèges des sujets auraient soutenu le trône des monarques, l'intervention des assemblées représentatives aurait arrêté à un certain point ou corrigé les abus d'une administration arbitraire, et des citoyens libres auraient défendu leur patrie avec courage contre l'invasion d'un ennemi étranger. Sous la généreuse et bénigne influence de la liberté, l'empire romain fût demeuré peut-être toujours invincible ; où si sa trop vaste étendue et l'instabilité des choses humaines se fussent opposées à la conservation de son ensemble, ses parties séparées auraient pu conserver leur indépendance et leur vigueur ; mais, dans la caducité de l'empire, lorsque tout principe de vie était épuisé, ce remède tardif et partiel devenait incapable de produire des effets importans ou salutaires. L'empereur Honorius s'étonna de la répugnance avec laquelle les provinces acceptaient un privilége qu'elles auraient dû solliciter ; il fut obligé d'imposer une amende de trois et même de cinq livres pesant d'or aux représentans qui s'absenteraient de l'assemblée, et il paraît qu'ils regardèrent ce présent imaginaire d'une constitution libre, comme la dernière et la plus cruelle insulte de leurs oppresseurs.

ennemis vaincus, enchaînés à ses pieds. » Les successeurs de Constantin fixèrent leur résidence dans la ville impériale qu'il avait construite sur les frontières de l'Europe et de l'Asie. Inaccessibles aux menaces de leurs ennemis, et peut-être aux plaintes de leurs sujets, ils recevaient, selon les différens vents, les diverses productions, tribut de tous les climats; et les fortifications de leur capitale bravèrent, durant une suite de siècles, toutes les entreprises des Barbares. Leurs vastes États s'étendaient depuis le Tigre jusqu'à la mer Adriatique; et l'intervalle de vingt-cinq jours de navigation, qui séparait les glaces de la Scythie et la brûlante Éthiopie (1), se trouvait enclavé dans les limites de l'empire d'Orient. Les populeuses provinces de cet empire étaient le siége des sciences et des arts, du luxe et de l'opulence; et leurs habitans, qui avaient adopté le langage et les mœurs de la Grèce, se regardaient, avec quelque

---

(1) En calculant à peu près qu'un vaisseau pouvait faire par un bon vent mille stades ou cent vingt-cinq milles en vingt-quatre heures, Diodore de Sicile compte dix jours depuis les Palus-Méotides jusqu'à l'île de Rhodes; et quatre jours de Rhodes à Alexandrie. La navigation du Nil depuis Alexandrie jusqu'à Syene, sous le tropique du Cancer, exigeait dix jours, parce qu'il fallait remonter le fleuve. (Diod. de Sicile, t. 1, l. III, p. 200, éd. Wesseling.) Il pouvait sans beaucoup d'exagération regarder les climats situés aux confins de la zone torride, comme exposés au dernier degré de la chaleur; mais il parle des Méotides, situées au quarante-septième degré de latitude moderne, comme si elles étaient enclavées dans le cercle polaire.

apparence de justice, comme la portion la plus civilisée et la plus éclairée de l'espèce humaine. La forme du gouvernement était absolument monarchique; le nom de *république romaine*, longue et faible tradition de l'ancienne liberté, avait été laissé aux provinces latines. Les souverains de Constantinople ne mesuraient leur grandeur que par l'obéissance servile de leurs sujets. Ils ignoraient combien cette soumission passive énerve et dégrade toutes les facultés de l'âme. Des hommes qui avaient abandonné la direction de leur volonté aux ordres absolus d'un maître, étaient également incapables de défendre leur vie et leur fortune contre les Barbares, et de préserver leur raison des terreurs de la superstition.

Administration et caractère d'Eutrope. A. D. 395-399.

Les premiers événemens du règne d'Arcadius et d'Honorius sont liés si intimement, que la révolte des Goths et la chute de Rufin ont déjà occupé une place dans l'histoire de l'empire d'Occident. On a déjà observé qu'Eutrope (1), un des principaux eunuques du palais de Constantinople, succéda à l'orgueilleux ministre dont il avait précipité la chute, et dont il imita bientôt les vices. Tous les ordres de l'État se prosternaient devant le nouveau favori, et

---

(1) Barthius, qui révère son auteur avec l'aveugle superstition d'un commentateur, donne la préférence aux deux livres que Claudien composa contre Eutrope, sur toutes ses autres productions. (Baillet, *Jugemens des Savans*, t. IV, p. 227.) On peut les considérer en effet comme une satire très-vive et très-éloquente : elle serait plus utile à l'histoire si les reproches étaient moins vagues et plus modérés.

leur bassesse l'encourageait à mépriser non-seulement les lois, mais encore les usages de la nation, ce qui est infiniment plus difficile et plus dangereux. Sous le plus faible des prédécesseurs d'Arcadius, le règne des eunuques avait été secret et presque invisible. Ils s'insinuaient dans la confiance de leur maître ; mais leurs fonctions ostensibles se renfermaient dans le service domestique de la personne de l'empereur. Ils pouvaient, par leurs secrètes insinuations, diriger les conseils publics, et détruire, par leurs perfides manœuvres, la fortune et la réputation des plus illustres citoyens ; mais ils n'avaient jamais osé se montrer à la tête du gouvernement (1), et profaner les dignités de l'État. Eutrope fut le premier de cette espèce dégradée qui ne craignit point de se revêtir du caractère respectable de général et de magistrat (2). Quelquefois, en présence du sénat rougis-

---

(1) Après avoir déploré l'ascendant que les eunuques prennent de plus en plus dans le palais, et avoir désigné les fonctions qui leur conviennent, Claudien ajoute :

. . . . *A fronte recedant*
Imperii.   In Eutrop., 1, 422.

Il ne paraît pas que l'eunuque ait occupé nominativement aucune des dignités effectives de l'empire, puisque, dans l'édit de son bannissement, il est désigné comme *præpositus sacri cubiculi.* Voyez Cod. Theod., l. ix, tit. 40, leg. 17.

(2)   *Jamque oblita sui, nec sobria divitiis mens*
   In miseras leges hominumque negotia ludit :
   Judicat eunuchus. . . . . . .
   Arma etiam violare parat. . . . .

Claudien (1, 229-270), avec ce mélange de raillerie et d'in-

sant de honte, il montait sur le tribunal pour prononcer ou des jugemens ou des harangues travaillées. Dans d'autres occasions, il paraissait sur son cheval à la tête des légions, vêtu et armé comme un héros. Le mépris de la décence et des usages décèle toujours un esprit faible et déréglé; et il ne paraît pas qu'Eutrope ait compensé l'extravagance de ses entreprises par un mérite supérieur ou par l'habileté de l'exécution. Les occupations de sa vie ne lui avaient permis ni l'étude des lois ni les exercices militaires; ses gauches essais excitaient le mépris des spectateurs. Les Goths exprimaient leurs vœux pour que les armées romaines fussent toujours commandées par un semblable général; et le nom du ministre était chargé d'un ridicule plus dangereux que la haine pour la réputation d'un homme public. Les sujets d'Arcadius se rappelaient avec indignation que cet eunuque difforme et décrépit (1), qui vou-

---

dignation qui plaît toujours dans une satire, décrit l'insolente extravagance de l'eunuque, la honte de l'empire et la joie des Goths.

. . . . . . *Gaudet, cùm viderit hostis,*
Et sentit jam deesse viros.

(1) La description que le poëte fait de sa difformité (1, 110-125) est confirmée par le témoignage de saint Chrysostôme (t. III, p. 384, édit. Montfaucon); qui observe que lorsque le visage d'Eutrope était dépouillé de fard, il était cent fois plus laid et plus ridé qu'une vieille femme. Claudien remarque (1, 469) que chez les eunuques on ne remarquait presque point d'intervalle entre la jeunesse et la décrépitude; et sa remarque était sans doute fondée sur l'expérience.

lait si ridiculement singer l'homme, était né dans la servitude la plus abjecte ; qu'avant d'entrer dans le palais impérial, il avait été successivement acheté et revendu par un grand nombre de maîtres qui avaient employé le temps de sa vigueur et de sa jeunesse aux offices les plus bas et les plus infâmes, et dont le dernier l'avait enfin rendu à la liberté et à la misère (1). Tandis que ces détails honteux et peut-être exagérés faisaient le sujet des conversations publiques, on prodiguait à la vanité du favori les honneurs les plus extraordinaires. Dans le sénat, dans la capitale et dans les provinces, on élevait les statues d'Eutrope en marbre et en bronze ; elles étaient décorées des symboles de ses vertus civiles et militaires, et de pompeuses inscriptions lui donnaient le surnom de troisième fondateur de Constantinople. Il obtint le rang de *patrice*, qualification qui, dans son acception populaire, même légale, commençait à équivaloir au titre de père de l'empereur ; et la dernière année du quatrième siècle fut déshonorée par le con-

---

(1) Eutrope était né, à ce qu'il paraît, dans l'Arménie ou l'Assyrie. Les trois esclavages que Claudien détaille particulièrement, furent ceux-ci : 1° il passa plusieurs années au service de Ptolémée, palefrenier ou soldat des écuries impériales ; 2° Ptolémée le donna au vieux général Arinthæus, qu'il servit avec beaucoup d'intelligence en qualité de proxénète ; 3° Arinthæus en fit présent à sa fille lorsqu'il la maria ; et l'emploi du consul futur était de lui peigner les cheveux, de lui présenter l'aiguière d'argent, de la laver et de l'éventer durant la chaleur. *Voy.* l. 1; 31-137.

sulat d'un eunuque et d'un esclave (1). Ce monstrueux prodige réveilla cependant les préjugés des Romains. L'Occident rejeta ce vil consul comme une tache indélébile dans les annales de la république ; et, sans invoquer les ombres de Brutus et de Camille, le collègue d'Eutrope, magistrat respectable (2) et instruit, fit assez connaître la différence des maximes qui dirigeaient les deux administrations.

Sa vénalité et ses injustices.
Audacieux et inflexible, Rufin avait montré plus de disposition à la vengeance et à la cruauté ; mais l'avarice de l'eunuque n'était pas moins insatiable que celle du préfet (3). Tant qu'il se contenta d'ar-

---

(1) Claudien (l. 1, *in Eutrop.*, 1, 22), après avoir rapporté un grand nombre de prodiges, tels que la naissance de divers monstres, des animaux qui parlaient, des pluies de sang ou de cailloux, un double soleil, etc., ajoute avec quelque exagération :

Omnia cesserunt eunucho consule monstra.

Le premier livre finit par un discours plein de noblesse de la divinité de Rome, adressé à Honorius, son favori, à qui elle se plaint de la *nouvelle* ignominie qu'elle vient d'éprouver.

(2) Fl. Mallius Theodorus, dont Claudien a célébré dans un élégant panégyrique les honneurs civils et les ouvrages philosophiques.

(3) Μεθυων δε ηδη τω πλουτω, *enivré de richesses*, est le terme expressif dont Zozime fait usage (l. v, p. 301). Suidas (dans son Lexicon) et Marcellin (dans sa Chronique) vouent également à l'exécration l'avarice d'Eutrope. Saint Chrysostôme avait souvent averti le favori de la vanité et du danger de l'excessive richesse (t. III, p. 381).

racher les dépouilles du peuple à ses oppresseurs, il satisfit son avidité sans qu'on eût beaucoup à se plaindre de son injustice; mais ses rapines s'étendirent bientôt sur les fortunes acquises par le plus légitime droit de succession ou l'industrie la plus louable. Il employa et perfectionna tous les moyens de concussion déjà connus avant lui; et Claudien nous a laissé un tableau original et frappant de la vente publique de l'État mis à l'enchère. « L'impuissance de l'eunuque, dit cet agréable poëte satirique, ne sert qu'à enflammer son avarice. La main qui s'est essayé par de petits vols dans le coffre de son maître, se saisit aujourd'hui des richesses de l'univers, et cet infâme brocanteur de l'empire met à prix, morcèle et vend toutes les provinces romaines depuis le Tigre jusqu'au mont Hémus. L'un obtient le proconsulat de l'Asie en échange de sa maison de campagne; l'autre achète la Syrie avec les diamans de sa femme; un troisième se plaint d'avoir échangé son patrimoine contre le gouvernement de la Bithynie. On trouve sur une grande liste, publiquement exposée dans l'antichambre d'Eutrope, le prix fixé pour toutes les provinces; les différentes valeurs du Pont, de la Galatie et de la Lydie, y sont soigneusement énoncées. Le prix de la Lycie n'est que de quelques milliers de pièces d'or; mais l'opulente Phrygie exige une somme beaucoup plus considérable. L'eunuque cherche à cacher sa propre turpitude dans l'ignominie générale; et comme il a été vendu lui-même, il voudrait vendre à son tour tout le genre humain. La concurrence des acheteurs tient quelquefois long-temps suspendues les balances qui contiennent le sort d'une province et la fortune de ses habitans, et le juge impartial attend, dans une inquiète incertitude, qu'on ajoute, d'un côté ou de l'autre, assez d'or pour les faire pencher (1). Tels sont, ajoute le poëte avec indignation, tels sont les fruits de la valeur des Romains, de la défaite d'Antiochus et des triomphes de Pompée. » Cette prostitution vénale des honneurs publics assurait seulement l'impunité des crimes futurs; mais les richesses qu'Eutrope tirait des confiscations étaient déjà souillées par l'injustice. On accusait sans honte et l'on condamnait sans remords tous les riches propriétaires dont il était impatient de saisir les dépouilles. Le sang de quelques nobles citoyens coula sous la main des bourreaux, et les contrées les plus sauvages des extrémités de l'empire se peuplèrent d'illustres exilés. Parmi les consuls et les généraux de l'Orient, Abundantius (2) devait s'attendre à es-

---

(1) *. . . . Certantum sæpe duorum*
Diversum suspendit onus : cum pondere judex
Vergit, et in geminas nutat provincia lances.

Claudien (1, 192-209) détaille avec tant de particularités les circonstances de cette vente, qu'elles semblent toutes faire allusion à des anecdotes particulières.

(2) Claudien (1, 154-170) parle du *crime* et de l'exil d'Abundantius; il ne pouvait se dispenser de rappeler à cette occasion l'artiste qui fit le premier essai du taureau de bronze qu'il présenta à Phalaris. *Voy.* Zozime, l. v., p. 302;

suyer le premier les effets du ressentiment d'Eutrope: il avait à se reprocher le crime impardonnable d'avoir introduit ce vil esclave dans le palais de Constantinople; et l'on peut louer en quelque sorte un favori ingrat et puissant qui se contente de la disgrâce de son bienfaiteur. Abundantius fut dépouillé de sa fortune par un mandat de l'empereur, et banni à Pityus, dernière frontière des Romains sur la mer Noire, où il vécut abandonné à l'inconstante pitié des Barbares jusqu'à la chute de son persécuteur, après laquelle cet infortuné obtint un exil moins rigoureux à Sidon, en Phénicie. Il fallut pour se défaire de Timase procéder avec plus de circonspection et de régularité (1). Maître général des armées sous le règne de Théodose, il avait signalé sa valeur par la défaite des Goths de Thessalie; mais, imitant l'insolence de son maître dans les loisirs de la paix, Timase abandon-

Disgrâce d'Abundantius.

De Timase.

---

saint Jérôme, t. 1, p. 26. On peut aisément concilier la différence qui se trouve entre ces deux écrivains, relativement au lieu d'exil d'Abundantius; mais l'autorité décisive d'Asterius d'Amasée (*Orat.* 4, p. 76, dans Tillemont, *Hist. des Emper.*, t. v, p. 435) doit faire pencher la balance en faveur de Pityus.

(1) Suidas a probablement tiré de l'histoire d'Eunape le portrait défavorable qu'il fait de Timase. Le rapport de son accusateur, les juges, le procès, etc., tout est parfaitement conforme aux usages des cours anciennes et modernes. (*Voyez* Zozime, l. v, p. 298, 299, 300.) Je suis presque tenté de citer le roman d'un grand maître (Fielding, vol. iv de ses œuvres, p. 49, etc., édit. angl. in-8°), qui peut être considéré comme l'histoire de la nature humaine.

naît sa confiance à des flatteurs scélérats et perfides ; méprisant les clameurs du public, il avait donné le commandement d'une cohorte à l'un de ses subordonnés, homme infâme qui l'en punit bientôt par son ingratitude. A l'instigation secrète de l'eunuque favori, Bargus accusa son protecteur d'une conspiration contre le souverain. Le général fut cité devant le tribunal d'Arcadius lui-même, et le premier eunuque, placé à côté du trône, suggérait à l'empereur les demandes et les réponses ; mais comme cette manière de procéder aurait pu paraître partiale et arbitraire, on remit la plus ample information des crimes de Timase à Saturnin, consulaire, et à Procope, beau-père de l'empereur Valens, qui jouissait encore des respects dus à cette illustration. La probité de Procope maintint, dans l'instruction du procès, l'apparence de l'impartialité ; et il ne céda qu'avec répugnance à la basse dextérité de son collègue, qui prononça la condamnation du malheureux Timase. On confisqua son immense fortune au nom de l'empereur et au profit du favori, et le maître général fut condamné à un exil perpétuel à Oasis, au milieu des sables déserts de la Libye (1).

---

(1) La grande Oasis était un de ces cantons enclavés dans les sables de la Libye, et qui, arrosés de sources, pouvaient produire du froment, de l'orge et des palmiers. Du nord au sud, il fallait environ trois jours pour le traverser ; et du levant au couchant à peu près une demi-journée. Il était situé à cinq jours de marche à l'occident d'Abydus, sur

Séquestré de toute société, ce brave général, disparut pour toujours. Les circonstances du reste de sa vie ont été racontées de différentes manières. Les uns prétendent qu'Eutrope envoya secrètement des assassins pour lui ôter la vie (1); d'autres disent que Timase périt de faim et de soif dans le désert, en essayant de se sauver d'Oasis, et que l'on trouva son corps dans les sables de la Libye (2); et d'autres assurent, d'une manière plus positive, que son fils Syagrius, après avoir rassemblé une bande de brigands de l'Afrique, avec lesquels il éluda la poursuite des agens et des émissaires de la cour, délivra Timase de son exil, et qu'on n'entendit plus parler ni de l'un ni de l'autre (3). Mais le perfide Bargus, loin de jouir du fruit de son crime, périt bientôt lui-même enlacé dans les piéges que lui tendit la perfidie d'un ministre plus puissant que lui, et qui con-

---

les bords du Nil. (*Voyez* d'Anville, *Descript. de l'Égypte*; p 186, 187, 188.) Le désert stérile qui environne cette Oasis (Zozime, l. v, p. 300) a valu, comparativement à ce canton l'éloge de fertilité, et même l'épithète d'île fortunée. Hérodote, III, 26.

(1) Claudien, *in* Eutrop., l. 1, p. 180.

Marmaricus claris violatur cædibus Hammon.

Ce vers fait évidemment allusion à la mort de Timase, dont le poëte paraît convaincu.

(2) Zozime, l. VIII, c. 7. Il parle par ouï-dire, ὡς τινος επυθομεν.

(3) Zozime, l. v, p. 300. Cependant il semble soupçonner que ce bruit a été répandu par les émissaires d'Eutrope.

servait du moins assez d'âme et de jugement pour détester l'instrument de son crime.

Loi injuste contre le crime de trahison. A. D. 397, 4 sept.

La haine publique et le désespoir des particuliers menaçaient ou semblaient menacer continuellement la sûreté personnelle d'Eutrope et des individus attachés à sa fortune ou élevés par sa faveur. Il inventa, pour leur défense commune, une loi qui violait tous les principes de la justice et de l'humanité (1). 1° Il est ordonné, au nom et par l'autorité d'Arcadius, que tous ceux qui, soit sujets ou étrangers, conspireront contre la vie de l'une des personnes que l'empereur regarde comme ses propres membres, encourront la peine de mort et de confiscation; et cette application métaphorique du crime de lèse-majesté comprenait non-seulement les officiers de l'État et de l'armée de la classe des illustres et qui siégeaient dans le conseil impérial, mais aussi les principaux domestiques du palais, les sénateurs de Constantinople, les commandans militaires et les magistrats civils des provinces, dénomination vague, qui, sous les successeurs de Constantin, comprenait une mul-

---

(1) Voyez *Cod. Theod.*, l. IX, tit. 14; *ad legem Corneliam, de Sicariis*, leg. 3; et le *Code de Justinien*, l. IX, tit. 8; *ad legem Juliam, de Majestate*, leg. 5. Le changement du terme de *meurtre* en celui de *crime de lèse-majesté* est un perfectionnement du subtil Tribonien. Godefroy, dans une dissertation qu'il a insérée dans son Commentaire, éclaircit cette loi d'Arcadius, et explique tous les passages obscurs qui ont été défigurés ou corrompus par les jurisconsultes des siècles d'ignorance. Voyez t. III, p. 88-111.

litude obscure d'agens subordonnés. 2.º Cette extrême sévérité aurait pu paraître équitable, si elle n'avait tendu qu'à défendre les représentans du souverain contre les violences auxquelles ils pouvaient être exposés dans l'exercice de leurs fonctions ; mais la totalité des employés du gouvernement s'était arrogé le droit de réclamer ce privilége ou plutôt cette impunité, qui les mettait à l'abri, jusque dans les momens les moins solennels de leur vie, des premiers mouvemens de violence où pouvait se porter le ressentiment, souvent légitime, de leurs concitoyens ; et, par un étrange renversement de toutes les lois, une querelle particulière et une conspiration contre l'empereur ou contre l'État encouraient la même punition, comme également criminelles. Le ridicule édit d'Arcadius déclare positivement, qu'en matière de crime de trahison les *pensées* doivent être punies avec autant de sévérité que les *actions*; que la connaissance d'une intention criminelle, lorsqu'elle n'est pas révélée à l'instant, devient aussi punissable que l'intention même (1); et que les imprudens qui oseront solliciter le pardon

---

(1) Barthole entend une connaissance pure et simple sans aucun signe d'approbation ou de participation. En récompense de cette opinion, dit Baldus, il grille aujourd'hui dans les enfers. Quant à moi, ajoute le discret Heineccius (*Elem. jur. civ.*, l. IV, p. 411), je suis forcé d'approuver la théorie de Barthole ; mais, dans la pratique, j'inclinerais pour le sentiment de Baldus. Cependant les commissaires du cardinal de Richelieu citèrent gravement Barthole, et

des criminels de lèse-majesté, seront eux-mêmes flétris d'une infamie publique et indélébile. 3° « Quant aux fils des coupables, ajoute l'empereur, quoiqu'ils dussent être compris dans le châtiment de leurs pères, parce qu'il est très-probable qu'ils en imiteront le crime; cependant, par un effet spécial de notre indulgence impériale, nous leur faisons grâce de la vie; mais nous les déclarons inhabiles à hériter, soit du côté de leur père ou de leur mère, ou à recevoir par testament aucun don ou legs d'un parent ou d'un étranger. Couverts d'une infamie héréditaire, privés de tout espoir d'acquérir des honneurs ou de la fortune, qu'ils endurent toutes les horreurs du mépris et de la misère, au point de détester la vie, et de désirer la mort comme leur seule ressource. » C'est dans ces termes, qui outragent tous les sentimens de l'humanité, que l'empereur, ou plutôt son eunuque favori, applaudit à la modération d'une loi qui comprend dans ce châtiment injuste et inhumain les enfans de tous ceux qui ont favorisé ou qui n'ont pas découvert ces prétendues conspirations. Un grand nombre des plus sages réglemens de la jurisprudence romaine sont ensevelis dans l'oubli; mais on a soigneusement inséré dans les codes de Théodose et de Justinien cet odieux instrument de la tyrannie ministérielle, et les mêmes maximes ont été adoptées dans des temps plus modernes, pour

---

Eutrope fut en quelque façon cause de la mort du vertueux de Thou.

protéger les électeurs de l'Allemagne et les cardinaux de l'Église romaine (1).

Cependant ces lois sanguinaires, qui répandaient la terreur parmi les peuples timides et désarmés, se trouvèrent un faible frein contre l'audace de Tribigild l'Ostrogoth (2). La colonie de cette nation guerrière, placée par Théodose dans un des plus fertiles cantons de la Phrygie (3), comparait impatiemment les bénéfices faibles et lents des travaux de l'agriculture aux résultats brillans des brigandages d'Alaric et aux récompenses libérales qu'il accordait à la valeur ; et leur chef était offensé de la manière désobligeante dont il avait été reçu dans le palais de Constantinople. Une province pacifique et opulente, située au centre de l'empire, entendit avec étonne-

Révolte de Tribigild.
A. D. 399.

---

(1) Godefroy, t. III, p. 89. On soupçonne cependant que cette loi, si contraire aux maximes de la liberté germanique, a été frauduleusement ajoutée à la Bulle d'Or.

(2) Zozime (l. v, p. 304-312) nous fait de la révolte de Tribigild et de Gaïnas un récit long et circonstancié ; qu'il aurait pu réserver pour des événemens plus importans. *Voyez* aussi Socrate (l. VI, c. 6) et Sozomène (l. VIII, c. 4). Le second livre de Claudien contre Eutrope est un beau morceau d'histoire, quoique imparfait.

(3) Claudien (*in* Eutrop., l. II, 237-250) observe très-judicieusement que le nom de l'ancienne Phrygie s'étendit au loin de tous les côtés, jusqu'au temps où elle fut resserrée par les colonies des Bithyniens de Thrace, des Grecs et enfin des Gaulois. Sa description (II, 257-272) de la fertilité de la Phrygie et des quatre rivières qui charient de l'or, est juste et pittoresque.

ment le cliquetis des armes; et un vassal, opprimé et méprisé tant qu'il avait été fidèle, reprit la considération en reprenant le caractère d'ennemi et de Barbare. Les vignes et les campagnes situées entre le cours rapide du Marsias et les sinuosités du Méandre (1), furent consumées par la flamme. Les murs des villes, dès long-temps tombant en ruines, s'écroulèrent aux premiers coups de l'ennemi. Les habitans effrayés échappèrent au carnage en se précipitant sur les rives de l'Hellespont : presque toute l'Asie - Mineure ressentit les fureurs de Tribigild et de ses Ostrogoths. Les paysans de la Pamphylie arrêtèrent un moment les progrès de cette invasion. Les Ostrogoths, attaqués dans un passage étroit entre la ville de Selgæ (2), un marais profond et les roches escarpées du mont Taurus, perdirent les plus braves de leurs soldats; mais ce revers n'effraya point l'intrépide général. Son armée se recrutait sans cesse

---

(1) Xénophon, *Retraite des dix-mille*, l. 1, p. 11-12, ed. Hutc.; Strab., l. xii, p. 865, édit. Amst.; Q. Curt., l. iii, c. 1: Claudien compare la jonction du Marsias et du Méandre à celle de la Saône et du Rhône; avec cette différence cependant, que la plus petite des rivières de Phrygie, au lieu d'être accélérée, se trouve retardée dans son cours par la plus grande.

(2) Selgæ, colonie des Lacédémoniens, contenait autrefois une population de vingt mille citoyens; mais du temps de Zozime elle était réduite à la condition d'une πολίχνη, ou petite ville. *Voyez* Cellarius, *Geograph. antiq.*, t. ii, page 117.

de Barbares et de malfaiteurs qui cherchaient à exercer leur brigandage sous le nom plus honorable de guerre et de conquête. La crainte et l'adulation déguisèrent dans les commencemens les succès de Tribigild; mais l'alarme se répandit enfin à la cour et dans la capitale : tous les événemens malheureux étaient grossis par des faits vagues et incertains ; les projets des rebelles devenaient le sujet des plus effrayantes conjectures. Lorsque Tribigild avançait dans l'intérieur du pays, les Romains lui supposaient l'intention de franchir le mont Taurus et d'envahir la Syrie ; s'il descendait du côté de la mer, ils lui attribuaient, et, par leurs craintes, lui suggéraient peut-être l'idée d'armer une flotte dans les ports de l'Ionie, et de s'en servir pour étendre ses dévastations sur toute la côte maritime, depuis les bouches du Nil jusqu'au port de Constantinople. L'approche du danger et l'obstination de Tribigild, qui se refusait à toutes les offres de conciliation, forcèrent Eutrope à assembler un conseil de guerre (1). Après avoir réclamé pour lui-même le privilége d'un vétéran, il confia la garde de la Thrace et de l'Hellespont à

---

(1) Le conseil d'Eutrope dans Claudien peut être comparé à celui de Domitien dans la quatrième satire de Juvénal. Les principaux membres du premier étaient *juvenes protervi, lascivique senes*. L'un d'eux avait été cuisinier, l'autre cardeur de laine. Le langage de leur première profession jette un ridicule sur leur nouvelle dignité ; et leur conversation sur la tragédie, les danseurs, etc., est encore plus ridicule par l'importance du sujet qu'ils ont à débattre.

Gaïnas le Goth, et il donna à Leo, son favori, le commandement de l'armée d'Asie. Ces deux généraux favorisèrent l'un et l'autre les succès des rebelles, mais d'une manière différente. Leo (1), qu'à raison de sa taille massive et de son esprit lourd, on surnommait l'Ajax de l'Orient, avait quitté son premier métier de cardeur de laine pour exercer avec moins d'intelligence et de succès la profession militaire. Incertain dans ses opérations, il se décidait par caprice, entreprenait sans prévoir les difficultés réelles de l'exécution, et négligeait par crainte les occasions les plus favorables. Les Ostrogoths s'étaient imprudemment engagés dans une position désavantageuse entre le Mélas et l'Eurymédon, où ils étaient presque assiégés par les paysans de la Pamphylie ; mais l'arrivée d'une armée impériale, loin d'achever de les détruire, servit à leur délivrance et à leur triomphe. Tribigild surprit le camp des Romains dans l'obscurité de la nuit, séduisit la plus grande partie des auxiliaires barbares, et dissipa sans peine des troupes amollies dans la capitale par le luxe et par l'indiscipline. Gaïnas, qui avait si audacieusement concerté et exécuté le meurtre de Rufin, était irrité de la fortune de son indigne successeur. Il accusait de bassesse honteuse sa longue patience sous le règne d'un vil eunuque, et l'ambitieux Barbare fut con-

---

(1) Claudien (l. ii, p. 376-461) le charge d'opprobres ; et Zozime, quoique beaucoup plus modéré dans ses expressions, confirme tous les reproches de Claudien ; l. v, p. 365.

vaincu, au moins dans l'opinion publique, d'avoir fomenté la révolte de Tribigild, son compatriote et allié de sa famille (1). Lorsque Gainas passa l'Hellespont pour réunir sous ses drapeaux les restes des troupes de l'Asie, il conforma avec habileté tous ses mouvemens aux désirs des Ostrogoths : tantôt il se retirait du pays qu'ils voulaient envahir, et tantôt il s'approchait des ennemis pour faciliter la désertion des auxiliaires barbares. Il exagérait dans ses lettres à la cour impériale la valeur, le génie et les ressources de Tribigild, et avouait qu'il manquait de moyens et de talens pour soutenir une guerre aussi difficile. Il arracha enfin une permission de négocier avec son invincible adversaire. Tribigild dicta impérieusement les conditions de la paix, et la tête d'Eutrope, exigée pour préliminaires, révéla l'auteur et le dessein de la conspiration.

L'écrivain qui, dans ses satires, a satisfait son ressentiment par la censure outrée des empereurs chrétiens, offense moins la vérité que la dignité de l'histoire lorsqu'il compare le fils de Théodose à un de ces animaux doux et timides qui sentent à peine qu'ils appartiennent au berger qui les conduit. Deux sentimens cependant, la crainte et l'amour conjugal, éveillèrent un moment l'âme indolente d'Arcadius.

Chute d'Eutrope. A. D. 399.

―――――

(1) La conspiration de Gainas et de Tribigild, que l'historien grec atteste, n'était pas parvenue à la connaissance de Claudien, qui attribue la révolte de l'Ostrogoth à sa passion pour la guerre et aux avis de sa femme.

Les menaces du rebelle victorieux l'effrayèrent, et il se laissa toucher par les tendres discours de l'impératrice Eudoxie, qui, baignée de feintes larmes et portant son enfant dans ses bras, vint lui demander justice de je ne sais quelle insulte réelle ou imaginaire dont elle accusait l'audacieux eunuque. (1). L'empereur laissa conduire sa main à signer l'arrêt d'Eutrope, et ainsi fut rompu le talisman qui retenait depuis quatre ans le prince et ses sujets sous la puissance d'un esclave. Les acclamations qui, si peu de temps auparavant, célébraient le mérite et la fortune du favori, firent place aux clameurs du peuple et des soldats, qui lui reprochaient ses crimes, et pressaient son supplice. Dans ces instans de détresse et de désespoir, Eutrope ne put trouver d'autre asile que le sanctuaire de l'église, dont ses efforts, ou sages ou sacriléges, avaient limité les priviléges. Le plus éloquent de tous les saints, Jean-Chrysostôme, eut la gloire de protéger un ministre disgracié, dont le choix l'avait élevé sur le siége archiépiscopal de Constantinople. Le prélat, du haut de sa chaire, d'où il pouvait se faire entendre distinctement de la foule immense, de tout âge et de tout sexe, qui remplissait la cathédrale, prononça un discours pathétique et conforme à la circonstance, sur le

---

(1) Cette anecdote, que le seul Philostorgius a conservée (l. IX; c. 6; et Godefroy, *Dissert.*, p. 451-456), est curieuse et intéressante, en ce qu'elle lie la révolte des Goths avec les intrigues du palais.

pardon des injures, et l'instabilité des grandeurs humaines ; et la vue du favori étendu, pâle et tremblant, sous la table de l'autel, présentait un spectacle frappant et instructif. L'orateur, qu'on accusa depuis d'avoir insulté au malheur d'Eutrope, chercha à exciter le mépris du peuple, pour tempérer sa fureur (1). L'humanité, la superstition et l'éloquence l'emportèrent : l'impératrice, retenue par ses propres préjugés ou par ceux de ses sujets, n'entreprit point de violer le sanctuaire de l'église, et Eutrope se laissa persuader d'en sortir après qu'on lui eut promis par serment de lui laisser la vie (2). Sans égard pour la

---

(1) Voyez l'*Homélie* de saint Chrysostôme (t. III, p. 381-386), dont l'exorde est d'une grande beauté. (Socrate, l. VI, c. 5 ; Sozomène, l. VIII, c. 7.) Montfaucon (dans sa vie de saint Chrysostôme, t. XIII, p. 135) suppose un peu légèrement que Tribigild était alors à Constantinople, et que ce fut lui qui donna l'ordre aux soldats de se saisir d'Eutrope. Claudien lui-même, poëte païen (*Préface ad l.* II, *in Eutrop.*, 27), parle de la fuite de l'eunuque dans le sanctuaire.

Suppliciterque pias humilis prostratus ad aras,
Mitigat iratas voce tremente nurus.

(2) Saint Chrysostôme, dans une autre homélie (t. III, p. 396), assure qu'Eutrope n'aurait pas été pris, s'il ne fût pas sorti de l'église. Zozime (l. V, p. 313) prétend au contraire que ses ennemis l'arrachèrent du sanctuaire, εξαρπασαντες αυτον. Cependant la promesse est la preuve d'une convention ; et le témoignage de Claudien dans la préface de son second livre, p. 46 :

Sed tamen exemplo non feriere tuo,

est sûrement la preuve de quelque promesse.

dignité de leur souverain, les nouveaux ministres du palais déclarèrent, par un édit, que l'ancien favori avait déshonoré les noms de consul et de patrice ; ils abolirent ses statues, confisquèrent toutes ses richesses, et le condamnèrent à un exil perpétuel dans l'île de Chypre (1). Un eunuque méprisable et décrépit ne pouvait plus inspirer la crainte à ses ennemis ; et il n'était plus même susceptible de goûter les biens qui lui restaient encore, la tranquillité, la solitude et la beauté du climat. Leur haine implacable lui envia pourtant les derniers restes de sa misérable vie : à peine Eutrope était-il arrivé dans l'île de Chypre, qu'ils le rappelèrent précipitamment. Dans la vaine idée d'éluder, par le changement de lieu, l'obligation du serment, l'impératrice fit transporter de Constantinople au faubourg adjacent de Chalcédoine le théâtre du jugement et de l'exécution. Le consul Aurélien prononça la sentence, et les griefs sur lesquels il la motiva font connaître la jurisprudence d'un gouvernement despotique. Les attentats d'Eutrope contre les citoyens suffisaient pour justifier sa mort ; mais on prouva de plus qu'il était coupable d'avoir attelé à son propre char les animaux sacrés, dont la race et la couleur étaient exclusivement réservées au service du souverain (2).

---

(1) *Cod. Theod.*, l. ix, tit. 40, leg. 14. Il y a erreur dans la date de cette loi (17 de janvier, A. D. 399), puisque la disgrâce d'Eutrope n'a pu arriver que dans l'automne de cette année. *Voy.* Tillemont, *Hist. des Emper.*, t. v, p. 780.

(2) Zozime, l. v, p. 313 ; Philostorgius, l. xi, c. 6.

Tandis que cette révolution se consommait dans l'intérieur du palais, Gaïnas se révolta ouvertement, réunit ses forces avec celles de Tribigild à Thyatire en Lydie, et conserva toujours sur le chef rebelle des Ostrogoths l'ascendant de la supériorité (1). Les armées confédérées s'avancèrent sans obstacle jusqu'au détroit de l'Hellespont et du Bosphore; et l'on fit consentir Arcadius, pour éviter la perte de ses provinces d'Asie, à remettre sa personne et son autorité entre les mains des Barbares. On choisit pour le lieu de l'entrevue l'église de Sainte-Euphémie, située sur une haute éminence près de Chalcédoine (2). Gaïnas, respectueusement prosterné aux pieds de l'empereur, exigea le sacrifice d'Aurélien et de Saturnin, deux ministres consulaires, qui virent l'épée de cet orgueilleux Barbare suspendue sur leur tête et prête à les frapper, jusqu'au moment où il daigna leur accorder un sursis honteux et précaire. Conformément aux articles de la convention, les Goths passèrent sur-le-champ d'Asie en Europe; leur

Conspiration et chute de Gaïnas. A. D. 400.

---

(1) Zozime (l. v, 313-323), Socrate (l. vi, c. 4), Sozomène (l. viii, c. 4) et Théodoret (l. v, c. 32, 33), racontent, avec quelques différences dans les circonstances, la conspiration, la défaite et la mort de Gaïnas.

(2) Zozime lui-même fait usage de l'expression Οσιας Ευφημιας μαρτυριον, sans faire attention qu'il emploie le langage des chrétiens. Evagrius décrit (l. ii, c. 3.) l'architecture, la situation, les reliques et les miracles de cette église célèbre, dans laquelle on tint depuis le concile de Chalcédoine.

chef victorieux, qui avait accepté le titre de maître général des armées romaines, remplit Constantinople de ses troupes; et distribua parmi ses créatures les honneurs et les richesses de l'empire. Dans sa jeunesse, Gaïnas avait passé le Danube en fugitif et s'était présenté en suppliant. Il devait son élévation à sa valeur, secondée de la fortune; l'imprudence ou la perfidie de sa conduite précipita rapidement sa destruction. Malgré la vigoureuse opposition de l'archevêque, il réclama obstinément la possession d'une église particulière pour ses Barbares ariens; et l'orgueil des catholiques s'offensa de voir tolérer publiquement l'hérésie (1). Les murmures, le tumulte et le désordre, éclataient dans tous les quartiers de Constantinople; les Barbares contemplaient avec des yeux avides les boutiques des joailliers et l'or qui couvrait les comptoirs des banquiers. On jugea qu'il était prudent de les éloigner de ces objets de tentation. Irrités de cette précaution injurieuse, les Goths essayèrent de mettre le feu au palais pendant la nuit (2). Dans ces dispositions mutuelles

20 juillet.

---

(1) Théodoret appuie fortement sur les pieuses remontrances de saint Chrysostôme, dont ce saint n'a point cependant laissé de trace dans ses écrits. Mais c'est à tort que Théodoret prétend insinuer qu'elles eurent du succès, puisque les faits démontrent le contraire. Tillemont (*Hist. des Empep.*, t. v, p. 383) a découvert que, pour satisfaire aux demandes de Gaïnas, l'empereur fut obligé de fondre l'argenterie de l'église des Apôtres.

(2) Les historiens ecclésiastiques, qui tantôt dirigent et

de soupçon et d'animosité, les gardes et le peuple de Constantinople fermèrent les portes et prirent les armes pour prévenir la conspiration des Goths ou pour s'en venger. Dans l'absence de Gainas, ses troupes furent surprises et vaincues, et sept mille Barbares perdirent la vie dans ce massacre. Dans la fureur de la poursuite, les catholiques découvrirent les toits de l'église arienne, où s'étaient réfugiés leurs adversaires, et les écrasèrent en leur lançant des poutres enflammées. Gainas avait ignoré l'entreprise des Goths, ou s'en était promis trop légèrement le succès. Il apprit avec étonnement que la fleur de son armée avait péri sans gloire, qu'il était déclaré lui-même ennemi de l'empire, et que son compatriote Fravitta, brave général et affectionné à la cour impériale, commandait l'armée et les forces maritimes. Gainas attaqua plusieurs villes de la Thrace ; mais ses entreprises furent partout repoussées par une défense vigoureuse et bien conduite ; et ses soldats, manquant de subsistance, furent bientôt réduits à se nourrir de l'herbe qui croissait autour des remparts. Regrettant trop tard l'abondance des provinces de l'Asie, le chef des rebelles résolut, dans son désespoir, de forcer le passage de l'Hellespont. Il manquait de vaisseaux ; mais les forêts de la Chersonèse offraient abondamment de quoi construire des radeaux, et les intrépides Barbares ne

---

tantôt suivent l'opinion publique, assurent que le palais de Constantinople était gardé par une légion d'anges.

craignaient pas de se confier aux vagues. Cependant Fravitta épiait attentivement l'instant de leur entreprise ; et, dès qu'il les vit au milieu du canal, les galères romaines (1), serrées l'une contre l'autre, et pressées à la fois par les rames, le courant et un vent favorable, vinrent tomber sur la flotte avec un poids irrésistible. L'Hellespont fut couvert en un instant des débris des radeaux et des cadavres flottans des Barbares. Après avoir vu périr ses plus braves soldats, Gaïnas, forcé de renoncer à ses espérances, et n'aspirant plus à gouverner ni à vaincre les Romains, fit le projet de reprendre la vie errante et sauvage. Un corps de cavalerie barbare, débarrassée de son infanterie et des gros bagages, pouvait aisément faire en huit ou dix jours le trajet de trois cents milles qui sépare l'Hellespont du Danube (2).

---

(1) Zozime (l. v, p. 319) donne à ces galères le nom de *liburniennes*, et observe qu'elles égalaient, par la rapidité de leur course, les galères à cinquante rameurs ; mais il n'en explique point la différence. Il convient cependant qu'elles n'égalaient pas celles qu'on nommait *trirèmes*, dont on ne faisait plus d'usage depuis long-temps. Il suppose avec raison, d'après le témoignage de Polybe, qu'on avait construit dans les guerres puniques des vaisseaux beaucoup plus grands. Depuis l'établissement de l'empire romain sur la Méditerranée, la construction des grands vaisseaux fut négligée comme inutile, et bientôt tout-à-fait oubliée.

(2) *Voyages* de Chishull, p. 61-63, 72-76. Il alla de Gallipoli par Andrinople jusqu'au Danube, en quinze jours à peu près. Il était de la suite de l'ambassadeur d'Angleterre, dont le bagage consistait en soixante-dix chariots. Ce savant

Les garnisons de cette importante frontière avaient été peu à peu réduites à rien. Comme on était alors au mois de décembre, le fleuve devait être glacé profondément, et la Scythie offrait une vaste perspective à l'ambition de Gainas. Il communiqua secrètement son dessein aux troupes de sa nation, qui consentirent à suivre le sort de leur chef; et, avant de donner le signal du départ, ils massacrèrent en trahison un grand nombre d'auxiliaires tirés des provinces romaines, et qu'ils soupçonnaient d'attachement pour leur pays natal. Les Goths s'avancèrent par des marches rapides à travers les plaines de la Thrace, et la vanité de Fravitta leur ôta bientôt toute crainte d'être poursuivis. Au lieu d'achever d'éteindre la révolte, il retourna précipitamment à Constantinople, pour jouir des applaudissemens du peuple et des paisibles honneurs du consulat; mais un allié formidable prit les armes pour soutenir l'honneur de l'empire et défendre la paix et la liberté de la Scythie (1).

---

voyageur a le mérite d'avoir tracé une route curieuse et peu fréquentée.

(1) Le récit de Zozime, qui conduit Gainas au-delà du Danube, doit être rectifié par celui de Socrate et celui de Sozomène, qui assurent qu'il fut tué dans la Thrace, et par les dates précises et authentiques de la Chronique d'Alexandrie ou de Paschal; p. 307. La victoire navale de l'Hellespont est datée du mois Apellæus, le 10 des calendes de janvier (décembre 23), et la tête de Gainas fut apportée à Constantinople le 3 des nones de janvier (janvier 3), dans le mois Audynæus.

Les forces supérieures d'Uldin, roi des Huns, arrêtèrent la marche de Gaïnas. Un pays ennemi et ruiné s'opposait à sa retraite; le général des Goths dédaigna de capituler: après avoir inutilement tenté plusieurs fois de s'ouvrir un chemin dans les rangs des ennemis, il périt sur le champ de bataille avec ses intrépides compagnons. Onze jours après la bataille navale sur l'Hellespont, l'empereur reçut à Constantinople la tête de Gaïnas, comme un présent inestimable, et avec la plus vive expression de reconnaissance. On célébra la mort du rebelle par des fêtes et des illuminations; les victoires d'Arcadius devinrent le sujet de poëmes épiques (1); et le monarque, délivré de ses terreurs, subit nonchalamment le joug paisible et absolu de la belle et artificieuse Eudoxie, qui ternit sa gloire par la persécution de saint Jean Chrysostôme.

<small>A. D. 401, 3 janvier.</small>

Après la mort de l'indolent Nectarius, successeur de saint Grégoire de Nazianze, l'Église de Constantinople avait été déchirée par la rivalité de deux candidats qui ne rougirent point d'employer l'or et la séduction pour obtenir les suffrages du peuple et du favori. Eutrope semble avoir dérogé, dans cette occasion, à ses maximes ordinaires; le mérite supérieur

<small>Élection et mérite de saint Jean Chrysostôme. A. D. 398, 26 fév.</small>

---

(1) Eusebius Scholasticus acquit de la réputation par son poëme sur la guerre des Goths, contre lesquels il avait servi. Environ quarante ans après, Ammonius récita un poëme sur le même sujet en présence de l'empereur Théodose. *Voyez* Socrate, l. vi, c. 6.

d'un étranger fixa son choix. Il avait eu récemment l'occasion, en voyageant dans l'Orient, d'entendre les sermons éloquens de Jean, prêtre et natif d'Antioche, dont le nom a été distingué par l'épithète de Chrysostôme ou *bouche d'or* (1). On expédia un ordre particulier au gouverneur de Syrie; et comme le peuple aurait pu s'opposer au départ de son prédicateur favori, on le transporta secrètement, dans un chariot de poste, d'Antioche à Constantinople. Le consente-

---

(1) Le sixième livre de Socrate, le huitième de Sozomène et le cinquième de Théodoret, offrent des matériaux curieux et authentiques pour la vie de saint Jean Chrysostôme. En outre de ces historiens, j'ai pris pour guides les quatre principaux biographes de ce saint. 1° L'auteur de la Défense partiale de l'archevêque de Constantinople, composée en forme de dialogue, et sous le nom de son partisan zélé, Palladius, évêque d'Hélénopolis (Tillem., *Mém. eccl.*, t. XI, p. 500-533). Elle est insérée dans les ouvrages de saint Chrysostôme, t. XIII, p. 1-90, éd. Montfaucon. 2° Le sage Érasme, t. III, *epist.* 1150, p. 1331-1347, éd. de Leyde. Sa vivacité et la justesse de son jugement sont des qualités qui lui appartiennent; et, vu l'état d'ignorance où l'on était alors sur les antiquités ecclésiastiques, les erreurs qu'il a commises étaient presque inévitables. 3° Le savant Tillemont, *Mém. ecclés.*, t. XI, p. 1-405, 547-626, etc. Il compile la vie des saints avec une patience incroyable et la plus religieuse attention. Il a scrupuleusement examiné les volumineux ouvrages de saint Chrysostôme lui-même. 4° Le père Montfaucon, qui a lu ces ouvrages avec la soigneuse exactitude d'un éditeur, a découvert plusieurs nouvelles homélies, et a revu et composé une seconde vie de saint Chrysostôme. *Opera Chrysostom.*, t. XIII, p. 91-177.

ment unanime et spontané de la cour, du clergé et du peuple, ratifia le choix du ministre, et les vertus et l'éloquence de l'archevêque surpassèrent tout ce qu'en attendait le public. Né dans la capitale de la Syrie, d'une famille noble et opulente, saint Chrysostôme avait été élevé par une mère tendre, sous la conduite des maîtres les plus habiles. Il fit son cours de rhétorique à l'école de Libanius; et ce philosophe célèbre, qui découvrit bientôt les talens de son disciple, déclara que Jean aurait été digne de lui succéder, s'il ne se fût pas laissé séduire par les chrétiens. Sa piété le disposa de bonne heure à recevoir le sacrement de baptême, à renoncer à la profession honorable et lucrative de la jurisprudence, et à s'enfoncer dans le désert voisin, où il dompta la fougue de ses sens par une pénitence austère de six années. Ses infirmités le ramenèrent malgré lui dans le monde, et l'autorité de Mélèce dévoua ses talens au service de l'Église; mais au milieu de sa famille, et ensuite sur le siége archiépiscopal, saint Chrysostôme pratiqua toujours les vertus monastiques. Il employa à fonder des hôpitaux les revenus que ses prédécesseurs dissipaient dans un luxe inutile; et la multitude qui subsistait de ses charités préférait les discours édifians de l'éloquent archevêque aux jeux du cirque et aux amusemens du théâtre. Les monumens de cette éloquence, qu'on admira durant près de vingt ans à Antioche et à Constantinople, ont été soigneusement conservés; et la possession de plus de mille sermons ou homélies a mis les critiques des siècles suivans (1) en état d'apprécier le mérite de saint Chrysostôme. Ils reconnaissent unanimement dans l'orateur chrétien une abondante et élégante facilité, le talent de déguiser les avantages qu'il tirait de la rhétorique et de la philosophie, un fonds inépuisable de métaphores, d'idées et d'images qui varient et embellissent les sujets les plus simples et les plus communs; enfin l'art heureux de faire servir les passions à l'avantage de la vertu, et de démontrer la honte et l'extravagance du vice avec l'énergie et la vérité, pour ainsi dire, d'une représentation dramatique.

Le zèle de l'archevêque, dans ses fonctions pastorales, irrita et réunit peu à peu contre lui des ennemis de deux espèces différentes : le clergé, qui enviait ses succès, et les pécheurs endurcis, qu'offensaient ses reproches. Lorsque saint Chrysostôme tonnait dans la chaire de Sainte-Sophie contre la corruption des chrétiens, ses traits se perdaient dans la foule sans blesser, sans désigner même aucun individu; lorsqu'il déclamait contre les vices de

{Son administration pastorale et ses défauts. A. D. 398-403.}

---

(1) N'ayant qu'une connaissance fort légère des volumineux ouvrages de saint Chrysostôme, j'ai donné ma confiance aux critiques ecclésiastiques dans lesquels j'ai trouvé le plus d'impartialité et de modération. (Érasme, tome III, p. 1344; et Dupin, *Bibl. ecclés.*, t. III, p. 38.) Cependant le bon goût du premier est corrompu quelquefois par l'excès de son attachement pour l'antiquité; et le bon sens du second est toujours retenu par des considérations de prudence.

l'opulence, la pauvreté éprouvait peut-être une consolation passagère; mais le grand nombre des coupables servait à les déguiser; et le reproche était même adouci par quelques idées de grandeur et de supériorité: mais plus ses regards s'élevaient vers le faîte, et moins ils embrassaient d'objets. Les magistrats, les ministres, les eunuques favoris, les dames de la cour (1), et l'impératrice Eudoxie elle-même, sentaient trop bien des reproches d'autant plus graves qu'ils ne pouvaient plus se partager qu'entre un petit nombre de coupables. Le témoignage de leur conscience prévenait ou confirmait l'application que leur en faisait l'auditoire; et l'intrépide prédicateur usait du dangereux privilége de dévouer l'offense et le coupable à l'exécration publique. Le ressentiment secret de la cour encouragea celui du clergé et des moines de Constantinople, que le zèle de leur archevêque avait entrepris de réformer trop précipitamment. Il s'était élevé en chaire contre l'usage des femmes qui servaient le clergé de la capitale

---

(1) Les femmes de Constantinople se distinguaient par leur haine ou par leur attachement pour saint Chrysostôme. Trois veuves nobles et opulentes, Marse, Castricie et Eugraphie, étaient à la tête de la persécution. (Pallad., *Dialog.*, tome XIII, p. 14. Elles ne pouvaient pardonner à un prédicateur qui leur reprochait de chercher à masquer leur âge et leur laideur par la parure et la multiplicité des ornemens. (Pallad., p. 27.) Le même zèle, déployé pour une cause plus pieuse, valut à Olympias le titre de sainte. *Voy.* Tillemont, *Mém. ecclés.*, t. XI, p. 416-440.

sous le nom de domestiques ou de sœurs, et qu'il regardait comme une occasion continuelle de péché ou de scandale. Saint Chrysostôme accordait une protection particulière à ces pieux et silencieux solitaires qui se séquestraient du commerce du monde; mais il censurait avec aigreur et méprisait, comme la honte de leur sainte profession, cette foule de moines dégénérés qui, attirés par d'indignes motifs de plaisir ou de profit, remplissaient sans cesse les rues de Constantinople. A la voix de la persuasion le prélat fut obligé de joindre celle de son autorité; et son ardeur dans l'exercice de la juridiction ecclésiastique n'était pas toujours exempte de passion, ou guidée par la prudence. Saint Chrysostôme, naturellement d'un caractère emporté (1), tâchait de se soumettre aux préceptes de l'Évangile, en aimant ses ennemis personnels; mais il se livrait sans résistance à la haine des ennemis de Dieu et de l'Église, et s'exprimait quelquefois avec trop de violence dans la parole et dans le maintien. Par des motifs de santé ou peut-être d'abstinence, l'archevêque conservait son ancienne coutume de prendre son repas en par-

---

(1) Sozomène et plus particulièrement Socrate ont peint le caractère de saint Chrysostôme avec une liberté impartiale et modérée qui a offensé ses aveugles admirateurs. Ces historiens tenaient à la génération qui succéda aux contemporains du saint archevêque; la violence des partis ne subsistait plus, et ils eurent occasion de converser familièrement avec différentes personnes qui avaient été témoins de ses vertus et de ses imperfections.

ticulier, et cette habitude (1), que ses ennemis attribuaient à l'orgueil, contribuait au moins à nourrir son humeur morose et insociable. Renonçant en quelque façon à ces communications qui éclaircissent et facilitent les affaires, il mettait toute sa confiance dans le diacre Sérapion, et se servait rarement de ses connaissances spéculatives de la nature humaine pour approfondir le caractère de ses égaux ou de ses subordonnés. Se fiant à la pureté de ses intentions, ou peut-être à la supériorité de son génie, l'archevêque de Constantinople étendit la juridiction de la ville impériale pour étendre celle de ses soins épiscopaux. Cette conduite, que les profanes imputaient à l'ambition, paraissait à saint Chrysostôme un devoir sacré et indispensable. En visitant les provinces d'Asie, il déposa treize évêques de Lydie et de Phrygie, et déclara indiscrètement que l'esprit de débauche et de simonie infectait tout l'ordre épiscopal (2). La condamnation rigoureuse de ces

---

(1) Palladius (t. XIII, p. 40, etc.) défend très-sérieusement l'archevêque : 1° il ne buvait jamais de vin ; 2° la faiblesse de son estomac exigeait un régime particulier ; 3° les affaires, l'étude ou la dévotion, le faisaient souvent jeûner jusqu'au coucher du soleil ; 4° il détestait le bruit et les conversations oiseuses des grands repas ; 5° il épargnait sur la dépense de sa table pour secourir les pauvres ; 6° il craignait, dans une ville comme Constantinople, d'accepter des invitations qui pouvaient le rendre suspect à quelque faction.

(2) Saint Chrysostôme (t. IX, *hom.* III; *in Act. apostol.*, p. 29) déclare que le nombre des évêques qui seront sauvés est

évêques, en cas qu'ils fussent innocens, dut exciter leur juste indignation ; et en supposant au contraire qu'ils fussent coupables, la plupart de leurs confrères, qui craignaient d'éprouver le même sort, sentirent bientôt que leur sûreté ne pouvait s'établir que sur la ruine de l'archevêque, qu'ils tâchaient de représenter comme le tyran de l'Église orientale.

Théophile (1), archevêque d'Alexandrie, prélat actif et ambitieux, qui dissipait en monumens fastueux des biens acquis par la rapine, conduisit la conspiration ecclésiastique. Sa vanité nationale lui inspirait de l'aversion pour une ville dont la grandeur naissante le faisait descendre du second au troisième rang dans le monde chrétien ; et quelques querelles personnelles avaient achevé de l'irriter contre saint Chrysostôme (2). D'après l'invitation secrète de l'impératrice, Théophile débarqua dans le port de Constantinople, accompagné d'une nombreuse troupe de mariniers pour dissiper la populace, et d'une longue suite d'évêques, ses suffragans, pour s'assu-

L'impératrice Eudoxie persécute saint Chrysostôme.
A. D. 403.

---

très-petit, en comparaison de ceux qu'attend la damnation éternelle.

(1) *Voyez* Tillemont, *Mém. ecclés.*, t. xi, p. 441-500.

(2) J'ai cru devoir omettre la controverse qui s'éleva parmi les moines de l'Égypte concernant les opinions d'Origène et l'anthropomorphisme ; la dissimulation et la violence de Théophile, son adresse à séduire saint Épiphane, la persécution et la fuite des frères dits *les Longs* ou *les Grands*, le secours douteux qu'ils reçurent de saint Chrysostôme à Constantinople, etc.

rer la majorité des voix dans le synode (1). On assembla ce synode dans le faubourg de Chalcédoine, surnommé *le Chêne*, où Rufin avait construit une vaste église et un monastère. Les séances continuèrent durant quatorze jours. Un évêque et un diacre se portèrent pour accusateurs de l'archevêque de Constantinople; mais les quarante-sept articles des griefs frivoles ou improbables qu'ils présentèrent contre ce prélat, peuvent être considérés comme un panégyrique de l'espèce la plus irrécusable. Saint Chrysostôme fut cité quatre fois à comparaître; mais il refusa toujours de confier sa personne et sa réputation à la haine implacable de ses ennemis, qui abandonnèrent prudemment l'examen des accusations, le condamnèrent comme rebelle et contumace; et prononcèrent précipitamment contre lui une sentence de déposition. Le synode du *Chêne* fit demander immédiatement à l'empereur la ratification et l'exécution de la sentence, et insinua charitablement qu'on pouvait punir comme coupable de lèse-majesté l'audacieux prédicateur qui avait insulté l'impératrice Eudoxie sous le nom odieux de Jézabel. Un officier du palais s'empara de saint Chrysostôme, le traîna ignominieusement dans les rues de la capitale,

---

(1) Photius (p. 53-60) a conservé les actes originaux du synode du *Chêne*; et ils prouvent qu'on a mal à propos prétendu que saint Chrysostôme n'avait été condamné que par trente-six évêques, dont vingt-neuf étaient Égyptiens. Quarante-cinq évêques souscrivirent la sentence. *Voyez* Tillemont, *Mém. eccl.*, t. xi, p. 595.

et le descendit, après une courte navigation, à l'entrée de l'Euxin, d'où, en moins de deux jours, on le rappela glorieusement.

Dans le premier instant de sa surprise, son fidèle troupeau était demeuré muet et immobile; mais tout à coup sa fureur éclata dans toutes les parties de la ville avec une violence irrésistible. Théophile trouva moyen de s'échapper; mais les moines et les mariniers furent impitoyablement massacrés dans les rues de Constantinople (1). Un tremblement de terre, qui vint à propos augmenter la terreur et la confusion, semblait annoncer l'intervention du ciel en faveur de l'archevêque. Le torrent de la sédition s'approchait des portes du palais : l'impératrice agitée par la crainte et peut-être par le remords, se jeta aux pieds de l'empereur, et avoua que le rappel de saint Chrysostôme pouvait seul ramener la tranquillité publique. Un nombre infini de vaisseaux couvrirent le Bosphore ; de brillantes illuminations éclairèrent les côtes de l'Europe et de l'Asie, et les acclamations d'un peuple victorieux accompagnèrent depuis

Émeute du peuple à Constantinople.

---

(1) Palladius avoue (p. 30) que si les habitans de Constantinople avaient rencontré Théophile, ils l'auraient jeté dans la mer. Socrate fait le récit (l. VI, c. 17) d'un combat entre la populace et les matelots d'Alexandrie, où il y eut beaucoup de gens blessés et quelques-uns de tués. Le païen Zozime est le seul qui parle du massacre des moines (l. IV, p. 324). Il convient de l'habileté de saint Chrysostôme à conduire une multitude ignorante et grossière : ην γαρ ο ανθρωπος αλογον οχλον υπαγαγεσται δεινος.

le port jusqu'à la cathédrale la rentrée triomphante de l'archevêque. Le prélat consentit trop légèrement à reprendre l'exercice de ses fonctions avant que sa sentence eût été révoquée par un synode ecclésiastique. Ignorant ou méprisant le danger, saint Chrysostôme suivit l'ardeur de son zèle ou peut-être de son ressentiment, déclama avec violence contre les vices des *femmes*, et condamna les honneurs profanes qu'on accordait à la statue de l'impératrice presque dans l'enceinte de Sainte-Sophie. Ses ennemis profitèrent de cette imprudence pour irriter l'orgueilleuse Eudoxie, en lui rapportant ou en inventant ce fameux exorde attribué à l'un des sermons de saint Chrysostôme : « Hérodias reprend sa fureur, Hérodias recommence à danser; elle demande une seconde fois la tête de Jean. » Comme femme et comme souveraine, elle ne pouvait pardonner cette insolente allusion (1). Durant le court intervalle d'une trève perfide, on concerta des moyens plus sûrs pour consommer sans retour la ruine de l'archevêque. Un concile nombreux d'évêques de l'Orient, dirigé de loin par les instructions de Théophile, confirma la validité de la première sentence sans en

---

(1) *Voyez* Socrate, l. VI, c. 18; Sozomène, l. VIII, p. 20. Zozime (l. v, p. 324-327) parle en termes généraux de ses invectives contre l'impératrice Eudoxie. L'homélie qui commence par ces expressions fameuses est rejetée comme controuvée. Montfaucon, tome XIII, p. 151; Tillemont, *Mém. ecclés.*, t. XI, p. 603.

examiner la justice ; et un détachement de soldats barbares entra dans la ville pour arrêter les mouvemens du peuple. La veille de Pâques, l'arrivée des soldats interrompit indécemment les cérémonies solennelles du baptême, alarma la pudeur des catéchumènes nus dans les fonts baptismaux, et viola les mystères du christianisme. Arsace occupa l'église de Sainte-Sophie et le siége archiépiscopal. Les catholiques se réfugièrent dans les bains de Constantin et ensuite dans la campagne, où les gardes, les évêques et les magistrats, continuèrent à les poursuivre et à les insulter. Le jour funeste où saint Chrysostôme se vit exilé pour la seconde fois et sans retour, fut marqué par l'incendie de la cathédrale, du palais où s'assemblait le sénat, et des bâtimens voisins. On imputa cette calamité, sans preuve, mais non pas sans vraisemblance, au désespoir de la faction persécutée (1).

Cicéron se glorifiait de ce que son exil volontaire avait conservé la paix à sa patrie (2); mais la soumission de saint Chrysostôme était le devoir indispensable d'un sujet et d'un chrétien. Il demanda humblement et en vain la permission d'habiter Cizique ou Nico-

Exil de saint Chrysostôme. A. D. 404, 20 juin.

---

(1) Nous devions naturellement attendre de Zozime une pareille accusation (l. v, p. 327); mais il est remarquable qu'elle soit confirmée par Socrate (l. vi, c. 18) et par la Chronique de Paschal (p. 307).

(2) Il développe ces motifs spécieux (*Post reditum*, c. 13, 14) dans le style d'un orateur et d'un politique.

médie ; l'inflexible impératrice le fit transporter à Cucuse, dans la Petite-Arménie, au milieu des rochers du mont Taurus. On espérait que l'archevêque ne résisterait point à une marche pénible de soixante-dix jours, dans les plus grandes chaleurs de l'été, à travers l'Asie-Mineure, et continuellement exposé aux attaques des Isauriens et à la fureur bien plus implacable des moines. Cependant saint Chrysostôme arriva sans accident au lieu de son exil ; et les trois années qu'il passa à Cucuse et dans la ville voisine d'Arabisse, furent les dernières et les plus glorieuses de sa vie. La persécution et l'absence augmentèrent la vénération publique : les fautes de son administration furent oubliées ; on ne se souvint que du mérite et des vertus de saint Chrysostôme ; et l'attention du monde chrétien se fixa sur un coin désert du mont Taurus. Du fond de sa solitude, l'archevêque, dont l'âme s'était fortifiée dans l'infortune, entretint une correspondance régulière avec les provinces les plus éloignées (1), exhorta les membres de sa congrégation à persévérer dans leur fidélité, pressa la destruction des temples de Phénicie et l'extinction de l'hérésie dans l'île de Chypre,

---

(1) Deux cent quarante-deux épîtres de saint Chrysostôme existent encore (*opera*, t. III, p. 528 – 736). Elles sont adressées à un grand nombre de personnes différentes, et déploient une fermeté d'âme fort supérieure à celle de Cicéron dans son exil. La quatorzième épître contient un détail curieux des dangers de sa route.

étendit son attention pastorale aux missions de Perse
et de Scythie; négocia, par des ambassadeurs, avec
le pontife romain et avec l'empereur Honorius, et
appela d'un synode partial au tribunal suprême d'un
concile libre et général. Le génie de cet illustre exilé
conservait son indépendance; mais son corps était à
la merci de ses persécuteurs, qui ne cessaient point
d'exercer leur vengeance en abusant du nom et de
l'autorité d'Arcadius (1). On expédia un nouvel ordre
de transférer sans délai saint Chrysostôme au fond du
désert de Pityus; et ses gardes obéirent si fidèlement
à leurs cruelles instructions, qu'avant d'atteindre la
côte de l'Euxin, il mourut à Comana, ville du Pont, Sa mort
A. D. 407,
sept. 24.
dans la soixantième année de son âge. La génération
suivante reconnut son mérite et son innocence. La
fermeté du pontife romain disposa les archevêques
de l'Orient, honteux sans doute d'avoir succédé aux
ennemis de saint Chrysostôme, à réhabiliter la mémoire de ce nom vénérable (2). Trente ans après la

---

(1) Après l'exil de saint Chrysostôme, Théophile publia
contre lui un volume *énorme et horrible*, dans lequel il répète souvent les douces expressions de *hostem humanitatis,
sacrilegorum principem, immundum dæmonem*. Il assure
que saint Jean Chrysostôme a prostitué son âme au diable,
et il souhaite qu'on lui inflige quelque nouveau châtiment,
qui égale, s'il est possible, l'horreur de ses crimes. Saint
Jérôme, à la requête de son ami Théophile, traduisit du
grec en latin cet ouvrage édifiant. *Voy.* Facundus Hermian.,
Defens. pro 3 *Capitul.*, l. vi, c. 5, publié par Sirmond,
opera, t. ii, p. 595, 596, 597.

(2) Son nom fut inséré par son successeur Atticus dans

mort de saint Chrysostôme, à la réquisition du peuple et du clergé de Constantinople, ses reliques furent transportées de leur obscur sépulcre dans la ville impériale. (1). L'empereur Théodose alla les recevoir jusqu'à Chalcédoine, et, se prosternant sur le cercueil, il implora, au nom de ses coupables parens Arcadius et Eudoxie, le pardon du saint qu'ils avaient persécuté (2).

Ses reliques sont transportées à Constantinople. A. D. 438, janvier 24.

On peut cependant douter qu'Arcadius eût transmis à son successeur la tache d'un crime héréditaire. Eudoxie, jeune et belle, méprisait son mari, et se livrait sans contrainte à ses passions. Le comte Jean jouissait au moins de la confiance intime de l'impératrice, et le public le nommait le père du jeune Théodose (3). Le pieux empereur n'en accepta pas

Mort d'Arcadius. A. D. 408, mai 1.

---

les diptyques de l'église de Constantinople, A. D. 418. Dix ans après on le révéra comme un saint. Cyrille, qui avait hérité de la place et de la haine de son oncle Théophile, céda avec beaucoup de répugnance. *Voy.* Facund. Herm.; l. IV, c. 1; Tillemont, *Mém. ecclés.*, t. XIV, p. 277-283.

(1) Socrate, l. VII, c. 45; Théodoret, l. V, c. 36. Cet événement opéra la réunion des joannites qui avaient refusé de reconnaître ses successeurs. Durant sa vie les joannites étaient respectés des catholiques comme la congrégation orthodoxe de Constantinople; leur obstination les conduisit presque jusqu'au schisme.

(2) Selon quelques auteurs (Baronius, *Annal. eccles.*, A. D. 438, nos 9, 10), pour que le corps de ce saint formaliste pût être transporté de Comana à la capitale, il fallut que l'empereur écrivît une lettre d'excuse et d'invitation.

(3) Zozime; l. V, p. 315. On ne peut attaquer la chasteté

moins la naissance d'un fils comme l'événement le plus heureux et le plus honorable pour lui, pour sa famille et pour l'empire; et l'auguste enfant, par une faveur sans exemple, fut revêtu, dès sa naissance, des titres de César et d'Auguste. Environ quatre ans après, les suites d'une fausse couche enlevèrent Eudoxie dans son printemps, et sa mort déconcerta la prophétie d'un saint évêque (1), qui, au milieu de la joie et des fêtes publiques, avait hasardé de prédire que l'impératrice serait témoin du règne long et glorieux de son fils Théodose. Les catholiques applaudirent à la justice du ciel qui vengeait la persécution de saint Chrysostôme; et l'empereur fut peut-être le seul qui regrettât sincèrement l'avide et impérieuse Eudoxie. Cette perte particulière l'affecta plus que toutes les calamités publiques (2) : les insolentes excursions des brigands isauriens qui rava-

---

d'une impératrice sans citer un témoin; mais il est bien étonnant que ce témoin ait osé vivre et écrire dans les États d'un prince dont il révoquait en doute la légitimité. Cette histoire était probablement le libelle de quelque faction que les païens lisaient et se communiquaient secrètement. Tillemont (*Hist. des Emper.*, t. v, p. 782) semble disposé à inculper Eudoxie.

(1). Porphyre de Gaza, zélé prélat, fut transporté de joie lorsqu'il obtint l'ordre de détruire huit temples païens de cette ville. *Voyez* les détails curieux de sa vie. (Baronius, A. D. 401, n° 17-51). L'original a été écrit en grec ou peut-être en syriaque, par un moine, un de ses diacres favoris.

(2) Philostorg., l. xi, c. 8; et Godefroy, *Dissert.*, p. 457.

geaient depuis le Pont jusqu'à la Palestine, et dont l'impunité accusait la faiblesse du gouvernement; les incendies, les tremblemens de terre, les sauterelles (1) et la famine, fléaux que le mécontentement général était presque tenté d'imputer à l'incapacité du monarque. Enfin, dans la trente et unième année de son âge, et après avoir régné, si l'on peut abuser ainsi de cette expression, l'espace de treize ans trois mois et quinze jours, Arcadius mourut à Constantinople. Il est impossible de tracer son caractère, puisque, dans un temps abondant en matériaux historiques, on ne découvre pas une seule action qui appartienne personnellement au fils du grand Théodose.

Son testament supposé. L'historien Procope (2) fait briller, à la vérité, dans l'esprit du monarque expirant, un rayon de prudence humaine ou de prévoyance céleste. Arcadius considérait avec inquiétude la situation dangereuse dans laquelle il laissait son fils Théodose, âgé de sept ans, les factions d'une minorité et le caractère ambitieux de Jezdegerd, roi de Perse. Au lieu de s'exposer à tenter la fidélité de quelque sujet ambitieux, en lui confiant le pouvoir suprême, il osa

---

(1) Saint Jérôme (t. VI, p. 73-76) fait un tableau frappant de la marche destructive des sauterelles, qui étendirent un nuage épais entre le soleil et la terre, et couvrirent les champs de la Palestine. Heureusement des vents qui s'élevèrent alors en poussèrent une partie dans la mer Morte, et l'autre dans la Méditerranée.

(2) Procope, *de Bell. persic.*, l. 1, c. 2, p. 8, édit. Louv.

réclamer la générosité d'un roi, et mit, par un testament solennel, le sceptre de l'Orient entre les mains de Jezdegerd lui-même. Jezdegerd accepta, et remplit avec une fidélité sans exemple les devoirs de tuteur de Théodose. La sagesse et les armes du roi de Perse protégèrent l'enfance de l'empereur romain. Tel est l'étrange récit de Procope; et Agathias (1) n'en conteste point la vérité, quoiqu'il ne soit pas de l'avis de Zozime, et qu'il blâme l'empereur romain d'avoir confié si imprudemment, quoique avec succès, son fils et son empire à la foi inconnue d'un étranger, d'un rival et d'un païen. A cent cinquante ans de distance, on pouvait débattre cette question politique à la cour de Justinien; mais un historien sage ne s'arrêtera point à discuter le plus ou le moins de prudence du testament d'Arcadius avant de s'être convaincu de son authenticité. Comme l'histoire du monde entier n'offre rien de semblable, on peut raisonnablement exiger qu'un fait si extraordinaire soit attesté par les contemporains. L'événement qui excite nos doutes aurait dû, par sa nouveauté, attirer leur attention; et leur silence universel anéantit cette vaine tradition, recueillie dans l'âge suivant.

---

(1) Agathias, l. IV, p. 136-137. Quoiqu'il adopte la vérité de cette tradition, il assure que Procope est le premier qui en ait consacré la mémoire dans ses écrits. Tillemont (*Hist. des Emper.*, t. VI, p. 597) évalue très-judicieusement cette fable. Sa critique n'a été retenue par aucune autorité ecclésiastique; Procope et Agathias étaient l'un et l'autre à moitié païens.

Administration d'Anthemius. A. D. 408-415.

Si l'on eût pu appliquer au gouvernement les maximes que professait la jurisprudence romaine à l'égard des affaires particulières, elles auraient donné à Honorius la régence et la tutelle de son neveu, au moins jusqu'à ce qu'il eût atteint sa quatorzième année. Mais la faiblesse d'Honorius et les calamités de son règne l'empêchèrent de réclamer ses droits; et les deux empires étaient si divisés d'intérêt et d'affection, que les habitans de Constantinople auraient obéi avec moins de répugnance aux ordres du monarque persan qu'au gouvernement de la cour de Ravenne. Sous un prince qui, parvenu à l'âge de raison, couvre sa faiblesse de l'extérieur d'un homme, les plus méprisables favoris peuvent disputer secrètement l'empire du palais, et dicter aux provinces obéissantes les ordres d'un maître qu'ils dirigent et qu'ils méprisent; mais les ministres d'un enfant incapable de les autoriser par sa sanction, acquièrent et exercent nécessairement une autorité indépendante. Les grands officiers de l'État et de l'armée qui avaient été mis en place avant la mort d'Arcadius, formaient une aristocratie qui aurait pu leur donner l'idée d'un gouvernement républicain : heureusement le préfet Anthemius s'empara de l'autorité, et conserva un ascendant durable sur ses égaux par la supériorité de son mérite (1). Il prouva sa fidélité par

---

(1) Socrate, l. VII, c. 1. Anthemius était petit-fils de Philippe, un des ministres de Constance, et grand-père de l'empereur Anthemius. Au retour de son ambassade de

le soin qu'il prit du jeune Théodose, et l'étendue de ses talens par la fermeté avec laquelle il conduisit l'administration difficile d'une minorité. Uldin campait au milieu de la Thrace avec une nombreuse armée de Barbares; rejetait insolemment toutes les propositions de paix, et disait aux ambassadeurs romains, en leur montrant le soleil levant, que les conquêtes des Huns ne se termineraient qu'avec le cours de cet astre. Mais, abandonné de ses alliés, que l'on eut soin de convaincre chacun en particulier de la justice et de la libéralité des ministres impériaux, il fut obligé de repasser le Danube. La tribu des Scyrres, qui formait son arrière-garde, fut presque entièrement détruite; et l'on dispersa plusieurs milliers de captifs dans les plaines de l'Asie (1), où ils servirent utilement aux travaux de l'agriculture. Au milieu de la victoire, Anthemius ne négligea point les précautions; il fit environner Constantinople d'un nouveau mur plus épais et plus élevé. Ses soins vigilans s'étendirent aux fortifications des villes d'Illyrie, et il conçut un plan sagement combiné, qui, établissant sur le Danube, en l'espace de sept années, une

---

Perse, il fut désigné consul et préfet du prétoire de l'Orient dans l'année 405. Il conserva sa préfecture environ dix ans. *Voyez* son éloge dans Godefroy, *Cod. Theod.*, t. VI, p. 350; Tillemont, *Histoire des Empereurs*, t. VI, p. 1, etc.

(1) Sozomène, l. IX, c. 5. Il vit quelques Scyrres qui travaillaient sur le mont Olympe, en Bithynie, et se plut à croire, sans aucun fondement, qu'ils étaient les derniers de leur nation.

flotte de deux cent cinquante vaisseaux (1) toujours armés, aurait défendu invinciblement le passage de ce fleuve.

{Caractère et administration de Pulchérie. A. D. 414-453.} Mais les Romains étaient accoutumés depuis si long-temps à l'autorité d'un monarque, que la première personne, même dans le nombre des femmes de la famille impériale, qui montra du courage et de la capacité, s'empara facilement du trône de Théodose; et cette personne fut Pulchérie (2), sœur du jeune souverain, son aînée seulement de deux ans, qui obtint, dans sa seizième année, le titre d'*Augusta*. Quoique le caprice ou l'intrigue ait quelquefois diminué passagèrement sa faveur, elle gouverna l'empire durant près de quarante années, soit pendant la longue minorité de Théodose, soit après la mort de ce prince, d'abord en son propre nom, et ensuite sous celui de Marcien, qu'elle épousa sous la clause qu'il n'userait point des droits de mari. Par des motifs de prudence ou de dévotion, Pulchérie fit vœu de virginité; et, malgré quelques soupçons vagues sur la chasteté de cette princesse (3),

---

(1) *Cod. Theod.*, l. VII, tit. 17; l. XV, tit. 1, leg. 49.

(2) Sozomène a rempli trois chapitres du plus magnifique panégyrique en l'honneur de Pulchérie, l. IX, c. 1, 2, 3; et Tillemont (*Mém. ecclés.*, t. XV, p. 171-184) a dédié un article séparé aux louanges de sainte Pulchérie, vierge et impératrice.

(3) Suidas, *Excerpta*, p. 68; *in Script. Byzant.*) prétend, sur l'autorité des nestoriens, que la haine violente de Pulchérie contre le fondateur de leur secte, vint des censures

sa résolution, adoptée par ses deux sœurs, Arcadie et Marine, fut célébrée par les chrétiens comme le plus sublime effort de la piété. En présence du peuple et du clergé, les trois sœurs d'Arcadius (1) dédièrent à Dieu leur virginité; et ce vœu solennel fut inscrit sur des tablettes d'or enrichies de pierres précieuses, dont les princesses firent publiquement l'offrande dans la cathédrale de Constantinople. Le palais devint un monastère; et tous les hommes, excepté ceux qui dirigeaient la conscience des princesses, et les saints qui avaient parfaitement oublié la différence des sexes, en furent scrupuleusement exclus. Pulchérie, ses deux sœurs et une suite choisie de filles d'une naissance distinguée, formèrent une communauté religieuse, et renoncèrent aux plaisirs mondains de la parure. Malgré la frugalité de leur nourriture ordinaire, elles jeûnaient souvent, employaient une partie de leur temps à des ouvrages de broderie, et consacraient plusieurs heures du jour et de la nuit à prier et à réciter des psaumes. Aux vertus d'une vierge chrétienne, Pulchérie joignait le zèle et la libéralité d'une souveraine. L'histoire ecclésiastique donne le détail des églises magnifiques que

---

qu'il s'était permises sur son intimité avec le beau Paulin, et son inceste avec son frère Théodose.

(1) *Voyez* Ducange, *Famil. Byzant.*, p. 70. Flaccille, la fille aînée de Théodose, mourut avant son frère Arcadius; où, si elle vécut jusqu'à l'année 431, quelques infirmités du corps ou de l'esprit la privèrent probablement des honneurs dus à son rang.

l'impératrice fit construire dans toutes les provinces de l'Orient, de ses charitables fondations en faveur des pauvres et des étrangers, des donations considérables qu'elle fit aux monastères, et de ses pieux efforts pour détruire les hérésies opposées d'Eutychès et de Nestorius. Tant de vertus semblaient mériter la faveur particulière de la Divinité (1); et la pieuse impératrice en obtint en songe, ou dans des visions, la découverte des saintes reliques des martyrs et la connaissance d'une partie des événemens futurs. Cependant la dévotion n'empêchait point Pulchérie de veiller, avec une attention infatigable, aux affaires du gouvernement; et cette princesse est la seule des descendans du grand Théodose qui semble avoir hérité d'une partie de son courage et de ses talens. Elle avait acquis l'usage familier des langues grecque et latine, dont elle se servait avec grâce dans ses discours et dans ses écrits relatifs aux

---

(1) Elle fut avertie, par plusieurs songes consécutifs, des endroits où les corps des quarante martyrs avaient été enterrés. La terre qui les recélait avait successivement fait partie de la maison et du jardin d'une dame de Constantinople, d'un monastère de moines macédoniens; et était enfin occupée par une église de saint Thyrse, élevée par Césarius, qui fut consul A. D. 397. Ces reliques étaient presque entièrement oubliées. Malgré le souhait charitable du docteur Jortin, on ne peut guère se dispenser de soupçonner Pulchérie d'avoir eu quelque part à cette fraude pieuse. L'impératrice devait avoir alors plus de trente-cinq ans.

affaires publiques. La prudence présidait toujours
à ses délibérations ; son exécution était prompte et
décisive. Faisant mouvoir sans bruit et sans ostentation les rouages du gouvernement, elle attribuait
discrètement au génie de l'empereur la longue tranquillité de son règne. Dans les dernières années de
sa paisible vie, l'Europe souffrit beaucoup de l'invasion d'Attila ; mais la paix continua toujours de
régner dans les vastes provinces de l'Asie : Théodose le jeune ne fut jamais réduit à la cruelle nécessité de combattre ou de punir un sujet rebelle ;
et si nous ne pouvons louer Pulchérie d'une grande
vigueur dans son administration, la douceur de cette
administration prospère mérite du moins quelques
éloges.

L'éducation du jeune Théodose intéressait tout
l'empire. Un plan d'études et d'exercices judicieusement disposé, partagea son temps entre l'équitation, l'art de tirer de l'arc, et l'étude de la grammaire, de la rhétorique et de la philosophie ; les
plus habiles maîtres de l'Orient s'empressèrent d'instruire leur auguste élève, qui reçut leurs leçons
en commun avec plusieurs jeunes gens de la plus
haute distinction, introduits dans le palais pour animer l'empereur par l'émulation de l'amitié. Pulchérie
se réserva le soin d'instruire son frère dans l'art de
gouverner ; mais ses préceptes autorisent à révoquer
en doute l'étendue de sa capacité ou la pureté de
ses intentions. Elle lui apprit à conserver un maintien grave et imposant, à marcher, à porter sa robe

Éducation et caractère de Théodose le jeune.

et à s'asseoir sur son trône d'une manière convenable à un grand prince, à s'abstenir de rire, à écouter avec complaisance, à faire des réponses convenables, à prendre tour à tour l'air affable ou sérieux ; en un mot, à représenter dans toutes les circonstances, avec grâce et avec dignité, l'extérieur d'un empereur romain : mais on n'inspira point à Théodose (1) le désir d'en mériter le nom et d'en soutenir la gloire. Au lieu d'aspirer à égaler ses ancêtres, on peut dire, s'il est permis dans un tel degré d'incapacité d'apercevoir encore quelque différence, qu'il dégénéra de la faiblesse de son père et de son oncle. Arcadius et Honorius avaient eu l'exemple et reçu les leçons du grand Théodose, soutenues de l'autorité d'un père ; mais le prince malheureux, né sur le trône, n'entend jamais la voix de la vérité. Le fils d'Arcadius fut condamné à passer sa vie dans une enfance per-

---

(1) Il y a une opposition remarquable entre les deux historiens ecclésiastiques, qui, en général, s'accordent dans la plupart de leurs relations. Sozomène (l. IX., c. 1) assure que Pulchérie eut le gouvernement de l'empire, et dirigea l'éducation de son frère, dont il daigne à peine faire l'éloge. Socrate, quoiqu'il déclare avec affectation renoncer à tout espoir de faveur et de célébrité, fait un long panégyrique de l'empereur, et se tait avec soin sur le mérite de Pulchérie (l. VII, c. 22-42). Philostorgius (l. XII, c. 7) parle de l'influence de Pulchérie adroitement et en homme de cour. Τας βασιλικας σημειωστεις υπηρετουμενη και διευθυνουσα. Suidas (*Excerpt.*, p. 53) peint le véritable caractère de Théodose, et j'ai suivi l'exemple de Tillemont (t. VI, p. 25). en tirant quelques traits des Grecs modernes.

pétuelle, environné d'une troupe servile de femmes et d'eunuques. De futiles amusemens et des études inutiles remplissaient les heures d'oisiveté que lui laissait son éloignement de tout ce qui avait rapport aux devoirs essentiels du souverain. Théodose ne sortait du palais que pour se livrer aux plaisirs de la chasse; mais il passait souvent une partie de la nuit à peindre ou à graver ; et l'élégance avec laquelle il transcrivait les livres de dévotion, mérita à l'empereur romain le surnom singulier de *Calligraphe*, ou excellent écrivain. Séparé du monde par un voile impénétrable, le jeune monarque abandonnait sa confiance à ceux qu'il aimait, et il aimait ceux qui s'occupaient de flatter ses goûts et d'amuser son indolence. Comme il ne lisait jamais les papiers où il mettait sa signature, on exécutait en son nom les injustices les plus opposées à son caractère. Théodose était chaste, sobre, libéral et compatissant; mais ces qualités, qui ne méritent le nom de vertus que quand elles sont soutenues par le courage et dirigées par la prudence, devinrent en lui rarement utiles, et quelquefois funestes au genre humain. Une éducation reçue sur le trône avait amolli son âme, et une honteuse superstition l'asservissait et la dégradait encore. Il jeûnait, chantait des psaumes, et croyait aveuglément aux miracles et aux préceptes qui nourrissaient sa crédulité. Dévotement attaché au culte des saints, soit morts, soit vivans, de l'Église catholique, l'empereur des Romains refusa une fois de manger, jusqu'à ce qu'un moine insolent, qui avait osé excommunier son souverain, eût daigné guérir cette blessure spirituelle (1).

<small>Caractère et aventures de l'impérat. Eudoxie. A. D. 421-460.</small>

L'histoire d'une fille belle et vertueuse, élevée de l'obscurité d'une vie privée sur le trône impérial, passerait peut-être pour un roman si elle n'était pas constatée par le mariage de Théodose. La célèbre Athénaïs (2), fille de Leontius, philosophe athénien, avait été élevée par son père dans la religion des Grecs, et instruite dans les sciences qu'ils professaient. Plein d'estime pour ses contemporains, le philosophe athénien crut qu'avec son mérite et sa beauté, sa fille n'avait pas besoin de bien; il la déshérita, partagea sa fortune entre ses deux fils, et ne laissa qu'un legs de cent pièces d'or à Athénaïs.

---

(1) Théodoret, l. v, c. 37. L'évêque de Cyrrhe, un des hommes les plus respectables de son siècle par sa piété et par son érudition, applaudit à l'obéissance de Théodose aux lois divines.

(2) Socrate (l. VII, c. 21) nous apprend son nom, Athénaïs, fille de Leontius, philosophe athénien. Il parle de son baptême, de son mariage, et de ses talens poétiques. Jean Malala est l'auteur le plus ancien qui ait parlé de cette histoire (part. II, p. 20, 21, éd. de Venise, 1733), avec la Chronique de Paschal (p. 311, 312). Ces auteurs avaient probablement vu le portrait original de l'impératrice Eudoxie. Les Grecs modernes, Zonare, Cedrenus, ont montré plus de penchant que de talent pour la fiction. J'ai cependant hasardé de fixer son âge, sur l'autorité de Nicéphore. Un faiseur de romans n'aurait point inventé qu'Athénaïs avait près de vingt-huit ans lorsqu'elle enflamma le cœur d'un jeune empereur.

La jalousie et l'avarice de ses frères la força bientôt à chercher un asile à Constantinople et à se jeter aux pieds de Pulchérie, dont elle espérait obtenir ou justice ou faveur. L'habile impératrice, en écoutant ses plaintes éloquentes, destina secrètement la fille du philosophe Leontius à devenir la femme de l'empereur d'Orient, qui atteignait alors sa vingtième année. Elle réussit facilement à exciter la curiosité de son frère par une peinture intéressante des charmes d'Athénaïs, dont elle vantait les grands yeux, les traits bien proportionnés, le teint éblouissant, la chevelure dorée, la taille élégante, le maintien plein de grâces, l'esprit perfectionné par l'étude, et la vertu éprouvée par le malheur. Théodose, caché derrière un rideau dans l'appartement de sa sœur, eut le plaisir de contempler la belle Athénienne; le modeste jeune homme lui déclara bientôt sa pure et honorable flamme. Les noces furent célébrées au milieu des acclamations de la capitale et des provinces. Athénaïs renonça sans peine aux horreurs du paganisme, reçut le baptême et le nom d'Eudoxie; mais la prudente Pulchérie ne lui accorda le titre d'*Augusta* qu'au moment où elle eut prouvé sa fécondité par la naissance d'une fille, qui épousa quinze ans après l'empereur d'Occident. Les frères d'Eudoxie n'obéirent qu'avec crainte aux ordres de la nouvelle impératrice qui les appelait près d'elle; mais il ne lui était pas difficile de leur pardonner l'heureuse dureté qu'ils avaient exercée envers elle; et la tendresse, ou peut-être la vanité d'une sœur, se plut à les élever au rang de consuls et de préfets. Au milieu de la magnificence de sa nouvelle condition, elle cultiva toujours les talens qui avaient contribué à son élévation, et les dévoua sagement à sa religion et à son mari. Eudoxie composa une paraphrase poétique des huit premiers livres de l'Ancien-Testament, et des prophéties de Daniel et de Zacharie; un centon des vers d'Homère, appliqué à la vie et aux miracles de Jésus-Christ; la Légende de saint Cyprien, et un panégyrique des victoires de Théodose sur les Perses. Ses écrits, admirés par un peuple d'esclaves superstitieux, n'ont point paru méprisables aux critiques exempts de partialité (1). Le temps et la possession n'affaiblirent point la tendresse de l'empereur; et après le mariage de sa fille, Eudoxie obtint la permission de remplir le vœu de sa reconnaissance par un pélerinage à Jérusalem. Le faste avec lequel cette princesse traversa l'Orient, s'éloigne un peu de l'humilité chrétienne. Elle prononça, sur un trône d'or enrichi de pierres précieuses, un discours éloquent dans le sénat d'Antioche, déclara l'intention d'élargir l'enceinte de la ville, fit un don de deux cents livres

---

(1) Socrate, l. vii, c. 21; Photius, p. 413-420. Le centon d'Homère existe encore, et a été imprimé plusieurs fois; mais les critiques prétendent que cette insipide production n'est point d'Eudoxie. (*Voyez* Fabrice, *Biblioth. græc.*, t. 1, p. 357.) L'*Ionia*, ou *Dictionnaire de fables et d'histoires*, a été compilé par une autre impératrice du nom d'Eudoxie, qui vivait dans le onzième siècle, et le manuscrit existe encore.

d'or pour rétablir les bains publics; et accepta les statues que la reconnaissance des habitans offrit d'élever en son honneur. Dans la Terre-Sainte, ses aumônes et ses fondations pieuses surpassèrent la munificence d'Hélène la Grande; et si le trésor public souffrit un peu de ses libéralités, elle jouit au moins de la satisfaction de rapporter à Constantinople les chaînes de saint Pierre, le bras droit de saint Étienne, et le véritable portrait de la Vierge, peint par saint Luc (1). Mais ce pélerinage marqua le terme fatal de la gloire et de la prospérité d'Eudoxie. Rassasiée d'une vaine représentation, oubliant peut-être les obligations qu'elle avait à la sœur de Théodose, elle eut l'ambition de gouverner l'empire. Le palais fut troublé des différends de deux femmes; mais l'ascendant de Pulchérie décida la victoire. L'exécution de Paulin, maître des offices, et la disgrâce de Cyrus, préfet du prétoire de l'Orient, apprirent au public que la faveur d'Eudoxie ne suffisait pas pour protéger ses plus fidèles amis; et la rare beauté de Paulin fit soupçonner que son crime était celui d'un amant heureux (2). Dès que l'impératrice s'aperçut

---

(1) Baronius (*Annal. eccles.*, A. D. 438, 439) est abondant et pompeux; mais on l'accuse de confondre les traditions mensongères des différens âges sous une même apparence d'authenticité.

(2) Dans ce récit abrégé de la disgrâce d'Eudoxie, j'ai imité la circonspection d'Evagrius (l. 1, c. 21) et du comte Marcellin (*in Chron.*, A. D. 440-444). Les deux dates

qu'elle avait perdu irrévocablement la tendresse et la confiance de Théodose, elle demanda la permission de se retirer à Jérusalem. L'empereur la lui accorda; mais sa jalousie ou la vengeance de Pulchérie la poursuivirent dans sa retraite; et Saturnin, comte des domestiques, eut ordre d'ôter la vie à deux ecclésiastiques très en faveur auprès d'Eudoxie: Elle les vengea par la mort du comte; et l'excès de sa fureur, dans cette occasion suspecte, semble justifier la sévérité de Théodose. L'impératrice fut ignominieusement dépouillée des honneurs de son rang, et déshonorée peut-être injustement dans l'opinion publique. Eudoxie passa dans l'exil et dans la dévotion les seize années qu'elle survécut à sa disgrâce (1). L'approche de la vieillesse, la mort de Théodose, les infortunes de sa fille unique menée en captivité de Rome à Carthage, et la société des saints moines de la Palestine, confirmèrent son penchant à la dévotion. Après avoir éprouvé les vicissitudes de la vie humaine, la fille du philosophe Léontius mourut

---

authentiques fixées par le dernier, détruisent une grande partie des fictions des Grecs; et la fameuse histoire de la *Pomme*, etc., n'est propre qu'à figurer dans les Mille et une Nuits, où l'on trouve une histoire qui n'en diffère pas beaucoup.

(1) Priscus (*in Excerpt. legat.*, p. 69), contemporain et homme de cour, la désigne sèchement par ses deux noms d'Athénaïs et d'Eudoxie, sans y ajouter aucun titre honorable ou respectueux.

à Jérusalem (1), dans la soixante-septième année de son âge, et protestant, jusqu'à son dernier soupir, qu'elle n'avait jamais passé les bornes de l'innocence et de l'amitié.

L'ambition des conquêtes ou de la gloire militaire n'avait jamais agité l'âme tranquille de Théodose, et la faible alarme de la guerre de Perse interrompit à peine le repos de l'Orient. Les motifs de cette guerre étaient aussi justes qu'honorables. Dans la dernière année du règne de Jezdegerd, le tuteur supposé de Théodose, un évêque qui aspirait à la couronne du martyre détruisit à Suze un des temples du Feu (2). Son zèle et son opiniâtreté attirèrent la vengeance sur ses frères ; les mages irrités exci-

---

(1) Relativement aux *deux* pèlerinages d'Eudoxie, à sa longue résidence à Jérusalem, à sa dévotion, ses aumônes, *voyez* Socrate, l. VII, c. 47 ; et Evagrius, l. 1, c. 20, 21, 22. La Chronique de Paschal mérite quelquefois d'être consultée ; et, dans l'histoire d'Antioche, l'autorité de Jean Malala n'est point à rejeter. L'abbé Guénée, dans un Mémoire sur la fertilité de la Palestine, dont je n'ai vu qu'un extrait, évalue les dons d'Eudoxie à vingt mille quatre cent quatre-vingt-huit livres pesant d'or, environ huit cent mille livres sterling.

(2) Théodoret, l. v, c. 39 ; Tillemont, *Mém. ecclés.*, t. XII, p. 356-364 ; Assemanni, *Bibl. orient.*, t. III, p. 396 ; tome IV, page 61. Théodoret blâme l'imprudence d'Abdas ; mais il loue sa constance en souffrant le martyre. Cependant je ne conçois pas bien clairement les principes qui défendent de réparer le dommage qu'on a commis illégalement.

tèrent une persécution violente; et Varanes ou Bahram, qui succéda au trône de Jezdegerd, hérita aussi de son ressentiment. Quelques chrétiens fugitifs s'étaient réfugiés sur les frontières des Romains ; ils furent redemandés avec hauteur et généreusement refusés. Ce refus, aggravé par quelques différends relatifs à des intérêts commerciaux, fit bientôt éclater la guerre entre les deux puissances rivales. Leurs armées couvrirent les montagnes de l'Arménie et les plaines de la Mésopotamie ; mais les opérations de deux campagnes consécutives ne produisirent aucun événement décisif ou mémorable : on livra quelques combats, on forma quelques siéges; mais avec des succès divers et douteux. Si les Romains essayèrent inutilement de reprendre Nisibis, qu'ils avaient perdue depuis long-temps, les Perses ne réussirent pas mieux devant une ville de Mésopotamie, défendue par son vaillant évêque, qui foudroyait les assiégeans au nom de l'apôtre saint Thomas. Cependant le messager Palladius apportait sans cesse à Constantinople, avec une incroyable rapidité, de brillantes nouvelles de victoires, toujours suivies de fêtes et de panégyriques. Les historiens du siècle ont pu puiser dans ces panégyriques (1) leurs récits extraordinaires et peut-être fabuleux, le défi d'un

---

(1) Socrate (l. VII, c. 18, 19, 20, 21) mérite la préférence relativement à la guerre de Perse. On peut encore consulter les trois Chroniques de Paschal, de Marcellin et de Malala.

héros persan que le Goth Areobinde tua, après l'avoir pris dans son filet, le carnage des dix mille immortels tués à l'attaque du camp des Romains, et la fuite des cent mille Arabes ou Sarrasins qui, frappés de terreur, se précipitèrent dans l'Euphrate. On peut révoquer en doute ou négliger de tels événemens; mais on ne doit point passer sous silence la charité d'Acace, évêque d'Amida, dont le nom aurait dû honorer le calendrier. Ce digne prélat osa déclarer que des vases d'or et d'argent étaient inutiles à un Dieu qui ne boit ni ne mange, vendit tous ceux de son église, racheta du produit de cette vente sept mille Persans captifs, leur fournit avec une tendre libéralité tout ce dont ils avaient besoin, et les renvoya dans leur patrie apprendre au monarque persan quel était le véritable esprit de la religion qu'il persécutait. Des actes de bienfaisance exercés au milieu des fureurs de la guerre, doivent toujours réussir à diminuer l'animosité des nations ennemies, et je me plais à croire que la générosité d'Acace contribua au rétablissement de la paix. Dans la conférence tenue sur les confins des deux empires, les ambassadeurs romains donnèrent une idée bien méprisable du caractère de leur souverain en voulant exagérer l'étendue de sa puissance; ils conseillèrent sérieusement aux Persans de prévenir par une prompte conciliation la colère de Théodose, qui n'était pas encore instruit de cette guerre éloignée. Une trève de cent ans fut solennellement ratifiée; et quoique la tranquillité publique ait été menacée par les révolutions de l'Arménie, cependant les successeurs d'Artaxercès et de Constantin respectèrent, durant près de quatre-vingts années, les conditions principales de ce traité.

L'Arménie partagée entre les Romains et les Persans. A. D. 431-440. Depuis le premier combat entre les Parthes et les Romains, sur les bords de l'Euphrate, les puissans protecteurs de l'Arménie (1) l'opprimèrent tour à tour. Nous avons déjà rapporté, dans le cours de cette Histoire, une partie des événemens qui contribuèrent tantôt à la guerre, tantôt à la paix. Un traité déshonorant avait cédé à l'ambitieux Sapor la possession de l'Arménie, et la puissance de la Perse eut un moment la prépondérance : mais les descendans d'Arsace obéissaient avec impatience à la postérité de Sassan; les nobles turbulens soutenaient et abandonnaient tour à tour leur indépendance héréditaire, et les peuples conservaient encore de l'attachement pour les princes chrétiens de Constantinople. Au commencement du cinquième siècle, la guerre et les

---

(1) Ce récit de la ruine et du partage du royaume d'Arménie est tiré du troisième livre de l'histoire d'Arménie, de Moïse de Chorène. Quoiqu'il n'ait aucune des qualités estimées dans un historien, son instruction locale, la passion et les préjugés qui dominent dans son récit, démontrent du moins qu'il écrivait l'histoire de son pays et de son siècle. Procope (de Ædificiis, l. III, c. 1-5) raconte les mêmes faits d'une manière fort différente; mais j'ai extrait les circonstances les plus probables en elles-mêmes et les moins opposées au récit de Moïse de Chorène.

factions déchirèrent l'Arménie (1), et ces divisions intestines précipitèrent la chute de cette ancienne monarchie. Chosroès, vassal du monarque persan, régnait à l'orient sur la partie la plus considérable de ce royaume, et les provinces moins étendues de l'occident étaient soumises à l'autorité d'Arsace et à la suprématie de l'empereur Arcadius. Après la mort d'Arsace, les Romains supprimèrent la monarchie nationale, et les alliés de l'empire devinrent ses sujets. Le commandement militaire de cette province fut attribué au comte militaire de la frontière d'Arménie; on bâtit dans une situation avantageuse, sur un terrain élevé et fertile, près des sources de l'Euphrate, la ville de Théodosiopolis (2), que l'on eut soin de fortifier, et cinq satrapes gouvernèrent les provinces qui obéissaient aux Romains ; leur dignité fut indiquée par un habillement particulier, brillant

---

(1) Les Arméniens d'Occident se servaient des caractères et de la langue des Grecs dans leurs prières et dans les offices religieux; mais les Perses avaient proscrit l'usage de cette langue dans les provinces de l'Orient. Elles se servirent de l'idiome syriaque jusqu'au commencement du cinquième siècle, où Mesrobe inventa les lettres arméniennes, et traduisit la Bible en langue arménienne. Cet événement affaiblit la liaison de l'Église et de la nation avec Constantinople.

(2) Moïse de Chorène, l. III, c. 59; p. 309 et 358; Procope; de Ædificiis, l. III, c. 5. Théodosiopolis est située, ou plutôt était située environ à trente-cinq milles vers l'orient d'Arzeroum, capitale moderne de l'Arménie ottomane. Voyez d'Anville, Géograph. anc., t. II, p. 99, 100.

d'or et de pourpre. Le reste des nobles, moins bien traités, qui regrettaient la perte de leur monarque et enviaient la faveur de leurs égaux, négocièrent leur paix à la cour de Perse, obtinrent leur pardon, retournèrent avec leur suite au palais d'Artaxata, et reconnurent Chosroès pour leur légitime souverain. Environ trente ans après, Artasire, neveu et successeur de Chosroès, perdit la confiance et l'affection de la noblesse hautaine et capricieuse d'Arménie, et elle demanda unanimement qu'on donnât à la nation, au lieu d'un roi méprisé, un gouverneur persan. La réponse de l'archevêque Isaac, dont les nobles sollicitaient avec ardeur le consentement, peint parfaitement le caractère d'un peuple superstitieux. Il déplore les vices évidens et inexcusables d'Artasire, et n'hésiterait pas, disait-il, à l'accuser devant le tribunal d'un empereur chrétien, qui châtierait le pécheur sans le détruire. « Notre roi, ajoutait Isaac, se livre à des plaisirs licencieux ; mais il a été purifié par les saintes eaux du baptême. Il aime les femmes, mais il n'adore ni le feu ni les élémens. On peut l'accuser de débauche ; mais il est évidemment catholique, et sa foi peut être sincère quoique ses mœurs soient corrompues. Je ne consentirai jamais à livrer mon troupeau à la rage des loups dévorans ; et vous auriez bientôt lieu de vous repentir d'avoir imprudemment échangé les faiblesses d'un fidèle contre les vertus apparentes d'un païen (1). » La fermeté d'I-

---

(1) Moïse de Chorène, l. III, c. 63, p. 316. Selon l'ins-

saac enflamma le ressentiment des nobles; ils dénoncèrent le roi et l'archevêque comme partisans secrets de l'empereur romain, et entendirent avec une satisfaction insensée Bahram, après un examen partial, prononcer lui-même la sentence de condamnation. Les descendans d'Arsace furent dégradés de la dignité royale (1), qu'ils possédaient depuis plus de cinq cent soixante ans (2); et les États du malheureux Artasire, sous la dénomination nouvelle et expressive de Persarménie, devinrent une province de la Perse. Cette usurpation excita l'inquiétude du gouvernement romain; mais le différend se termina.

---

titution de saint Grégoire, apôtre de l'Arménie, l'archevêque faisait toujours partie de la famille royale; circonstance qui corrigeait, en quelque façon, l'ascendant du caractère sacerdotal, et unissait la mitre avec la couronne.

(1) Une branche de la maison royale des Arsaces continua d'exister, probablement avec le rang et les biens de satrape d'Arménie. *Voyez* Moïse de Chorène, l. III, c. 65, p. 321.

(2) Immédiatement après la défaite d'Antiochus-Sidètes, Valarsaces fut nommé empereur de l'Arménie par son frère, monarque des Parthes (Moïse de Chorène, l. II, c. II, p. 85), cent trente ans avant Jésus-Christ. Sans nous en rapporter aux époques incertaines du règne des derniers rois, nous pouvons regarder comme évident que le royaume d'Arménie ne fut détruit que postérieurement à la tenue du concile de Chalcédoine (A. D. 431, l. III, c. 61, p. 312), et sous le règne de Varanes ou Bahram, roi de Perse (l. III, c. 64, p. 317), qui régna depuis l'année 420 jusqu'en 440. *Voyez* Assemanni, *Bibl. orient.*, t. III, p. 396.

bientôt au moyen d'un partage de l'ancien royaume d'Arménie, fait à l'amiable, quoique inégalement; et l'acquisition d'un faible territoire qu'Auguste aurait méprisé, jeta un peu de lustre sur l'empire expirant de Théodose le jeune.

CHAPITRE XXXIII.

Mort d'Honorius. Valentinien III, empereur d'Occident. Administration de sa mère Placidie. Ætius et Boniface. Conquête de l'Afrique par les Vandales.

L'empereur Honorius, durant un règne honteux de vingt-huit ans, vécut toujours en inimitié avec son frère Arcadius et ensuite avec son neveu Théodose. Constantinople contemplait les calamités de Rome avec une joie qu'elle déguisait sous l'extérieur de l'indifférence. Les étranges aventures de Placidie (1) renouvelèrent par degrés et cimentèrent enfin l'alliance des deux empires. La fille du grand Théodose avait été alternativement captive et reine des Goths; elle avait perdu un mari qui la chérissait, et s'était vu traîner en esclavage par l'assassin du brave Adolphe. Elle goûta bientôt les douceurs de la vengeance, et le traité de paix stipula six cent mille mesures de froment pour sa rançon. Après son retour d'Espagne en Italie, Placidie éprouva une nouvelle persécution dans le sein de sa famille. Elle vit avec répugnance les nouveaux liens qu'on lui préparait sans la consulter. Le brave Constance reçut pour prix de ses

Dernières années d'Honorius et sa mort. A. D. 423, août 27.

---

(1) *Voyez* ch. XXXI, p. 94.

services, de la main même d'Honorius, une main que la veuve d'Adolphe s'efforçait en vain de lui refuser; mais la résistance de la princesse finit avec la cérémonie. Placidie consentit à devenir mère d'Honoria et de Valentinien, et ne dédaigna point de prendre sur son mari reconnaissant l'empire le plus absolu. Un soldat généreux, accoutumé jusqu'alors à partager sa vie entre le service militaire et les plaisirs de la société, dut prendre des leçons d'ambition et d'avidité; il obtint le titre d'Auguste, et le serviteur d'Honorius fut associé à l'empire d'Occident. La mort de Constance, arrivée dans le septième mois de son règne, loin de diminuer la puissance de Placidie, sembla au contraire l'augmenter, et les familiarités indécentes que se permettait son frère avec elle, sans aucun autre sentiment peut-être qu'une affection enfantine (1), passèrent dans l'opinion publique pour la preuve d'un commerce incestueux. Les intrigues obscures d'une nourrice et d'un intendant firent succéder tout à coup à cette tendresse exces-

---

(1). Τα συνεχη κατα στομα φιληματα. Telles sont les expressions d'Olympiodore, *ap.* Phot., p. 197. Il veut sans doute faire allusion à des caresses du genre de celles dont Mahomet honorait sa *fille* Phatemah. *Quando*, dit le prophète lui-même, *quando subit mihi desiderium paradisi, osculor eam, et ingero linguam meam in os ejus*. Mais des miracles et des mystères sanctifiaient ces plaisirs sensuels. Cette anecdote a été communiquée au public par le révérend père Maracci, dans sa traduction et réfutation du Koran, t. 1, p. 32.

sive un ressentiment irréconciliable. Les querelles violentes d'Honorius et de Placidie ne furent pas renfermées long-temps dans le secret du palais; et comme les soldats goths défendaient la cause de leur ancienne reine, chaque jour était marqué à Ravenne par des tumultes et des meurtres, et le désordre ne put être apaisé qu'après le départ forcé ou volontaire de Placidie et de ses enfans. Ces augustes exilés arrivèrent à Constantinople peu de temps après le mariage de Théodose, tandis qu'on célébrait les réjouissances des victoires remportées sur les Persans. On les reçut avec autant d'affabilité que de magnificence; mais comme la cour de Constantinople avait rejeté les statues de l'empereur Constance, sa veuve ne pouvait pas décemment être reconnue pour Augusta. Peu de mois après l'arrivée de Placidie, un messager rapide vint annoncer la mort d'Honorius, arrivée à la suite d'une hydropisie. On cacha cet important secret le temps nécessaire pour faire avancer un corps considérable de troupes sur la côte maritime de la Dalmatie. Les boutiques et les portes de Constantinople restèrent fermées durant sept jours; et la mort d'un prince étranger, qu'on ne pouvait ni regretter ni estimer, fut honorée de toutes les apparentes démonstrations de la douleur publique.

Tandis que les ministres de Constantinople délibéraient, un étranger s'emparait du trône d'Honorius. Jean était le nom de l'ambitieux usurpateur. Il occupait le poste de confiance de *primicerius* ou pre-

<small>Élévation et chute de l'usurpateur Jean.
A. D.
423-425.</small>

mier secrétaire; et l'histoire lui accorde des vertus qui paraissent incompatibles avec la violation du plus sacré des devoirs. Enorgueilli par la soumission de l'Italie et l'espoir d'une alliance avec les Huns, Jean eut la hardiesse d'insulter, par une ambassade, à la majesté du monarque de l'Orient; mais lorsqu'il apprit que ses agens avaient été bannis, emprisonnés, et enfin chassés avec ignominie, Jean se prépara à soutenir par les armes l'injustice de ses prétentions. En pareille occasion, le petit-fils du grand Théodose aurait dû sans doute conduire lui-même son armée; mais les médecins de l'empereur le détournèrent aisément d'une entreprise si imprudente et si dangereuse, et Théodose le jeune confia prudemment cette expédition au brave Ardaburius et à son fils Aspar, qui avait déjà signalé sa valeur contre les Persans. On décida qu'Ardaburius s'embarquerait avec l'infanterie; tandis qu'Aspar, à la tête de la cavalerie, conduirait Placidie et son fils Valentinien le long des côtes de la mer Adriatique. Les marches de la cavalerie furent si rapides, qu'elle surprit la ville d'Aquilée sans éprouver la moindre résistance; mais les espérances d'Aspar s'anéantirent lorsqu'il apprit qu'une tempête avait dispersé la flotte impériale, et que son père, n'ayant plus avec lui que deux galères, avait été pris et conduit dans le port de Ravenne. Cependant cet accident, très-funeste en apparence, facilita la conquête de l'Italie. Ardaburius se servit ou abusa de la liberté qu'on lui laissait généreusement pour ranimer chez les troupes le sentiment de la reconnaissance et de la fidélité; et lorsqu'il jugea la conspiration en état de réussir, il invita son fils, par de secrets messages, à s'approcher promptement de Ravenne. Un berger, dont la crédulité populaire a fait un ange, conduisit la cavalerie d'Orient par une route secrète et qui passait pour impraticable, à travers les marais du Pô. Les portes de Ravenne s'ouvrirent après une courte résistance, et l'usurpateur abandonné fut livré à la merci ou plutôt à la cruauté des vainqueurs. On lui coupa d'abord la main droite; et après avoir été exposé, monté sur un âne, à la dérision du peuple, Jean eut la tête tranchée dans le cirque d'Aquilée. Lorsque l'empereur Théodose apprit la nouvelle de la victoire, il interrompit les courses, et conduisit le peuple en chantant des psaumes dans les rues, depuis l'Hippodrome jusqu'à la cathédrale, où il passa le reste de la journée en pieuses actions de grâces (1).

Dans une monarchie qui, selon les différentes circonstances, avait été considérée tantôt comme élective et tantôt comme héréditaire, il n'était pas facile d'établir bien clairement (2) les limites des

Valentinien III, empereur d'Occident.
A. D.
425-455.

---

(1) Consultez, pour les révolutions de l'empire d'Occident, Olympiodore, *ap*. Phot., p. 192, 193-196, 197-200; Sozomène, l. IX, c. 16; Socrate, l. VII, c. 23, 24; Philost., l. XII, c. 10, 11, et Godefroy, *Dissert.*, p. 486; Procope, *de Bell. vand.*, l. I, c. 3, p. 182, 183; Théophane, *in Chronograph.*, p. 72, 73; et les *Chroniques*.

(2) *Voyez* Grotius, *de Jure belli et pacis*, l. II, c. 7. Il

droits que pouvaient avoir au trône les lignes féminines et collatérales ; et Théodose, par ceux de sa naissance ou par la force de ses armes, se serait fait aisément reconnaître pour souverain légitime du monde romain. Peut-être se laissa-t-il éblouir un moment par cette perspective d'une domination sans bornes ; mais l'indolence de son caractère le ramena bientôt aux principes d'une saine politique. Satisfait de posséder l'empire d'Orient, il abandonna prudemment la tâche pénible de soutenir au-delà des Alpes une guerre dangereuse contre les Barbares, et de veiller sans cesse sur la soumission de l'Afrique et de l'Italie, aliénée depuis long-temps par la différence du langage et des intérêts. Au lieu d'écouter la voix de l'ambition, il résolut d'imiter la modération de son aïeul, et de placer son cousin Valentinien sur le trône de l'Occident. Le prince enfant avait d'abord été distingué à Constantinople par le titre de *nobilissimus*. Avant de quitter Thessalonique, il fut élevé au rang et à la dignité de César ; et après la conquête de l'Italie, le patrice Hélion, par l'autorité de Théodose, et en présence du sénat, salua Valentinien III du titre d'Auguste, et le revêtit solennellement de la pourpre et du diadême (1). Les trois sœurs

---

a inutilement travaillé à former un système raisonnable de jurisprudence, d'après les changemens contradictoires que la succession à l'empire avait éprouvés en différentes circonstances par le temps, la fraude, la violence, etc.

(1) Les écrivains contemporains diffèrent sur le lieu où

qui gouvernaient le monde chrétien fiancèrent le fils de Placidie avec Eudoxie, fille de Théodose et d'Athénaïs; et, dès que l'un et l'autre eurent atteint l'âge de puberté, cette alliance s'accomplit fidèlement. En même temps, et probablement en compensation des frais de la guerre, l'Illyrie occidentale cessa d'appartenir à l'Italie, et fit partie de l'empire d'Orient (1). Théodose acquit l'utile possession de la riche province maritime de Dalmatie, et la souveraineté dangereuse de la Pannonie et de la Norique, désolées depuis plus de vingt ans par les invasions continuelles des Huns, des Ostrogoths, des Vandales et des *Bavarois*. Théodose et Valentinien respectèrent toujours les devoirs de leur alliance publique et personnelle; mais l'unité du gouvernement du monde romain fut tout-à-fait anéantie; et un édit unanime des deux gouvernemens déclara qu'à l'avenir les lois nouvelles ne seraient reconnues que dans les États du prince qui les aurait promulguées, à moins qu'il ne jugeât à propos de les communiquer, signées de sa propre main, à son col-

---

Valentinien III reçut le diadème; les uns disent que ce fut à Ravenne, et les autres à Rome. (*Voyez* Muratori, *Annali d'Italia*, t. IV, p. 139.) Dans cette incertitude, je me plais à croire que l'on montra quelque considération pour le sénat.

(1) Le comte du Buat (*Hist. des Peuples de l'Europe*, t. VII, p. 292-300) a établi la réalité, expliqué les motifs, et observé les conséquences de cette cession remarquable.

lègue (1), qui les adopterait s'il le trouvait convenable.

[Administration de Placidie. A. D. 425-450.]

Valentinien reçut le titre d'Auguste à l'âge de six ans; et sa mère, qui avait quelques droits personnels à l'empire, le gouverna en qualité de tutrice, durant la longue minorité de son fils. Placidie enviait, sans pouvoir les égaler, la réputation et les talens de la femme et de la sœur de Théodose, le génie et l'éloquence d'Eudoxie, la sagesse et les succès du gouvernement de Pulchérie; elle était jalouse du pouvoir, dont l'exercice était au-dessus de ses forces (2). Elle régna trente-cinq ans au nom de Valentinien; et la conduite de ce méprisable empereur autorisa à soupçonner que Placidie avait énervé sa jeunesse en le livrant à une vie dissolue, et en l'éloignant avec soin de toute occupation honorable

---

(1) *Voyez* la première *Novelle* de Théodose, par laquelle il ratifie et publie (A. D. 438) le Code de Théodose le Grand. Environ quarante ans avant cette époque, l'unité de législation avait été prouvée par une exception. Les Juifs, qui étaient fort nombreux dans les villes de la Pouille et de la Calabre, produisirent une loi de l'Orient qui les exemptait des offices municipaux (*Cod. Théod.*, l. xvi, tit. 8, leg. 13), et l'empereur fut obligé d'annuler par un édit spécial cette loi, *quam constat meis partibus esse damnosam*. Cod. Theod., l. xi, t. 1, leg. 158.

(2) Cassiodore (*Variar.*, l. xi, epist. 1, p. 238) a comparé les régences de Placidie et d'Amalasonthe. Il condamne la faiblesse de la mère de Valentinien, et exalte les vertus de la reine des Ostrogoths, sa souveraine. Dans cette occasion la flatterie paraît avoir soutenu le parti de la vérité.

et digne d'un homme. Au milieu de la décadence de l'esprit militaire, on voyait à la tête des armées deux généraux (1), Ætius et Boniface (2); qu'on peut regarder avec raison comme les derniers des Romains : ils auraient pu, en réunissant leurs efforts, soutenir encore l'empire chancelant. La perte de l'Afrique fut la suite funeste de leur jalousie et de leurs divisions. Ætius s'est immortalisé par la défaite d'Attila; et quoique le temps ait jeté un voile sur les exploits de son rival, la défense de Marseille et la conquête de l'Afrique attestent les talens militaires du comte Boniface. Il était la terreur des Barbares, soit sur un champ de bataille, dans les rencontres ou dans les combats singuliers; le clergé, et particulièrement son ami saint Augustin, admirèrent la piété chrétienne qui avait donné un moment à

Ses deux généraux, Ætius et Boniface.

---

(1) Philostorgius, l. XII, c. 12; et les *Dissert.* de Godefroy, p. 493, etc. Renatus-Frigeridus, *ap.* Grég. de Tours, l. II, c. 8, t. II, p. 163. Ætius était fils de Gaudentius, citoyen illustre de la province de Scythie; et maître général de la cavalerie. Sa mère était Italienne, d'une famille noble et opulente. Ætius, dès sa plus tendre jeunesse, avait eu, comme soldat et comme ôtage, des liaisons avec les Barbares.

(2) *Voyez* le caractère de Boniface dans Olympiodore, *ap.* Phot., 196; et dans saint Augustin; *ap.* Tillemont, *Mém. ecclés.*, t. XIII, p. 712-715, 886. L'évêque d'Hippone déplore la chute de son ami; qui, après avoir fait solennellement vœu de chasteté, épousa en secondes noces une femme de la secte arienne, et qui était en outre soupçonné d'avoir plusieurs concubines dans sa maison.

Boniface le désir de se retirer du monde. Le peuple estimait son intégrité, et les soldats craignaient l'inflexibilité de sa justice, dont nous pouvons citer un exemple assez bizarre. Un paysan accusa sa femme, au tribunal de Boniface, d'un commerce criminel avec un soldat barbare : on le remit à l'audience du lendemain. Dans l'après-midi, le comte, qui s'était soigneusement informé de l'heure et du lieu du rendez-vous, fit rapidement un trajet de dix milles, surprit les coupables ; punit sur-le-champ le soldat de mort, et imposa le lendemain silence au mari, en lui présentant la tête de celui qui l'avait offensé. Placidie aurait pu employer utilement les talens d'Ætius et de Boniface dans des expéditions séparées ; mais l'expérience de leur conduite passée aurait dû lui indiquer celui des deux qui méritait réellement sa confiance. Durant le temps de son exil et de ses malheurs, le seul Boniface avait soutenu sa cause avec une inébranlable fidélité ; et avait efficacement employé les troupes et les trésors de l'Afrique à l'extinction de la révolte. Ætius avait fomenté cette révolte, et l'usurpateur était redevable à son zèle du secours de soixante mille Huns accourus des bords du Danube aux frontières de l'Italie. La prompte mort de Jean le força d'accepter un traité avantageux ; mais ses nouveaux engagemens avec Valentinien ne l'empêchèrent point d'entretenir une correspondance suspecte et peut-être criminelle avec les Barbares ses alliés, dont on n'avait obtenu la retraite que par des présens considérables et des promesses encore plus brillantes. Mais Ætius jouissait d'un avantage précieux sous le règne d'une femme; il était présent, ses flatteries artificieuses assiégeaient assidument la cour de Ravenne, et, déguisant ses desseins perfides sous le masque de l'attachement et de la fidélité, il parvint à tromper à la fois et sa maîtresse présente et son rival absent, par une double trahison qu'une femme faible et un brave homme ne pouvaient pas aisément soupçonner. Ætius engagea secrètement Placidie (1) à rappeler Boniface de son gouvernement d'Afrique, et conseilla secrètement à Boniface de désobéir aux ordres de l'impératrice. Il faisait considérer à Boniface son rappel comme une sentence de mort, et peignait à Placidie la désobéissance du gouverneur comme l'indice certain d'une révolte. Lorsque le crédule et confiant Boniface eut armé pour défendre sa vie, Ætius se fit un mérite, vis-à-vis de l'impératrice, d'avoir prévu un événement amené par sa propre perfidie. En cherchant modérément à s'expliquer avec Boniface sur les motifs de sa conduite, on aurait ramené à son devoir et rendu à l'État un serviteur fidèle : mais les artifices d'Ætius s'opposèrent à cette explication; il

Erreur et révolte de Boniface en Afrique. A. D. 427

---

(1) Procope (de Bell. vandal., l. 1, c. 3, 4, p. 182-186) raconte la fourberie d'Ætius, la révolte de Boniface et la perte de l'Afrique. Cette anecdote, confirmée par d'autres témoignages (voy. Ruinart, Hist. Persecut. Vandal., p. 420, 421) paraît assez conforme aux intrigues des cours anciennes et modernes, et serait suffisamment constatée par le repentir de Boniface.

continua de trahir et d'irriter; et le comte, poussé à bout, prit une résolution violente que lui inspira son désespoir. Le succès avec lequel il évita ou repoussa les premières attaques, ne l'aveugla point sur l'impossibilité de résister avec quelques Africains indisciplinés aux forces de l'Occident, commandées par un rival dont il connaissait les talens militaires. Après quelques irrésolutions, derniers efforts du devoir et de la prudence, Boniface envoya à la cour ou plutôt au camp de Gonderic, roi des Vandales, un ami sûr, chargé de lui proposer une alliance, et de lui offrir un établissement avantageux et solide.

Il appelle les Vandales. A. D. 428.

Après la retraite des Goths, Honorius avait repris la possession précaire de l'Espagne, en exceptant toutefois la province de la Galice, où les Suèves et les Vandales s'étaient fortifiés séparément et se faisaient encore la guerre. Les Vandales étaient victorieux; ils tenaient leurs rivaux assiégés dans les collines Nervasiennes entre Léon et Oviedo, lorsque l'approche du comte Asterius força ou plutôt engagea les Barbares à transporter la scène de la guerre dans les plaines de la Bétique. Il fallut bientôt de plus puissans secours pour s'opposer aux rapides progrès des Vandales; et le maître général Castinus s'avança contre eux avec une nombreuse armée de Goths et de Romains. Vaincu en bataille rangée par un ennemi inférieur, Castinus s'enfuit honteusement jusqu'à Tarragone : cette défaite mémorable a été représentée comme la punition de son imprudente présomption; il est beaucoup plus probable qu'elle en fut la suite (1). Séville et Carthagène devinrent la récompense ou plutôt la proie de ces féroces vainqueurs; et les vaisseaux qu'ils trouvèrent dans le port de Carthagène auraient pu les transporter facilement aux îles de Majorque et de Minorque, où les Espagnols fugitifs s'étaient inutilement réfugiés avec leurs familles et leurs trésors. Le danger de la navigation, et peut-être la vue rapprochée de l'Afrique, fit accepter aux Vandales les propositions de Boniface, et la mort de Gonderic ne fit que rendre cette audacieuse entreprise et plus prompte et plus vive. Au lieu d'un prince dont la force et les talens n'avaient rien de remarquable, ils eurent pour chef son frère illégitime, le terrible Genseric (2), dont le nom mérite d'être placé auprès de ceux d'Alaric et d'Attila dans l'histoire de la destruction de l'empire

<small>Genseric, roi des Vandales.</small>

---

(1) *Voyez* les *Chroniques* de Prosper et d'Idatius. Salvien (*de Gubern. Dei*, l. VII, p. 246. Paris, 1608) attribue la victoire des Vandales à leur piété. Ils jeûnaient, priaient et portaient une Bible à la tête de leur armée, dans le dessein peut-être de reprocher à leurs ennemis leur perfidie et leur sacrilége.

(2) *Gizericus* (on a écrit son nom de différentes manières), *staturâ mediocris, ut equi casu claudicans, animo profundus, sermone rarus, luxuriæ contemptor, irâ turbidus, habendi cupidus, ad sollicitandas gentes providentissimus, semina contentionum jacere, odia miscere paratus.* Jornandès, *de Reb. geticis*, c. 33, p. 657. Ce portrait, fait avec assez de talent et beaucoup de vérité, doit avoir été copié de l'histoire des Goths par Cassiodore.

romain. On représente le roi des Vandales comme étant d'une taille médiocre, et boiteux d'une jambe par les suites d'une chute de cheval. Sa manière de s'exprimer, lente et circonspecte, laissait rarement pénétrer la profondeur de ses desseins. Genseric dédaignait d'imiter le luxe des nations qu'il avait vaincues; mais il s'abandonnait à des passions plus cruelles; la colère et la vengeance. Son ambition ne connaissait ni bornes ni scrupules; guerrier courageux, il n'en savait pas moins faire jouer les plus secrets ressorts de la politique, soit pour se procurer des alliés utiles, ou pour semer la haine et la division chez ses ennemis. Presqu'au moment de son départ, il apprit qu'Hermanric, roi des Suèves, avait osé ravager ses possessions en Espagne, qu'il se déterminait à abandonner. Irrité de cette insulte, Genseric poursuivit les Suèves fugitifs jusqu'à Merida, précipita leur chef et leur armée dans la rivière d'Anas, et revint tranquillement sur le rivage de la mer embarquer ses troupes victorieuses. Les vaisseaux dans lesquels les Vandales traversèrent le détroit de Gibraltar, large d'environ douze milles, furent équipés par les Espagnols, qui désiraient ardemment leur départ, et par le gouverneur d'Afrique qui avait imploré leur redoutable secours (1).

Il débarque en Afrique. A. D. 429, mai.

---

(1) *Voyez* la *Chronique* d'Idatius. Cet évêque, Espagnol et contemporain, place le passage des Vandales au mois de mai de l'année d'Abraham (qui commence en octobre) 2444. Cette date, qui se rapporte à l'année 429 de Jésus-Christ,

Notre imagination, accoutumée depuis si long-temps à exagérer et à multiplier ces essaims guerriers de Barbares que le Nord semblait répandre avec tant d'abondance, sera étonnée sans doute du petit nombre de combattans que Genseric débarqua sur les côtes de la Mauritanie. Les Vandales, qui, dans le cours de vingt ans, avaient pénétré de l'Elbe au mont Atlas, se trouvaient réunis sous le commandement de leur roi. Son autorité s'étendait sur les Alains, dont une même génération avait passé des régions glacées de la Scythie dans le climat brûlant de l'Afrique. Les espérances que présentait cette entreprise hasardeuse attiraient sous ses drapeaux une foule de braves aventuriers goths, et des habitans de la province que le désespoir poussait à réparer leur fortune par les moyens qui l'avaient détruite. Cependant cette réunion de soldats de différentes nations ne composait que cinquante mille hommes effectifs; et quoiqu'il tâchât d'en augmenter l'apparence en nommant quatre-vingts *chiliarques* ou commandans de mille soldats, le supplément illusoire des vieillards, des enfans et des esclaves, aurait à peine suffi pour porter la totalité à quatre-vingt mille hommes (1); mais l'adresse du général et les

Il fait la revue de son armée.
A. D. 429.

---

est confirmée par Isidore, autre évêque espagnol; et cette opinion paraît préférable à celle des écrivains qui ont placé cet événement dans l'une ou l'autre des deux années précédentes. *Voy*. Pagi Critica, t. II, p. 205, etc.

(1) Comparez Procope (*de Bell. vandal.*, l. I, c. 5, p. 190)

troubles de l'Afrique lui procurèrent bientôt une multitude d'alliés. Les cantons de la Mauritanie, limitrophes au grand désert et à l'océan Atlantique, étaient habités par une race d'hommes farouches et intraitables, dont le caractère sauvage avait été plus aigri que corrigé par la terreur des armes romaines. Ces Maures (1) errans hasardèrent peu à peu de s'approcher du bord de la mer et du camp des Vandales; ils durent considérer avec surprise les armes, les vêtemens, l'air martial et la discipline de ces étrangers inconnus qui débarquaient sur leurs côtes. Le teint blanc et les yeux bleus des guerriers germains devaient, à la vérité, former un contraste bien frappant avec la couleur olivâtre ou noire que contractent les peuples habitant dans le voisinage de la zone torride. Lorsque les Vandales eurent vaincu les premières difficultés qui naissent de l'ignorance

Les Maures.

———

et Victor Vitensis (*de Persecut. Vandal.*, l. 1, c. 1, p. 3, édit. Ruinart). Idatius assure que Genseric évacua l'Espagne, *cum Vandalis omnibus eorumque familiis;* et Possidius (*in Viti sancti Augustini*, c. 28, apud Ruinart, p. 427) représente son armée comme *manus ingens immanium gentium Vandalorum et Alanorum, commixtam secum habens Gothorum gentem, aliarumque diversarum personas*.

(1) Relativement aux mœurs des Maures, voyez Procope, *de Bell. Vandal.*, l. 11, c. 6, p. 249; pour leur figure et leur couleur, M. de Buffon, *Hist. nat.*, t. 111, p. 430. Procope dit en général que les Maures s'étaient joints aux Vandales avant la mort de Valentinien (*de Bell. vandal.*, l. 1, c. 5, p. 190); et il est probable que les tribus indépendantes n'embrassèrent pas toutes un même système de politique.

mutuelle d'un langage inconnu, les Maures, sans s'inquiéter de ce qui pourrait en résulter par la suite, embrassèrent l'alliance des ennemis de Rome; une foule de sauvages nus sortirent de leurs forêts et des vallées du mont Atlas, pour assouvir leur vengeance sur les tyrans civilisés qui avaient injustement usurpé sur eux la souveraineté de leur terre natale.

La persécution des donatistes (1) ne favorisa pas moins l'entreprise de Genseric. Dix-sept ans avant sa descente en Afrique, on avait tenu à Carthage une conférence publique sous l'autorité du magistrat; les catholiques se persuadèrent qu'après les invincibles raisons qu'ils avaient alléguées, les schismatiques ne pouvaient leur résister que par une obstination volontaire et inexcusable; et Honorius se laissa persuader d'infliger les plus rigoureux châtimens à une faction qui abusait depuis si long-temps de sa douceur et de sa patience. On arracha de leurs églises trois cents évêques (2) et des milliers d'ecclésiastiques inférieurs; ils furent dépouillés de toutes leurs

<small>Les donatistes.</small>

---

(1) *Voyez* Tillemont, *Mém. ecclés.*, t. XIII., p. 516-558, et tout le cours de la persécution dans les monumens originaux publiés par Dupin à la fin d'Optat, p. 323-515.

(2) Les évêques donatistes, à la conférence de Carthage, étaient au nombre de deux cent soixante-dix-neuf, et ils assurèrent que leur nombre total se montait à plus de quatre cents. Les catholiques en avaient deux cent quatre-vingt-six présens, cent vingt absens, outre soixante-quatre évêchés vacans.

possessions ecclésiastiques, bannis dans les îles et proscrits par la loi, en cas qu'ils osassent se cacher dans les provinces de L'Afrique. Les membres de leurs nombreuses congrégations, soit dans les villes, soit dans les campagnes, perdirent tous les droits du citoyen et tout exercice du culte religieux. Tout individu convaincu d'avoir assisté à un conventicule de schismatiques devait être puni par une amende soigneusement spécifiée et calculée avec attention depuis dix livres d'argent jusqu'à deux cents, en proportion de son rang et de sa fortune; et celui qui s'exposait à payer cinq fois l'amende sans se corriger, encourait le châtiment qu'il plaisait à la cour impériale de lui infliger (1). Ces rigueurs, très-chaudement approuvées par saint Augustin (2), ramenèrent

---

(1) Le cinquième titre du seizième livre du Code de Théodose, contient un grand nombre de lois publiées par les empereurs contre les donatistes, depuis l'an 400 jusqu'à l'année 428. La plus sévère est la cinquante-quatrième, publiée par Honorius, A. D. 414. Elle fut aussi la plus efficace.

(2) Saint Augustin changea d'opinion relativement à la manière dont on devait traiter les hérétiques; et M. Locke a placé parmi les exemples choisis insérés dans son Recueil de Souvenirs, vol. III, p. 469, la déclaration pathétique que le saint fait de sa compassion et de son indulgence pour les manichéens. Le célèbre Bayle a réfuté (t. II, p. 445-496) les argumens que l'évêque d'Hippone employa dans sa vieillesse pour justifier la persécution des donatistes. Dans une cause si claire, les talens et l'éloquence de Bayle étaient superflus.

dans le sein de l'Église un grand nombre de donatistes ; mais les fanatiques qui persistèrent dans leur hérésie se livrèrent à tout l'emportement du désespoir. Ce n'était de tous côtés que tumulte et que sang répandu ; des troupes de circoncellions armés exerçaient alternativement leurs fureurs sur eux-mêmes et sur leurs adversaires ; et la légende des martyrs fut de part et d'autre considérablement augmentée (1). Dans ces circonstances, les donatistes regardèrent Genseric chrétien, mais opposé à la foi orthodoxe, comme un libérateur puissant dont ils pouvaient raisonnablement espérer la révocation des édits odieux et vexatoires des empereurs romains (2). Le zèle actif ou l'appui d'une faction locale facilita la conquête de l'Afrique ; les outrages qu'on accusa les Vandales d'avoir commis sur le clergé et dans les églises peuvent être imputés plus naturellement au fanatisme de leurs alliés ; et l'esprit intolérant, qui avait déshonoré le triomphe du christianisme, con-

---

(1) *Voy.* Tillemont, *Mém. ecclés.*, t. XIII, p. 586, 592, 806. Les donatistes se vantaient de compter parmi eux des milliers de ces martyrs volontaires. Saint Augustin assure, et probablement avec vérité, qu'ils en exagéraient beaucoup le nombre ; mais il soutient rigoureusement qu'il vaut mieux que quelques hommes se brûlent dans ce monde, que s'ils étaient tous brûlés dans l'autre.

(2) Selon saint Augustin et Théodoret, les donatistes accordaient une préférence aux principes ou au moins au parti des ariens que soutenait Genseric. Tillemont, *Mém. ecclés.*, t. VI, p. 68.

tribua à la perte de la plus importante province de l'Occident (1).

{Repentir tardif de Boniface. A. D. 430.}

Le peuple et la cour furent étonnés d'apprendre qu'un héros vertueux, après avoir rendu tant de services et reçu tant de faveurs, eût trahi sa foi et invité les Barbares à détruire la province confiée à ses soins. Les amis de Boniface, convaincus que sa conduite devait avoir quelque motif excusable, sollicitèrent, durant l'absence d'Ætius, une conférence avec le gouverneur d'Afrique; et Darius, officier de distinction, se chargea de cette ambassade (2). Le mystère de toutes ces offenses imaginaires s'éclaircit à Carthage dès la première entrevue; on produisit

---

(1) *Voyez* Baronius, *Annal. eccles.*, A. D. 428, n° 7; A. D. 439, n° 35. Le cardinal, quoique enclin à chercher la cause des grands événemens plutôt dans le ciel que sur la terre, a observé la liaison évidente des Vandales et des donatistes. Sous le règne des Barbares, les schismatiques de l'Afrique jouirent, dans l'obscurité, d'une paix de cent ans, au bout desquels nous en retrouvons la trace au flambeau de la persécution des empereurs. *Voyez* Tillemont, *Mém. ecclés.*, t. VI, p. 192, etc.

(2) Saint Augustin, sans parler de la faute de Boniface ou des motifs qui l'ont occasionée, écrit à son ami, et l'exhorte pieusement à remplir les devoirs de chrétien et de sujet; à se tirer sans délai de la situation dangereuse et coupable où il se trouve, et même à tâcher d'obtenir de sa femme la permission de passer le reste de sa vie dans le célibat et la pénitence. (Tillemont, *Mém. ecclés.*, t. XIII, p. 890.) L'évêque était intime ami de Darius, qui avait été l'instrument de la réconciliation. *Id.*, t. XIII, p. 928.

et l'on compara les lettres contradictoires d'Ætius, et sa perfidie fut évidente. Placidie et Boniface déplorèrent leur erreur mutuelle. Le comte eut assez de grandeur d'âme pour se fier à sa souveraine, ou pour braver le danger de son ressentiment. Ardent et sincère dans son repentir, il s'aperçut bientôt avec douleur qu'il n'était plus en son pouvoir de raffermir l'édifice qu'il avait ébranlé jusque dans ses fondemens. Carthage et les garnisons romaines rentrèrent avec leur général sous l'obéissance de Valentinien ; mais la guerre et les factions, déchiraient toujours le reste de l'Afrique ; et l'inexorable roi des Vandales, dédaignant toute espèce de composition, refusa durement d'abandonner sa proie. Boniface, à la tête de ses vétérans et de quelques levées faites à la hâte, fut défait dans une bataille, où il éprouva une perte considérable. Les Barbares victorieux se répandirent dans les pays découverts ; et Carthage, Hippo-Regius et Cirta, furent les seules villes qu'on vit se conserver intactes au milieu de l'inondation.

L'espace étroit qui s'étend le long de la côte d'Afrique était couvert des monumens de l'art et de la magnificence des Romains, et l'on pouvait calculer avec justesse le degré de la civilisation d'un canton par la distance où il se trouvait de Carthage et de la Méditerranée. Une simple réflexion suffira pour donner au lecteur une idée de la culture et de la fertilité de cette province. Le pays était très-peuplé ; les habitans se réservaient une subsistance abondante, et ils exportaient tous les ans une si grande

Désolation de l'Afrique.

quantité de grains, et particulièrement de froment, que l'Afrique mérita le surnom de grenier de Rome et de l'univers. En un instant l'armée des Vandales couvrit les sept fertiles provinces qui s'étendent depuis Tanger jusqu'à Tripoli. Peut-être leurs ravages ont-ils été exagérés par le zèle religieux, le ressentiment populaire et l'extravagance des déclamations; mais si la guerre même la plus loyale entraîne inévitablement la violation presque continuelle de la justice et de l'humanité, on peut penser quelles doivent être les hostilités d'un peuple barbare, toujours accompagnées des fureurs de ce caractère ingouvernable qui, même dans les temps de paix, trouble continuellement l'intérieur de leur société. Les Vandales faisaient rarement quartier où ils trouvaient de la résistance; la mort de leurs compatriotes était toujours vengée par la destruction des villes devant lesquelles ils avaient perdu la vie. Leurs avides soldats faisaient subir à leurs captifs, sans distinction de sexe, d'âge ou de rang, toutes sortes de tortures et d'indignités, pour en arracher la découverte de leurs trésors cachés. La cruelle politique de Genseric autorisait à ses yeux de fréquentes exécutions militaires. Emporté par la violence de ses passions, il ne pouvait pas toujours s'opposer à celles des autres, et les calamités de la guerre étaient augmentées par la férocité des Maures et par le fanatisme des donatistes. Cependant j'ai peine à croire que les Vandales aient arraché tous les oliviers et les autres arbres à fruit d'un pays où ils avaient l'intention de se fixer.

Je ne puis pas non plus me persuader que le stratagème ordinaire fût de massacrer un grand nombre de prisonniers au pied des murs des villes qu'ils assiégeaient, dans l'intention d'infecter l'air et de produire une maladie pestilentielle dont ils auraient été les premières victimes (1).

Le cœur généreux du comte Boniface était déchiré du spectacle douloureux des maux qu'il avait causés et dont il ne pouvait plus arrêter les rapides progrès. Après sa défaite, il se retira dans la ville d'Hippo-Regius, où il fut immédiatement assiégé par les vainqueurs, qui le regardaient comme le véritable rempart de l'Afrique. La colonie d'Hippo ou Hippone (2), éloignée d'environ deux cents milles à l'occident de

Siége d'Hippone.
A. D.
430.

---

(1) On trouve les lamentations originales des malheurs de l'Afrique, 1° dans une lettre de Capréole, évêque de Carthage, pour servir d'excuse à son absence du concile d'Éphèse (*ap.* Ruinart, p. 429); 2° dans la Vie de saint Augustin par son collègue Possidius (*apud* Ruinart, p. 427); 3° dans l'histoire de la persécution des Vandales par Victor Vitensis, l. 1, c. 1, 2, 3, édit. Ruinart. Le dernier tableau, fait soixante ans après l'événement, donne plus d'idée du ressentiment de l'auteur que de la vérité des faits.

(2) *Voyez* Cellarius, *Geogr. antiq.*, t. 11, part. 11, p. 112; Léon l'Africain, *in Ramusio*, tome 1, fol. 70; l'*Afrique* de Marmol, t. 1r, p. 434-437; les *Voyages* de Shaw, p. 46, 47. L'ancien Hippo-Regius fut totalement détruit par les Arabes dans le septième siècle; mais avec ses matériaux on bâtit une nouvelle ville à la distance de deux milles de l'ancienne; et elle contenait dans le seizième siècle environ trois cents familles de manufacturiers industrieux, mais

Carthage, avait dû le surnom de *Regius* à la résidence des rois de Numidie; et la ville d'Afrique actuellement connue sous la dénomination corrompue de Bonne, conserve encore quelques restes du commerce et de la population d'Hippone. La conversation édifiante de saint Augustin (1) adoucissait les chagrins de son ami Boniface, et l'encourageait dans ses travaux militaires; mais cet évêque, le flambeau et l'appui de l'Église catholique, était alors dans la soixante-seizième année de son âge, et, expirant doucement le troisième mois du siége, il échappa aux calamités prêtes à fondre sur sa patrie. La jeunesse d'Augustin, comme il l'a si ingénument confessé lui-même, n'avait pas été exempte de vices et d'erreurs; mais depuis sa conversion jusqu'à sa mort, ses mœurs furent toujours pures et austères; il se distingua par son zèle ardent contre les hérésies de toutes les dénominations, particulièrement celles des manichéens, des pélagiens et des donatistes, contre lesquels il soutint de perpétuelles controverses. Lorsque les Vandales brûlèrent la ville, quelques

Mort de saint Augustin.
A. D. 430, août 28.

---

très-turbulens. Le territoire voisin est renommé pour la pureté de l'air, la fertilité du sol et l'abondance des fruits exquis.

(1) La vie de saint Augustin par Tillemont remplit un volume *in-4°* (*Mém. ecclés.*, t. XIII) de plus de mille pages. L'activité laborieuse de ce savant janséniste était animée dans cette occasion par le zèle religieux que devait lui inspirer l'esprit de parti en faveur du fondateur de la secte.

mois après la mort de saint Augustin, on sauva heureusement la bibliothèque qui contenait ses volumineux écrits; deux cent trente-deux livres ou traités sur différens sujets théologiques, une explication complète des psaumes, et des évangiles, et une grande quantité d'épîtres et d'homélies (1). Au jugement des critiques les plus judicieux, l'érudition superficielle de saint Augustin se bornait à la connaissance de la langue latine (2). Son style, quoique animé quelquefois par l'éloquence de la passion, est ordinairement gâté par un goût faux et une vaine affectation de rhétorique ; mais il possédait un esprit vaste, vigoureux, et doué d'une grande puissance de raisonnement. Il a sondé d'une main hardie les

---

(1) Tel est au moins le récit de Victor Vitensis (*de Pers. Vandal.*, l. 1, c. 3). Quoique Gennade semble douter que personne ait jamais lu ou même rassemblé tous les ouvrages de saint Augustin (voyez les *OEuvres de saint Jérôme*, t. 1, p. 319, *in Catalog. scriptor. eccles.*), ils ont été imprimés plusieurs fois ; et Dupin (*Bibliot. eccles.*, t. III, p. 158-257) en a donné un extrait très-satisfaisant, tiré de l'édition des bénédictins. Je n'ai lu de ces OEuvres que ses *Confessions* et *la Cité de Dieu*.

(2) Dans sa jeunesse (*Confess.*, 1, 14) saint Augustin négligea l'étude du grec, pour laquelle il avait de la répugnance ; et il avoue naïvement qu'il n'a lu les platoniciens que dans une version latine (*Confess.*, VII, 9). Quelques critiques modernes ont pensé que son ignorance de la langue grecque le rendait peu propre à expliquer les saintes Écritures, et Cicéron ou Quintilien auraient exigé la connaissance de cette langue dans un professeur de rhétorique.

abîmes obscurs de la grâce, de la prédestination, du libre arbitre, et du péché originel. L'Église latine (1) a prodigué des applaudissemens peut-être peu sincères au système de christianisme rigide qu'il a institué ou rétabli (2), et qu'elle a conservé jusqu'à nos jours.

<small>Défaite et retraite de Boniface. A. D. 431.</small>

L'intelligence de Boniface ou l'ignorance des Vandales fit traîner le siége d'Hippone durant quatorze mois. La mer était toujours libre; et lorsque les environs eurent été épuisés par le brigandage des Vandales, la famine força les assiégeans d'abandonner leur entreprise. La régente de l'Occident sentait vivement l'importance et le danger de l'Afrique; Placidie implora le secours de Théodose, et Aspar amena de Constantinople un puissant secours de troupes et

---

(1) Ces questions furent rarement agitées depuis le temps de saint Paul jusqu'à celui de saint Augustin. J'ai appris que les patriarches grecs adoptaient les sentimens des semipélagiens, et que l'orthodoxie de saint Augustin était tirée de l'école des manichéens.

(2) L'Église de Rome a canonisé saint Augustin et foudroyé Calvin. Cependant, comme la différence de leurs opinions est imperceptible, même à l'aide d'un microscope théologique, les molinistes sont écrasés par l'autorité du saint, et les jansénistes sont déshonorés par leur ressemblance avec un hérétique; tandis que les arminiens protestans se tiennent à l'écart et rient de la perplexité mutuelle des disputans. (*Voyez* une curieuse Collection de controverses par Le Clerc, *Bibl. univ.*, t. XIV, p. 144-398.) Peut-être un philosophe encore plus impartial rirait-il à son tour en lisant un commentaire arminien sur l'épître aux Romains.

de vaisseaux. Dès que les forces des deux empires furent réunies sous les ordres de Boniface, ce général marcha hardiment à la rencontre des Vandales, et la perte d'une seconde bataille confirma irrévocablement la perte de l'Afrique. Boniface s'embarqua avec la précipitation du désespoir, et les habitans d'Hippone obtinrent la permission d'occuper dans les vaisseaux la place des soldats, la plupart tués ou faits prisonniers par les Vandales. Le comte, dont la fatale crédulité avait fait une plaie incurable à sa patrie, se présenta sans doute devant sa souveraine avec une inquiétude que dissipa bientôt le sourire de Placidie. Boniface accepta avec reconnaissance le rang de patrice et celui de maître général des armées romaines; mais il devait rougir en voyant les médailles où il est représenté avec les attributs de la victoire (1). Aussi orgueilleux que perfide, Ætius ne put voir sans colère la découverte de sa trahison, le ressentiment de l'impératrice, et la faveur dont jouissait son rival. Il revint précipitamment de la Gaule

---

(1) Ducange, *Fam. Byzant.*, p. 67. D'un côté la tête de Valentinien, et sur le revers Boniface dans un char de triomphe, attelé de quatre chevaux, tenant un fouet dans une main, et une palme dans l'autre. Dans quelques médailles le char est attelé de quatre cerfs, emblême malheureux. Je ne crois pas que d'on puisse citer un second exemple de la représentation d'un sujet sur le revers de la médaille d'un empereur. Voyez *Science des médailles*, par le père Jobert., t. 1, p. 132-150, édit. de 1739, par le baron de La Bastie.

en Italie avec une suite ou plutôt une armée de Barbares ; et telle était la faiblesse du gouvernement, que les deux généraux décidèrent leur querelle particulière dans une bataille sanglante. Boniface remporta la victoire et perdit la vie ; il revint mortellement blessé de la main d'Ætius, et ne vécut que peu de jours. Il poussa les sentimens de la charité chrétienne dans ses derniers momens, jusqu'à presser sa femme, riche héritière d'Espagne, d'accepter Ætius pour son second mari ; mais Ætius ne tira pas alors grand avantage de la générosité de son ennemi. Placidie le fit déclarer rebelle. Après avoir inutilement essayé de se défendre dans les forteresses qu'il avait construites dans ses domaines, il se retira en Pannonie, dans le camp de ses fidèles Huns ; et l'empire d'Orient perdit, par leur discorde, le secours de ses deux plus braves généraux (1).

On pourrait naturellement imaginer qu'après la retraite de Boniface, les Vandales achevèrent sans obstacle et sans délai la conquête de l'Afrique. Cependant huit années s'écoulèrent depuis l'évacuation d'Hippone jusqu'à la réduction de Carthage. Dans cet intervalle, l'ambitieux Genseric, en appa-

---

(1) Procope (*de Bell. vandal.*, l. 1, c. 3, p. 185) ne continue l'histoire de Boniface que jusqu'à son retour en Italie. Prosper et Marcellin parlent de sa mort, et le dernier observe que dès la veille du combat Ætius avait préparé une lance plus longue que celle dont il avait coutume de se servir ; cette circonstance annoncerait presque un combat singulier.

rence au faîte de la prospérité, négocia un traité de paix par lequel il donna son fils Hunneric pour ôtage; et consentit à laisser l'empereur d'Occident paisible possesseur des trois Mauritanies (1). Ne pouvant pas faire honneur de cette modération à l'équité du conquérant, on ne doit l'attribuer qu'à sa politique. Genseric était environné d'ennemis personnels qui méprisaient la bassesse de sa naissance et reconnaissaient les droits légitimes de ses neveux, les fils de Gonderic. L'usurpateur sacrifia la vie de ses neveux à sa propre sûreté, et fit précipiter leur mère, la veuve du roi défunt, dans la rivière d'Ampsague; mais le ressentiment public se manifestait par des conspirations fréquentes, et le tyran est accusé d'avoir fait répandre plus de sang vandale sur l'échafaud que dans les batailles (2). Les troubles de l'Afrique avaient favorisé l'invasion, mais ils nuisaient à l'établissement de sa puissance. Les révoltes des Maures, des Germains, des donatistes et des catholiques, ébranlaient ou menaçaient sans cesse

---

(1) *Voyez* Procope, *de Bell. vandal.*, l. I, c. 4, p. 186. Valentinien publia plusieurs lois bienfaisantes en faveur de ses sujets de Numidie et de Mauritanie. Il les exempta du paiement de la plus grande partie de leurs dettes, réduisit leur tribut des sept huitièmes, et leur donna le droit d'appeler de la sentence de leur magistrat au préfet de Rome. *Cod. Theod.*, t. VI; *Novell.*, p. 11, 12.

(2) Victor Vitensis, *de Persec. Vandal.*, l. II, c. 5, p. 26. La Chronique de Prosper (A. D. 442) détaille et peint fortement les cruautés que Genseric exerçait sur ses sujets.

l'enfance d'un gouvernement mal assuré. Pour attaquer Carthage, il fallut retirer ses troupes des provinces occidentales, et la côte maritime se trouvait exposée aux entreprises des Romains, de l'Espagne, de l'Italie. Dans le cœur de la Numidie, la forte ville de Cirta défendait encore avec succès son indépendance (1). Employant tour à tour la force et la ruse, Genseric vainquit peu à peu tous les obstacles par son courage, par sa persévérance et par sa cruauté. Il conclut un traité solennel, dans le dessein de profiter du temps de sa durée et de l'instant où il pourrait le rompre avec avantage. Tandis que la vigilance de ses ennemis s'endormait par des protestations d'amitié, le roi des Vandales s'approchait insensiblement de Carthage, et il la surprit cinq cent quatre-vingt-cinq ans après la destruction de cette ville et de la république par Scipion le jeune ou le second Africain (2).

<small>Les Vandales surprennent Carthage. A. D. 439, 9 octobre.</small>

Une nouvelle ville était sortie de ses ruines avec le titre de colonie romaine; et quoique Carthage ne possédât ni les prérogatives de Constantinople, ni peut-être le commerce d'Alexandrie ou la splendeur d'Antioche; elle passait cependant pour la seconde cité de l'Occident, et les contemporains la

---

(1) Possidius, in *Vit. S. Aug.*, c. 28, *ap.* Ruinart, p. 428.

(2) *Voyez* les *Chroniques* d'Idatius, d'Isidore, de Prosper et de Marcellin; elles placent la surprise de Carthage dans la même année, mais ne s'accordent pas sur le jour de cet événement.

nommaient la *Rome* d'Afrique (1). Cette riche capitale présentait encore, quoique asservie, l'image d'une république florissante. Carthage contenait les armes, les manufactures et les trésors de six provinces. Une subordination régulière d'honneurs civils s'élevait depuis les commissaires des rues et des quartiers jusqu'au tribunal du premier magistrat, qui, avec le titre de proconsul, jouissait du rang et de la dignité d'un consul de l'ancienne Rome. On y voyait des écoles et des gymnases ouverts à la jeunesse africaine, et les arts libéraux, la grammaire, la rhétorique et la philosophie, y étaient publiquement enseignés en langues grecque et latine. Les bâtimens de Carthage se faisaient admirer par leur magnificence et par leur uniformité. Un bocage ombrageait le centre de la ville. Le nouveau port, vaste et sûr, facilitait le commerce des citoyens, et attirait celui de l'étranger; et dans le sein de l'Afrique, presque sous les yeux des Barbares, on voyait briller les jeux du cirque et la pompe des théâtres. La réputation des Carthaginois n'était pas si avantageuse que celle de leur ville; le reproche de la *foi punique*

---

(1) La description de Carthage, telle qu'elle était dans les quatrième et cinquième siècles, est tirée de l'*Expositio totius Mundi*, p. 17, 18, dans le troisième volume des *Petits Géographes* d'Hudson; d'Ausone, *de claris Urbibus*, p. 228, 229; et principalement de Salvien, *de Gubernatione Dei*, l. VII, p. 257, 258. Je suis surpris que la *Notitia* ne donne à Carthage ni arsenal ni hôtel des monnaies, mais seulement un *gynæceum* ou atelier de femmes.

convenait encore à la finesse et à la duplicité de leur caractère (1). L'esprit du commerce et l'habitude du luxe avaient corrompu leurs mœurs; mais les abominations contre lesquelles surtout Salvien, prédicateur de ce siècle (2), s'élève avec véhémence, sont leur mépris coupable pour les moines, et la pratique criminelle du péché contre nature. Le roi des Vandales réprima sévèrement les déréglemens de ce peuple voluptueux, et l'ancienne, noble et franche liberté de Carthage (telles sont les expressions assez énergiques de Victor) fut réduite en une servitude ignominieuse. Après avoir donné à ses troupes le loisir de satisfaire leur avarice et leurs fureurs, Genseric organisa un mode plus régulier d'oppression et de brigandage; il ordonna, par un

---

(1) L'auteur anonyme de l'*Expositio totius Mundi*, compare dans son latin barbare le pays avec les habitans, et, après avoir reproché à ceux-ci leur manque de bonne foi, il ajoute froidement : *Difficile autem inter eos invenitur bonus, tamen in multis pauci boni esse possunt*, p. 18.

(2) Il assure que les vices particuliers de tous les pays viennent se rassembler dans le cloaque de Carthage (l. vii, p. 257). Les Africains s'enorgueillissaient de leur vigueur dans la pratique du vice. *Et illi se magis virilis fortitudinis esse crederant, qui maxime viros feminei usûs probrositate fregissent*, p. 268. On rencontrait dans les rues de Carthage de misérables débauchés, qui affectaient le maintien, l'habillement et les manières des femmes (p. 264). Si un moine paraissait dans les rues, le saint homme était poursuivi par des insultes et des rires impies, *detestantibus ridentium cachinnis* (p. 289).

édit, que tous les habitans, sans distinction, remissent sans fraude et sans délai aux officiers préposés pour les recevoir, tout l'or, l'argent, les bijoux et les meubles précieux qu'ils pouvaient posséder; ceux qui entreprenaient de se réserver en secret la plus faible partie de leur patrimoine, étaient irrévocablement livrés à la torture et à la mort, comme coupables de trahison envers l'État. Genseric fit mesurer avec soin et partager entre ses Barbares les terres de la province proconsulaire qui formait le district immédiat de Carthage, et conserva, comme son domaine particulier, le territoire fertile de Bysacium; et les cantons voisins de la Numidie et de la Gétulie (1).

Il était assez naturel que Genseric haït ceux qu'il avait offensés. La noblesse et les sénateurs de Carthage se trouvaient exposés à ses soupçons et à son ressentiment. Tous ceux qui se refusèrent aux conditions ignominieuses prescrites par un tyran arien, et que l'honneur ainsi que la religion leur défendaient d'accepter, furent condamnés à quitter leur patrie pour toujours. Rome, l'Italie et les provinces d'Orient se remplirent d'une foule de fugitifs, d'exilés et d'illustres captifs qui sollicitaient la compassion publique, et les Épîtres du sensible Théodoret ont fait passer jusqu'à nous les noms de Célestien et de

Africains exilés et captifs.

―――――――――――――――

(1) Comparez Procope (*de Bell. vandal.*, l. 1, c. 5, pages 189, 190) et Victor Vitensis, *de Persecut. Vandal.*, l. 1, c. 4.

Marie (1). L'évêque de Syrie déplore les malheurs de Célestien, noble Carthaginois qui, dépouillé du rang de sénateur et d'une fortune considérable, se voyait réduit, avec sa femme, ses enfans et ses domestiques, à mendier son pain dans un pays étranger; mais il applaudit à la pieuse résignation de cet exilé chrétien, et à son caractère philosophique, qui lui conservait, au milieu de ses infortunes, un bonheur plus réel que celui dont on jouit d'ordinaire au sein de la prospérité. L'histoire de Marie, fille du magnifique Eudemon, est intéressante et singulière. Dans le sac de Carthage, les Vandales la vendirent à des marchands de Syrie, qui la revendirent dans leur pays. Une des servantes de Marie, prise et vendue avec elle à Carthage, se trouvait sur le même vaisseau, et fut achetée par le même maître en Syrie. Toujours également respectueuse pour une maîtresse que le sort condamnait à partager son esclavage, elle lui continua, par attachement, les soins qu'elle lui avait rendus précédemment par obéissance. Cette conduite fit connaître le rang de Marie; et, dans l'absence de l'évêque de Cyrrhe, elle dut sa délivrance à la générosité de quelques soldats de la garnison. A son retour, Théodoret fournit libéralement à son entretien. Marie, après avoir passé dix mois parmi les chanoinesses de l'Église, apprit que son

---

(1) Ruinart (p. 444-457) a tiré de Théodoret et de quelques autres auteurs, les aventures réelles ou fabuleuses des habitans de Carthage.

père, heureusement échappé du massacre de Carthage, exerçait un emploi honorable dans une des provinces de l'Occident. Le prince évêque seconda l'impatience qu'elle avait de rejoindre Eudemon; et dans une lettre qui existe encore, il la recommanda à l'évêque d'Ægæ, ville maritime de la Cilicie, que les vaisseaux de l'Occident fréquentaient tous les ans durant la foire. L'évêque de Cyrrhe pria son confrère de traiter Marie avec les égards dus à sa naissance, et de ne la confier qu'à des marchands capables de regarder comme un avantage suffisant le plaisir de rendre à un père affligé une fille qu'il devait croire à jamais perdue.

Parmi les insipides légendes de l'histoire ecclésiastique, on remarque la fable mémorable des *sept dormans* (1), dont la date imaginaire correspond au règne de Théodose le jeune, et à la conquête de l'Afrique par les Vandales (2). Durant la persécu-

Fable des sept dormans.

―――――――――――――――――――――――――

(1) Dans une fable, le choix des circonstances est peu important; cependant j'ai suivi exactement le récit qui a été traduit du syriaque par les soins de saint Grégoire de Tours, de *Gloriâ martyrum*, l. 1, c. 95; *in maxim. Bibl. Patrum*, t. xi, p. 856; les *Actes* grecs de leurs martyrs, ap. Phot., p. 1400, 1401; et les *Annales* du patriarche Eutychius, t. 1, p. 391, 531-532-535, vers. Pocock.

(2) Deux écrivains syriaques cités par Assemanni (*Bibl. orient.*; t. 1, p. 336, 338), placent la résurrection des sept dormans dans l'année 736 (A. D. 425), ou 748 (A. D. 437). Les *Actes* grecs qu'a lus Photius, donnent pour date la trente-huitième année du règne de Théodose, qui peut se

tion de l'empereur Dèce contre les chrétiens, sept jeunes nobles d'Éphèse se cachèrent dans une caverne spacieuse creusée dans le flanc d'une montagne voisine, dont le tyran, voulant les y faire périr, fit boucher solidement l'entrée d'un monceau de grosses pierres. Ces jeunes gens tombèrent sur-le-champ dans un profond sommeil, qui fut prolongé miraculeusement durant une période de cent quatre-vingt-sept ans, sans produire aucune altération dans les principes de la vie. Au bout de ce temps, les esclaves d'Adolius, alors propriétaire de la montagne, enlevèrent les pierres pour les employer à la construction de quelque bâtiment rustique. Dès que les rayons du soleil pénétrèrent dans la caverne, les sept dormans s'éveillèrent, persuadés que leur sommeil n'avait été que de quelques heures. Pressés par la faim, ils résolurent que Jamblichus, un des sept, retournerait secrètement à la ville, afin d'y acheter du pain pour ses camarades. Le jeune homme, si on peut l'appeler ainsi, ne reconnut point son pays natal; et sa surprise augmenta quand il vit une grande croix élevée et triomphante sur la principale porte d'Éphèse. La singularité de ses vêtemens, son vieux langage, et l'antique médaille de Dèce qu'il offrait pour de la monnaie courante, parurent fort

---

rapporter à A. D. 439 ou 446. Le temps qui s'est écoulé depuis la persécution de Dèce est facile à vérifier, et il fallait toute l'ignorance de Mahomet et des faiseurs de légendes pour supposer un intervalle de trois ou quatre cents ans.

extraordinaires au boulanger; et Jamblichus, soupçonné d'avoir trouvé un trésor, fut traîné devant le juge. Leurs questions mutuelles découvrirent la miraculeuse aventure, et il parut constant qu'il s'était écoulé près de deux cents ans depuis que Jamblichus et ses compagnons avaient échappé à la rage du persécuteur des chrétiens. L'évêque d'Éphèse, le clergé, les magistrats, le peuple et l'empereur Théodose lui-même, à ce que l'on assure, s'empressèrent de visiter la caverne merveilleuse des sept dormans, qui donnèrent leur bénédiction, racontèrent leur histoire, et expirèrent tranquillement aussitôt après. On ne peut attribuer l'origine de cette fable à la fraude pieuse ou à la crédulité des Grecs modernes, puisqu'on peut retrouver les traces authentiques de la tradition de ce miracle supposé, jusqu'à environ un demi-siècle après l'événement. Jacques de Sarug, évêque de Syrie, né deux ans après la mort de Théodose le jeune, a consacré à l'éloge des dormans d'Éphèse (1) une des deux cent trente homélies qu'il a composées avant la fin du sixième siècle. Leur légende fut traduite du syriaque

---

(1) Jacques, un des pères orthodoxes de l'Église syriaque, était né A. D. 452; il commença à composer des sermons A. D. 474; il fut fait évêque de Batnæ, dans le district de Sarug et dans la province de la Mésopotamie, A. D. 519; et mourut A. D. 521. (Assemanni, t. 1, p. 289.) Pour l'homélie *de Pueris ephesinis*, voyez p. 335-339. J'aurais voulu cependant qu'Assemanni eût traduit le texte de Jacques de Sarug, au lieu de répondre aux objections de Baronius.

en latin par les soins de saint Grégoire de Tours. Les communions opposées de l'Orient en conservent la mémoire avec la même vénération, et les noms des dormans sont honorablement inscrits dans les calendriers des Romains, des Russes (1) et des Abyssins. Leur renommée a passé les limites du monde chrétien: Mahomet a placé dans le Koran, comme une révélation divine, ce conte populaire, qu'il apprit sans doute en conduisant ses chameaux à la foire de Syrie (2). L'histoire des sept dormans d'Éphèse a été adoptée et embellie depuis le Bengale jusqu'à l'Afrique, par toutes les nations qui professent la religion de Mahomet (3), et l'on découvre quelques

---

(1) Voyez *Acta Sanctorum* des bollandistes; *mensis julii*, t. VI, p. 375-397. Cet immense calendrier de saints, fait en cent vingt-six ans (1644-1770) et en cinquante volumes *in-folio*, n'a pas été poussé plus loin que le 7 d'octobre. La suppression des jésuites a probablement fait abandonner une entreprise qui, à travers beaucoup de fables et de fanatisme, ne laissait pas de fournir beaucoup de lumières à l'histoire et d'aperçus à la philosophie.

(2) *Voyez* Maracci, Alcoran, Sura., XVIII, t. II, 420-427, et t. I, part. 4, p. 103. Avec un si beau champ pour l'invention, Mahomet n'a montré ni goût ni intelligence: il a inventé le chien des sept dormans (al Rakim), le respect du soleil, qui se dérangeait deux fois par jour de son cours ordinaire pour ne pas éclairer la caverne; et le soin de Dieu même, qui retournait de temps en temps les dormeurs du côté droit sur le gauche, pour préserver leurs corps de la putréfaction.

(3) *Voyez* d'Herbelot; *Bibl. orient.*, p. 139; et Renaudot, *Hist. patriarch. Alexandrin.*, p. 39, 40.

vestiges d'une tradition semblable dans les extrémités les plus reculées de la Scandinavie (1). On peut attribuer la crédulité générale au mérite ingénieux de cette fable en elle-même ; nous avançons insensiblement de l'enfance à la vieillesse sans observer le changement successif, mais continuel, de toutes les choses humaines ; et même dans le tableau plus vaste que nous présente la connaissance de l'histoire, l'imagination s'accoutume, par une suite perpétuelle de causes et d'effets, à réunir les révolutions les plus éloignées ; mais si l'on pouvait anéantir en un moment l'intervalle de deux époques mémorables, s'il était possible d'exposer la scène du monde nouveau aux yeux d'un spectateur qui, après un sommeil de deux cents ans, conserverait l'impression vive de l'ancienne époque où il a commencé, sa surprise et ses réflexions fourniraient le sujet intéressant d'un roman philosophique. On ne pouvait pas placer cette scène plus avantageusement qu'entre les deux siècles qui s'écoulèrent du règne de Dèce à celui de Théodose le jeune. C'était entre ces deux époques que le siége du gouvernement avait

---

(1) Paul le diacre, d'Aquilée (*de Gest. Langobardorum*, l. I, c. 4, p. 745, 746, édit. Grot.), qui vécut vers la fin du huitième siècle, a placé dans une caverne, sous un rocher, et sur les bords de l'Océan, les sept dormans du Nord, dont le long sommeil fut respecté par les Barbares. Leurs habits annonçaient qu'ils étaient Romains, et le doyen suppose que la Providence les destinait à opérer la conversion de ces peuples incrédules.

été transporté de Rome dans une ville nouvelle sur les rives du Bosphore de Thrace; et l'abus de l'esprit militaire avait disparu devant un système factice d'obéissance cérémonieuse et servile. Le trône de Dèce, persécuteur des chrétiens, était occupé depuis long-temps par une succession de princes orthodoxes, qui avaient anéanti les divinités fabuleuses de l'antiquité; et la dévotion publique s'empressait à élever les saints et les martyrs de l'Église catholique sur les autels de Diane et d'Hercule. L'union de l'empire romain n'existait plus; son antique majesté rampait dans la poussière; et des essaims de Barbares inconnus, sortis des régions glacées du Nord, avaient établi victorieusement leur empire dans les plus belles provinces de l'Europe et de l'Afrique.

CHAPITRE XXXIV.

Caractère, conquête et cour d'Attila, roi des Huns. Mort de Théodose le jeune. Élévation de Marcien sur le trône de l'Orient.

LES Goths et les Vandales, chassés par les Huns, pesaient sur l'empire d'Occident; mais les Huns vainqueurs ne s'étaient pas distingués par des exploits dignes de leur puissance et de leurs premiers succès. Leurs hordes victorieuses couvraient le pays situé entre le Danube et le Volga; mais les forces de la nation, épuisées par les discordes des chefs indépendans les uns des autres, dont la valeur se consumait sans utilité en d'obscures excursions, n'avaient d'autre but que le pillage; et, à la honte de la nation, l'espoir du butin les faisait souvent passer sous les drapeaux des ennemis qu'ils avaient vaincus. Sous le règne d'Attila (1), les Huns redevinrent la

Les Huns.
A. D.
376-433.

---

(1) On peut trouver des matériaux authentiques pour l'histoire d'Attila, dans Jornandès, *de Rebus get.*; c. 34-50, p. 660-688, édit. Grot. et Priscus, *Excerpta de legationibus*, p. 33-76; Paris, 1648. Je n'ai pas lu les Vies d'Attila composées par Juvencus-Cœilius-Calanus-Dalmatinus, dans le douzième siècle, ou par Nicolas Olahus, archevêque de Gran, dans le seizième. Voyez l'*Histoire des Ger-*

terreur de l'univers. Je vais peindre ici le caractère et les exploits de ce redoutable Barbare, qui attaqua et envahit alternativement l'Orient et l'Occident, et hâta la chute de l'empire romain.

<small>Leur établissement dans la Hongrie.</small>

Dans ce torrent d'émigrations successives qui se précipitaient continuellement des confins de la Chine sur ceux de la Germanie, on voit les tribus les plus puissantes et les plus peuplées s'arrêter d'ordinaire sur les confins des provinces romaines. Des barrières artificielles soutinrent quelque temps le poids accumulé de cette multitude. La facile condescendance des empereurs excitait, sans la satisfaire, l'avidité insolente de ces Barbares, qui avaient goûté des jouissances de la vie civilisée. Les Hongrois, qui prétendent compter Attila au nombre de leurs rois, peuvent affirmer avec vérité que les hordes qui obéissaient à son oncle Roas ou Rugilas, ont campé dans les limites de la Hongrie moderne (1), et oc-

---

mains, par Mascou, ix, 23, et *Osservazioni litterarie*, de Maffei, t. 1, p. 88, 89. Tout ce qu'ont ajouté les Hongrois modernes est probablement fabuleux, et ils ne paraissent pas fort intelligens dans l'art de la fiction; ils supposent que lorsque Attila envahit la Gaule et l'Italie, lorsqu'il épousa un grand nombre de femmes, etc., il était âgé de cent vingt ans. Thwrocz, *Chroniq.*, p. 1. 22; in *Script. Hungar.*, t. 1, p. 76.

(1) La Hongrie a été successivement occupée par trois colonies de Scythes: 1° les Huns d'Attila; 2° les Arabes, dans le sixième siècle, et 3° (A. D. 889) les Turcs ou Magiars, véritables ancêtres des Hongrois modernes; dont les relations

cupé un pays fertile qui fournissait abondamment aux besoins d'un peuple de pâtres et de chasseurs. Dans cette situation avantageuse, Rugilas et ses frères ajoutaient continuellement à leur puissance et à leur réputation; ce monarque menaçait sans cesse les deux empires, et les forçait alternativement à la guerre et à la paix. Son amitié pour le célèbre Ætius cimenta l'alliance qu'il conclut avec les Romains de l'Occident. Ætius trouvait toujours dans le camp des Barbares un asile sûr et un secours puissant. Ce fut à sa sollicitation que soixante mille Huns s'avancèrent vers l'Italie pour soutenir la cause de l'usurpateur Jean, et firent payer cher à l'État leur marche et leur retraite. La politique reconnaissante d'Ætius abandonna à ses fidèles alliés la possession de la Pannonie. Les Romains de l'Orient ne redoutaient pas moins les entreprises de Rugilas, qui menaça leurs provinces et même leur capitale. Quelques écrivains ecclésiastiques ont employé la foudre (1) et la peste

---

avec les deux autres races sont très-faibles et très-éloignées. Le *Prodremus* ou la *Notitia* de Matthieu Bel paraît contenir de riches matériaux sur l'histoire ancienne et moderne de la Hongrie; j'en ai vu les extraits dans la *Bibliothèque ancienne et moderne*, t. XXI, p. 1, 51, et dans la *Bibliothèque raisonnée*, t. XVI, p. 127-175.

(1). Socr., l. VII, c. 43; Théodoret, l. V, c. 36. Tillemont, qui s'en rapporte toujours à l'autorité des auteurs ecclésiastiques, soutient opiniâtrément qu'il ne s'agissait ni de la même guerre ni des mêmes personnages. *Hist. des Emper.*, t. VI, p. 136-607.

à détruire les Barbares; mais Théodose fut contraint d'avoir recours à de plus humbles moyens, et de stipuler un paiement annuel de trois cent cinquante livres pesant d'or; tribut dont il déguisa la honte en donnant le titre de général romain au roi des Huns, qui daigna l'accepter. L'indocilité des Barbares et les intrigues perfides de la cour de Byzance troublèrent fréquemment la tranquillité publique. Quatre nations, parmi lesquelles nous pouvons compter les Bavarois, secouèrent le joug des Huns, et les Romains encouragèrent cette révolte par leur alliance: mais le formidable Rugilas fit entendre efficacement ses réclamations par la voix d'Eslaw, son ambassadeur. Le sénat vota unanimement pour la paix; l'empereur ratifia son décret, et l'on nomma deux ambassadeurs, le général Plinthas, Scythe d'extraction, mais ayant le rang de consulaire, et le questeur Iphigènes, politique habile et expérimenté, que l'ambitieux Plinthas avait demandé pour collègue.

Règne d'Attila.
A. D. 433-453.

La mort de Rugilas suspendit les négociations. Ses deux neveux, Attila et Bleda, qui succédèrent au trône de leur oncle, consentirent à une entrevue avec les ambassadeurs de Constantinople; et sans daigner descendre de cheval, ils traitèrent au milieu d'une vaste plaine, dans les environs de Margus, ville de la Haute-Mœsie. Tous les avantages de cette négociation furent pour les rois des Huns, de même que tous les honneurs avaient été de leur côté. Ils dictèrent les conditions de la paix, dont chacune était un outrage à la majesté de l'empire. Outre la franchise d'un marché sûr et abondant sur les bords du Danube, ils exigèrent que la contribution annuelle fût portée de trois cent cinquante à sept cents livres pesant d'or, qu'on payât pour tous les captifs romains qui s'étaient échappés des fers des Barbares une amende ou rançon de huit pièces d'or par tête; que l'empereur renonçât à tout traité d'alliance avec les ennemis des Huns, et qu'il fît rendre sans délai tous les fugitifs qui s'étaient réfugiés à sa cour ou dans ses provinces. On exécuta rigoureusement cette clause sur quelques jeunes infortunés d'une race royale, qui furent crucifiés sur les terres de l'empire, par les ordres d'Attila. Après avoir imprimé chez les Romains la terreur de son nom, le roi des Huns leur accorda une tranquillité précaire, tandis qu'il domptait les provinces rebelles ou indépendantes de la Scythie ou de la Germanie (1).

Attila, fils de Mundzuk, tirait son origine illustre, et peut-être royale (2), des anciens Huns qui avaient combattu contre les empereurs de la Chine. Ses traits, au rapport d'un historien des Goths, portaient l'empreinte de son ancienne origine. Le portrait d'Attila présente toute la difformité naturelle

Sa figure et son caractère.

---

(1) *Voyez* Priscus, p. 47, 48; et l'*Histoire des Peuples de l'Europe*, t. VII, c. 13, 14, 15.

(2) Priscus, p. 39. Les Hongrois modernes le font descendre au trente-cinquième degré de filiation de Cham, fils de Noé; et cependant ils ignorent le vrai nom de son père. De Guignes, *Hist. des Huns*, t. II, 297.

d'un Kalmouk (1); une large tête, un teint basané, de petits yeux enfoncés, un nez aplati, quelques poils au lieu de barbe ; de larges épaules, une taille courte et carrée, un ensemble mal proportionné, mais qui annonçait la force et la vigueur. La démarche fière et le maintien du roi des Huns annonçaient le sentiment de sa supériorité sur le reste du genre humain ; et on le voyait habituellement rouler les yeux d'un air féroce, comme pour jouir de la terreur qu'il inspirait. Cependant ce héros sauvage n'était point inaccessible à la pitié ; il tenait inviolablement sa parole aux ennemis supplians qui obtenaient leur pardon ; et les sujets d'Attila le regardaient comme un maître équitable et indulgent. Il aimait la guerre; mais lorsque, parvenu à un âge mûr, il fut monté sur le trône, la conquête du Nord fut plutôt l'ouvrage de son génie que celui de ses exploits personnels ; et il échangea sa réputation de soldat audacieux contre la réputation plus utile d'un heureux et habile général. La valeur personnelle obtient de si faibles succès partout ailleurs que dans les romans ou dans la poésie, que la victoire, même chez les Barbares, doit dépendre du degré d'intelligence avec lequel un seul homme sait exciter et diriger, pour le succès de ses projets, les

---

(1) Comparez Jornandès (c. 35 ; p. 661) avec Buffon, *Hist. nat.*, t. III, p. 380). Le premier observait avec raison, *originis suæ signa restituens*. Le caractère et le portrait d'Attila sont probablement tirés de Cassiodore.

passions violentes de la multitude. Les conquérans de la Scythie, Attila et Gengis-Khan, étaient moins supérieurs à leurs compatriotes par le courage que par le génie; et l'on peut observer que les monarchies des Huns et des Mongoux furent élevées par leurs fondateurs sur la base de la superstition populaire. La conception miraculeuse, attribuée par l'artifice et par la crédulité à la vierge, mère de Gengis, l'élevait au-dessus du reste des mortels; et le prophète sauvage et nu qui vint lui donner l'empire de la terre au nom de la Divinité, inspira aux Mongoux un enthousiasme irrésistible (1). Attila employa des supercheries religieuses aussi adroitement adaptées à l'esprit de son siècle et de son pays. Il était assez naturel que les Scythes eussent une vénération de préférence pour le dieu des combats; mais, également incapables de s'en former une idée abstraite ou une représentation figurée, ils adoraient leur divinité tutélaire sous le symbole d'un cimeterre (2).

___

(1) Abulpharag., *Dynast.*, vers. Pocoek., p. 281; *Hist. généalogique des Tartares*, par Abulghazi-Bahader-Khan, part. III, c. 15; part. IV, c. 3; *Vie de Gengis-Khan*, par Petis de La Croix, l. 1, c. 1, 6. Les relations des missionnaires qui ont visité la Tartarie dans le treizième siècle (*voyez le septième volume de l'Hist. des Voyages*), peignent l'opinion et le langage du peuple; Gengis y est appelé le fils de Dieu.

(2) *Nec templum apud eos visitur, aut delubrum, ne tugurium quidem culmo tectum cerni usquam potest; sed gladius barbarico ritu humi figitur nudus; eumque ut Martem*

Il découvre l'épée de Mars.

Un pâtre des Huns ayant aperçu qu'une de ses génisses s'était blessée au pied, suivit avec attention la trace du sang, et découvrit, à travers les herbes, la pointe d'une ancienne épée qu'il tira de terre et qu'il offrit à Attila. Ce prince magnanime, ou plutôt artificieux, reçut le présent céleste avec les démonstrations d'une pieuse reconnaissance, et, comme possesseur légitime de l'*épée de Mars*, il réclama ses droits divins et incontestables à l'empire de l'univers (1). Si les Scythes pratiquèrent dans cette occasion leurs cérémonies accoutumées, on dut élever, dans une vaste plaine, un autel ou plutôt une pile de fagots de trois cents verges de longueur et autant de largeur, et l'on plaça l'épée de Mars droite sur cet autel rustique, arrosé tous les ans du sang des brebis, des chevaux et du centième captif (2). Soit qu'Attila ait répandu le sang humain dans ses sacri-

---

regionum quas circumcircant præsulem verecundiùs colunt. Ammien-Marcellin, xxx, 2; et les *Notes* savantes de Lindembrog.

(1) Priscus raconte cette histoire dans son propre texte (p. 65) et dans la citation faite par Jornandès (c. 35, p. 662). Il aurait pu expliquer la tradition ou fable qui caractérisait cette fameuse épée, et en même temps le nom et les attributs de la divinité de Scythie dont il a fait le Mars des Grecs et des Romains.

(2) Hérodote, l. IV, c. 62. Par esprit d'économie, j'ai calculé par le plus petit stade. Dans les sacrifices humains, ils abattaient l'épaule et rompaient le bras de la victime; ils les jetaient en l'air, et tiraient leurs présages de la manière dont ces membres retombaient sur la pile.

fices au dieu de la guerre, ou qu'il se le soit rendu propice par les victimes qu'il lui offrait sans cesse sur le champ de bataille, le favori de Mars acquit bientôt un caractère sacré, qui facilitait et assurait ses conquêtes, et les princes barbares avouaient, ou par dévotion, ou par flatterie, que leurs yeux ne pouvaient soutenir la majesté éclatante du roi des Huns (1). Bleda, son frère, qui régnait sur une grande partie de la nation, perdit le sceptre et la vie ; et ce meurtre dénaturé passa pour une impulsion surnaturelle. La vigueur avec laquelle Attila maniait l'épée de Mars, persuadait aux peuples qu'elle avait été destinée pour son bras invincible (2) : mais il ne nous reste d'autres monumens du nombre et de l'importance de ses victoires, que la vaste étendue de ses États ; et quoique le roi des Huns fît peu de cas des sciences et de la philosophie, il regretta peut-être que la barbare ignorance de ses sujets fût incapable de perpétuer le souvenir de ses exploits.

En tirant une ligne de séparation entre les climats sauvages et les nations civilisées, entre les habitans des villes qui cultivaient les terres et les hordes de

Il soumet toute la Scythie et la Germanie.

---

(1) Priscus, p. 55. Un héros plus civilisé, Auguste luimême, aimait à faire baisser les yeux à ceux qui le regardaient, et à se persuader qu'ils ne pouvaient supporter le feu divin qui brillait dans ses regards. Suét., *in Aug.*, c. 79.

(2) Le comte du Buat (*Histoire des Peuples de l'Europe*, t. VII, p. 428; 429) essaie de justifier Attila du meurtre de son frère, et paraît presque vouloir récuser les témoignages réunis de Jornandès et des Chroniques contemporaines.

pâtres et de chasseurs qui vivaient sous des tentes, on peut donner légitimement à Attila le titre de monarque suprême et universel des Barbares (1). Il est le seul des conquérans anciens et modernes qui ait réuni sous sa puissance les vastes royaumes de la Scythie et de la Germanie; et ces dénominations vagues, lorsqu'on les applique au temps de son règne, peuvent s'entendre dans le sens le plus étendu. Attila comptait au nombre de ses provinces la Thuringe, qui n'était bornée alors que par les rives du Danube. Les Francs le regardaient comme un voisin redoutable, dont ils respectaient l'intervention dans leurs démêlés intérieurs, et un de ses lieutenans châtia et même extermina presque entièrement les Bourguignons qui habitaient sur les bords du Rhin. Il avait soumis les îles de l'Océan et les royaumes de la Scandinavie, environnés et séparés par les eaux de la mer Baltique. Les Huns pouvaient tirer un tribut de fourrures de ces contrées septentrionales, défendues jusqu'alors contre l'avidité des conquérans par le courage des peuples et par la rigueur du climat. Du côté de l'orient, il est difficile d'assigner une limite à l'autorité d'Attila sur les déserts de la Scythie; nous pouvons cependant affirmer qu'elle était recon-

---

(1) *Fortissimarum gentium dominus, qui, inauditâ ante se potentiâ, solus scythica et germanica regna possedit.* Jornandès, c. 49, p. 684; Priscus, p. 64, 65. M. de Guignes a acquis par ses connaissances sur la Chine des lumières sur l'empire et l'histoire d'Attila.

nue sur les bords du Volga; que ces peuples redoutaient le monarque des Huns comme guerrier et comme magicien (1); qu'il attaqua et vainquit le khan des redoutables Geougen, et qu'il envoya des ambassadeurs à la Chine pour y négocier sur le pied d'égalité un traité d'alliance. Dans le nombre des nations qui obéissaient au roi des Huns, et qui, pendant sa vie, ne formèrent jamais la pensée de secouer le joug, on compte les Gépides et les Ostrogoths, distingués par leur nombre, leur valeur et le mérite personnel de leurs chefs. Le célèbre Ardaric, roi des Gépides, était le conseiller sage et fidèle du monarque, qui estimait autant son caractère intrépide qu'il aimait les vertus douces et modestes de Walamir, roi des Ostrogoths. La foule de rois obscurs, les chefs de tribus guerrières qui servaient sous les drapeaux d'Attila, se rangeaient autour de lui dans l'humble contenance de gardes ou de domestiques : attentifs à tous ses regards, ils tremblaient au moindre signe de mécontentement, et au premier signal ils exécutaient ses ordres les plus sévères sans se permettre un murmure. En temps de paix, un certain nombre de princes dépendans se rendaient tour à tour et à

---

(1) *Voyez* l'*Histoire des Huns*, t. II, p. 296. Les Geougen croyaient que les Huns pouvaient, quand ils le voulaient, faire tomber la pluie, exciter les vents et les tempêtes. On attribuait ce phénomène à la pierre *gezi*; et les Tartares mahométans du quatorzième siècle attribuèrent la perte d'une bataille au pouvoir magique de cette pierre. *Voyez* Cherefeddin-Ali, *Hist. de Timur-Bec*, tome I, pages 82-83.

des temps fixes sous ses drapeaux, et formaient la garde de son camp avec leurs troupes nationales ; mais lorsque Attila rassemblait toutes ses forces militaires, son armée se trouvait composée de cinq, ou, selon d'autres, de sept cent mille Barbares (1).

Les Huns s'emparent de la Perse. A. D. 430 - 440.

Les ambassadeurs des Huns pouvaient réveiller l'attention de Théodose, en lui rappelant qu'ils étaient ses voisins en Europe et en Asie, qu'ils s'étendaient d'un côté jusqu'au Danube et de l'autre jusqu'au Tanaïs. Sous le règne de son père Arcadius, une bande audacieuse de Huns avait ravagé les provinces de l'Orient, d'où ils s'étaient retirés avec d'immenses dépouilles et une multitude de captifs (2);

---

(1) Jornandès, c. 35, p. 661 ; c. 37, p. 667 ; *voy.* Tillem., *Hist. des Emper.*, t. vi, p. 129-138. Corneille a peint la manière hautaine avec laquelle Attila traitait les rois ses sujets; et sa tragédie s'ouvre par ces deux vers ridicules :

Ils ne sont pas venus nos deux rois ! qu'on leur die
Qu'ils se font trop attendre, et qu'Attila s'ennuie.

Les deux rois sont peints comme de profonds politiques et de tendres amans; et toute la pièce ne présente que les défauts du poëte sans en montrer le génie.

(2) . . . . *Alii per caspia claustra*
Armeniasque nives, inopino tramite ducti,
Invadunt Orientis opes : jam pascua fumant
Cappadocum, volucrumque parens Argæus equorum
Jam rubet altus Halys, nec se defendit iniquo.
Monte Cilix; Syriæ tractus vastantur amœni;
Assuetumque choris et lætâ plebe canorum,
Proterit imbellem sonipes hostilis Orontem.

CLAUD., in Rufin., l. ii, 28-35.

Voyez aussi Eutrope (l. 1, 243-251), et la vigoureuse Des-

ils s'étaient avancés, par un chemin secret, le long des côtes de la mer Caspienne, avaient traversé les montagnes de l'Arménie en tout temps couvertes de neige, et passé le Tigre, l'Euphrate et le Halys: ils avaient remonté leur cavalerie fatiguée d'excellens chevaux de Cappadoce, avaient occupé les hauteurs de la Cilicie, et interrompu les chants et les danses joyeuses des habitans d'Antioche. Leur approche fit trembler l'Égypte; les moines et les pélerins de la Terre-Sainte se hâtèrent de s'embarquer, pour éviter leurs fureurs. Les Orientaux se souvenaient encore avec terreur de cette invasion. Les sujets d'Attila pouvaient exécuter avec des forces supérieures l'entreprise de ces audacieux aventuriers, et l'on fut bientôt dans l'inquiétude de savoir si la tempête fondrait sur les Persans ou sur les Romains. Quelques-uns des grands vassaux du roi des Huns étaient allés, par ses ordres, ratifier un traité d'alliance et une société d'armes avec l'empereur, ou plutôt avec le général de l'Occident; ils racontèrent, durant leur séjour à Rome, les circonstances d'une de leurs expéditions récentes dans l'Orient. Après avoir passé le désert et un marais, que les Romains supposèrent être le lac Méotis, ils avaient traversé les montagnes, et étaient arrivés au bout de quinze jours sur les confins de la Médie, et s'étaient avancés jusqu'aux

---

cription de saint Jérôme, qui écrivait d'après sa propre manière de sentir (t. 1, p. 26, *ad* Héliodor., p. 200; *ad* Océan); Philostorgius (l. IX, c. 8) parle de cette invasion.

villes inconnues de Basic et de Cursic. Ils rencontrèrent l'armée des Persans dans les plaines d'Arménie, et, selon leur propre expression, l'air fut obscurci par un nuage de traits. Les Huns cédèrent à la supériorité du nombre ; leur retraite pénible se fit par différens chemins ; ils perdirent la plus grande partie de leur butin, et se retirèrent enfin dans le camp royal avec quelque connaissance du pays, et un impatient désir de vengeance. Dans la conversation familière des ambassadeurs impériaux, qui discutèrent entre eux à la cour d'Attila le caractère de ce prince et les vues de son ambition, les ministres de Constantinople montrèrent l'espérance de voir ses forces occupées long-temps dans une guerre difficile et douteuse contre les princes de la maison de Sassan ; mais les Italiens, plus prévoyans, leur firent sentir l'imprudence et le danger d'une semblable espérance, leur démontrèrent que les Mèdes et les Persans étaient incapables de résister aux Huns, et que cette conquête facile augmenterait la puissance et l'orgueil du vainqueur, qui, au lieu de se contenter d'une faible contribution et du titre de général de Théodose, en viendrait bientôt à imposer un joug honteux et intolérable aux Romains humiliés et captifs, dont l'empire se trouvait de toutes parts resserré par celui des Huns (1).

---

(1) *Voyez* l'original de la conversation dans Priscus, p. 64, 65.

Tandis que les puissances de l'Europe et de l'Asie cherchaient à détourner le danger qui les menaçait, l'alliance d'Attila maintenait les Vandales dans la possession de l'Afrique. Les cours de Ravenne et de Constantinople avaient réuni leurs forces pour recouvrer cette précieuse province, et les ports de la Sicile étaient déjà remplis des vaisseaux et des soldats de Théodose; mais le rusé Genseric, dont les négociations s'étendaient dans toutes les parties du monde, prévint cette entreprise en excitant le roi des Huns à envahir l'empire d'Orient, et un événement de peu d'importance devint le motif et le prétexte d'une guerre sanglante (1). En conséquence du traité de Margus, on avait ouvert un marché franc sur la rive septentrionale du Danube, protégée par une forteresse romaine, nommée *Constantia*. Une troupe de Barbares viola la sûreté du commerce, tua ou dispersa les marchands, et détruisit totalement la forteresse. Les Huns représentèrent cet outrage comme un acte de représailles, et alléguèrent que l'évêque

Ils attaquent l'empire d'Orient.
A. D. 441.

---

(1) Priscus, 331. Son histoire contenait un récit élégant et détaillé de cette guerre (Evagrius, l. 1, c. 17): Il ne nous est resté que les extraits qui ont rapport aux ambassades; mais l'ouvrage original était connu des écrivains dont nous tirons cette notion imparfaite; savoir: Jornandès, Théophane, le comte Marcellin, Prosper-Tyro et l'auteur de la Chronique d'Alexandrie. M. du Buat (*Histoire des Peuples de l'Europe*, t. VII, c. 15) a examiné la cause, les événemens et la durée de cette guerre, et prétend qu'elle fut terminée avant la fin de l'année 444.

de Margus était entré sur leur territoire, où il avait découvert et dérobé le trésor secret de leurs rois. Ils exigèrent qu'on leur restituât le trésor, et qu'on leur livrât le prélat et les sujets fugitifs qui avaient échappé à la justice d'Attila. Le refus de la cour de Byzance fut le signal de la guerre, et les habitans de la Mœsie applaudirent d'abord à la généreuse fermeté de leur souverain ; mais dès que la destruction de Viminiacum et des villes voisines les eut avertis de leur propre danger, ils adoptèrent une morale plus relâchée, et prétendirent qu'on pouvait sacrifier justement un simple citoyen, bien qu'innocent et respectable, à la sûreté de tout un pays. L'évêque de Margus, qui n'aspirait point à la couronne du martyre, soupçonna leur dessein, et résolut de le prévenir. Il osa traiter avec les princes des Huns, s'assura, par des sermens solennels, de son pardon et d'une récompense ; posta secrètement un corps nombreux de Barbares sur les bords du Danube, et, à une heure convenue, ouvrit de sa propre main les portes de la ville. Cet avantage, obtenu par une trahison, servit de prélude à des victoires plus honorables et plus décisives. Une ligne de châteaux ou forteresses protégeait les frontières de l'Illyrie, et, quoique la plupart ne consistassent que dans une tour défendue par une faible garnison, elles suffisaient ordinairement à repousser ou arrêter les incursions d'ennemis qui manquaient également d'intelligence pour faire un siége régulier, et de patience pour l'entreprendre. Mais l'effrayante multitude des Huns fit bientôt dis-

Ravage de l'Europe jusqu'à Constantinople.

paraître ces faibles obstacles (1) : ils réduisirent en cendres les villes de Sirmium et de Singidunum, de Ratiara et de Marcianopolis, de Naissus et de Sardica; des myriades de Barbares, conduits par Attila, envahirent, occupèrent et ravagèrent à la fois toute la largeur de l'Europe, dans un espace d'environ cinq cents milles, depuis le Pont-Euxin jusqu'à la mer Adriatique. Cependant ce danger pressant ne put ni distraire Théodose de ses amusemens ou de ses pratiques de dévotion, ni le déterminer à paraître à la tête des légions romaines ; mais il rappela promptement les troupes qu'il avait envoyées en Sicile pour attaquer Genseric; il épuisa les garnisons des frontières de la Perse, et rassembla en Europe une armée dont le nombre et la valeur auraient été formidables si les généraux avaient su commander et les soldats obéir. Ces armées furent vaincues dans trois journées successives, et les progrès d'Attila sont marqués par les trois champs de bataille. Les deux premières se donnèrent sur les bords de l'Utus et sous les murs de Marcianopolis, dans les vastes plaines qui séparent le Danube du mont Hémus. Les Romains, pressés par un ennemi victorieux, se laissèrent imprudemment repousser peu à peu vers la Chersonèse de Thrace, et, arrêtés par la mer, es-

―――――

(1) Procope, *de Ædificiis*, l. IV, c. 5. Ces forteresses furent rétablies, fortifiées et agrandies par l'empereur Justinien; mais détruites bientôt après par les Abares, qui succédèrent à la puissance et aux possessions des Huns.

suyèrent sur cette péninsule étroite: une troisième défaite totale et irréparable. Par la destruction de cette armée, Attila devint maître absolu de tout le pays depuis l'Hellespont jusqu'aux Thermopyles et aux faubourgs de Constantinople. Il ravagea sans obstacle et sans pitié les provinces de la Thrace et de la Macédoine. Les villes d'Héraclée et d'Adrianople échappèrent peut-être à cette formidable invasion ; mais aucune expression ne paraît trop forte pour donner l'idée de la destruction que subirent soixante-dix villes de l'empire d'Orient, qui disparurent entièrement (1). Les murs de Constantinople protégèrent Théodose, sa cour et ses timides habitans. Cependant ils avaient été ébranlés récemment par un tremblement de terre ; et la chute de cinquante-huit tours présentait une brèche effrayante. On répara promptement le dommage ; mais les terreurs de la superstition donnèrent encore plus d'importance à cet accident ; le peuple imagina que le ciel conspirait à livrer la ville impériale aux pâtres de la Scythie, qui ne connaissaient ni les lois, ni le langage, ni la religion des Romains (2).

---

(1) *Septuaginta civitates*, dit Prosper-Tyro, *deprædatione vastatæ*. Le langage du comte Marcellin est encore plus expressif: *Penè totam Europam, invasis excisisque civitatibus atque castellis; conrasit.*

(2) Tillemont (*Hist. des Empér.*, t. VI, p. 106, 107) parle beaucoup de ce tremblement de terre qui se fit sentir depuis Constantinople jusqu'à Antioche et à Alexandrie, et qui a été attesté par tous les écrivains ecclésiastiques. Dans

Dans toutes les invasions qui ont désolé les empires civilisés du Midi, les pâtres de la Scythie ont été généralement dirigés par un sauvage esprit de destruction. Les lois de la guerre, qui s'opposent entre les nations au meurtre et au brigandage, sont fondées sur deux principes d'intérêt personnel : la connaissance des avantages permanens que l'on peut tirer de la conquête, en faisant un usage modéré de la victoire, et la juste appréhension que l'ennemi n'use de représailles lorsqu'il en trouvera l'occasion ; mais ces considérations de crainte et d'espérance étaient presque inconnues aux nations pastorales. On peut comparer sans injustice les Huns d'Attila aux Mongous et aux Tartares, avant que leurs mœurs primitives eussent été changées par le luxe et par la religion ; et le témoignage de l'histoire de l'Orient peut jeter quelques lumières sur les annales imparfaites et tronquées des Romains. Après avoir subjugué toutes les provinces septentrionales de la Chine, les Mongous proposèrent sérieusement, non pas dans la première violence de la colère et de la victoire, mais dans le calme de la réflexion, d'exterminer tous les habitans de cette contrée populeuse, et de convertir le pays en désert et en pâturages pour leurs troupeaux. La fermeté d'un mandarin chinois (1), qui fit goûter à Gengis-Khan quelques principes d'une plus saine po-

Guerre des Scythes ou Tartares.

---

les mains d'un prédicateur, un tremblement de terre est un ressort d'un effet admirable.

(1) Il représenta à l'empereur des Mongous que les

litique, l'empêcha d'exécuter cet horrible dessein ; mais dans les villes de l'Asie, dont les Mongous se rendirent les maîtres, ils exercèrent le plus affreux abus de la victoire avec une espèce de méthode et de régularité dont on peut raisonnablement supposer, quoique sans preuve authentique, que l'exemple se sera retrouvé chez les Huns. Tous les habitans d'une ville emportée d'assaut, ou rendue à discrétion, étaient obligés de s'assembler dans quelque plaine adjacente ; on séparait les vaincus en trois classes. La première consistait dans les soldats de la garnison et les hommes en état de porter les armes, dont le sort se décidait dans l'instant ; ils avaient l'alternative de s'enrôler parmi les Mongous, ou d'être massacrés sur-le-champ par les troupes qui les environnaient de toutes parts l'arc tendu et la lance en arrêt. La seconde classe, composée des femmes et filles jeunes et belles, des artisans, des ouvriers de toutes les classes et de toutes les professions, et de tous les citoyens dont on pouvait espérer une rançon, se partageaient entre les Barbares, ou également, ou en lots proportionnés à leur rang dans l'armée. Le reste, dont

---

quatre provinces Petcheli, Changton, Chansi et Leaotong, qu'il possédait déjà, pouvaient produire annuellement, sous une administration douce, cinq cent mille onces d'argent, quatre cent mille mesures de riz, et huit cent mille pièces de soie. (Gaubil, *Hist. de la dynastie des Mongous*, p. 58, 59.) Yelutchousay, c'était le nom de ce mandarin, était un ministre sage et vertueux, qui sauva son pays et civilisa les conquérans. *Voyez* p. 102, 103.

la vie ou la mort étaient également indifférentes aux vainqueurs, obtenaient la liberté de retourner dans la ville d'où on avait enlevé tout ce qui paraissait utile ou précieux. Ces infortunés habitans, privés de leurs amis, de leurs parens, et de toutes les commodités de la vie, payaient encore un tribut pour pouvoir respirer leur air natal. Telle était la conduite des Mongous, quand ils ne croyaient pas devoir user de la dernière rigueur (1); mais un faible sujet de ressentiment, un caprice ou un motif de convenance, suffisaient pour les déterminer à envelopper tous les vaincus, sans distinction, dans un massacre général; et ils exécutèrent la destruction de plusieurs villes florissantes avec tant de fureur et de persévérance, que, selon leur propre expression, un cheval pouvait galoper sans broncher sur le terrain qu'elles avaient occupé. Les armées de Gengis-Khan détruisirent les trois grandes capitales du Khorasan, Maru, Neisabour et Hérat; et, d'après un calcul exact, le nombre de ceux qui périrent dans ces trois villes se montait à quatre millions trois cent quarante-sept mille (2). Tamerlan était né dans un

---

(1) Les exemples particuliers seraient sans fin; mais le lecteur curieux peut consulter la Vie de Gengis-Khan par Petis de La Croix, l'*Histoire des Mongous* et le quinzième livre de l'*Histoire des Huns*.

(2) A Maru un million trois cent mille, à Hérat un million six cent mille, à Neisabour un million sept cent quarante-sept mille. D'Herbelot, *Bibl. orient.*, p. 380, 381. (Je suis l'orthographe des cartes de d'Anville). On doit observer que

siècle moins barbare, et avait été élevé dans la religion mahométane (1); et cependant en supposant même qu'Attila l'ait égalé en meurtres et en destruction (2), l'épithète de *fléau de Dieu* pourrait convenir pareillement à l'un et à l'autre.

État des captifs.

On peut affirmer avec assurance que les Huns dépeuplèrent les provinces de l'empire, par le grand nombre de Romains qu'ils emmenèrent en captivité. Entre les mains d'un législateur habile, cette industrieuse colonie aurait répandu les sciences et les arts dans les déserts de la Scythie; mais ces captifs, pris à la guerre, se trouvaient dispersés dans toutes les hordes qui composaient l'empire d'Attila, et sans aucune va-

---

les Persans étaient disposés à exagérer leurs pertes, et les Mongous leurs exploits.

(1) Cherefeddin-Ali, son servile panégyriste, nous en pourrait présenter d'horribles exemples. Dans son camp devant Delhi, Timour massacra cent mille Indiens prisonniers, qui avaient montré de la joie en voyant paraître l'armée de leurs compatriotes. (*Histoire de Timur-Bec*, t. III, p. 90.) Le peuple d'Ispahan fournit soixante-dix mille crânes humains pour la construction de plusieurs tours. (*Id.*, t. I, p. 434.) On leva aussi cette horrible taxe sur les révoltés de Bagdad (tome III, p. 370); et le dénombrement de ceux qui furent livrés en cette occasion, que Cherefeddin ne put obtenir des officiers préposés pour cet objet, est calculé par un autre historien (Ahmed-Arabsiada, t. II, p. 175, *vers.* Manger) à quatre-vingt-dix mille têtes.

(2) Les anciens, Jornandès, Priscus, etc., n'ont point connaissance de cette épithète. Les Hongrois modernes ont imaginé qu'elle avait été appliquée à Attila par un ermite

leur réelle que celle que leur donnait l'opinion de ces Barbares simples, ignorans et sans préjugés. Ceux-ci se connaissaient peu au mérite d'un théologien fortement versé dans les discussions sur la Trinité et l'Incarnation; cependant ils respectaient les ministres de toutes les religions; et le zèle actif des missionnaires chrétiens, sans approcher de la personne ou du palais des souverains, travailla avec succès à la propagation de l'Évangile (1). Des pâtres qui n'avaient pas même l'idée du partage des terres, devaient ignorer l'usage aussi bien que l'abus de la jurisprudence civile, et l'habileté d'un éloquent jurisconsulte ne devait exciter en eux que mépris ou aversion (2). Les Huns et les Goths, continuellement mêlés ensemble, se communiquaient réciproquement la connaissance de leurs idiomes; et tous les Barbares voulaient parler la langue latine, parce qu'elle était la

---

de la Gaule, et que le roi des Huns, à qui elle plut, l'inséra dans ses titres. Mascou, t. ix, p. 23; et Tillemont, *Histoire des Emper.*, t. vi, p. 243.

(1) Les missionnaires de saint Chrysostôme avaient converti un grand nombre de Scythes qui vivaient au-delà du Danube, sans autre habitation que des tentes et des chariots. (Théodoret, l. v, c. 31; Photius, p. 1517.) Les mahométans, les nestoriens et les chrétiens latins, se croyaient tous également sûrs de gagner les fils et les petits-fils de Gengis-Khan, qui traitaient avec une égale douceur les missionnaires de ces religions rivales.

(2) Les Germains qui exterminèrent Varus et ses légions, avaient été particulièrement offensés des lois des Romains, et irrités contre leurs jurisconsultes. Un des Barbares, après

langue militaire, même dans l'empire d'Orient (1) :
mais ils dédaignaient le langage et les sciences des
Grecs. L'orgueilleux sophiste ou le grave philosophe,
accoutumé aux applaudissemens des écoles, devait
souffrir de voir donner la préférence à son robuste
esclave, compagnon de sa captivité. Dans le nombre
des arts mécaniques, les Huns n'estimaient et n'encourageaient que ceux qui servaient à leurs besoins.
Onegesius, un des favoris d'Attila, fit construire un
bain par un architecte, son esclave; mais ce fût un
exemple extraordinaire du luxe d'un particulier; et
les serruriers, les charpentiers, les armuriers, etc.,
étaient beaucoup plus utiles à un peuple errant, qu'ils
fournissaient d'ustensiles pour la paix et d'armes pour
la guerre. Les médecins étaient particulièrement l'objet de leur vénération. Quoique les Huns méprisassent la mort, ils craignaient les maladies; et la fierté
du vainqueur disparaissait devant un captif à qui il
supposait le pouvoir de lui sauver ou de lui prolonger la vie (2). Un Barbare pouvait maltraiter, dans
un moment de colère, l'esclave dont il était le maître

---

avoir coupé la langue d'un avocat et lui avoir cousu la bouche, observa d'un air de satisfaction que la vipère ne pouvait plus siffler. Florus, IV, 12.

(1) Priscus, p. 59. Il semble que les Huns préféraient la langue des Goths et celle des Latins à leur propre idiome, qui était sans doute pauvre et dur.

(2) Philippe de Comines, dans son admirable tableau des derniers momens de Louis XI (*Mém.*, l. VI, c. 12), peint l'insolence de son médecin, qui en moins de cinq mois ar-

absolu ; mais les mœurs des Huns n'admettaient pas un système d'oppression, et ils récompensaient souvent par le don de la liberté le courage ou l'activité de leur captif. L'historien Priscus (1), dont l'ambassade offre une source féconde d'instruction fut accosté dans le camp d'Attila par un étranger qui le salua en langue grecque, mais dont la figure et l'habillement annonçaient un riche habitant de la Scythie. Au siége de Viminiacum, il avait perdu, comme il le raconta lui-même, sa fortune et sa liberté. Onegesius, dont il devint l'esclave, récompensa les services qu'il lui rendit contre les Romains et contre les Acatzires, en l'élevant au rang des guerriers nés parmi les Huns, auxquels il s'était attaché depuis par les liens du mariage et de la paternité. La guerre lui avait rendu avec usure la fortune qu'elle lui avait enlevée ; son ancien maître l'admettait à sa table, et l'apostat grec bénissait une captivité qui l'avait conduit à une situation heureuse et indépendante, et sans autre charge que l'honorable devoir de porter les armes pour son nouveau pays. Son récit fut suivi

---

racha à l'avarice de ce sombre tyran cinquante-quatre mille écus et un riche évêché.

(1) Priscus (p. 61) exalte l'équité des lois romaines, qui protégeaient la vie des esclaves. *Occidere solent*, dit Tacite en parlant des Germains ; *non disciplinâ et severitate, sed impetu et irâ, ut inimicum, nisi quod impune.* (*De Moribus Germ.*, c. 25.) Les Hérules, sujets d'Attila, réclamèrent et exercèrent le droit de vie et de mort sur leurs esclaves. On en voit un exemple frappant dans le livre II d'Agathias.

d'une discussion sur les avantages et sur les défauts du gouvernement romain, que l'apostat censurait avec véhémence, et que Priscus ne défendit que par de faibles et prolixes déclamations. L'affranchi d'Onegesius peignit des plus vives couleurs les vices d'un empire chancelant, vices dont il avait été si long-temps la victime ; la cruelle absurdité des empereurs, qui, trop faibles pour protéger leurs sujets, leur refusaient des armes pour se défendre ; le poids excessif des contributions, rendu encore plus insupportable par des modes de perception ou compliqués ou arbitraires ; l'obscurité d'une foule de lois qui se détruisaient mutuellement, les formalités lentes et ruineuses de la justice, et la corruption générale qui augmentait l'influence du riche et aggravait l'infortune du pauvre. Un sentiment d'amour de la patrie se ranima un instant dans le cœur de cet heureux exilé, et il déplora, en versant un torrent de larmes, le crime ou la faiblesse des magistrats qui avaient perverti les institutions les plus sages et les plus salutaires (1).

Traité de paix entre Attila et l'empire d'Orient.
A. D. 446.

La politique timide et honteuse des Romains de l'Occident avait abandonné l'empire d'Orient aux ravages des Barbares (2). Le monarque n'avait rien

---

(1) *Voyez* la conversation entière dans Priscus, p. 59-62.

(2) *Nova iterum Orienti assurgit ruina.... quùm nulla ab Occidentalibus ferrentur auxilia.* Prosper-Tyro composa cette Chronique dans l'Occident, et son observation semble renfermer une censure.

dans son caractère qui pût suppléer à la perte des armées et au défaut de courage et de discipline. Théodose, qui prenait sans doute encore le ton convenable à son titre d'*invincible Auguste* qu'il n'avait pas quitté, fut réduit à solliciter la clémence d'Attila : celui-ci dicta impérieusement les conditions d'une paix ignominieuse. 1° L'empereur d'Orient céda, par une convention, soit expresse, soit tacite, un vaste et utile territoire qui s'étendait le long des rives méridionales du Danube, depuis Singidunum ou Belgrade jusqu'à Novæ, dans le diocèse de la Thrace. La largeur fut énoncée vaguement par l'expression de quinze jours de marche ; mais la proposition que fit Attila de changer le lieu du marché national, prouva bientôt qu'il comprenait les ruines de Naissus dans les limites de ses nouveaux États. 2° Le roi des Huns exigea et obtint que le tribut annuel de sept cents livres pesant d'or serait porté à deux mille cent livres ; et il stipula le paiement immédiat de six mille livres d'or pour l'indemniser des frais de la guerre, ou remplacer le vol qui en avait été le prétexte. On imaginerait peut-être que l'opulent empire d'Orient acquitta sans peine une demande qui égalait à peine la fortune de certains particuliers ; mais la difficulté de réaliser cette faible somme offrit une preuve frappante du dépérissement ou du désordre des finances. Une grande partie des contributions qu'on arrachait au peuple, était interceptée par les manœuvres les plus coupables, et n'arrivait point dans le trésor impérial. Théodose dissipait son revenu avec ses favoris, en profusion et en faste inutile, toujours déguisés sous le nom de magnificence impériale ou de charité chrétienne. Les ressources actuelles avaient toutes été épuisées par la nécessité imprévue de préparatifs militaires. On ne put trouver d'autre expédient, pour satisfaire sans délai l'avarice et l'impatience d'Attila, qu'une contribution personnelle et rigoureuse sur l'ordre des sénateurs, et elle fut imposée arbitrairement. La pauvreté des nobles les réduisit à l'humiliante nécessité d'exposer publiquement en vente les bijoux de leurs femmes, et les ornemens héréditaires de leurs palais (1). 3º Il paraît que le roi des Huns établissait pour principe de jurisprudence nationale, qu'il ne pouvait jamais perdre la propriété des personnes qui avaient une fois, de gré ou de force, cédé à son autorité. D'après ce principe, il concluait; et les conclusions d'Attila étaient des lois irrévocables, que les Huns pris à la guerre devaient être renvoyés sans rançon et sans délai ; que tout captif romain fugitif paierait douze pièces d'or pour jouir de sa liberté, et que tous les déserteurs de ses drapeaux seraient rendus sans condi-

---

(1) Si l'on en croit la description ou plutôt la satire de saint Chrysostôme, une vente des meubles de luxe, communs à Constantinople, devait produire des sommes considérables. Il y avait dans toutes les maisons des citoyens opulens, une table en fer-à-cheval d'argent massif, que deux hommes auraient eu peine à porter ; un vase d'or massif du poids de quarante livres, des coupes, des plats, etc., du même métal.

tion ni promesse de pardon. L'exécution de ce honteux traité exposa les officiers de l'empire à massacrer des déserteurs d'une naissance illustre, devenus fidèles sujets de l'empereur, et qui ne voulurent point se dévouer à des supplices certains ; et les Romains perdirent sans retour la confiance de tous les peuples de la Scythie, en prouvant qu'ils manquaient ou de bonne foi ou de forces pour protéger les supplians qui avaient embrassé le trône de Théodose (1).

La fermeté d'une petite ville si obscure, que ni les historiens ni les géographes ne l'ont nommée dans aucune autre occasion, exposa dans tout son jour le déshonneur de l'empereur et de l'empire. Azimus ou Azimuntium, dans la Thrace et sur les confins de l'Illyrie (2), s'était distinguée par l'esprit martial de

<small>Courage des Azimontins.</small>

---

(1) Les articles du traité, énoncés sans beaucoup d'ordre ou de précision, se trouvent dans Priscus, p. 34, 35, 36, 37, 53, etc. Le comte Marcellin fait deux remarques consolantes : 1° c'est qu'Attila sollicita lui-même la paix et des présens qu'il avait précédemment refusés ; 2° que dans ce même temps les ambassadeurs de l'Inde firent présent à l'empereur Théodose d'un fort beau tigre privé.

(2) Priscus, pages 35, 36. Parmi les cent quatre-vingt-deux châteaux ou forteresses de la Thrace cités par Procope (de Ædificiis, l. IV, c. 11, t. II, p. 92, édit. Paris), il y en a un qu'il nomme *Esimontou*, dont la position est vaguement fixée dans le voisinage d'Anchilaus et de la mer Noire. Le nom et les murs d'Azimuntium pouvaient encore subsister du temps de Justinien ; mais la défiance des princes romains avait soigneusement extirpé la race de ses courageux défenseurs.

sa jeunesse, par l'habileté des chefs qu'elle avait choisis, et par leurs brillans exploits contre l'innombrable armée des Barbares. Au lieu d'attendre timidement leur approche, les Azimontins firent de fréquentes sorties, attaquèrent les Huns, qui se retirèrent insensiblement de ce dangereux voisinage; ils leur enlevèrent une partie de leurs dépouilles et de leurs captifs, et recrutèrent leurs forces militaires par l'association des fugitifs et des déserteurs. Après la conclusion du traité, Attila menaça l'empire d'une nouvelle guerre si l'on n'obligeait pas les Azimontins à remplir les conditions acceptées par leurs souverains. Les ministres de Théodose avouèrent, avec une humble franchise, qu'ils ne pouvaient plus prétendre à aucune autorité sur des hommes qui étaient si glorieusement rentrés dans les droits de leur indépendance naturelle; et le roi des Huns consentit à négocier un échange avec les citoyens d'Azimus. Ils demandèrent la restitution de quelques pâtres qui s'étaient laissé surprendre avec leurs troupeaux. La recherche fut accordée et infructueuse; mais avant de rendre deux Barbares qu'ils avaient conservés pour garans de la vie de leurs compatriotes, ils obligèrent les Huns à faire serment qu'ils ne retenaient point d'Azimontins parmi leurs prisonniers. Attila, de son côté, trompé par leurs protestations, crut, comme ils l'assuraient, que le reste des captifs avait été passé au fil de l'épée, et qu'ils étaient dans l'usage de renvoyer sur-le-champ tous les Romains et les déserteurs qui se réfugiaient sous leur protection.

Les casuistes blâmeront ou excuseront ce mensonge officieux et prudent, en proportion de ce qu'ils inclineront plus ou moins pour les opinions rigides de saint Augustin ou pour les sentimens plus doux de saint Jérôme ou de saint Chrysostôme (1); mais tout militaire et tout homme d'État doit convenir que si l'on eût encouragé et multiplié la race guerrière des Azimontins, les Barbares auraient été bientôt forcés de respecter la majesté de l'empire.

Il aurait été bien étrange qu'en renonçant à l'honneur, Théodose obtînt la certitude d'une paix solide, et que sa timidité le mît à l'abri de nouveaux outrages. Il fut successivement insulté par cinq ou six ambassades du roi des Huns (2), qui toutes avaient pour objet de presser l'exécution tardive ou imparfaite des articles du traité, de produire les noms des fugitifs et des déserteurs qui se trouvaient encore sous la protection de l'empire, et de déclarer, avec

---

(1) La dispute de saint Jérôme et de saint Augustin, qui tâchèrent d'accorder par des moyens différens les apparentes contradictions de saint Pierre et de saint Paul, a pour objet la solution d'une question importante (*OEuv. de Middleton*, vol. II, pages 5-10), qui a été souvent agitée par des théologiens catholiques et protestans, et même par des jurisconsultes et des philosophes de tous les siècles.

(2) Montesquieu (*Considérations sur la grandeur*, etc., c. 19) a tracé d'un crayon hardi et facile quelques exemples de l'orgueil d'Attila et de la honte des Romains : on doit le louer d'avoir lu les fragmens de Priscus, qu'on avait toujours trop négligés.

une feinte modération, que si leur souverain n'obtenait promptement satisfaction, il lui serait impossible, lors même qu'il le voudrait, d'arrêter le ressentiment de ses belliqueuses tribus. Outre les motifs d'orgueil et d'intérêt qui engageaient le roi des Huns à continuer cette suite de négociations, il y cherchait encore l'avantage peu honorable d'enrichir ses courtisans aux dépens de ses ennemis. On épuisait le trésor impérial pour gagner les ambassadeurs et les principaux de leur suite, dont le rapport favorable pouvait contribuer à la conservation de la paix. Le roi des Huns était flatté de la réception honorable que l'on faisait à ses ambassadeurs ; il calculait avec satisfaction la valeur et la magnificence des présens qu'ils obtenaient, exigeait rigoureusement l'exécution de toutes les promesses qui devaient leur procurer quelque avantage, et traita comme une affaire d'État le mariage de Constance, son secrétaire (1). Cet aventurier gaulois, qu'Ætius avait recommandé au roi des Huns, s'était engagé à favoriser les ministres de Constantinople, à condition qu'ils lui feraient épouser une femme riche et d'un rang distingué. La fille du comte Saturnin fut choisie pour acquitter

---

(1). *Voyez* Priscus, p. 69, 71, 72, etc. J'étais disposé à croire que cet aventurier avait été crucifié depuis par l'ordre d'Attila, sur le soupçon de perfidie ; mais Priscus a clairement distingué deux différentes personnes qui portaient le nom de Constance, et que la similitude des événemens de leurs vies pouvait faire aisément confondre.

l'engagement de son pays. La répugnance de la victime, quelques troubles domestiques, et l'injuste confiscation de sa fortune, refroidirent l'ardeur de l'avide Constance; mais il réclama, au nom d'Attila, une alliance équivalente; et, après bien des détours, des excuses et des délais inutiles, la cour de Byzance se trouva forcée de sacrifier à cet insolent étranger la veuve d'Armatius, que sa naissance, ses richesses et sa beauté, plaçaient au premier rang des matrones romaines. Attila exigea qu'en retour de ces onéreuses et importunes ambassades, l'empereur d'Orient lui envoyât aussi des ambassadeurs; et, pesant avec orgueil le rang et la réputation des envoyés, il daigna promettre qu'il viendrait les recevoir jusqu'à Sardica, s'ils étaient revêtus de la dignité consulaire. Le conseil de Théodose éluda cette proposition, en représentant la misère et la désolation de Sardica; il hasarda même d'observer que tout officier de l'armée ou du palais impérial avait un titre suffisant pour traiter avec le plus puissant prince de la Scythie. Maximin, courtisan sage et respectable (1), qui

---

(1) Dans le traité de Perse, conclu en 422, le sage et éloquent Maximin avait été l'assesseur d'Ardaburius. (Socrate, l. VII, c. 20.) Lorsque Marcien monta sur le trône, il fit Maximin grand-chambellan, et dans un édit public où lui donna le rang d'un des quatre principaux ministres d'État. (*Nov. ad Calc. Cod. Theod.*, p. 31.) Il exécuta une commission civile et militaire dans les provinces orientales, et les sauvages d'Éthiopie, dont il réprima les incursions, déplorèrent sa mort. *Voyez* Priscus, p. 40, 41.

avait occupé long-temps avec éclat des emplois civils et militaires, accepta à regret la commission désagréable, et peut-être dangereuse, d'apaiser le ressentiment du roi des Huns. L'historien Priscus, son ami (1), saisit cette occasion d'examiner le héros barbare dans le sein de la paix et de la vie domestique; mais le secret de l'ambassade, secret fatal et criminel, ne fut confié qu'à l'interprète Vigilius. Les deux derniers ambassadeurs des Huns, Oreste, d'une famille noble de la Pannonie, et Édecon, chef vaillant de la tribu des Scyrres, retournèrent en même temps de Constantinople au camp d'Attila. Leurs noms obscurs acquirent bientôt de l'illustration par la fortune extraordinaire de leurs fils: Les deux serviteurs d'Attila devinrent pères du dernier empereur de l'Occident et du premier roi barbare de l'Italie.

Ambassade de Maximin à Attila.
A. D. 448.

Les ambassadeurs, suivis d'un train nombreux d'hommes et de chevaux, prirent leur premier séjour à Sardica, environ à trois cent cinquante milles, ou treize jours de marche de Constantinople. Comme les ruines de Sardica se trouvaient sur les terres de l'empire, les Romains remplirent les devoirs de l'hospitalité. Les habitans de la province leur fournirent

---

(1) Priscus était né à Panium, dans la Thrace, et mérita, par son éloquence, une place parmi les philosophes de son siècle. Son *Histoire de Byzance*, relative au temps où il vivait, est composée de sept livres. (*Voy.* Fabricius, *Bibliot. Græc.*, t. VI, p. 235, 236.) Malgré le jugement charitable des critiques, je soupçonne que Priscus était païen.

une quantité suffisante de bœufs et de moutons, et les Huns furent invités à un repas splendide ou du moins abondant; mais la vanité et l'indiscrétion des deux partis introduisirent bientôt la dissension parmi les convives. Les ambassadeurs romains soutinrent avec chaleur la majesté de Théodose et de l'empire; et les Huns maintinrent avec une égale vivacité la supériorité de leur monarque victorieux. L'adulation déplacée de Vigilius enflamma la dispute; il rejetait dédaigneusement la comparaison d'un mortel, quel qu'il pût être, avec le divin Théodose; et ce fut avec beaucoup de difficulté que Priscus et Maximin parvinrent à changer de conversation et à calmer la colère des Barbares. Lorsqu'ils quittèrent la table, les ambassadeurs romains offrirent à Édécon et à Oreste des robes de soie et des perles des Indes, que ceux-ci acceptèrent avec reconnaissance. Oreste observa cependant qu'on ne l'avait pas toujours traité avec autant d'égards et de libéralité. La distinction offensante que le rang héréditaire de son collègue obtenait sur un particulier revêtu d'un emploi civil, semble avoir fait d'Édecon un ami suspect, et d'Oreste un ennemi irréconciliable. Après leur départ de Sardica, ils firent une route de cent milles avant d'arriver à Naissus. Cette ville florissante, la patrie du grand Constantin, ne présentait plus que des débris renversés dans la poussière. Ses habitans avaient été détruits ou dispersés, et l'aspect de quelques malades, à qui l'on avait permis d'y demeurer au milieu des ruines des églises, augmentait l'horreur de cet affreux spectacle. Les environs étaient couverts d'ossemens humains, tristes restes des malheureux qui avaient été égorgés. Les ambassadeurs, qui dirigeaient leur marche vers le nord-ouest, furent obligés de traverser les montagnes de la Servie avant de descendre dans la plaine marécageuse qui conduit aux rives du Danube. Les Huns, maîtres de la grande rivière, passèrent les ambassadeurs dans de grands canots faits du tronc d'un seul arbre. Les ministres de Théodose descendirent sans accident sur le bord opposé, et les Barbares qui les accompagnaient précipitèrent leur marche vers le camp d'Attila, disposé de manière à servir aux plaisirs de la chasse comme à ceux de la guerre. À peine Maximin avait-il laissé le Danube à deux milles derrière lui, qu'il commença la fatigante épreuve de l'insolence des vainqueurs. Ils lui défendirent durement de déployer ses tentes dans une vallée qui présentait un aspect agréable, mais qui ne se trouvait pas à la distance respectueuse où il devait se tenir de la demeure du monarque. Les ministres d'Attila le pressèrent de leur communiquer les instructions qu'il ne voulait déclarer qu'en présence du souverain. Lorsque Maximin représenta avec modération combien cette prétention était contraire à l'usage constant des nations, il apprit avec la plus grande surprise qu'un traître avait déjà communiqué à l'ennemi les résolutions du conseil sacré; ces secrets, dit Priscus, qu'on ne devrait pas révéler même aux dieux. Sur son refus de traiter d'une manière si honteuse, on lui commanda de repartir à l'instant. L'ordre fut révoqué et répété une seconde fois ; les Huns essayèrent encore de vaincre la patience et la fermeté de Maximin ; enfin, par l'entremise de Scotta, frère d'Onegesius, dont on avait obtenu la faveur à force de présens, l'ambassadeur de Théodose obtint une audience d'Attila ; mais au lieu de lui donner une réponse décisive, on lui fit entreprendre un long voyage vers le Nord, pour procurer au roi des Huns l'orgueilleuse satisfaction de recevoir dans le même camp les ambassadeurs des empires d'Orient et d'Occident. Des guides dirigeaient sa marche et l'obligeaient de la hâter, de la déranger ou de l'arrêter, conformément à celle qu'il plaisait au monarque de tenir. Les Romains, en parcourant les plaines de la Hongrie, crurent avoir traversé, soit sur des canots, soit sur des bateaux portatifs, plusieurs rivières navigables ; mais il y a lieu de présumer que le cours tortueux du Tibiscus ou la Theiss se présenta plusieurs fois devant eux sous différens noms. Les villages voisins leur fournissaient abondamment des provisions, de l'hydromel au lieu de vin, du millet en guise de pain, et une certaine liqueur nommée *camus*, qui, au rapport de Priscus, se tirait de l'orge distillée (1). Ces vivres devaient paraître bien gros-

---

(1) Les Huns continuaient à mépriser les travaux de l'agriculture ; ils abusaient des priviléges des nations victorieuses ; et les Goths, leurs sujets industrieux, qui cultivaient la terre, redoutaient leur voisinage comme celui

siers à des hommes accoutumés au luxe de Constantinople ; mais ils furent secourus dans leurs souffrances passagères par la bienveillance et l'hospitalité de ces mêmes Barbares si terribles et si impitoyables les armes à la main. Les ambassadeurs étaient campés sur les bords d'un vaste marais ; un ouragan, accompagné de tonnerre et de pluie, renversa leurs tentes, inonda leur bagage, l'entraîna dans le marais, et dispersa leur suite dans l'obscurité de la nuit. Ils étaient incertains de la route, et redoutaient quelque danger inconnu ; mais ayant réveillé par leurs cris les habitans d'un village voisin qui appartenait à la veuve de Bléda, ceux-ci accoururent avec des torches ; en peu de momens, par leurs soins bienveillans, un feu de roseaux vint ranimer les voyageurs ; on pourvut libéralement à tous les besoins des Romains, et même à tout ce qui pouvait flatter leurs désirs ; et ils parurent un peu embarrassés de la singulière politesse de la veuve de Bléda, qui joignit à ses autres attentions celle de leur envoyer un nombre suffisant de filles belles et complaisantes. Ils s'occupèrent, pendant le jour suivant, à rassembler et à sécher le bagage, à reposer les hommes et les chevaux. Avant de se mettre en route, les ambassadeurs prirent congé de la dame du village, et reconnurent sa générosité

---

d'animaux féroces et voraces. (Priscus, p. 45.) C'est ainsi que les Sartes et les Tadgics travaillent pour leur subsistance et celle des Tartares Usbeks, leurs avides et paresseux souverains. *Voy. l'Hist. généal. des Tartares*, p. 423-455, etc.

par d'utiles présens de vases d'argent, de toisons teintes en rouge, de fruits secs et de poivre des Indes. Aussitôt après cette aventure, ils rejoignirent la suite d'Attila, dont ils étaient séparés depuis six jours, et continuèrent lentement leur route jusqu'à la capitale d'un empire où ils n'avaient pas rencontré une seule ville dans un espace de plusieurs milliers de milles.

Autant que nous en pouvons juger d'après l'obscurité des notions géographiques que nous a laissées Priscus, cette capitale paraît avoir été située entre le Danube, la Theiss, et les montagnes Carpathiennes dans la Haute-Hongrie, et probablement dans les environs de Jazberin, d'Agria ou de Tokay (1). Elle eut sans doute pour origine un camp que les longues et fréquentes résidences d'Attila convertirent en un vaste village, devenu nécessaire pour y recevoir la cour du prince, les troupes qui l'environnaient et la multitude des gens de suite et des esclaves, les uns actifs et industrieux, les autres inutiles, qui accompagnaient l'armée (2). On n'y voyait d'autre édifice

Le village royal et le palais.

―――――――

(1) Il est évident que Priscus passa le Danube et la Theiss, mais qu'il n'alla pas jusqu'au pied des montagnes Carpathiennes. Agria, Tokay et Jazberin, sont situées dans les plaines circonscrites par cette description. M. du Buat (*Hist. des Peuples*, etc., t. VII, p. 461) a choisi Tokay. Otrokosci (p. 180, *apud* Mascou, IX, 23), savant Hongrois, a préféré Jazberin, environ à trente-six milles à l'ouest de Bude et du Danube.

(2) Le village royal d'Attila peut se comparer à la ville

en pierre que les bains d'Onegesius, dont les matériaux étaient tirés de la Pannonie; et, comme on ne trouvait point dans les environs de bois propre à la charpente, nous pouvons présumer que les habitans de la classe inférieure construisaient leurs demeures de paille, de boue ou de treillis. Les maisons des Huns distingués étaient toutes de bois, et ornées avec une magnificence grossière en proportion du rang, de la fortune ou du goût des propriétaires. Il paraît qu'elles étaient disposées dans un certain ordre, et censées plus ou moins honorables, selon qu'elles approchaient plus ou moins de la demeure du monarque. Le palais d'Attila, construit en bois, et fort supérieur à tous les autres bâtimens du village, couvrait une vaste étendue de terrain. Le mur ou enceinte extérieure consistait en une palissade faite de bois uni et carré, entremêlé de hautes tourelles moins propres à la défense qu'à servir d'ornement. Ce mur, qui enclavait, à ce qu'il paraît, dans son enceinte le penchant d'une colline, renfermait un grand nombre d'édifices construits en bois, et des-

---

de Karacorum, la résidence des successeurs de Gengis-Khan. Quoiqu'il paraisse que Karacorum ait été une habitation plus stable, elle n'égalait ni en grandeur ni en beauté la ville et l'abbaye de Saint-Denis dans le treizième siècle. (*Voy.* Rubruquis, dans l'*Hist. générale des Voyages*, t. vii, p. 286.) Le camp d'Aurengzeb, tel que Bernier le dépeint si agréablement (t. ii, p. 217-235), offrait un mélange des mœurs de la Scythie et de la magnificence de l'Indoustan.

tinés à différens objets du service du prince. Les nombreuses épouses d'Attila occupaient chacune un bâtiment séparé, et, loin de se montrer astreintes à la retraite rigoureuse imposée aux femmes par la défiante jalousie des Asiatiques, elles reçurent les ambassadeurs romains avec politesse, les admirent à leur table, et même leur permirent de les embrasser en public. Lorsque Maximin offrit ses présens à Cerca, la principale reine, il admira la singulière architecture de sa maison, la hauteur des colonnes rondes, et la beauté des bois, les uns polis, les autres tournés ou ciselés. Les ornemens lui parurent distribués avec goût, et les proportions assez bien observées. Après avoir passé au travers des gardes placés à la porte, les ambassadeurs furent introduits dans l'appartement intérieur de Cerca. L'épouse d'Attila les reçut assise ou plutôt couchée sur un lit moelleux; des tapis couvraient le plancher; les domestiques de la reine formaient un cercle autour d'elle, et ses demoiselles d'honneur, assises sur le tapis, s'occupaient à broder les parures des guerriers barbares. Les Huns aimaient à étaler publiquement des richesses qui étaient en même temps la preuve et la récompense de leurs victoires. Ils ornaient les harnais de leurs chevaux, leurs armes, et jusqu'à leurs chaussures, de plaques d'or incrustées de pierres précieuses; on voyait sur leurs tables, profusément épars, des plats, des coupes, des vases d'or et d'argent, travaillés par la main des artistes grecs. Le seul Attila mettait son orgueil à imiter la simplicité de ses ancêtres (1). Son habit, ses armes, les harnais de ses chevaux étaient unis, sans ornemens, et d'une seule couleur. On ne voyait sur sa table que des coupes et des plats de bois, la chair était sa seule nourriture; et le luxe du conquérant du Nord ne s'éleva jamais jusqu'à l'usage du pain.

<small>Conduite d'Attila vis-à-vis des ambassadeurs romains.</small>

Lorsque Attila donna audience aux ambassadeurs romains sur les bords du Danube, sa tente était environnée d'une garde formidable. Le monarque était assis sur une chaise de bois. Son maintien sévère, ses gestes d'impatience et sa voix menaçante, étonnèrent la fermeté de Maximin : mais Vigilius eut bientôt des motifs plus réels de trembler, lorsqu'il entendit le roi des Huns dire, d'un ton de colère, que s'il ne respectait pas les lois des nations, il ferait clouer à une croix le perfide interprète, et livrerait son corps aux vautours. Le monarque barbare prouva par une liste exacte l'audacieux mensonge de Vigilius, qui prétendait n'avoir pu trouver que dix-sept déserteurs, et déclara avec arrogance qu'il méprisait les efforts impuissans des traîtres auxquels Théodose avait confié la défense de ses provinces, mais qu'il ne voulait pas s'abaisser à combattre des esclaves fugi-

---

(1) Lorsque les Mongous déployèrent les dépouilles de l'Asie dans la diète de Toncal, le trône de Gengis-Khan était encore couvert du tapis de laine noire sur lequel il s'était assis lorsque ses braves compatriotes l'avaient élevé au commandement. *Voyez* la *Vie de Gengis-Khan*, l. IV, c. 9.

tifs. « Où est la forteresse, ajouta le fougueux Attila, où est la ville, dans tout l'empire romain, qui puisse prétendre à subsister, qui puisse se regarder comme sûre et imprenable, lorsqu'il nous plaira qu'elle disparaisse de dessus la terre ? ». Il renvoya cependant l'interprète, qui retourna précipitamment à Constantinople annoncer de la part d'Attila la demande absolue d'une restitution complète et d'une ambassade plus brillante. La colère du roi des Huns s'apaisa peu à peu, et les plaisirs de son nouveau mariage avec la fille d'Eslam, qu'il avait célébré dans sa route, contribuèrent peut-être à adoucir la violence de son caractère. Son entrée dans le village royal fut précédée d'une cérémonie assez extraordinaire. Une nombreuse troupe de femmes allèrent au devant du monarque et du héros des Huns, et marchèrent devant lui rangées sur de longues files. L'intervalle des files était rempli de voiles blancs et de toiles fines, soutenus des deux côtés par ces femmes, qui les tenaient fort élevés, et formaient ainsi une espèce de dais, sous lequel un chœur de jeunes vierges chantait des hymnes et des chansons dans le langage des Scythes. La femme de son favori Onegesius, accompagnée des femmes de sa suite, vint le saluer à la porte de sa maison, qui se trouvait sur le chemin du palais, et lui offrit son respectueux hommage, selon la coutume du pays, en priant Attila de goûter le vin et la viande qu'elle avait préparés pour le recevoir. Dès que le monarque eut accepté son présent, ses domestiques élevèrent une petite table d'argent à la hauteur de son cheval. Attila toucha la coupe du bord de ses lèvres, salua l'épouse d'Onegesius, et continua sa marche. Les momens que le roi des Huns passait dans sa capitale ne s'écoulaient point dans l'oisiveté d'un sérail. Pour conserver sa dignité, Attila n'était point réduit à cacher sa personne; il assemblait fréquemment ses conseils, donnait audience aux ambassadeurs des différentes nations; et, à des temps fixés, son peuple pouvait recourir à son tribunal, qu'il tenait devant la principale porte de son palais, suivant l'ancien usage des princes de la Scythie. Les Romains de l'Orient et de l'Occident furent invités à deux banquets, où le roi des Huns régala les princes et les nobles de son pays; mais Maximin et ses collègues n'obtinrent la permission de passer le seuil de la porte qu'après avoir fait une libation pour la santé et la prospérité d'Attila. Après cette cérémonie, on les conduisit à la place qui leur était destinée dans une vaste salle. Au milieu, la table et le lit de l'empereur, couverts de tapis et d'une toile fine, étaient élevés sur une estrade où l'on montait par plusieurs degrés. Son oncle, un de ses fils, et peut-être un roi en faveur, furent admis à partager le simple repas du roi des Huns. On avait dressé des deux côtés une rangée de petites tables, chacune desquelles contenait trois ou quatre convives; le côté droit était le plus honorable. Les Romains conviennent avec franchise qu'on les plaça du côté gauche, et que Béric, chef inconnu peut-être de quelque tribu de Goths, eut la préséance sur les représen-

Le banquet royal.

tans de Théodose et de Valentinien. Le monarque barbare reçut de son échanson une coupe pleine de vin, et but obligeamment à la santé du plus distingué des convives, qui se leva de son siége, et porta de la même manière au prince l'hommage de ses vœux respectueux. Tous les convives, au moins les plus illustres, partagèrent successivement l'honneur de cette cérémonie, et elle doit avoir duré long-temps, puisque chacun des trois services qui furent présentés en nécessitait la répétition. Après la disparition des mets, le vin seul demeura sur les tables, et les Huns continuèrent de se livrer à leur intempérance, long-temps après le moment où les ambassadeurs des deux empires jugèrent que la sagesse et la décence leur prescrivaient de se retirer de ce banquet nocturne. Cependant, avant de le quitter ils eurent l'occasion d'observer les mœurs de la nation dans les amusemens de ses festins. Deux Scythes, debout devant le lit d'Attila, récitèrent les vers qu'ils avaient composés pour célébrer sa valeur et ses victoires. Un profond silence régnait dans la salle, et l'attention des convives était enchaînée par des chansons qui rappelaient et perpétuaient le souvenir de leurs exploits. Une ardeur martiale brillait dans les yeux des jeunes guerriers, et les larmes des vieillards exprimaient leur douleur de ne pouvoir plus partager la gloire et le danger des combats (1). A cette scène,

---

(1) Si nous pouvons en croire Plutarque (*in Demetrio*, t. v, p. 24), c'était la coutume chez les Scythes, lorsqu'ils

dont l'usage pourrait être regardé comme une école de vertus militaires, succéda une farce qui dégradait la nature humaine. Deux bouffons, l'un Maure et l'autre Scythe, excitèrent la gaîté des spectateurs par leur figure difforme, leur habillement grotesque, leurs gestes et leurs discours ridicules, et le mélange inintelligible des langages des Scythes, des Goths et des Latins. Au milieu des bruyans éclats de rire dont retentissait la salle, et de la débauche à laquelle on se livrait de toutes parts, Attila seul, sans changer de contenance, conserva son inflexible gravité jusqu'à l'arrivée d'Irnac, le plus jeune de ses fils. Il l'embrassa en souriant, lui caressa doucement la joue, et décela sa préférence pour un enfant que ses prophètes assuraient devoir être un jour le soutien de sa famille et de l'empire. Les ambassadeurs reçurent le surlendemain une seconde invitation, et eurent lieu de se louer de la politesse et des égards d'Attila. Le roi des Huns conversa familièrement avec Maximin; mais cet entretien était souvent interrompu par des expressions grossières et des reproches hautains : le monarque soutint avec un zèle peu décent les réclamations de son secrétaire Constance. « L'empereur, dit Attila, lui promet depuis long = temps une épouse opulente ; il faut que Constance obtienne satisfaction, et qu'un empereur romain ne coure pas le risque de passer pour un menteur. » Trois jours

---

se livraient aux plaisirs de la table, de réveiller leur valeur martiale en faisant résonner la corde de leur arc.

après, les ambassadeurs reçurent leur congé. On accorda à leurs pressantes sollicitations la liberté de plusieurs captifs pour une rançon modérée; et, outre les présens que les ministres impériaux reçurent du roi, chacun des nobles leur fit, avec la permission d'Attila, l'utile et honorable don d'un excellent cheval. Maximin retourna par la même route à Constantinople; et quoiqu'il se fût trouvé par hasard engagé dans une querelle avec Béric, le nouvel ambassadeur d'Attila, il se flatta d'avoir contribué, par ce long et pénible voyage, à confirmer la paix et l'alliance entre les deux nations (1).

Mais l'ambassadeur romain ignorait le dessein perfide qu'on avait couvert du masque de la foi publique. La surprise et la satisfaction qu'Édecon fit paraître en contemplant la splendeur de Constantinople, encouragèrent Vigilius à lui procurer une entrevue avec l'eunuque Chrysaphius (2), qui gou-

---

(1) On trouve dans Priscus (p. 49-70.) le récit curieux de cette ambassade, qui exigeait peu d'observations, et dont aucun autre que lui n'a pu rendre compte. Je ne me suis pas astreint au même ordre, et j'ai commencé par extraire les circonstances historiques qui étaient moins intimement liées avec le voyage et avec les affaires politiques des ambassadeurs romains.

(2) M. de Tillemont a donné l'énumération des chambellans qui régnèrent successivement sous le nom de Théodose. Chrysaphius fut le dernier, et, selon les témoignages unanimes de l'histoire, le plus pervers de ses favoris. (Voy. *Hist. des Emper.*, t. VI, p. 117-119; *Mém. ecclés.*, t. XV,

vernait l'empereur et l'empire. Après quelques conversations préliminaires et le serment mutuel du secret, l'eunuque, à qui les sentimens de son propre cœur n'inspiraient pas une idée très-exaltée des vertus ministérielles, hasarda de proposer la mort d'Attila comme un service important, au moyen duquel Édecon obtiendrait une part considérable dans les richesses qu'il admirait. L'ambassadeur des Huns prêta l'oreille à cette offre séduisante, et, avec toutes les apparences du zèle, se montra rempli d'empressement et sûr de son adresse pour l'exécution de ce projet sanguinaire. On fit part de ce dessein au maître des offices, et le dévot Théodose consentit au meurtre d'un ennemi qu'il n'osait pas combattre. Mais la dissimulation ou le repentir d'Édecon fit échouer ce lâche dessein; et bien que peut-être la trahison qu'on lui avait proposée ne lui eût pas inspiré d'abord autant d'horreur qu'il le prétendait, il sut du moins se donner tout le mérite d'un aveu prompt et volontaire. Si l'on se rappelle en ce moment l'ambassade de Maximin et la conduite d'Attila, on sera forcé d'admirer un Barbare, qui, respectant les lois de l'hospitalité, reçoit et renvoie généreusement le ministre d'un prince qui a conspiré contre sa vie : mais l'imprudence de Vigilius paraîtra bien plus extraordinaire ; s'aveuglant sur son crime et sur le danger, il revint au camp

---

p. 438.) Sa partialité pour son parrain, l'hérétique Eutychès, l'engagea à persécuter le parti orthodoxe.

des Huns, accompagné de son fils et chargé de la bourse d'or que l'eunuque avait fournie pour satisfaire aux demandes d'Édecon et corrompre la fidélité des gardes. A l'instant de son arrivée, l'interprète fut saisi et traîné devant le tribunal d'Attila, où il soutint son innocence avec fermeté jusqu'au moment où la menace d'immoler son fils à ses yeux lui arracha l'aveu de toute la conspiration. Sous le nom de rançon ou de confiscation, l'avide monarque des Huns accepta deux cents livres d'or pour la rançon d'un misérable qu'il ne daigna pas punir. Il dirigea toute son indignation contre un coupable d'un rang plus élevé. Ses ambassadeurs, Eslaw et Oreste, partirent sur-le-champ pour Constantinople avec des instructions dont il était moins dangereux pour eux de s'acquitter qu'il ne l'eût été de s'en écarter. Ils se présentèrent hardiment devant Théodose avec la bourse fatale pendue au cou d'Oreste, qui demanda à l'eunuque, placé à côté du trône, s'il reconnaissait ce témoignage de son crime. Son collègue Eslaw, supérieur à Oreste pour la dignité, était chargé des reproches adressés à l'empereur. « Théodose, lui dit-il gravement, est fils d'un père illustre et respectable. Attila descend aussi d'une noble race, et il a soutenu par ses actions la dignité que son père Mundzuk lui a transmise ; mais Théodose s'est rendu indigne du rang de ses ancêtres ; en consentant à payer un tribut honteux, il a consenti aussi à devenir esclave. Il doit donc respecter celui que le mérite et la fortune ont placé au-dessus de lui, et

Il réprimande l'empereur et lui pardonne.

non pas, comme un esclave perfide, conspirer contre la vie de son maître. » Le fils d'Arcadius, accoutumé au langage des flatteurs, entendit avec surprise la voix sévère de la vérité ; il rougit, trembla, et n'osa point refuser positivement la tête de Chrysaphius, qu'Eslaw et Oreste avaient ordre de demander. Théodose fit partir sur-le-champ de nouveaux ambassadeurs investis de pleins pouvoirs, et chargés de présens magnifiques pour apaiser la colère d'Attila; et la vanité du monarque fut flattée du choix de Nomius et d'Anatolius, tous deux consulaires ou patrices, l'un grand trésorier, et l'autre maître général des armées de l'Orient. Il daigna venir au devant de ces ministres jusque sur les bords de la rivière de Drenco; et le ton sévère et hautain qu'il avait affecté d'abord ne tint point contre leur éloquence et leur libéralité. Attila pardonna à l'empereur, à l'eunuque et à l'interprète ; s'obligea par serment à observer les conditions de la paix; rendit un grand nombre de prisonniers, abandonna à leur sort les fugitifs et les déserteurs, et céda un vaste territoire au midi du Danube, dont il avait tout enlevé, jusqu'aux habitans. Mais avec ce qu'il en coûta pour obtenir ce traité, on aurait pu entreprendre une guerre vigoureuse et la terminer glorieusement. Les malheureux sujets de Théodose furent écrasés de nouvelles taxes pour sauver la vie d'un indigne favori dont ils auraient acheté plus volontiers la mort (1).

---

(1) On peut trouver les détails de cette conspiration, et

L'empereur Théodose ne survécut pas long-temps à la circonstance la plus humiliante de son inutile vie. Comme il chassait en se promenant à cheval aux environs de Constantinople, son cheval le désarçonna et le jeta dans la rivière de Lycus. Blessé à l'épine du dos, Théodose expira peu de jours après, des suites de sa chute, dans la cinquantième année de son âge et dans la quarante-troisième de son règne (1). Sa sœur Pulchérie, que la pernicieuse influence des eunuques avait souvent contrariée dans l'administration des affaires civiles et ecclésiastiques, fut unanimement proclamée impératrice d'Orient, et une femme occupa pour la première fois le trône des Romains. Aussitôt qu'elle y fut placée, Pulchérie satisfit, par un acte de justice, son ressentiment personnel et celui du public. Sans formalité ni procédure, on exécuta l'eunuque Chrysaphius devant les portes de la ville ; et les richesses immenses qu'a-

Mort de Théodose le jeune.
A. D. 450,
28 juillet.

---

de ses suites dans les *Fragmens* de Priscus, p. 37, 38, 39, 54, 70, 71, 72. Cet historien ne donne point de dates précises ; mais toutes les négociations entre Attila et l'empire d'Orient doivent avoir été renfermées dans les trois ou quatre années qui précédèrent la mort de Théodose, A. D. 450.

(1) Théodore le Lecteur (*voyez* Valois, *Hist. eccl.*, t. III, p. 564) et la *Chronique* de Paschal parlent de la chute et point de la blessure ; mais comme cette circonstance est probable, et qu'il n'est point probable qu'on l'ait inventée, nous pouvons raisonnablement en croire Nicéphore-Calliste, Grec du quatorzième siècle.

vait accumulées cet avide favori, ne servirent qu'à hâter et à justifier son châtiment (1). Au milieu des acclamations générales du peuple et du clergé, l'impératrice ne se dissimula pas le désavantage auquel les préjugés exposent son sexe, et résolut de prévenir les murmures par le choix d'un collègue qui respectât toujours la chasteté et la supériorité de son épouse. Elle donna sa main à Marcien, sénateur âgé d'environ soixante ans, et avec le nom de son mari, il reçut le don de la pourpre impériale. Le zèle de Marcien pour la foi orthodoxe, telle qu'elle était établie par le concile de Chalcédoine, aurait suffi pour enflammer la reconnaissance et obtenir les applaudissemens des catholiques; mais la conduite de sa vie privée et celle qu'il tint ensuite sur le trône, font présumer qu'il possédait le courage et le génie nécessaires pour ranimer un empire presque anéanti par la faiblesse successive de ses monarques héréditaires. Né dans la Thrace, et élevé dans la profession des armes, Marcien avait éprouvé dans sa jeunesse les maux cuisans de l'infortune et de la pauvreté; et toutes ses ressources, en arrivant à Constantinople, consistaient en deux cents pièces d'or que lui avait prêtées un ami. Il passa dix-neuf ans au service domestique et militaire d'Aspar et de

---

(1) *Pulcheriæ nutu*, dit le comte Marcellin, *suâ cum avaritiâ interemptus est*. Elle abandonna l'eunuque à la pieuse vengeance d'un fils dont le père avait été la victime des intrigues de ce ministre.

son fils Ardaburius, suivit ces généraux puissans dans les guerres de Perse et d'Afrique, et obtint par leur protection l'honorable rang de tribun et de sénateur. Son mérite le fit estimer de ses patrons, et la modestie de son caractère le mit à l'abri de leur jalousie. Il avait vu, et peut-être senti personnellement les abus d'une administration vénale et oppressive (1); et son propre exemple donna du poids et de l'énergie aux lois qu'il promulgua pour la réforme des mœurs.

---

(1) Procope, *de Bell. vandal.*, l. 1, c. 4; Evagrius, l. III, c. 1; Théophane, p. 90, 91; *Novell. ad calcem; Codex Theodos.*, t. VI, p. 30. Les louanges que saint Léon et les catholiques ont prodiguées à Marcien ont été soigneusement transcrites par Baronius pour l'encouragement des princes à venir.

CHAPITRE XXXV.

Invasion de la Gaule par Attila. Il est repoussé par Ætius et les Visigoths. Attila envahit et évacue l'Italie. Mort d'Attila, d'Ætius et de Valentinien III.

<small>Attila menace les deux empires, et se prépare à envahir la Gaule.
A. D. 450.</small>

L'EMPEREUR Marcien pensait qu'il fallait éviter la guerre lorsqu'on pouvait conserver honorablement une paix solide ; mais il pensait aussi que la paix ne pouvait être ni solide ni honorable quand un souverain montrait pour la guerre une aversion pusillanime. Telles étaient les maximes qui dictèrent sa réponse au roi des Huns, lorsqu'il demanda insolemment le paiement du tribut annuel. L'empereur signifia aux Barbares qu'ils eussent à cesser d'insulter la majesté de l'empire par le nom de tribut ; qu'il était disposé à récompenser avec libéralité la fidélité de ses alliés ; mais que s'ils osaient troubler la paix de ses États, ils apprendraient que ses soldats ne manquaient ni de fer ni de courage pour les repousser. Apollonius, son ambassadeur, osa, même dans le camp des Huns, tenir le même langage ; et en refusant de remettre les présens avant d'avoir été admis à l'audience du monarque, il montra un sentiment de dignité et un mépris du danger qu'Attila ne croyait plus devoir attendre des Romains dégénérés (1). Le

---

(1) *Voyez* Priscus, p. 39-72.

fougueux Barbare menaça de châtier le successeur de Théodose; mais il balançait en lui-même lequel des deux empires il attaquerait le premier. Tandis que les peuples de l'Orient et de l'Occident attendaient avec inquiétude que le formidable Attila eût fixé son choix, il fit partir des envoyés pour les cours de Ravenne et de Constantinople; et ses ministres adressèrent aux deux empereurs la même harangue insultante: « Attila, mon maître et le tien, t'ordonne de faire préparer sans délai un palais pour le recevoir (1). » Mais comme le monarque des Huns méprisait ou affectait de mépriser les Romains de l'Orient qu'il avait vaincus tant de fois, il déclara sa résolution de différer cette conquête facile jusqu'au moment où il aurait achevé une entreprise plus importante et plus glorieuse. La richesse et la fertilité de la Gaule et de l'Italie devaient naturellement exciter l'avidité des Huns; mais on ne peut expliquer les motifs personnels d'Attila que par l'état de l'empire d'Occident sous le règne de Valentinien, ou, pour parler plus correctement, sous l'administration d'Ætius (2).

(1) La chronique d'Alexandrie ou de Paschal, qui rend compte de cet insolent message, peut avoir anticipé la date en la plaçant sous le règne ou avant la mort de Théodose; mais ce lourd annaliste n'aurait pas trouvé dans son imagination le style caractéristique d'Attila.

(2) Le second livre de l'Histoire critique de l'établissement de la Monarchie française, t. 1, p: 189-424, jette une grande clarté sur l'état de la Gaule lorsqu'elle fut en-

Caractère et administration d'Ætius.
A. D. 433-454.

Après la mort de Boniface son rival, Ætius s'était prudemment retiré dans le camp des Huns, et fut redevable à leur amitié de sa sûreté et de son rétablissement. Au lieu d'employer le langage suppliant d'un exilé coupable, Ætius sollicita son pardon à la tête de soixante mille Barbares; et la facile résistance de Placidie prouva qu'elle accordait à la crainte un pardon qu'on aurait pu attribuer à sa clémence. L'impératrice se mit, elle, son fils et l'empire, sous la tutelle d'un sujet arrogant, et ne conserva pas même assez d'autorité pour protéger le gendre de Boniface, le fidèle et vertueux Sébastien, contre un ennemi implacable, dont la vengeance le poursuivit de royaume en royaume (1), jusqu'au moment où il perdit misérablement la vie au service des Vandales. L'heureux Ætius, élevé aussitôt au rang de patrice et revêtu trois fois des honneurs du consulat, prit le titre de maître général de la cavalerie et de l'infan-

---

vahie par Attila; mais l'ingénieux auteur, l'abbé Dubos, se perd trop souvent en systèmes et en conjectures.

(1) Victor Vitensis (*de Persecut. Vandal.*, l. 1, c. 6, p. 8, édit. Ruinart) le nomme *acer consilio et strenuus in bello*. Mais quand il tomba dans l'infortune son courage ne fut plus considéré que comme l'aveuglement du désespoir, et Sébastien fut surnommé *præceps*. (Sidon.-Apollin., *Carmen* IX, 181.) Les Chroniques d'Idatius et de Marcellin font une légère mention de ses aventures à Constantinople, dans la Sicile, la Gaule, l'Espagne et l'Afrique. Il était toujours accompagné dans sa fuite d'une troupe nombreuse, puisqu'il ravagea l'Hellespont et la Propontide, et s'empara de la ville de Barcelone.

terie, et s'empara de toute l'autorité militaire. Les écrivains de son temps le nomment quelquefois *duc* ou *général des Romains de l'Occident*. Ce ne fut point à la vertu d'Ætius, mais à sa prudence, que le petit-fils de Théodose dut la conservation de la pourpre et du vain nom d'empereur. Il laissa Valentinien jouir en paix des délices de l'Italie, tandis que le patrice se montrait avec tout l'éclat d'un héros patriote, et soutint, durant vingt années, les ruines d'un empire prêt à s'écrouler. L'historien des Goths avoue qu'Ætius était fait pour sauver la république (1); et le portrait suivant, quoique flatté, contient cependant plus de vérité que d'adulation. « Sa mère était Italienne, d'une famille noble et opulente, et son père, Gaudentius, qui tenait un rang distingué dans la province de Scythie, s'éleva graduellement d'un poste de domesticité militaire au rang de maître général de la cavalerie. Ætius, placé dans les gardes presque dès son enfance, fut donné comme ôtage, d'abord à Alaric et ensuite aux Huns. Il obtint successivement les honneurs civils et militaires du palais, et partout il fit briller un mérite supérieur. Il avait la figure noble et agréable; sa taille était moyenne, mais admirablement proportionnée pour la beauté, la force et l'agilité. Il excel-

---

(1) *Reipublicæ romanæ singulariter natus, qui superbiam Suevorum, Francorumque barbariem immensis cædibus servire imperio romano coegisset.* Jornandès, *de Reb. geticis*, c. 34, p. 660.

lait dans les exercices militaires, tels que de manier un cheval, tirer de l'arc et lancer le javelot. Il savait supporter patiemment le défaut de sommeil et de nourriture; son corps et son âme étaient également capables des plus pénibles efforts. Ætius méprisait les dangers et dédaignait les injures, et il était impossible de tromper, de corrompre ou d'intimider la noble fermeté de son âme (1). » Les Barbares qui s'étaient fixés dans les provinces de l'Occident, s'accoutumèrent peu à peu à respecter la valeur et la bonne foi d'Ætius. Il calmait leur pétulance, caressait leurs préjugés, balançait leurs intérêts et mettait un frein à leur ambition. Un traité conclu avec Genseric arrêta les Vandales prêts à entrer en Italie ; les Bretons indépendans implorèrent son secours et reconnurent combien il leur avait été utile : l'autorité impériale fut rétablie en Espagne et dans la Gaule ; et après avoir vaincu les Suèves et les Francs, il les força d'employer leurs armes à la défense de la république.

Ses liaisons avec les Huns et les Alains. Par politique autant que par reconnaissance, Ætius cultivait assidument l'amitié des Huns. Durant son séjour dans leur camp, comme ôtage ou comme

---

(1) Ce portrait est de Renatus-Profuturus-Frigeridus, auteur contemporain, connu seulement par quelques extraits que saint Grégoire de Tours a conservés) l II, c. 8, t. II, p. 163). Il était sans doute du devoir, ou au moins de l'intérêt de Renatus, d'exagérer les vertus d'Ætius; mais il eût été plus adroit de ne point insister sur sa patience et sa facilité à pardonner.

exilé, il vécut familièrement avec Attila, neveu de son bienfaiteur; et ces célèbres adversaires semblent avoir été liés d'une intimité et d'une sorte de fraternité d'armes qu'ils confirmèrent dans la suite par des présens mutuels et par de fréquentes ambassades. Carpilio, fils d'Ætius, fut élevé dans le camp d'Attila. Le patrice cherchait, par des protestations d'attachement et de reconnaissance, à déguiser ses craintes à un conquérant dont les armées formidables menaçaient les deux empires. Il satisfaisait à ses demandes ou tâchait de les éluder. Lorsqu'il réclama les dépouilles d'une ville prise d'assaut, quelques vases d'or frauduleusement détournés, les gouverneurs de la Norique partirent aussitôt pour lui donner satisfaction (1); et il est évident, d'après leur conversation avec Maximin et Priscus, dans le village royal, que la prudence et la valeur d'Ætius n'avaient pu éviter aux Romains de l'Occident la honte du tribut. Sa politique adroite prolongeait les avantages d'une paix nécessaire ; et il employait à la défense de la

---

(1) L'ambassade était composée du comte Romulus, de Promotus, président de la Norique, et de Romanus, duc militaire; ils étaient accompagnés de Tatullus, illustre citoyen de Petovio dans la même province, et père d'Oreste, qui avait épousé la fille du comte Romulus. (*Voyez* Priscus, p. 57, 65.) Cassiodore (*Variar.*, I, 4) fait mention d'une autre ambassade, composée de son père et de Carpilio, fils d'Ætius; et comme Attila n'existait plus, il pouvait exagérer impunément l'intrépidité de leur conduite en présence du roi des Huns.

Gaule une nombreuse armée de Huns et d'Alains, qui lui étaient personnellement attachés. Il avait judicieusement placé deux colonies de ces Barbares sur les territoires de Valence et d'Orléans (1), et leur active cavalerie gardait les passages du Rhône et de la Loire. Ces sauvages alliés étaient à la vérité presque aussi redoutables pour les sujets de Rome que pour ses ennemis : ils étendaient par la conquête et par la violence le canton qui leur avait été accordé, et les provinces où ils passaient éprouvaient toutes les calamités d'une invasion (2). Indifférens pour l'empereur et pour l'empire, les Alains de la Gaule étaient aveuglément dévoués à servir l'ambitieux Ætius, et, quoiqu'il pût craindre que dans une guerre

---

(1) *Deserta Valentinæ urbis rura Alanis partienda traduntur.* (Prosper Tyro, *Chronic.*; dans les *Histor. de France*, t. 1, p. 639.) Quelques lignes après, Prosper observe qu'on assigna des terres aux Alains dans la Gaule ultérieure. Sans admettre la correction de Dubos (t. 1, p. 300), la supposition très-probable de deux colonies ou garnisons d'Alains confirmera ses argumens et détruira ses objections.

(2) *Voyez* Prosper Tyro, p. 639. Sidon. (*Panegyr. Avit.*, 246) se plaint au nom de l'Auvergne, sa patrie.

Litorius Scythicos equites, tunc fortè sucacto
Celsus Aremorico, Geticum rapiebat in agmen
Per terras, Arverne, tuas, qui proxima quæque
Discursu, flammis, ferro, feritate, rapinis,
Delebant; pacis fallentes nomen inane.

Un autre poëte, Paulin du Périgord, confirme cette plainte,

Nam socium vix ferre queas qui durior hoste.

Voyez Dubos, t. 1, p. 330.

contre Attila ils ne repassassent sous les drapeaux de leur monarque national, le patrice travailla plus à calmer qu'à exciter leur ressentiment contre les Goths, les Francs et les Bourguignons.

Le royaume fondé par les Visigoths dans les provinces méridionales de la Gaule avait insensiblement acquis de la force et de la solidité ; la conduite de ces ambitieux Barbares exigeait, soit en temps de paix, soit en temps de guerre, la vigilance continuelle d'Ætius. Après la mort de Wallia, Théodoric, fils du grand Alaric, hérita du trône (1), et un règne heureux de plus de trente ans sur un peuple inconstant et indocile, autorise à penser que sa prudence était soutenue d'une vigueur extraordinaire de corps et de génie. Resserré dans des limites trop étroites, Théodoric aspirait à la possession de la ville d'Arles, le centre du commerce et le siége du gouvernement ; mais l'approche d'Ætius sauva la place ; et le roi des Goths, après avoir levé le siége avec quelque perte et un peu de honte, consentit, au moyen d'un subside, à exercer la valeur de ses sujets à la guerre.

<small>Les Visigoths sous le règne de Théodoric. A. D. 419-451.</small>

---

(1) Théodoric II, fils de Théodoric Ier, déclare à Avitus sa résolution de réparer ou d'expier la faute que son grand-père avait commise.

Quæ noster peccavit avus, quem fuscat id unum,
    Quod te, Roma, capit. . . . .
                        SIDON., Panegyr. Avit., 505.

Cette circonstance, qui n'est applicable qu'au grand Alaric, établit la filiation des rois des Goths, et on avait jusqu'à présent négligé cette observation.

d'Espagne. Cependant Théodoric ne cessait d'épier, et saisit bientôt avec empressement l'occasion de renouveler son entreprise. Les Goths assiégèrent Narbonne, tandis que les Bourguignons faisaient une invasion dans les provinces de la Belgique, et l'évidente intelligence des ennemis de Rome menaçait de toutes parts sa sûreté. L'activité d'Ætius et sa cavalerie scythe surent leur opposer une résistance couronnée par le succès. Vingt mille Bourguignons périrent les armes à la main, et le reste de cette nation accepta humblement un asile dans les montagnes de la Savoie, où ils reconnurent l'autorité de l'empire (1). Les machines de guerre avaient déjà ébranlé les murs de Narbonne, et les habitans étaient réduits par la famine aux dernières extrémités, lorsque le comte Litorius, approchant en silence avec un corps nombreux de cavalerie, dont chaque homme portait deux sacs de farine sur son cheval, pénétra dans la ville à travers les retranchemens des ennemis. Les Goths levèrent le siége, et perdirent huit mille hommes dans une bataille, dont le succès décisif fut attribué aux dispositions et à l'habileté personnelle

<small>Les Goths assiégent Narbonne. A. D. 435-439.</small>

---

(1) On trouve pour la première fois dans Ammien-Marcellin le nom de *Sabaudia*, dont celui de Savoie est dérivé; et la *Notitia* constate l'existence de deux postes militaires dans cette province. Une cohorte était placée à Grenoble en Dauphiné; et il y avait à Ebredunum, où Iverdun, une flotte de petits vaisseaux qui défendaient le lac de Neufchâtel. *Voyez* Valois, *Notit. Galliarum*, p. 503; d'Anville, *Notice de l'ancienne Gaule*, p. 284-579.

d'Ætius ; mais dans l'absence du patrice, que quelque affaire publique ou particulière rappela précipitamment en Italie, le comte Litorius succéda au commandement ; et sa présomption fit bientôt sentir qu'il ne suffit pas de savoir conduire un corps de cavalerie pour diriger habilement les opérations d'une guerre importante. A la tête d'une armée de Huns, il avança imprudemment jusqu'aux portes de Toulouse, sans daigner prendre de précautions contre un ennemi dont les revers avaient éveillé la prudence, et à qui sa situation inspirait le courage du désespoir. Les prédictions des augures inspiraient à Litorius une confiance impie : convaincu qu'il devait entrer en vainqueur dans la capitale des Goths, et plein de confiance en ses alliés païens, il refusa toutes les offres de paix que les évêques vinrent plusieurs fois lui proposer au nom de Théodoric. Le roi des Goths montra au contraire, dans cette circonstance dangereuse, autant de piété que de modération, et ne quitta la haire et les cendres qu'au moment de s'armer pour le combat. Ses soldats, enflammés d'un enthousiasme à la fois religieux et militaire, assaillirent le camp de Litorius. Le combat fut opiniâtre, et la perte considérable des deux côtés. Après une défaite totale, dont il ne pouvait accuser que son ignorance et sa témérité, le général romain traversa les rues de Toulouse, non pas en conquérant comme il s'en était flatté, mais prisonnier, à la suite de son vainqueur ; et la misère qu'il éprouva dans sa longue et très-ignominieuse captivité excita même la compassion des Barbares (1). Une perte si considérable dans un pays dont les finances et le courage étaient épuisés depuis long-temps, pouvait difficilement se réparer ; et les Goths, animés par l'ambition et par la vengeance, auraient planté leurs étendards victorieux sur les bords du Rhône, si le retour d'Ætius n'eût pas rendu aux Romains leurs forces et leur discipline (2). Les deux armées attendaient le signal d'une action décisive ; mais les généraux, qui se craignaient réciproquement, remirent prudemment leur épée dans le fourreau sur le champ de bataille, et leur réconciliation fut sincère et durable. Il paraît que Théodoric, roi des Visigoths, mérita l'amour de ses sujets, la confiance de ses alliés et l'estime universelle. Six fils, tous valeureux, environnaient son trône. Leur éducation n'avait pas été bornée aux

---

(1) Salvien a essayé d'expliquer le gouvernement moral de la Divinité, tâche très-facile à remplir, en supposant que les calamités des méchans sont des châtimens, et que les malheurs qui assiégent l'homme vertueux sont des épreuves.

(2) . . . . . . *Capto terrarum damna patebant*
Litorio, in Rhodanum proprios producere fines,
Theudoridæ fixum ; nec erat pugnare necesse,
Sed migrare Getis ; rabidam trux asperat iram
Victor ; quòd sensit Scythicum sub mœnibus hostem
Imputat, et nihil est gravius, si forsitan unquam
Vincere contingat, trepido. . . . . . .

Panegyr. Avit., 300, etc.

Sidonius ensuite, selon le devoir d'un panégyriste, attribue tout le mérite d'Ætius à son ministre Avitus.

exercices d'un camp barbare ; les fils de Théodoric s'instruisirent dans les écoles de la Gaule ; l'étude de la jurisprudence romaine leur enseigna au moins la théorie des lois et de la justice, et la lecture de l'harmonieux Virgile contribua sans doute à adoucir la rudesse de leurs mœurs nationales (1). Les deux filles du roi des Goths épousèrent les fils aînés du roi des Suèves et de celui des Vandales, qui régnaient en Espagne et en Afrique : mais ces alliances illustres produisirent le crime et la discorde. La reine des Suèves pleura son mari assassiné par son frère, et la princesse des Vandales éprouva le traitement le plus odieux de la part du tyran inquiet qu'elle avait adopté pour père. Le barbare Genseric soupçonna la femme de son fils, du dessein de l'empoisonner. En punition de ce crime supposé on lui coupa le nez et les oreilles ; la fille infortunée de Théodoric, ignominieusement renvoyée à Toulouse, vint offrir à la cour de son père cet affreux spectacle. Un siècle civilisé ne doit qu'avec peine ajouter foi à cette horrible barbarie. Tous ceux qui virent la princesse versèrent des larmes sur son sort ; mais Théodoric, éprouvant à la fois la douleur d'un père et l'indi-

---

(1) Théodoric II révérait dans Avitus son ancien précepteur.

. . . . *Mihi Romula dudum*
Per te jura placent; parvumque ediscere jussit
Ad tua verba pater docili quo prisca Maronis
Carmine molliret Scythicos mihi pagina mores.
SIDON., Panegyr. Avit., 495, etc.

gnation d'un monarque, résolut de tirer vengeance de cette injure irréparable. Les ministres impériaux, intéressés à fomenter les discordes des Barbares, auraient fourni au roi des Goths de l'or, des armes et des vaisseaux pour porter la guerre en Afrique; et la cruauté de Genseric lui serait peut-être devenue fatale, si l'artificieux Vandale n'avait pas réussi à se procurer le secours formidable des Huns. Ses présens et ses instances enflammèrent l'ambition d'Attila, et l'invasion de la Gaule arrêta l'entreprise d'Ætius et de Théodoric (1).

Les Francs dans la Gaule sous les rois de la race méroving.
A. D. 420-451.

Les Francs, dont la monarchie était encore renfermée dans les environs du Bas-Rhin, avaient sagement accordé à la noble famille des Mérovingiens le droit exclusif de succéder à la couronne (2). On

---

(1) Nos autorités pour le règne de Théodoric 1er, sont Jornandès, *de Reb. getic.*, c. 34-36; les *Chroniq.* d'Idatius et des deux Prosper, insérées dans les *Historiens de France*, t. 1, p. 612-640; et en outre Salvien, *de Gubernatione Dei*, l. vii, p. 243, 244, 245; et le Panégyrique d'Avitus par Sidonius.

(2) *Reges crinitos se creavisse de primâ, et, ut ita dicam, nobiliori suorum familiâ.* Saint Grégoire de Tours, l. ii, c. 9, p. 166, du second volume des *Historiens de France.* Saint Grégoire ne fait pas mention du nom *Mérovingien*; mais jusqu'au commencement du septième siècle ce nom paraît avoir été la dénomination distinctive de la famille royale et même des monarques français. Un critique ingénieux a fait descendre les Mérovingiens du grand Maroboduus; et il a prouvé avec évidence que ce prince, qui donna son nom à la première race, était plus ancien que

élevait ces princes sur un bouclier, symbole du commandement militaire (1), et leurs longs cheveux étaient la marque de leur naissance et de leur dignité royale. Leur chevelure blonde, qu'ils peignaient et arrangeaient avec grand soin, flottait en boucles sur leurs épaules. La loi ou l'usage obligeait le reste des guerriers à se raser le derrière de la tête, à ramener leurs cheveux sur le front, et à se contenter de deux petites moustaches (2). La haute taille des Francs et leurs yeux bleus annonçaient leur origine germanique; leurs habits serrés laissaient voir la forme de leurs membres; ils portaient une épée pesante suspendue à un large baudrier, et un grand bouclier qui les couvrait presque tout entiers. Ces belliqueux

---

le père de Childéric. *Voy.* les *Mém. de l'Acad. des Inscript.*, t. xx, p. 52-90.; t. xxx, p. 557-587.

(1) Cet ancien usage des Germains, dont on peut suivre la trace depuis Tacite jusqu'à Grégoire de Tours, fut enfin adopté par les empereurs de Constantinople. D'après un manuscrit du dixième siècle, Montfaucon a représenté une cérémonie semblable, que l'ignorance du siècle appliquait au roi David. Voyez *Monumens de la Monarchie française*, t. 1, Discours préliminaire.

(2) *Cæsaries prolixa...... crinium flagellis per terga dimissis*, etc. *Voy.* la préface du troisième volume des *Historiens de France*, et l'abbé Le Bœuf, *Dissert.*, t. III, p. 47-79. Cet usage particulier des Mérovingiens est constaté par les écrivains nationaux et étrangers; par Priscus, t. 1, p. 608; par Agathias, t. II, p. 49; et par saint Grégoire de Tours, l. III, 18; VI, 24; VIII, 10; tome II, pages 196, 278-316.

Barbares apprenaient dès l'enfance à courir, à sauter, à nager, à lancer avec une justesse surprenante le javelot ou la hache d'armes, à attaquer sans hésiter un ennemi supérieur en nombre, et à soutenir jusqu'à la mort la réputation invincible de leurs ancêtres (1). Clodion, le premier de leurs rois chevelus, dont l'histoire fasse connaître le nom et les actions d'une manière authentique, faisait sa résidence à Dispargum (2), village ou forteresse dont on peut assigner la position entre Bruxelles et Louvain. Le roi des Francs apprit, par ses espions, que la seconde Belgique était presque sans défense, et qu'un léger effort suffirait pour s'en emparer. Il pénétra audacieusement à travers les bois et les marais de la forêt Carbonnaire (3), s'empara de Cambrai et de Tournay, les deux seules villes qui existassent dans le cinquième siècle, et étendit ses conquêtes jusqu'à

---

(1) *Voyez* une description originale de la figure, de l'habillement, des armes et du caractère des anciens Francs; dans Sidonius-Apollinaris, *Panégyr. de Majorien*; 238-254. De telles peintures, quoique grossièrement tracées, ont une valeur réelle et particulière. Le père Daniel (*Histoire de la Milice française*, t. 1, p. 2-7) a éclairci cette description.

(2) Dubos, *Hist. crit.*, etc., t. 1, p. 271, 272. Quelques auteurs ont placé Dispargum de l'autre côté du Rhin. *Voy.* une Note des éditeurs bénédictins aux *Historiens de France*, t. 11, p. 166.

(3) La forêt Carbonnaire où Carbonnienne était cette partie de la grande forêt des Ardennes, qui est située entre l'Escaut et la Meuse. Valois, *Notitia Gall.*, p. 126.

la rivière de la Somme, dans un pays désert, dont la culture et la population sont les effets d'une industrie plus moderne (1). Tandis que Clodion campait dans les plaines de l'Artois (2), et célébrait avec une arrogante sécurité un mariage, peut-être celui de son fils, l'arrivée imprévue d'Ætius, qui avait passé la Somme à la tête de sa cavalerie légère, interrompit désagréablement la fête nuptiale. Les tables, dressées à l'abri d'une colline, sur les bords d'un ruisseau agréable, furent impétueusement renversées; les Francs furent accablés avant d'avoir pu reprendre ni leurs rangs ni leurs armes, et leur valeur leur devint funeste. Les chariots chargés qui avaient suivi la marche de l'armée, offrirent aux vainqueurs un riche butin. La nouvelle épouse et les femmes de sa suite subirent la loi des nouveaux amans que leur donnait le hasard de la guerre. Cet avantage, dû à l'activité d'Ætius, jeta quelques doutes sur la prudence de Clodion; mais le

---

(1) Saint Grégoire de Tours, l. II, c. 9, t. II, p. 166, 167; Fredegar., *Epitom.*, c. 9, p. 395; *Gesta reg. Francor.*, c. 5, t. II, p. 544; *Vit. S. Remig.* ab Hincmar, t. III, p. 373.

(2) . . . . . *Francus quâ Cloïo patentes*
Atrebatum terras pervaserat.
Panegyr. Majorian., 212.

L'endroit exact était une ville ou un village appelé *Vicus Helena*, dont des géographes modernes ont découvert le nom et l'emplacement à Lens. Voyez Valois, *Notit. Gall.*, p. 246; Longuerue, *Description de la France*, t. II, p. 88.

roi des Francs répara bientôt sa faute, et rétablit sa réputation en se maintenant dans la possession de ses États depuis les bords du Rhin jusqu'à ceux de la Somme (1): Trèves, Mayence et Cologne éprouvèrent sous son règne, et probablement par les entreprises de ses sujets, tout ce que l'avarice et la cruauté peuvent inspirer à des vainqueurs. Cologne eut le malheur de rester sous la puissance de ces Barbares, qui évacuèrent les ruines de Trèves; et Trèves, qui durant l'espace de quarante ans avait été quatre fois prise et pillée, cherchait encore à oublier ses anciennes calamités dans les vains amusemens du cirque (2). Après un règne de vingt ans, la mort de Clodion livra son royaume aux querelles de deux fils ambitieux (3). Mérovée, le plus jeune,

---

(1) *Voyez* un récit vague de cette action dans Sidonius, *Panégyr. de Majorien*, 212–230. Les critiques français, impatiens d'établir leur monarchie dans la Gaule, ont tiré un argument très-fort du silence de Sidonius, qui n'ose faire entendre que les Francs aient été forcés de repasser le Rhin après leur défaite. Dubos, t. 1, p. 322.

(2) Salvien (*de Gubern. Dei*, l. vi) a raconté en style vague et déclamatoire les calamités de ces trois villes, qui sont clairement constatées par le savant Mascou, *Hist. des anciens Germains*, ix, 21.

(3) Priscus, en racontant la contestation, ne nomme pas les deux frères dont il avait vu un à Rome, et qu'il dépeint comme un adolescent, sans barbe et avec de longs cheveux flottans. (*Historiens de France*, t. 1, p. 607, 608.) Les éditeurs bénédictins penchent à croire qu'ils étaient les fils de quelque roi inconnu des Francs, dont le royaume était

se laissa persuader d'implorer la protection de Rome. Valentinien le reçut comme son allié et le fils adoptif du patrice Ætius; il le renvoya dans son pays avec des présens magnifiques et les plus fortes assurances de secours et d'amitié. Tandis qu'il était absent, son aîné avait sollicité avec une ardeur égale les redoutables secours d'Attila; et le roi des Huns accepta avec plaisir une alliance qui lui facilitait le passage du Rhin, et fournissait un prétexte honorable à l'invasion qu'il projetait de faire dans la Gaule (1).

Lorsque Attila annonça publiquement la résolution de secourir les Francs et les Vandales, ce héros sauvage, saisi comme d'une sorte d'ardeur chevaleresque, se déclara aussi l'amant et le défenseur de la princesse Honoria. La sœur de Valentinien avait été élevée dans le palais de Ravenne; et comme le mari d'Honoria aurait pu donner de l'inquiétude à l'empire, on éleva la princesse au rang d'Augusta (2),

Aventures de la princesse Honoria.

---

situé sur les bords du Necker; mais les argumens de M. de Foncemagne (*Mém. de l'Acad.*, t. VIII, p. 464) semblent prouver que les deux fils de Clodion disputèrent sa succession, et que le plus jeune était Mérovée, père de Childéric.

(1) Sous la race mérovingienne le trône était héréditaire; mais tous les fils du monarque défunt étaient autorisés également à partager ses trésors et ses États. *Voyez* les *Dissertations* de M. de Foncemagne dans les sixième et huitième volumes des *Mém. de l'Académie*.

(2) Il existe encore une médaille de la belle Honoria; elle porte le titre d'Augusta, et sur le revers on lit la lé-

pour anéantir l'espérance des sujets les plus présomptueux ; mais la belle Honoria avait à peine atteint l'âge de seize ans, qu'elle détesta la grandeur importune qui la privait pour toujours des douceurs d'un amour légitime. Au milieu d'une pompe vaine et insipide, Honoria soupirait, et, cédant enfin à la voix de la nature, elle se jeta dans les bras d'Eugène son chambellan. Des signes de grossesse trahirent bientôt ce que, dans l'absurde langage d'un sexe impérieux, on appela son crime et sa honte, et le public en fut instruit par l'imprudence de l'impératrice Placidie, qui fit partir sa fille pour Constantinople, après l'avoir tenue long-temps dans une captivité ignominieuse. La malheureuse Honoria passa douze ou quatorze ans dans la triste société des sœurs de Théodose et de leurs chastes compagnes. La fille de Placidie ne pouvait plus prétendre à leur mérite, et se conformait avec répugnance aux pratiques pieuses des prières, des jeûnes et des vigiles. L'impatience d'un célibat dont elle n'espérait plus de sortir, lui fit entreprendre une démarche extraordinaire et désespérée. Le nom redouté d'Attila se trouvait souvent dans les entretiens des habitans de Constantinople, et ses fréquentes ambassades entretenaient une correspondance presque continuelle entre son camp et le palais impérial. Sacrifiant tous les

---

gende assez déplacée de *salus reipublicæ*, autour du monogramme du Christ. *Voyez* Ducange, *Fam. byzant.*, pag. 67-73.

préjugés et tous les devoirs aux désirs de l'amour, ou plutôt de la vengeance; la princesse offrit de se remettre elle-même dans les bras d'un prince barbare, dont elle ignorait le langage, dont les traits présentaient à peine l'idée d'une figure humaine, et dont elle abhorrait les mœurs et la religion. Par le moyen d'un eunuque de confiance, elle fit remettre à Attila une bague pour garant de sa foi, et le conjura de la réclamer comme sa légitime épouse, avec laquelle il aurait été secrètement uni. Le monarque reçut avec froideur ces avances indécentes, et continua de multiplier le nombre de ses épouses jusqu'au moment où deux passions puissantes, l'avarice et l'ambition, éveillèrent son amour pour Honoria. Son entrée dans la Gaule fut précédée d'une déclaration formelle par laquelle il demandait la main de la princesse et la part égale à laquelle elle avait droit de prétendre dans le patrimoine impérial. Ses prédécesseurs, les anciens Tanjoux, avaient souvent demandé, avec la même arrogance, les princesses de la Chine; et les prétentions d'Attila ne parurent pas moins offensantes à l'empereur des Romains. Ses ambassadeurs reçurent un refus ferme, quoique sans hauteur. Malgré les exemples récens de Pulchérie et de Placidie, on déclara que les femmes n'avaient aucun droit à la succession de l'empire; et à la demande de la princesse on opposa ses engagemens indissolubles (1). Dès le moment où l'on avait eu

---

(1) *Voyez* Priscus, p. 39, 40. On pouvait alléguer avec

connaissance de sa correspondance avec le roi des Huns, la coupable Honoria avait été enlevée de Constantinople comme un objet d'horreur, et reléguée au fond de l'Italie : on épargna sa vie ; mais aussitôt après la cérémonie par laquelle on donna à quelque particulier obscur le titre de son époux, on l'enferma dans une prison perpétuelle, pour y pleurer des crimes et des infortunes auxquelles Honoria aurait peut-être échappé, si elle n'eût pas été la fille d'un empereur (1).

<small>Attila entre dans la Gaule, et assiège Orléans.</small>

Un Gaulois contemporain, le savant et éloquent Sidonius, qui occupa depuis le siége épiscopal de Clermont, s'était engagé vis-à-vis d'un de ses amis à écrire l'histoire de la guerre d'Attila. Si la modestie de Sidonius ne l'avait pas détourné d'un ouvrage si intéressant (2), l'historien aurait exposé avec la simplicité de la vérité les faits mémorables auxquels le

---

raison que si les femmes avaient eu des prétentions au trône, Valentinien, qui avait épousé la fille et l'héritière de Théodose le jeune, aurait réclamé ses droits sur l'empire d'Orient.

(1) Jornandès (*de Success. regn.*, c. 97, et *de Reb. getic.*, c. 42, 674) et les *Chroniques* de Prosper et de Marcellin racontent très-imparfaitement les aventures d'Honoria; mais il est impossible de les rendre croyables ou probables, à moins de séparer, par un intervalle de temps et de lieu, son intrigue avec Eugène, de son invitation à Attila.

(2) *Exegeras mihi, ut promitterem tibi, Attilæ bellum stylo me posteris intimaturum..... Cœperam scribere, sed operis arrepti fasce perspecto tæduit inchoasse.* Sidon.–Apoll., l. VIII ; *epist.* 15, p. 246.

poëte se contente de faire allusion d'une manière concise, et dans un style vague et métaphorique (1). Les rois et les nations de la Scythie et de la Germanie, répandues depuis le Volga peut-être jusqu'au Danube, accoururent à la voix belliqueuse d'Attila. Du village royal dans les plaines de la Hongrie, ses étendards s'avancèrent vers l'Occident, et après une marche de sept ou huit cents milles, ils arrivèrent au confluent du Rhin et du Necker, où ils furent joints par ceux des Francs qui obéissaient à son allié le fils aîné de Clodion. Une troupe légère de Barbares, conduite par l'espoir du butin, aurait peut-être préféré l'hiver, afin de pouvoir traverser le fleuve sur la glace; mais l'innombrable cavalerie des Huns exigeait des fourrages et des provisions qu'il eût été impossible de se procurer dans cette saison. On trouva dans la forêt Hercynienne les bois nécessaires pour construire un pont de bateaux; et cette multitude d'ennemis se précipita avec une violence irrésistible sur les provinces de la Belgique (2). La consterna-

---

(1) . . . . . *Subito cum rupta tumultu*
Barbaries totas in te transfuderat arctos,
Gallia. Pugnacem Rugum comitante Gelono,
Gepida trux sequitur; Scyrum Burgundio cogit :
Chunus, Bellonotus, Neurus, Basterna; Toringus,
Bructerus, ulvosâ vel quem Nicer abluit undâ
Prorumpit Francus. Cecidit cito secta bipenni
Hercynia in lintres, et Rhenum texuit alnó.
Et jam terrificis diffuderat Attila turmis
In campos se, Belga, tuos. . . . . .
Panegyr. Avit., 319.

(2) On trouve dans Jornandès le récit le plus authenti-

tion fut universelle dans la Gaule ; et la tradition, qui nous a transmis l'histoire de ses malheurs, n'a point oublié les miracles et les martyrs dont furent honorées plusieurs de ses villes (1). Troyes dut sa conservation au mérite de saint Loup. La Providence enleva saint Servat de ce monde, pour lui éviter la douleur de contempler la ruine de Tongres, et les prières de sainte Geneviève détournèrent Attila des environs de Paris ; mais la plupart des villes de la Gaule, également dépourvues de saints et de soldats, furent assiégées et emportées d'assaut par les Huns, qui se conduisirent à Metz (2) selon les maximes

---

que et le mieux détaillé que nous ayons de cette guerre, (*de Rebus geticis.*, c. 36-41, p. 662-672). Il a quelquefois abrégé et quelquefois transcrit littéralement l'*Histoire* de Cassiodore. Nous dirons, une fois pour toutes, que saint Grégoire de Tours (l. II, c. 5, 6, 7), les *Chroniques* d'Idatius, d'Isidore et des deux Prosper, peuvent servir à corriger et à éclaircir Jornandès. Toutes les anciennes autorités sont rassemblées et insérées dans les *Historiens de France*; mais le lecteur doit être en garde contre un extrait supposé de la *Chronique* d'Idatius, placé parmi les fragmens de Frédégaire, t. II, p. 462, qui contredit souvent le véritable texte de l'évêque gaulois.

(1) Les anciens légendaires méritent quelque considération, en ce qu'ils ont été forcés de mêler à leurs fables l'histoire de leur temps. *Voyez* les Vies de saint Loup, de saint Anian, les évêques de Metz, sainte Geneviève, etc., dans les *Historiens de France*, tome I, p. 644, 645, 649; t. III, p. 369.

(2) On ne peut concilier les doutes du comte du Buat (*Hist. des Peuples*, t. VII, p. 539-540) avec aucun prin-

qu'ils avaient coutume de pratiquer à la guerre. Ils massacrèrent sans distinction les prêtres à l'autel, et les enfans qu'au moment du danger l'évêque s'était hâté de baptiser. Cette ville florissante fut livrée aux flammes, et une petite chapelle solitaire, dédiée à saint Étienne, indiqua depuis le terrain que Metz occupait alors. Dès bords de la Moselle Attila s'avança dans le cœur de la Gaule, passa la Seine à Auxerre, et, après une longue et pénible marche, plaça son camp sous les murs d'Orléans. Il voulait assurer ses conquêtes par la possession d'un poste avantageux, qui le rendît maître du passage de la Loire; et il se fiait à l'invitation de Sangiban, roi des Alains, qui lui avait promis de trahir les Romains, de lui livrer la ville et de passer sous ses drapeaux; mais cette conspiration fut découverte et déjouée. Les fortifications d'Orléans étaient nouvellement réparées et augmentées; les soldats ou les citoyens qui défendaient la place, repoussèrent courageusement

---

cipe de raison ou de saine critique. Saint Grégoire de Tours n'affirme-t-il pas la destruction de Metz, en termes précis et positifs? Est-il possible qu'à peine un siècle après l'événement, saint Grégoire et tout le peuple se trompassent sur le sort d'une ville où résidaient alors leurs souverains, les souverains d'Austrasie? Le savant comte, qui semble avoir entrepris l'apologie d'Attila et des Barbares, en appelle au faux Idatius, *parcens civitatibus Germaniæ et Galliæ*; et oublie que le véritable Idatius a clairement affirmé, *plurimæ civitates effractæ*, au nombre desquelles il compte Metz.

tous les assauts des Barbares. L'évêque Anianus, prélat d'une haute piété et d'une prudence consommée, employa toutes les ressources de la politique religieuse, pour soutenir le courage des habitans jusqu'à l'arrivée du secours qu'il attendait. Après un siége opiniâtre, les béliers commencèrent à ébranler les murs; les Huns occupaient déjà les faubourgs, et ceux qui n'étaient pas en état de porter les armes étaient prosternés dans les églises. Anianus, qui comptait les jours et les heures, envoya sur le rempart un homme de confiance examiner s'il n'apercevait rien dans l'éloignement. Le messager revint deux fois sans lui rapporter la moindre espérance; mais à la troisième il déclara qu'il avait cru entrevoir un faible nuage à l'extrémité de l'horizon. « C'est le secours envoyé de Dieu, » s'écria le prélat du ton d'une pieuse confiance; et le peuple répéta après lui : « C'est le secours envoyé de Dieu. » L'objet éloigné sur lequel se fixaient tous les yeux, s'agrandissait à chaque instant, et devenait plus distinct. On aperçut enfin les étendards des Goths et des Romains, et un coup de vent, ayant dissipé la poussière, offrit clairement à la vue les impatiens escadrons d'Ætius et de Théodoric, qui se hâtaient d'accourir au secours d'Orléans.

Alliance des Romains et des Visigoths.

La politique insidieuse d'Attila avait servi autant que la terreur de ses armes à le faire pénétrer sans obstacle dans le cœur de la Gaule. Il modifiait adroitement ses déclarations publiques par des assurances particulières; il caressait ou menaçait tour à tour les

Romains et les Goths; et les cours de Ravenne et de Toulouse, se méfiant réciproquement l'une de l'autre, attendaient avec une indolente indifférence l'approche de l'ennemi commun. Ætius veillait seul à la sûreté de la république; mais ses plus sages mesures étaient entravées par une faction qui dominait dans le palais depuis la mort de l'impératrice Placidie. La jeunesse de l'Italie tremblait au seul bruit de la trompette; et les Barbares, qui penchaient pour Attila, par crainte ou par inclination, attendaient avec une fidélité douteuse et prête à se vendre, quel serait l'événement de la guerre. Le patrice passa les Alpes à la tête d'un corps de troupes qui méritait à peine le nom d'une armée (1); mais en arrivant à Arles ou à Lyon, il apprit que les Visigoths refusaient d'entreprendre la défense de la Gaule, et qu'ils étaient résolus d'attendre sur leur territoire l'ennemi redoutable qu'ils affectaient de mépriser. Atterré par cette nouvelle, le général romain eut recours au sénateur Avitus, qui, après avoir exercé honorablement l'office de préfet du prétoire, s'était retiré dans ses domaines en Auvergne. Le ministre consentit à se charger d'une ambassade à la cour de Toulouse, et l'exécuta avec habileté et avec succès. Il représenta à Théodoric qu'on ne pouvait résister au conqué-

---

(1) *Vix liquerat Alpes.*
Ætius, tenue, et rarum sine milite ducens
Robur; in auxiliis geticum male credulus agmen
Incassùm propriis præsumens adfore castris.
Panégyr. Avit., 328, etc.

rant ambitieux qui voulait tout envahir, que par une alliance solide et sincère de toutes les puissances qu'il s'efforçait d'accabler. Avitus anima le ressentiment des Goths par la description de tous les maux que les Huns avaient fait souffrir à leurs ancêtres, et de la fureur avec laquelle ils les poursuivaient depuis le Danube jusqu'au pied des Pyrénées; il leur représenta fortement que le devoir de tous les chrétiens était de contribuer à sauver de leurs violences sacriléges les églises et les reliques des saints; qu'il était de l'intérêt personnel de tous les Barbares fixés dans la Gaule de défendre, contre les pâtres de la Scythie, les terres et les vignes cultivées pour leur usage. Théodoric se rendit à l'évidence de la vérité, adopta les mesures les plus sages et les plus honorables, et déclara que, comme le fidèle allié d'Ætius et des Romains, il était prêt à exposer sa vie et ses États pour la défense de la Gaule (1). Les Visigoths, alors au plus haut point de leur puissance et de leur renommée, obéirent avec joie au premier signal de guerre, préparèrent leurs chevaux et leurs armes,

---

(1) Le Panégyrique d'Avitus et le trente-sixième chapitre de Jornandès donnent une idée imparfaite de la politique d'Attila, d'Ætius et des Visigoths. Le poëte et l'historien se laissent entraîner l'un et l'autre par leurs préjugés personnels et nationaux. Le premier relève le mérite d'Avitus: *Orbis, Avite, salus!* etc.; et l'autre s'attache à présenter la conduite des Goths sous le jour le plus avantageux; cependant, en les interprétant avec exactitude, on trouve dans leur accord une preuve de leur véracité.

et s'assemblèrent sous l'étendard de leur vieux monarque, qui résolut de commander lui-même son armée avec les deux aînés de ses fils, Torismond et Théodoric. L'exemple des Goths détermina des tribus et des nations qui balançaient encore entre les Huns et les Romains. L'infatigable Ætius rassembla peu à peu les guerriers de la Gaule et de la Germanie, qui, après s'être long-temps reconnus les sujets et les soldats de la république, prétendaient au rang d'alliés indépendans, et réclamaient les récompenses dues à un service volontaire. Les Læti, les Armoricains, les Bréones, les Saxons, les Bourguignons, les Sarmates ou Alains, les Ripuaires, et les Francs qui obéissaient à Mérovée : telle était la composition de l'armée qui, sous la conduite d'Ætius et de Théodoric, s'avançait à marches pressées pour délivrer Orléans, et livrer bataille à la multitude formidable qui environnait Attila (1).

Attila se retire dans les plaines de la Champagne.

A leur arrivée, le roi des Huns leva le siége et

---

(1) Jornandès, c. 36, 664, édit. Grot., t. II, p. 23 des *Historiens de France*, et les notes de l'éditeur bénédictin, donnent le détail de l'armée d'Ætius. Les *Læti* étaient une race mêlée de Barbares nés ou naturalisés dans la Gaule; les *Ripaires* ou *Ripuaires* tiraient leur nom du lieu de leur résidence sur les bords des trois rivières, le Rhin, la Meuse et la Moselle; les *Armoricains* occupaient les villes indépendantes entre la Seine et la Loire. Il y avait une colonie de *Saxons* dans le diocèse de Bayeux; les *Bourguignons* habitaient la Savoie, et les *Bréones* étaient une tribu belliqueuse des Rhétiens; à l'orient du lac de Constance.

fit sonner la retraite pour rappeler la plus grande partie de ses troupes, occupées alors au pillage d'une ville voisine dans laquelle elles venaient d'entrer (1). Attila, dont la valeur était toujours guidée par la prudence, sentit ce qu'il aurait à craindre s'il essuyait une défaite au cœur de la Gaule. Il repassa la Seine et attendit l'ennemi dans les plaines de Châlons, où sa nombreuse cavalerie pouvait manœuvrer avec avantage; mais, dans sa retraite précipitée, l'avant-garde des Romains et de leurs alliés pressait et attaquait fréquemment les troupes qui formaient l'arrière-garde d'Attila. Dans l'obscurité de la nuit et dans des chemins inconnus, des colonnes ennemies se rencontraient quelquefois sans projet; et le combat sanglant des Francs et des Gépides, dans lequel quinze mille Barbares perdirent la vie (2), fut le prélude d'une action générale et décisive. Les champs catalauniens (3), qui environnent la ville de

---

(1) *Aurelianensis urbis obsidio, oppugnatio, irruptio nec direptio,* l. v; Sidon.-Apollinar., l. VIII, *epist.* 15, p. 246. Il était facile de convertir la délivrance d'Orléans en un miracle obtenu et prédit par le pieux évêque.

(2) On trouve dans la plupart des éditions XCM; mais nous avons l'autorité de quelques manuscrits, et toute autorité est presque suffisante pour donner la préférence au nombre de XVM.

(3) Châlons ou *Duro-Catalaunum,* et depuis *Cataláuni,* avait fait précédemment partie du territoire de Reims, dont cette ville n'est éloignée que de vingt-sept milles. *Voyez* Valois, *Notit. Gall.*; p. 136; d'Anville, *Notice de l'ancienne Gaule,* p. 212, 279.

Châlons, s'étendent, selon la mesure vague de Jornandès, à cent cinquante milles en longueur, à cent milles en largeur, et comprennent toute la province connue aujourd'hui sous le nom de Champagne (1). Dans cette vaste plaine, il se trouvait cependant quelque inégalité de terrain, et les deux généraux se disputèrent une éminence qui commandait le camp d'Attila, et dont ils sentaient toute l'importance. Le jeune et vaillant Torismond l'occupa le premier, et les Goths en précipitèrent les Huns, qui s'efforçaient de monter du côté opposé. La possession de ce poste avantageux donna aux généraux et aux soldats une espérance fondée de la victoire. Attila inquiet consulta les aruspices ; on assure qu'après avoir examiné les entrailles et râclé les os des victimes, ils lui annoncèrent, dans un langage mystérieux, sa défaite et la mort de son plus redoutable ennemi ; et que le Barbare, en acceptant l'augure, témoigna involontairement son estime pour le mérite supérieur d'Ætius ; mais le découragement qu'Attila aperçut parmi les Huns, l'engagea à user de l'expédient si familier aux généraux de l'antiquité, d'animer leurs troupes par une harangue militaire : il leur parla comme un héros qui avait souvent com-

---

(1) Saint Grégoire de Tours cite souvent le nom de *Campania* ou Champagne. Cette grande province, dont Reims était la capitale, était sous le commandement d'un duc. Valois, *Notit.*, p. 120-123.

battu et vaincu à leur tête (1). Il leur représenta leurs anciens exploits, leur danger présent, et leurs espérances pour l'avenir ; la même fortune qui leur avait ouvert les déserts et les marais de la Scythie, qui les avait fait triompher, presque sans armes, de tant de nations guerrières, leur réservait les *jouissances* de cette journée mémorable pour récompense de leurs travaux et de leurs victoires. Il peignit les précautions de ses ennemis, leur étroite alliance, et le choix qu'ils avaient fait d'une position avantageuse, comme l'effet de la crainte et non de la prudence. Les Visigoths faisaient, disait-il, toute la force de leur armée, et les Huns n'avaient rien à craindre des timides Romains, dont les bataillons serrés annonçaient la frayeur, et qui ne savaient supporter ni les fatigues ni les dangers d'une bataille. Le monarque barbare se servit habilement de la doctrine de la prédestination, si favorable à la vertu martiale. Il les assura que les guerriers protégés par le ciel, étaient invulnérables au milieu des dards de leurs ennemis, tandis que le destin, qui ne se trompe jamais, frappait ses victimes au sein de la plus honteuse paix. « Je lancerai le premier dard, continua-t-il,

---

(1) Je ne me dissimule pas que la plupart de ces harangues sont composées par les historiens. Cependant les anciens Ostrogoths qui avaient servi sous Attila, ont pu rendre son discours à Cassiodore. Les idées et les expressions ont une tournure scythe et originale ; et j'ai peine à croire qu'un Italien du sixième siècle ait imaginé le *hujus certaminis gaudia*.

et le lâche qui refusera d'imiter son souverain, est dévoué à une mort inévitable. » La présence et la voix d'Attila ranimèrent le courage des Barbares, et l'intrépide général, cédant à leur impatience, rangea son armée en bataille. A la tête de ses braves et fidèles Huns, il occupait le centre de la ligne. Les nations dépendantes de son empire, les Rugiens, les Hérules, les Thuringiens, les Francs et les Bourguignons, couvraient des deux côtés la vaste plaine catalaunienne. La droite était commandée par Ardaric, roi des Gépides, et les trois frères valeureux qui régnaient sur les Ostrogoths, faisaient face sur la gauche aux tribus des Visigoths. Les alliés, dans leurs dispositions, avaient suivi un principe différent. Singiban, l'infidèle roi des Alains, était placé au centre, où l'on pouvait veiller à sa conduite et punir sa perfidie. Ætius prit le commandement de l'aile gauche, et Théodoric de la droite, tandis que Torismond continuait à occuper les hauteurs qui s'étendaient sur le flanc et peut-être jusque sur les derrières de l'armée d'Attila. Toutes les nations, depuis le Volga jusqu'à l'Atlantique, étaient rassemblées dans les plaines de Châlons ; mais une partie de ces nations avaient été divisées par les factions, par la conquête ou par des émigrations, et l'aspect de ces enseignes et de ces armes semblables et prêtes à se choquer dans le combat, présentait l'image d'une guerre civile.

La discipline et la tactique des Grecs et des Romains formaient une partie intéressante de leurs

Bataille de Châlons.

mœurs nationales. L'étude attentive des opérations militaires de Xénophon, de César ou de Frédéric, quand elles sont décrites par le même génie qui les a conçues et exécutées, peut tendre à perfectionner (si l'on peut se servir du mot perfectionnement) l'art funeste de détruire l'espèce humaine; mais la bataille de Châlons ne peut exciter notre curiosité que par la grandeur de l'objet, puisqu'elle fut décidée par l'aveugle impétuosité des Barbares, et qu'elle a été transmise à la postérité par des écrivains partiaux, que leur profession civile ou ecclésiastique éloignait de toute connaissance de l'art militaire. Cassiodore a cependant conversé familièrement avec des Goths qui s'étaient trouvés à cette bataille, et ils la lui représentèrent comme « terrible, long-temps douteuse, opiniâtre et sanglante, telle qu'on n'en avait point vu depuis, non plus que dans les siècles précédens. » Le nombre des morts se monta, selon les uns, à cent soixante-deux mille; et, selon d'autres, à trois cent mille (1). Ces exagérations peu croyables supposent toujours une assez grande perte, pour prou-

---

(1) Les expressions de Jornandès, ou plutôt de Cassiodore, sont très-fortes : *Bellum atrox, multiplex, immane, pertinax, cui similia nulla usquam narrat antiquitas : ubi talia gesta referuntur, ut nihil esset quod in vita sua conspicere potuisset egregius, qui hujus miraculi privaretur aspectu.* Dubos (*Hist. crit.*, t. 1, p. 392, 393) tâche de concilier les cent soixante-deux mille hommes de Jornandès avec les trois cent mille d'Idatius et d'Isidore, en supposant que le

ver, comme le remarque judicieusement un historien, que des générations entières peuvent être englouties dans l'espace d'une heure par l'extravagance des souverains. Après la décharge mutuelle et répétée des flèches et des javelots, dans laquelle les adroits archers de la Scythie purent se montrer avec avantage, la cavalerie et l'infanterie des deux armées se joignirent et combattirent corps à corps. Les Huns, animés par la présence d'Attila, percèrent le centre des alliés, formé de troupes faibles et peu affectionnées, séparèrent les deux ailes; et, se tournant sur la gauche avec rapidité, dirigèrent tous leurs efforts contre les Visigoths. Tandis que Théodoric galopait devant les rangs pour animer ses soldats, il tomba de son cheval, mortellement blessé d'un javelot lancé par Andage, Ostrogoth d'une naissance illustre. Dans ce moment de désordre, le monarque blessé fut accablé sous la foule des combattans et foulé aux pieds des chevaux de sa propre cavalerie; et sa mort servit à justifier l'oracle ambigu des aruspices. Attila s'enorgueillissait déjà des espérances de la victoire, lorsque le vaillant Torismond descendit des hauteurs, et vérifia le reste de la prédiction. Les Visigoths, qui avaient été mis en désordre par la fuite, reprirent peu à peu leur ordre de bataille; et les Huns furent inévitablement vaincus,

---

plus fort de ces deux nombres comprenait tous ceux qui avaient péri dans cette guerre; soldats ou citoyens, etc., par les armes, les maladies, les fatigues, etc..

puisque Attila fut forcé de faire retraite. Il s'était exposé avec la témérité d'un soldat; mais les intrépides Barbares qui composaient son corps de bataille s'étaient avancés fort loin du reste de la ligne ; cette attaque, faiblement soutenue par leurs confédérés, mit leurs flancs à découvert. L'approche de la nuit sauva seule d'une défaite totale les conquérans de la Scythie et de la Germanie. Ils se retirèrent derrière le rempart de chariots qui composait les fortifications de leur camp. La cavalerie mit pied à terre, et se prépara à un genre de combat qui ne convenait ni à ses armes ni à ses habitudes. L'événement était incertain ; mais Attila s'était réservé une dernière et honorable ressource. Il fit faire une pile des selles et des riches harnais des chevaux, et l'intrépide Barbare résolut, si son camp était forcé, d'y mettre le feu, de s'y précipiter, et de priver les ennemis de la gloire d'avoir Attila dans leur puissance durant sa vie ou après sa mort (1).

Retraite d'Attila.

Mais ses ennemis ne passèrent pas la nuit plus tranquillement. La valeur imprudente de Torismond lui fit continuer la poursuite jusqu'à ce qu'enfin, suivi d'un petit nombre de guerriers, il se trouva au

---

(1) Le comte du Buat, *Hist. des Peup.*, etc., tome VII, p. 554-573; s'en rapportant toujours au *faux* Idatius, et rejetant toujours le *véritable*, a prétendu qu'Attila avait été défait dans deux grandes batailles, l'une près d'Orléans, et l'autre dans les plaines de Champagne; que dans l'une Théodoric perdit la vie, et que dans l'autre il fut vengé.

milieu des chariots, des Scythes. Dans le tumulte d'un combat nocturne, il fut jeté en bas de son cheval, et le fils de Théodoric aurait éprouvé le sort de son père, si sa vigueur et le zèle de ses soldats ne l'avaient tiré de cette dangereuse situation. Sur la gauche, Ætius, séparé de ses alliés, incertain de la victoire et inquiet de leur sort, rencontra de même des troupes d'ennemis répandues dans la plaine de Châlons, et, étant parvenu à leur échapper, il atteignit enfin le camp des Visigoths, qu'il ne put garnir que d'un petit nombre de troupes, en attendant le retour de la clarté. Au point du jour, le général romain ne douta plus de la défaite d'Attila, qui restait enfermé dans ses retranchemens ; et en contemplant le champ de bataille, il aperçut, avec une secrète satisfaction, que la plus forte perte était tombée sur les Barbares. On trouva sous un monceau de morts le corps de Théodoric percé d'honorables blessures. Ses sujets le pleurèrent comme leur roi et comme leur père ; mais leurs larmes étaient mêlées des chants de la victoire, et Théodoric fut enterré à la vue de l'ennemi vaincu. Les Goths, frappant leurs armes les unes contre les autres, élevèrent sur un bouclier son fils aîné Torismond, à qui ils attribuaient avec raison tout l'honneur de la journée ; et le devoir de la vengeance devint pour le nouveau roi une portion sacrée de l'héritage paternel. Cependant les Goths eux-mêmes sentaient leur courage s'étonner de la contenance fière et terrible qu'avait conservée leur redoutable adversaire. Leur historien a comparé le roi des Huns à un lion dans sa caverne, menaçant avec un redoublement de rage les chasseurs dont il est environné. Les rois et les nations qui, au moment de sa défaite, auraient pu déserter ses étendards, sentaient que de tous les dangers, le plus à craindre pour eux et le plus inévitable était la colère d'Attila. Son camp retentissait du bruit de ses instrumens guerriers, dont les sons animés ne cessaient de défier les ennemis ; et les premières troupes qui entreprirent de forcer ses retranchemens furent repoussées ou détruites par une grêle de traits lancés sur elles de toutes parts. On résolut, dans un conseil de guerre, d'assiéger le roi des Huns dans son camp, d'intercepter ses convois, et de le forcer à accepter un traité honteux ou un combat inégal ; mais l'impatience des Barbares dédaigna bientôt la lenteur de ces prudentes mesures, et la sage politique d'Ætius craignit de rendre, par la destruction des Huns, l'orgueil et la puissance des Goths beaucoup trop redoutables. Il employa l'ascendant de la raison et de l'autorité pour calmer le ressentiment que le fils de Théodoric regardait comme un devoir. Le patrice lui représenta, avec une apparence d'attachement à ses intérêts, le danger très-réel de son absence, et lui conseilla de déconcerter, par un prompt retour à Toulouse, les desseins ambitieux de ses frères, qui pouvaient usurper son trône et s'emparer de ses trésors (1). Après le départ des Goths et la sépa-

---

(1). Jornandès, *de Reb. getic.*, c. 41, p. 671. La politi-

ration des alliés, Attila fut surpris du vaste silence qui régnait dans les plaines de Châlons. La crainte de quelque stratagême le contint plusieurs jours dans l'enceinte de ses chariots, et sa retraite au-delà du Rhin attesta la dernière des victoires remportées au nom de l'empereur d'Occident. Mérovée et ses Francs suivirent l'armée des Huns jusqu'aux confins de la Thuringe, en ayant soin toutefois de se tenir toujours à une certaine distance, et de faire paraître leur nombre plus grand qu'il n'était réellement, par la quantité de feux qu'ils allumaient chaque nuit. Les Thuringiens servaient dans l'armée d'Attila; ils traversèrent le territoire des Francs dans leur marche et dans leur retour; et ce fut peut-être alors qu'ils exercèrent les horribles cruautés dont le fils de Clovis tira vengeance quatre-vingts ans après. Les Thuringiens massacrèrent leurs prisonniers et même les ôtages, firent périr dans les tourmens les plus recherchés deux cents jeunes filles dont les unes furent écartelées par des chevaux sauvages, les autres écrasées sous le poids des chariots que l'on fit passer sur elles, et leurs membres épars sur la route servirent

---

que d'Ætius et la conduite de Torismond paraissent fort naturelles; et le patrice, selon saint Grégoire de Tours (l. II, c. 7; p. 163), renvoya le roi des Francs en lui inspirant la même crainte. Le faux Idatius prétend ridiculement qu'Ætius fit en secret dans la nuit une visite au roi des Huns, et une autre à celui des Visigoths, et qu'ils lui donnèrent chacun une bourse de dix mille pièces d'or pour ne pas les inquiéter dans leur retraite.

de pâture aux loups et aux vautours. Tels étaient les sauvages ancêtres dont les vertus imaginaires ont obtenu les louanges et excité quelquefois l'envie des siècles civilisés (1).

Invasion de l'Italie par Attila. A. D. 451.

Le mauvais succès de l'expédition des Gaules n'altéra ni les forces, ni le courage, ni même la réputation d'Attila. Dans le printemps suivant, il fit une seconde demande de la princesse Honoria, et des trésors qui lui appartenaient. Sa demande fut encore rejetée ou éludée; et le fougueux Attila reprit les armes, passa les Alpes, envahit l'Italie, et assiégea Aquilée avec une armée aussi nombreuse que la première. Les Barbares n'entendaient rien à la conduite d'un siége, qui même chez les anciens exigeait quelque théorie ou au moins quelque pratique des arts mécaniques : mais les travaux de plusieurs milliers d'habitans de la province et des captifs, dont on sacrifiait la vie sans pitié, pouvaient exécuter les ouvrages les plus pénibles et les plus dangereux; et les artistes romains vendaient peut-être leur secours

---

(1) Ces cruautés, que Théodoric, fils de Clovis, déplore avec indignation (saint Grégoire de Tours, l. III, c. 10, p. 190), paraissent convenir au temps et aux circonstances de l'invasion d'Attila. Son séjour dans la Thuringe a été long-temps attesté par la tradition populaire, et l'on prétend qu'il y tint un *couroultai* ou diète, dans les environs d'Eisenach. *Voyez* Mascou (IX, 30), qui décrit avec la plus scrupuleuse exactitude l'ancienne Thuringe, dont il assure que le nom est dérivé des Thervinges, tribu des Goths.

aux destructeurs de leur pays. Les Huns se servirent contre les murs d'Aquilée des béliers, des tours roulantes et des machines qui lançaient des pierres, des dards et des matières enflammées (1). Le roi des Huns employait tour à tour l'influence de l'espoir, de la crainte, de l'émulation et de l'intérêt, pour détruire la seule barrière qui retardât la conquête de l'Italie. Aquilée était alors une des plus fortes villes maritimes, et une des plus riches et des plus peuplées de la côte de la mer Adriatique. L'intrépidité des Goths auxiliaires, commandés, à ce qu'il paraît, par leurs princes nationaux, Alaric et Antala, se communiquait aux citoyens, qui se rappelaient encore la glorieuse résistance de leurs ancêtres contre un Barbare féroce et inexorable, qui déshonorait la majesté de la pourpre romaine. Après trois mois d'un siège inutile, le manque de subsistances et les clameurs de l'armée contraignirent Attila de renon-

---

(1) *Machinis constructis, omnibusque tormentorum generibus adhibitis.* Jornandès, c. 42, p. 673. Dans le treizième siècle les Mongous se servirent, pour renverser les murs des villes de la Chine, de machines construites par les mahométans ou les chrétiens qui servaient dans leur armée. Ces machines lançaient des pierres qui pesaient de cent cinquante à trois cents livres. Les Chinois employèrent pour leur défense la poudre à canon et même des bombes plus de cent ans avant qu'elles fussent connues en Europe; et cependant ces armes, empruntées au ciel ou plutôt à l'enfer, ne purent sauver une nation pusillanime. *Voyez* Gaubill, *Hist. des Mongous*, p. 70, 71, 155-157, etc.

cer à son entreprise, et il donna à regret, pour le lendemain, l'ordre de plier les tentes et de commencer la retraite. Triste, pensif et indigné, il faisait le tour des murs d'Aquilée, lorsqu'il aperçut une cigogne qui, suivie de ses petits, s'envolait d'une tour et semblait abandonner son nid. Saisissant sur-le-champ en habile politique ce que ce frivole incident pouvait offrir à la superstition, il s'écria à haute voix, et d'un ton plein de joie, que cet oiseau domestique, si attaché à la société de l'homme, n'eût pas quitté son ancien asile, si ces tours n'eussent été dévouées à la destruction et à la solitude (1). Cet heureux présage inspira l'assurance de la victoire ; on reprit le siége, et il fut poussé avec une nouvelle vigueur. Les Huns assaillirent la partie du mur d'où était sortie la cigogne, ouvrirent une large brèche, s'y précipitèrent avec une impétuosité irrésistible, et la génération suivante distinguait à peine les ruines d'Aquilée (2). Après cette effrayante vengeance, Attila continua sa marche ; Altinum,

(1) Jornandès et Procope (*de Bell. vandal.*, l. 1^r, c. 4, p. 187, 188) racontent la même histoire ; il n'est pas aisé de décider lequel des deux est l'original : mais l'historien grec a commis une erreur inexcusable en plaçant le siége d'Aquilée après la mort d'Ætius.

(2) Jornandès, environ un siècle après le siége, affirme qu'Aquilée était si complétement détruite, *ut vix ejus vestigia ut appareant, reliquerint.* Voyez Jornandès, *de Reb. getic.*, c. 42, p. 673 ; Paul, diacre, l. ii, c. 14, p. 785 ; Luitprand, *Hist.*, l. iii, c. 2. On donnait quelquefois le

Padoue et Concordia, qui se trouvaient sur son passage, ne présentèrent bientôt plus que des monceaux de pierres et de cendres. Vicence, Vérone et Bergame, villes de l'intérieur, eurent tout à souffrir de l'avide cruauté des Huns. Pavie et Milan se soumirent sans résistance à la perte de leurs richesses, et rendirent grâce à la clémence inaccoutumée qui épargnait et les bâtimens et la vie des citoyens captifs. Les traditions populaires de Côme, Turin et Modène, paraissent suspectes ; mais elles concourent, avec des autorités plus authentiques, à prouver qu'Attila étendit ses ravages jusque dans les riches plaines de la Lombardie, qui sont séparées par le Pô, et bornées par les Alpes et l'Apennin (1). En entrant dans le palais de Milan, le monarque barbare aperçut avec surprise et avec indignation un tableau qui représentait les empereurs des Romains assis sur leur trône, et les princes de Scythie prosternés à leurs pieds. La vengeance qu'il prit de ce monument de la vanité romaine, fut à la fois douce et ingénieuse. Il fit venir un peintre, lui ordonna de changer les figures et les attitudes, et de peindre sur la même

---

nom d'Aquilée au Forum Julii, *Cividad del Friuli*, la capitale plus moderne de la province vénitienne.

(1) Dans le récit de cette guerre d'Attila, si fameuse et si imparfaitement connue, j'ai pris pour guides deux savans italiens qui ont traité ce sujet avec quelques avantages particuliers ; Sigonius (*de Imperio occidentali*, l. XIII, dans ses ouvrages, t. I, p. 495-502) et Muratori, *Annali d'Italia*, t. IV, p. 229, 236, édit. in-8°.

toile le roi de Scythie sur son trône (1), et les empereurs romains s'en approchant d'un air humble, pour vider à ses pieds des sacs d'or, symbole du tribut auquel ils s'étaient assujettis (2). Les spectateurs reconnurent sans doute la vérité de cette nouvelle représentation, et se rappelèrent peut-être, dans cette singulière occasion, la dispute de l'homme et du lion.(3).

Fondation de la république de Venise. L'orgueil féroce d'Attila s'est peint dans ce mot digne de lui, que l'herbe ne croissait jamais où son cheval avait passé. Cependant ce destructeur sauvage donna involontairement naissance à une république,

---

(1) Cette anecdote se trouve dans deux différens articles μεσιολανον et κορυκος des mélanges de Suidas.

(2) *Leo respondit : Humanâ hoc pictum manu;*
Videres hominem dejectum, si pingere
Leones scirent.   Appendix ad Phædrum, Fab. 25.

Dans Phèdre, le lion en appelle assez gauchement du tableau aux amphithéâtres, et j'ai observé avec plaisir que le goût naturel de La Fontaine lui a fait rejeter cette mauvaise conclusion.

(3) Paul, diacre (*de Gest. Langobard.*, l. 11, c. 4, p. 784), donne la description des provinces de l'Italie environ vers la fin du huitième siècle. *Venetia non solùm in paucis insulis quas nunc Venetias dicimus, constat; sed ejus terminus à Pannoniæ finibus usque Adduam fluvium protelatur.* L'histoire de cette province jusqu'au siècle de Charlemagne, forme la première et la plus intéressante partie de *Verona illustrata* (p. 1-388), dans laquelle le marquis Scipion Maffei s'est montré également capable des plus grandes vues et des recherches les plus détaillées.

qui ranima en Europe, dans le siècle de la féodalité, l'esprit de l'industrie commerciale. Le nom célèbre de Venise ou *Venetia*, appartenait autrefois à une vaste et fertile province de l'Italie, qui s'étendait depuis les frontières de la Pannonie jusqu'à la rivière de l'Adda, et depuis le Pô jusqu'aux Alpes Rhétiennes et Juliennes. Avant l'irruption des Barbares, cinquante villes vénitiennes jouissaient de la paix et de la prospérité. Aquilée était une des plus magnifiques ; mais l'agriculture et les manufactures soutenaient l'ancienne dignité de Padoue ; et les possessions de cinq cents citoyens qui jouissaient du rang de chevaliers romains, montaient, d'après la plus rigoureuse évaluation, à un million sept cent mille livres sterling. Un grand nombre de familles d'Aquilée, de Padoue et des villes des environs échappées à la fureur des Huns, trouvèrent dans les îles voisines un humble mais sûr asile (1). A l'extrémité du golfe où les marées de l'Océan se font faiblement sentir dans la mer Adriatique, on découvre une centaine de petites îles séparées du continent par des eaux fort basses, et défendues contre les vagues par de longues et étroites langues de terre entre lesquelles les vais-

---

(1) Cette émigration n'est attestée par aucun contemporain ; mais le fait est prouvé par l'événement, et la tradition a pu en conserver les circonstances. Les citoyens d'Aquilée se retirèrent dans l'île Gradus, ceux de Padoue à Rivus-Altus ou Rialto, où la ville de Venise a été bâtie dans la suite, etc.

seaux peuvent pénétrer par des passages secrets et resserrés (1). Jusqu'au milieu du cinquième siècle, ces îles, à peine habitées, demeurèrent sans culture et presque sans nom (2): mais les mœurs des Véni-

---

(1) La topographie et les antiquités des îles Vénitiennes depuis Gradus jusqu'à Clodia ou Chioggia, sont exactement décrites dans la Dissertation géographique *de Italiâ medii Ævi*, p. 151-155.

(2) « Le savant comte Figliasi a prouvé dans des Mémoires sur les Vénètes (*Memorie de' Veneti primi e secondi, del conte Figliasi*, t. VI, *Venezia*, 1796), que dès les temps les plus reculés cette nation, qui occupait le pays qu'on a nommé depuis *États vénitiens de terre-ferme*, habitait également les îles répandues sur ces côtes, et que de là étaient venus les noms de *Venetia prima* et *secunda*; dont le premier s'appliquait au continent, et le second aux îles et aux lagunes. Dès le temps des Pélasges et des Étrusques, les premiers Vénètes, habitant une contrée fertile et délicieuse, s'étaient voués à l'agriculture; les seconds, placés au milieu des canaux, à l'embouchure des fleuves, et à portée des îles de la Grèce comme des campagnes fécondes de l'Italie, s'étaient adonnés à la navigation et au commerce. Les uns et les autres se soumirent aux Romains peu avant la seconde guerre punique; ce ne fut cependant qu'après la victoire remportée par Marius sur les Cimbres, qu'on réduisit leur pays en province romaine. Sous le règne des empereurs, la première Vénétie mérita plus d'une fois, par ses malheurs, une place dans l'histoire...... Mais la province maritime était occupée de la pêche, des salines et du commerce. Les Romains ont regardé les peuples qui l'habitaient comme au-dessous de la dignité de l'histoire, et les ont laissés dans l'obscurité. » Ils y demeurèrent jusqu'à l'époque où leurs îles offrirent une retraite à leurs compatriotes rui-

tiens fugitifs, leurs arts et leur gouvernement prirent peu à peu, dans leurs nouvelles habitations, une forme régulière; et l'on peut considérer, une des épîtres de Cassiodore, dans laquelle il décrit leur situation (1), comme le premier monument de la république. Le ministre de Théodoric les compare, dans son style de déclamation recherchée, à des poules d'eau qui ont fait leur nid au milieu des vagues; et bien qu'il convienne que les provinces vénitiennes renfermaient autrefois un grand nombre de familles nobles, il fait entendre qu'elles étaient toutes alors réduites à l'égalité par la misère. Le poisson était presque l'unique nourriture des habitans de toutes les classes ; leur unique richesse consistait en sel que la mer leur fournissait en abondance, et qui, dans tous les marchés des environs, avait cours au lieu de l'or ou de l'argent qu'il remplaçait dans

---

nés et fugitifs. *Hist. des Républ. ital. du moyen âge*, par Simonde – Sismondi, t. 1, p. 313. (*Note de l'Éditeur.*)

(1) Cassiodore, *Variar.*, l. XII, épît. 24. Maffei (*Verona illustrata*, part. 1, p. 240-254) a traduit et expliqué cette lettre curieuse avec le génie d'un savant antiquaire et d'un sujet fidèle, qui regardait les Vénitiens, comme les seuls descendans légitimes de la république romaine. Il fixe la date de l'épître, et par conséquent de la préfecture de Cassiodore, A. D. 523; et l'autorité du marquis a d'autant plus de poids, qu'il avait préparé une édition des ouvrages de Cassiodore, et a publié une Dissertation sur la véritable orthographe de son nom. Voyez *Osservazioni litterarie*, t. II, p. 290-339.

les achats. Un peuple qui par la nature de ses habitations semblait appartenir également à la terre et à la mer, fut bientôt aussi accoutumé à ce second élément qu'il pouvait l'être au premier; et les désirs de l'avarice succédèrent à ceux du besoin. Les insulaires, qui depuis Grado jusqu'à Chiozza étaient unis par les liens de la plus étroite alliance, pénétrèrent dans le cœur de l'Italie par la navigation pénible, mais peu dangereuse, des canaux et des rivières. Leurs vaisseaux, dont ils augmentaient continuellement le nombre et la grandeur, visitaient tous les ports du golfe; et Venise a contracté dès son enfance le mariage qu'elle célèbre tous les ans avec la mer Adriatique. Cassiodore, préfet du prétoire, adresse son épître aux tribuns maritimes, et les exhorte avec douceur, mais d'un ton d'autorité, à exciter dans leurs compatriotes le zèle du service public. On avait alors besoin de leur secours pour transporter les magasins de vin et d'huile de la province d'Istrie dans la ville de Ravenne. Ces tribuns maritimes paraissent avoir réuni plusieurs attributions, ainsi qu'on en peut juger par une tradition qui nous apprend que dans les douze îles principales le peuple élisait tous les ans douze juges ou tribuns. La domination des rois goths de l'Italie, sur la république de Venise, est constatée par la même autorité qui anéantit ses prétentions à une indépendance originaire et perpétuelle (1).

---

(1) *Voyez*, dans le second volume d'Amelot de La Hous-

DE L'EMPIRE ROMAIN. CHAP. XXXV. 345

Les Italiens, qui avaient renoncé depuis longtemps au métier des armes, apprirent avec terreur, après quarante ans de paix, l'approche d'un Barbare formidable, qu'ils abhorraient comme l'ennemi de leur pays et de leur religion. Au milieu de la consternation générale, le seul Ætius demeurait inaccessible à la crainte ; mais, malgré sa valeur et ses talens, Ætius, seul et sans secours, ne pouvait exécuter aucun exploit digne de sa réputation. Les Barbares qui avaient défendu la Gaule, refusaient obstinément de marcher à la défense de l'Italie, et les secours promis par l'empereur d'Orient étaient éloignés et peu certains. Le patrice, à la tête des troupes domestiques attachées à son service particulier, fatiguant et retardant sans cesse la marche d'Attila, ne se montra jamais plus grand qu'au moment où un peuple d'ignorans et d'ingrats blâmaient hautement sa conduite (1). Si l'âme de Valentinien eût été sus-

Attila fait la paix avec les Romains.

---

saie, *Histoire du gouvernement de Venise*, une traduction du fameux *Squittenio*. Ce livre, qu'on a beaucoup trop vanté, trahit à chaque ligne le manque de sincérité et la malveillance de l'esprit de parti ; mais on y trouve rassemblés tous les principaux témoignages, soit authentiques, soit apocryphes, et le lecteur les discernera facilement.

(1) Sirmond (*Not. ad Sidon.—Apollin.*, p. 19) a publié un passage curieux tiré de la Chronique de Prosper : *Attila, redintegratis viribus, quas in Galliâ amiserat, Italiam ingredi per Pannonias intendit, nihil duce nostro Ætio secundùm prioris belli opera prospiciente*, etc. Il reproche à Ætius d'avoir négligé la garde des Alpes, et d'avoir eu le dessein

ceptible de quelques sentimens généreux, il aurait pris ce brave général pour exemple et pour guide : mais le petit-fils de Théodose, au lieu de partager le danger, fuyait le bruit des armes ; et sa retraite précipitée de Ravenne à Rome, d'une forteresse imprenable dans une ville ouverte et sans défense, annonçait clairement l'intention d'abandonner l'Italie dès que l'ennemi s'approcherait assez pour menacer sa sûreté personnelle. Cependant l'esprit de doute et de délai, qui règne toujours dans les conseils des lâches et en diminue quelquefois la pernicieuse influence, suspendit cette honteuse abdication. L'empereur de l'Occident, le sénat et le peuple de Rome, par une inspiration plus salutaire, se déterminèrent à tâcher d'apaiser la colère d'Attila par l'envoi d'une ambassade solennelle chargée de lui porter leurs supplications. On confia cette importante commission à Avienus, qui, par sa naissance et ses richesses, sa dignité consulaire, le nombre de ses cliens et ses talens personnels, tenait le premier rang dans le sénat de Rome. Le caractère adroit et artificieux d'Avienus (1) était parfaitement approprié à la conduite

---

d'abandonner l'Italie ; mais cette accusation hasardée est au moins contre-balancée par les témoignages favorables d'Isidore et d'Idatius.

(1) *Voyez* les portraits originaux d'Avienus et de son rival Basile, tracés et mis en opposition dans les épîtres 1, 9, p. 22, de Sidonius. Il avait étudié le caractère des deux chefs du sénat ; mais il s'était attaché à Basile, comme l'ami le plus sincère et le plus désintéressé.

DE L'EMPIRE ROMAIN. CHAP. XXXV. 347

d'une négociation, soit qu'elle fût relative à des intérêts publics ou particuliers. Son collègue Trigetius avait occupé la place de préfet du prétoire en Italie ; et Léon, évêque de Rome, consentit à hasarder sa vie pour sauver son troupeau. Saint Léon a exercé et déployé son génie (1) dans les calamités publiques, et il a obtenu le nom de grand par son zèle et son succès à établir ses opinions et son autorité, sous les noms révérés de foi orthodoxe et de discipline ecclésiastique. Attila était campé à l'endroit où le cours lent et tortueux du Mincius vient se terminer et se perdre dans les vagues écumantes du lac Benacus (2), et sa cavalerie scythe foulait l'héritage de Catulle et de Virgile (3): ce fut là qu'il reçut les ambassadeurs

---

(1) On peut découvrir le caractère et les principes de saint Léon dans cent quarante-une de ses épîtres originales, qui éclaircissent toute l'histoire ecclésiastique de ce pontificat si long et si rempli, depuis A. D. 440 jusqu'en 461. *Voyez* Dupin, *Biblioth. ecclés.*, t. III, part. 2, p. 120-165.

(2) . . . . *Tardis ingens ubi flexibus errat*
Mincius, et tenerâ prætexit arundine ripas

Anne lacus tantos, te, Lari maxime; teque
Fluctibus, et fremitu assurgens, Benace, marino.

(3) Le marquis de Maffei (*Verona illustrata*, part. I, p. 95, 129-221; part. II, p. 2, 6) a éclairci avec beaucoup de goût et d'érudition cette intéressante topographie. Il place l'entrevue d'Attila et de saint Léon près d'Ariolica ou Ardelica, aujourd'hui Peschiera, au confluent du lac et de la rivière. Il marque l'endroit qu'occupait la maison de Catulle, dans la péninsule de Sarmio, et découvre les Andes de Virgile,

romains, dans sa tente, et les écouta avec une attention obligeante et même respectueuse. La délivrance de l'Italie fut achetée par l'immense rançon ou douaire de la princesse Honoria. L'état où était son armée contribua sans doute à faciliter le traité et à hâter sa retraite. Les jouissances du luxe et la chaleur du climat avaient énervé la valeur de ses soldats. Les pâtres du Nord, dont la nourriture ordinaire consistait en lait et en viande crue, s'étaient livrés avec excès à l'usage du pain, du vin, et de la viande préparée et assaisonnée à la manière des Romains, et les progrès de la maladie parmi eux commençaient à venger l'Italie (1). Lorsque Attila déclara sa résolution de conduire son armée victorieuse aux portes de Rome, ses amis et ses ennemis concoururent à l'en détourner, en lui rappelant qu'Alaric n'avait pas survécu long-temps à la conquête de la ville *éternelle*. L'âme intrépide que ne pouvait émouvoir la présence du danger, ne fut pas à l'abri d'une terreur

---

dans le village de Bandes, précisément où *se subducere colles incipiunt*, où les hauteurs du Véronèse s'abaissent dans la plaine de Mantoue.

(1) *Si statim infesto agmine urbem petiissent, grande discrimen esset : sed in Venetiâ quo ferè tractu Italiæ mollissima est, ipsâ solis cœlique clementiâ robur elanguit. Adhoc panis usu carnisque coctæ, et dulcedine vini mitigatos*, etc. Ce passage de Florus est plus applicable aux Huns qu'aux Cimbres, et il peut servir de commentaire à la peste envoyée du ciel, dont Idatius et Isidore prétendent que furent attaqués les soldats d'Attila.

imaginaire; le roi des Huns n'échappa point à l'influence de la superstition dont il s'était si fréquemment servi pour le succès de ses desseins (1). L'éloquence pressante de Léon, sa démarche majestueuse, et ses habits pontificaux, inspirèrent au prince barbare un sentiment de vénération pour le père spirituel des chrétiens; l'apparition des deux apôtres saint Pierre et saint Paul, qui menacèrent le conquérant d'une prompte mort s'il rejetait la prière de leur successeur, est une des plus belles légendes de la tradition ecclésiastique. Le destin de Rome pouvait mériter l'intervention du ciel, et l'on doit quelque indulgence à une fable qui a été représentée par le pinceau de Raphaël et par le ciseau de l'Algardi (2).

Avant de quitter l'Italie, le roi des Huns menaça d'y revenir plus terrible encore et plus implacable si, avant le terme convenu par le traité, l'on ne remettait pas son épouse, la princesse Honoria, entre les mains de ses ambassadeurs; mais, en attendant, Attila, pour calmer ses tendres inquiétudes, ajouta à

Mort d'Attila.
A. D. 453.

---

(1) L'historien Priscus rapporte d'une manière positive l'effet que produisit cet exemple sur l'esprit d'Attila. Jornandès, c. 42, p. 673.

(2) Le tableau de Raphaël est dans le Vatican; et le bas-relief de l'Algardi sur un des autels de Saint-Pierre. *Voy.* Dubos, *Réflex. sur la poésie et sur la peinture*, t. 1, p. 519, 520. Baronius (*Annal. eccles.*, A. D. 452, n°s 57, 58) soutient hardiment la vérité de l'apparition, qui est rejetée toutefois par les plus savans et les plus pieux des catholiques.

la liste de ses innombrables épouses, une jeune beauté, nommée Ildico (1). Après avoir célébré son mariage dans le palais du village royal, situé au-delà du Danube, par toutes les fêtes usitées chez les Huns, le monarque, accablé de vin et de sommeil, quitta fort tard les plaisirs de la table pour se livrer à ceux de l'amour. Dans la crainte de les troubler ou d'interrompre son repos, ses domestiques n'osaient entrer le lendemain dans son appartement; mais la plus grande partie du jour s'étant passée sans que ceux qui attendaient à sa porte entendissent le moindre bruit, l'inquiétude l'emporta sur le respect; leurs cris répétés n'ayant pas réussi à éveiller le monarque, ils se précipitèrent dans la chambre de leur maître, et trouvèrent sa nouvelle épouse assise tremblante à côté du lit, le visage couvert de son voile, déplorant le danger de sa propre situation et la perte d'Attila. Une de ses artères s'était rompue pendant la nuit, et, se trouvant couché, il avait été suffoqué par le

---

(1) *Attila, ut Priscus historicus refert, extinctionis suæ tempore, puellam Ildico nomine, decoram valdè, sibi matrimonio post innumerabiles uxores.....socians.* Jornand., c. 49, pag. 683, 684. Il ajoute ensuite (c. 50, p. 686) : *Filii Attilæ, quorum per licentiam libidinis penè populus fuit.* Dans tous les siècles la polygamie fut admise chez les Tartares : le rang des épouses, parmi le peuple, dépend de leur beauté; et la matrone surannée arrange sans murmurer le lit destiné à sa jeune rivale : mais parmi les princes les fils nés des filles de khans ont le premier droit à la succession de leur père. *Voyez* l'*Histoire généalogique*, p. 406, 407, 408.

sang qui, au lieu de s'échapper par les narines, avait regorgé dans les poumons et l'estomac (1). On exposa son corps au milieu de la plaine, sous un pavillon de soie; et des escadrons de Huns en firent plusieurs fois le tour en chantant des vers à l'honneur d'un héros plein de gloire durant sa vie, invincible même à sa mort, le père de son peuple, le fléau de ses ennemis et la terreur de l'univers. Les Barbares coupèrent, suivant l'usage, une partie de leurs cheveux, se couvrirent le visage de hideuses blessures, et firent couler, en l'honneur de leur intrépide général, non les larmes des femmes, mais le sang des guerriers. Le corps d'Attila, renfermé dans trois cercueils, le premier d'or, le second d'argent et le dernier de fer, fut mis en terre pendant la nuit. On ensevelit dans la même tombe quelques dépouilles des nations qu'il avait vaincues. Les captifs qui avaient ouvert la fosse furent impitoyablement massacrés, et les Huns, après s'être abandonnés à une douleur immodérée, terminèrent la fête en se livrant, autour du sépulcre, à tous les excès de la joie et de la débau-

---

(1) La nouvelle de son crime passa bientôt jusqu'à Constantinople, où on lui donna un nom fort différent, et Marcellin observe que l'usurpateur de l'Europe périt dans la nuit par la main et par le couteau d'une femme. Corneille, qui a suivi dans sa tragédie la vérité de l'histoire, décrit cette hémorrhagie en quarante vers pompeux, et fait dire à Attila avec une fureur ridicule :

S'il ne veut s'arrêter (son sang),
Dit-il, on me paira ce qu'il va m'en coûter.

che. On prétendit à Constantinople que, dans la nuit fortunée qui en délivra l'empire, Marcien avait cru voir en songe se briser l'arc d'Attila. Cette tradition pourrait servir à prouver que le redoutable roi des Huns occupait souvent l'imagination des empereurs romains (1).

Destruction de l'empire d'Attila. La révolution qui détruisit l'empire des Huns assura la gloire du monarque qui seul avait pu soutenir un édifice si vaste et si peu solidement assemblé. Après sa mort, ses chefs les plus braves aspirèrent au rang de souverains, les rois les plus puissans parmi ceux qui lui étaient soumis voulurent jouir de l'indépendance, et les fils de tant de mères différentes se partagèrent et se disputèrent comme un héritage particulier le commandement des nations de la Scythie et de la Germanie. L'audacieux Ardaric sentit et représenta la honte de ce partage. Les Gépides, ses sujets, et les Ostrogoths, sous la conduite de trois frères intrépides, encouragèrent leurs alliés à soutenir les droits de la liberté de leur couronne. On vit, soit pour se soutenir, soit pour se combattre, se rassembler sur les bords de la rivière de Netad en Pannonie, les lances des Gépides, les épées des Goths, les traits des Huns, l'infanterie des Suèves, les armes légères des Hérules, et les glaives pesans des Alains. La bataille fut sanglante et décisive, et

---

(1) Jornandès (c. 49, p. 684, 685) raconte les circonstances curieuses de la mort et des funérailles d'Attila; et il y a lieu de croire que Priscus les a rapportées d'après lui.

la victoire d'Ardaric coûta trente mille hommes à ses adversaires. Ellac, l'aîné des fils d'Attila, perdit sa couronne et la vie à la bataille de Netad. Sa précoce valeur l'avait déjà placé sur le trône des Acatzires, peuple de Scythie qu'il avait subjugué, et Attila, sensible à la supériorité du mérite, aurait envié la mort de son fils Ellac (1). Son frère Dengisich, suivi d'une armée de Huns encore formidable après sa défaite, se défendit plus de quinze ans sur les bords du Danube. Le palais d'Attila et l'ancienne Dacie, depuis les montagnes Carpathiennes jusqu'à la mer Noire, devinrent le siége d'une nouvelle puissance fondée par Ardaric, roi des Gépides. Les Ostrogoths occupèrent les conquêtes faites en Pannonie, depuis Vienne jusqu'à Sirmium; et les différens établissemens des tribus qui venaient de défendre si courageusement leur liberté, furent irrégulièrement distribués selon l'étendue de terrain qu'exigeaient leurs forces respectives. Environné et accablé par la multitude des esclaves de son père, Dengisich ne possédait d'autre empire que l'enceinte de ses chariots; son courage désespéré le poussa à attaquer l'em-

---

(1) *Voyez* Jornandès, *de Reb. getic.*, c. 50, p. 685, 686, 687, 688. Sa distinction des armes nationales est curieuse et importante. *Nam ibi admirandum reor fuisse spectaculum, ubi cernere erat cunctis pugnantem Gothum ense furentem, Gepidam in vulnere suorum cuncta tela frangentem; Suevum pede, Hunnum sagittâ præsumere; Alanum gravi, Herulum levi armaturâ, aciem instruere.* Je ne sais point avec précision où est située la rivière de Netad.

pire d'Orient, et il perdit la vie dans une bataille. Sa tête, ignominieusement exposée dans l'Hippodrome, amusa la curiosité du peuple de Constantinople. La tendresse et la superstition avaient persuadé à Attila qu'Irnac, le plus jeune de ses fils, était destiné à soutenir la gloire de sa race. Le caractère de ce prince, qui tâcha vainement de modérer l'impétuosité de son frère Dengisich, convenait mieux à la nouvelle situation des Huns. Irnac, suivi des hordes qui lui obéissaient, se retira dans le cœur de la petite Scythie. Ils y furent bientôt accablés par une multitude de Barbares qui suivirent le chemin qu'avaient découvert leurs ancêtres. Les *Geougen* ou Avares, que les écrivains grecs placent sur les côtes de l'Océan, chassèrent devant eux les tribus voisines; et enfin les Igours du Nord, sortant des régions glacées de la Sibérie, qui produisent les plus précieuses fourrures, se répandirent dans le désert jusqu'au Borysthène et à la mer Caspienne, et détruisirent totalement l'empire des Huns (1).

<small>Valentinien assassine le patrice Ælius. A. D. 454.</small>

Cette révolution put contribuer à la sûreté de l'empire d'Orient, dont le monarque avait su se concilier l'amitié des Barbares sans se rendre indigne de leur estime; mais en Occident le faible Valentinien,

---

(1) Deux historiens modernes ont jeté de nouvelles lumières sur la ruine et la division de l'empire d'Attila : M. du Buat (t. VIII, p. 3-31, 68-94), par ses recherches exactes et laborieuses; et M. de Guignes, par son extraordinaire connaissance de la langue et des auteurs chinois. *Voyez* l'*Hist. des Huns*, t. II, p. 315-319.

parvenu à sa trente-cinquième année sans avoir atteint l'âge de la raison ou du courage, abusa de sa tranquillité apparente pour saper les fondemens de son trône en assassinant de sa propre main le patrice Ætius. Il haïssait, par un instinct de basse jalousie, le héros qu'on célébrait universellement comme la terreur des Barbares et le soutien de l'empire, et l'eunuque Héraclius, son nouveau favori, tira l'empereur d'une léthargie qui, durant la vie de l'impératrice, pouvait se déguiser sous le nom de respect filial (1). La réputation d'Ætius, ses dignités, ses richesses, la troupe nombreuse et guerrière de Barbares dont il était toujours suivi, ses créatures puissantes dans l'État, où elles remplissaient tous les emplois civils, et les espérances de son fils Gaudentius, déjà fiancé à Eudoxie, fille de l'empereur, l'élevaient au-dessus du rang d'un sujet. Les desseins ambitieux dont on l'accusa secrètement, excitèrent la crainte et le ressentiment de Valentinien. Ætius lui-même, encouragé par le sentiment de son mérite, de ses services, et peut-être de son innocence, paraît s'être conduit avec une imprudente hauteur. Le patrice

---

(1) Placidie mourut à Rome le 27 novembre A. D. 450; on l'enterra à Ravenne, où son sépulcre et même son corps, assis sur une chaise de bois de cyprès, a été conservé durant plusieurs siècles. Le clergé orthodoxe complimenta souvent l'impératrice, et saint Pierre Chrysologue l'assura que son zèle pour la sainte Trinité avait été récompensé par une auguste trinité d'enfans. *Voyez* Tillemont, *Hist. des Emper.*, t. VI, p. 240.

offensa son souverain par une déclaration hostile;
et il aggrava l'offense en le forçant à ratifier, par un
serment solennel, un traité d'alliance et de réconciliation. Ætius témoigna hautement ses soupçons et
négligea sa sûreté. Le mépris qu'il ressentait pour
son ennemi l'aveugla au point de le croire incapable
même d'un crime qui demandait de la hardiesse, et
il se rendit imprudemment au palais de Rome. Tandis qu'il pressait l'empereur, peut-être avec trop de
véhémence, de conclure le mariage de son fils, Valentinien, tirant pour la première fois son épée, la
plongea dans le sein d'un général qui avait sauvé
l'empire. Ses eunuques et ses courtisans se disputèrent l'honneur d'imiter leur maître, et Ætius, percé
de plus de cent coups, expira en sa présence. Dans
le même instant, on assassinait Boëthius, préfet du
prétoire; et avant que la nouvelle pût se répandre,
les principaux amis du patrice furent mandés au palais et massacrés séparément. L'empereur, déguisant
cette action atroce sous les noms spécieux de justice
et de nécessité, en instruisit ses soldats, ses sujets
et ses alliés. Les nations qu'aucune alliance n'intéressait au sort d'Ætius, ou qui le redoutaient comme
ennemi, déplorèrent généreusement l'indigne mort
d'un héros. Les Barbares qui avaient été personnellement attachés à son service, dissimulèrent leur
douleur et leur ressentiment; et le mépris public
dont Valentinien avait été si long-temps l'objet, se
convertit en une horreur profonde et universelle.
Ces sentimens pénètrent rarement à travers les murs

des palais ; cependant l'empereur entendit avec confusion la réponse ferme d'un Romain dont il n'avait pas dédaigné de solliciter l'approbation. « J'ignore, lui dit-il, quels ont été vos griefs ; mais je sais que vous avez agi comme un homme qui se sert de sa main gauche pour se couper la main droite (1). »

Le luxe de Rome semble avoir attiré à cette ville de longues et fréquentes visites de Valentinien, que l'on méprisait par cette raison plus à Rome qu'en aucun autre endroit de ses États. Les sénateurs, dont l'autorité et même les secours devenaient nécessaires au soutien d'un gouvernement faible, avaient repris insensiblement l'esprit républicain ; les manières impérieuses d'un monarque héréditaire offensaient leur vanité, et les plaisirs de Valentinien troublaient la paix et blessaient l'honneur des familles les plus distinguées. La naissance de l'impératrice Eudoxie était égale à celle de son mari ; sa tendresse et ses charmes méritaient de recevoir les preuves d'amour que l'inconstance de l'empereur offrait chaque jour à quelque nouvelle beauté. Pétrone-Maxime, riche sénateur de la famille Anicienne, qui avait été deux fois consul, possédait une femme belle et vertueuse. Sa résistance soutenue ne servit qu'à irriter les désirs

Valentinien viole la femme de Maxime.

---

(1) *Ætium Placidus mactavit semivir amens*, dit Sidonius, *Panegyr. Avit.*, 359. Le poëte connaissait le monde, et n'était point disposé à flatter un ministre qui avait outragé ou disgracié Avitus et Majorien, dont Sidonius a fait successivement les héros de ses chants.

de Valentinien, qui résolut de les satisfaire par force ou par stratagême. Un jeu excessif était un des vices de la cour. L'empereur, par hasard ou par quelque artifice, avait gagné une somme considérable à Maxime, et avec peu de délicatesse il avait exigé qu'il lui remît son anneau pour sûreté de la dette ; il l'envoya à la femme de Maxime par un messager de confiance, lui faisant ordonner de la part de son mari de se rendre sur-le-champ auprès de l'impératrice. N'ayant aucun soupçon de la supercherie, elle se fit conduire dans sa litière au palais impérial. Les émissaires de son impétueux amant l'introduisirent dans une chambre écartée, où Valentinien viola sans remords les lois de l'hospitalité. A son retour, sa profonde douleur et les reproches amers dont elle accablait son mari, qu'elle regardait comme complice de son propre déshonneur, enflammèrent Maxime du désir d'une juste vengeance ; et à ce désir de vengeance vinrent se joindre les espérances de l'ambition. Maxime pouvait raisonnablement se flatter que les suffrages du peuple et du sénat l'élèveraient sur le trône de son odieux et méprisable rival. Valentinien, qui, jugeant d'après son cœur, ne croyait ni à l'amitié ni à la reconnaissance, avait imprudemment reçu parmi ses gardes des domestiques et des soldats d'Ætius. Deux d'entre eux, Barbares de naissance, se laissèrent aisément persuader qu'ils rempliraient un devoir honorable et sacré en ôtant la vie à l'assassin de leur ancien maître, et leur intrépidité ne leur permit pas de chercher long-temps une occasion favorable. Tandis que Valentinien s'amusait dans le Champ-de-Mars, du spectacle de quelques jeux militaires, ils s'élancèrent sur lui, l'épée à la main, immolèrent le coupable Héraclius, et percèrent l'empereur lui-même sans rencontrer aucune opposition de la part de sa nombreuse suite, qui semblait plutôt applaudir à la mort du tyran. {Mort de Valentinien et de l'eunuque Héraclius. A. D. 455, 16 mars.} Tel fut le sort de Valentinien III (1), le dernier empereur de la famille de Théodose. Il eut toute la faiblesse de son cousin et de ses deux oncles, sans y joindre la douceur, la pureté, l'innocence de caractère qui font tolérer en eux le manque de courage et d'intelligence. Valentinien, moins excusable, avait des passions et n'avait pas de vertus ; sa religion même était suspecte ; et quoiqu'il n'ait jamais embrassé les erreurs de l'hérésie, il scandalisa la piété des chrétiens par son attachement pour les pratiques sacrilèges de la magie et de la divination.

Dès le temps de Cicéron et de Varron, les augures romains prétendaient que les douze vautours aperçus {Symptômes de décadence et de destruction.}

––––––––––

(1) Relativement à la cause et aux circonstances de la mort d'Ætius et de Valentinien, nous n'avons que des renseignemens obscurs et imparfaits. Procope (*de Bell. vand.*, l. 1, c. 4, p. 186, 187, 188) raconte fabuleusement tout ce qui est antérieur à son siècle ; il est donc indispensable d'y suppléer, et de le corriger par le secours de cinq ou six Chroniques, dont aucune n'a été composée à Rome ni en Italie, et qui ne peuvent que rapporter sans aucune liaison les bruits populaires répandus en Espagne, en Afrique, à Constantinople ou à Alexandrie.

par Romulus annonçaient le terme fixé par le destin pour la durée de sa ville, qui serait détruite douze cents ans après sa fondation (1). Cette prophétie avait peut-être été méprisée dans des siècles de vigueur et de prospérité; mais alors en voyant s'approcher la fin de ce douzième siècle, marqué par la honte et les malheurs, le peuple se livrait aux craintes les plus funestes (2); et la postérité n'a pu sans doute se défendre de quelque surprise, en voyant se vérifier par la chute de l'empire d'Occident, l'interprétation arbitraire d'une circonstance accidentelle ou fabuleuse; mais cette chute fut annoncée par des présages plus clairs et plus sûrs que le vol des vautours. Le gouvernement romain devenait tous les jours plus odieux à ses sujets accablés (3); et moins redoutable

---

(1) Cette interprétation de Vettius, célèbre augure, fut citée par Varron dans le dix-huitième livre de ses *Antiquités*: Censorinus, *de Die natali*, c. 17, p. 91, éd. Haverc.

(2) Selon Varron, le douzième siècle devait expirer A. D. 447; mais l'incertitude de l'époque véritable de la fondation de Rome peut permettre un peu de délai ou d'anticipation. Les poëtes du siècle attestent cette opinion populaire, et leur témoignage n'est pas récusable:

> *Jam reputant annos, interceptoque volatu*
> *Vulturis, incidunt properatis sæcula metis.*

> *Jam prope fata tui bissenas vulturis alas*
> *Implebant; scis namque tuos, scis, Roma, labores.*
> *Voyez* Dubos, t. 1, p. 340-346.

(3) Le cinquième livre de Salvien est rempli de lamen-

à ses ennemis. Les taxes se multipliaient avec les malheurs publics; l'économie était plus négligée à mesure qu'elle devenait plus nécessaire; l'injustice des riches faisait retomber sur le peuple tout le poids d'un fardeau inégalement partagé, et détournait à leur profit tout l'avantage des décharges qui auraient pu quelquefois soulager sa misère. L'inquisition sévère qui confisquait leurs biens et exposait souvent leurs personnes aux tortures, décidait les sujets de Valentinien à préférer la tyrannie moins compliquée des Barbares, à se réfugier dans les bois et dans les montagnes, ou à embrasser l'état avilissant de la domesticité mercenaire. Ils rejetaient avec horreur le nom de citoyen romain, autrefois l'objet de l'ambition générale. Les provinces armoricaines de la Gaule, et la plus grande partie de l'Espagne, entraînées par la confédération des Bagaudes, vivaient dans un état d'indépendance et d'anarchie; et les ministres impériaux employaient inutilement des troupes et des lois de proscription à réduire des nations qu'ils avaient jetées dans la révolte et dans le désespoir (1). Quand un même moment aurait vu

---

tations pathétiques et d'invectives véhémentes. Son excessive liberté prouve également la faiblesse et la corruption du gouvernement romain. Il publia son livre après la perte de l'Afrique (A. D. 439) et avant la guerre d'Attila (A. D. 451).

(1) Les Bagaudes d'Espagne combattirent les troupes romaines en batailles rangées. Idatius en parle dans plusieurs

périr tous les Barbares, leur destruction totale n'aurait pas suffi pour rétablir l'empire d'Occident; et si Rome lui survécut, elle avait vu du moins périr sa liberté, son honneur et sa vertu.

---

articles de ses Chroniques. Salvien a décrit très-énergiquement leurs souffrances et leur révolte : *Itaque nomen civium romanorum.... nunc ultro repudiatur ac fugitur, nec vile tamen sed etiam abominabile penè habetur.... Et hinc est ut etiam hi qui ad Barbaros non confugiunt, Barbari tamen esse coguntur, scilicet ut est pars magna Hispanorum, et non minima Gallorum.... De Bagaudis nunc mihi sermo est, qui per malos judices et cruentos spoliati, afflicti, necati, postquam jus Romanæ libertatis amiserant, etiam honorem Romani nominis perdiderunt.... Vocamus rebelles, vocamus perditos quos esse compulimus criminosos.* De Gubern. Dei, l. v, p. 158, 159.

CHAPITRE XXXVI.

Sac de Rome par Genseric, roi des Vandales. Ses pirateries. Succession des derniers empereurs d'Occident, Maxime, Avitus, Majorien, Sévère, Anthemius, Olybrius, Glycerius, Nepos, Augustule. Extinction totale de l'empire d'Occident. Règne d'Odoacre, premier roi barbare de l'Italie.

LA perte ou la dévastation des provinces, depuis l'Océan jusqu'aux Alpes, rabaissait la gloire et la puissance de Rome; la séparation de l'Afrique avait détruit sans retour sa prospérité intérieure. Les avides Vandales confisquaient toutes les possessions des sénateurs, et arrêtaient les subsides annuels qui servaient, avant leurs conquêtes, à soulager l'indigence des plébéiens, et à encourager leur oisiveté. Une attaque imprévue aggrava bientôt les malheurs des Romains, et la province fertile et fidèle qui avait long-temps fourni à leur subsistance, s'arma pour les attaquer sous la conduite d'un Barbare ambitieux. Les Vandales et les Alains qui suivaient les drapeaux victorieux de Genseric, avaient acquis un riche territoire qui s'étendait depuis Tanger jusqu'à Tripoli; mais ce territoire d'environ quatre-vingt-dix jours de marche le long de la côte, était très-resserré, d'un côté par le désert, et de l'autre par la Méditerranée. La découverte ou la réduction des noirs

Puissance navale des Vandales.
A. D. 439-455.

habitans de la zone torride ne pouvait tenter l'ambition du prudent Genseric ; mais il jeta ses regards vers la mer, résolut de se créer une puissance maritime, et exécuta cette grande entreprise avec autant de persévérance que d'activité. Les bois du mont Atlas offraient des matériaux inépuisables ; ses nouveaux sujets étaient également instruits dans l'art de la construction et dans celui de la navigation ; il excita ses intrépides Vandales à se tourner vers un genre de guerre qui devait leur livrer l'entrée de tous les pays maritimes. L'espoir du pillage tenta les Maures et les Africains, et après un intervalle de six siècles, les flottes sorties du port de Carthage régnèrent de nouveau sur la Méditerranée. Les succès des Vandales, la conquête de la Sicile, le sac de Palerme, et des descentes réitérées sur la côte de Lucanie, alarmèrent la mère de Valentinien et la sœur de Théodose. Elles formèrent des alliances et des armemens dispendieux et inutiles pour détruire l'ennemi commun, qui réservait tout son courage pour les dangers qu'il n'avait pu prévenir ou éviter par son adresse. Sa politique fit échouer tous les projets des Romains par des délais artificieux, des promesses équivoques et des concessions apparentes ; et l'apparition de son formidable confédéré le roi des Huns, rappela les empereurs de la conquête de l'Afrique au soin de leur propre sûreté. Les révolutions du palais, qui laissèrent l'empire d'Occident sans défenseur et sans prince légitime, dissipèrent les craintes de Genseric et excitèrent son avidité : il équipa promptement une nombreuse flotte de Maures et de Vandales, et jeta l'ancre à l'entrée du Tibre, environ trois mois après la mort de Valentinien et l'élévation de Maxime sur le trône impérial.

La vie privée du sénateur Pétrone-Maxime (1) avait été souvent citée comme un exemple rare de la félicité humaine. Sa naissance était noble et illustre, puisqu'il descendait de la famille Anicienne; il possédait une fortune immense en terres et en argent, et ajoutait à ces avantages l'instruction, les talens et les manières nobles qui ornent ou imitent les dons inestimables du génie et de la vertu. Il faisait avec grâce et générosité les honneurs de sa table et des plaisirs de son palais. Maxime ne paraissait en public qu'environné d'une foule de cliens (2), parmi lesquels il avait mérité peut-être de compter quelques amis sincères. Considéré du prince et du sénat, il avait été élevé trois fois au poste de préfet du prétoire d'Italie, deux fois au consulat, et enfin au rang de patrice. Ces emplois civils n'excluaient pas la jouis-

Caractère et règne de l'empereur Maxime. A. D. 455, 17 mars.

---

(1) Sidonius-Apollinaris composa la treizième épître de son second livre pour réfuter le paradoxe de son ami Serranus, qui manifestait pour le dernier empereur un enthousiasme aussi généreux que singulier. Cette épître, qu'avec un peu d'indulgence on peut regarder comme un ouvrage agréable, jette beaucoup de jour sur le caractère de Maxime.

(2) *Clientum prævia, pedisequa, circumfusa populositas.* C'est ainsi que Sidonius lui-même dépeint la suite qui environnait un autre sénateur de rang consulaire, (l. 1, ep. 9).

sance du loisir et du repos; tous ses momens étaient comptés et partagés avec un soin égal entre le plaisir et les affaires. Cette économie de temps annonce que Maxime savait jouir de son heureuse situation. L'injure qu'il avait reçue de Valentinien paraît suffisante pour excuser la plus sanglante vengeance. Cependant un philosophe aurait pu réfléchir que la chasteté de sa femme était intacte, si sa résistance avait été sincère, et que rien ne pouvait la lui rendre, en supposant qu'elle eût consenti au désir de son corrupteur. Un patriote aurait hésité à se plonger lui-même et son pays dans les calamités qui devaient être les suites inévitables de l'extinction de la maison impériale. Maxime négligea imprudemment ces considérations; il satisfit son ambition et sa vengeance; il vit expirer à ses pieds le coupable Valentinien, et fut séduit par la voix du peuple et du sénat qui l'appelaient à l'empire; mais son bonheur finit avec la cérémonie de son inauguration. Emprisonné dans son palais, selon les énergiques expressions de Sidonius, et après y avoir vainement cherché le sommeil, il se leva en soupirant d'avoir atteint le but de ses désirs, et n'aspira plus qu'à descendre du poste dangereux où il s'était élevé. Accablé du poids de son diadême, il confia ses tristes réflexions à Fulgentius, son ami et son questeur; et rappelant les plaisirs sereins de sa vie passée : « O fortuné Damoclès (1), s'écriait l'em-

---

(1) *Districtus ensis cui super impiâ*
Cervice pendet, non Siculæ dapes

pereur, ton règne commença et finit dans un même repas. » Allusion connue, que Fulgentius publia depuis comme une leçon instructive pour les souverains et pour leurs sujets.

Trois mois bornèrent le règne de Maxime; ses momens, qui ne lui appartenaient plus, étaient troublés par les remords et la terreur, et son trône chancelant fut continuellement ébranlé par les séditions des soldats, du peuple et des Barbares confédérés. Le mariage de son fils Palladius avec la fille aînée du dernier empereur, pouvait avoir pour objet d'assurer la succession héréditaire dans sa famille; mais la violence qu'il fit à l'impératrice Eudoxie, ne put être l'effet que d'un mouvement aveugle de vengeance ou de désir. La mort lui avait bien à propos enlevé sa femme, cause première de tant de tragiques événemens; et la veuve de Valentinien, forcée de violer la décence de son deuil, et peut-être le sentiment de sa douleur, passa dans les bras de l'usurpateur insolent qu'elle soupçonnait du meurtre de son mari. Maxime justifia bientôt ses soupçons en lui avouant imprudemment son crime, et s'attira ainsi à plaisir la haine d'une épouse qui, en se donnant à

Mort de Maxime. A. D. 455, 21 juin.

Dulcem elaborabunt saporem :
Non avium citharæque cantus
Somnum reducent.   HORACE, Carmin., III, 1.

Sidonius termine sa lettre par l'histoire de Damoclès, que Cicéron (*Tusculan.*, v. 20, 21) a racontée d'une manière si inimitable.

lui malgré sa répugnance, n'avait point oublié qu'elle était du sang des empereurs. Eudoxie n'avait point de secours à attendre de l'Orient depuis la mort de son père et de sa tante Pulchérie. Sa mère languissait à Jérusalem dans un ignominieux exil, et le sceptre de Constantinople était entre les mains d'un étranger. Tournant ses regards vers Carthage, elle engagea secrètement le roi des Vandales à profiter d'une si belle occasion pour déguiser ses desseins sous les noms de la pitié, de l'honneur et de la justice (1). Quelque intelligence que Maxime eût montrée dans des emplois subordonnés, il en manqua pour l'administration d'un empire; et quoiqu'il pût être aisément instruit des préparatifs qui se faisaient sur la côte d'Afrique, le faible empereur attendit dans l'inaction l'approche de l'ennemi, sans adopter aucun plan de défense, de négociation ou de retraite. Lorsque Genseric débarqua à l'embouchure du Tibre, les clameurs d'un peuple épouvanté tirèrent Maxime de sa honteuse léthargie. La terreur ne lui présenta pour ressource qu'une fuite précipitée, et il engagea les sénateurs à imiter l'exemple de leur souverain; mais dès qu'il

---

(1) Malgré le témoignage de Procope, Evagrius, Idatius, Marcellin, etc.; le savant Muratori (*Annali d'Italia*) doute de la réalité de cette invitation. *Non si può dir quanto sia facile il popolo a sognare e spacciar voci false.* Mais son argument de l'intervalle du temps et du lieu est extrêmement faible. Les figues, qui croissaient près de Carthage furent présentées au sénat trois jours après avoir été cueillies.

parut dans la rue, il fut assailli d'une grêle de pierres. Un soldat romain ou bourguignon prétendit à l'honneur de l'avoir frappé le premier. Son corps déchiré fut jeté dans le Tibre. Le peuple romain se félicita d'avoir puni l'auteur des calamités publiques, et les domestiques d'Eudoxie signalèrent leur zèle à la venger (1).

Trois jours après ce tumulte, Genseric, suivi de ses Vandales, s'avança audacieusement du port d'Ostie aux portes de la ville sans défense, et au lieu de voir la jeunesse romaine s'y présenter pour repousser l'ennemi, on en vit sortir processionnellement le vénérable Léon à la tête de son clergé (2). La fermeté du prélat, son éloquence et son autorité, adoucirent pour la seconde fois la férocité d'un conquérant barbare. Le roi des Vandales promit d'épargner les citoyens désarmés, de défendre les incendies, et d'exempter les captifs de la torture; et quoique ces ordres n'aient été ni sévèrement donnés ni strictement obéis, saint Léon put regarder comme glo-

<small>Sac de Rome par les Vandales. A. D. 455, juin 15-29.</small>

---

(1) . . . . *Infidoque tibi Burgundio ductu*
Extorquet trepidas mactandi principis iras.
Sidon., *Panegyr.* Avit., 442.

Ce vers donne à penser que Rome et Maxime furent trahis par la troupe des Bourguignons mercenaires.

(2) Prosper et l'*Historia Miscellan.* attestent le succès apparent du pape Léon; mais l'opinion peu probable de Baronius (A. D. 455, n° 13), qui suppose que Genseric respecta les trois églises apostoliques, n'est pas même soutenue du témoignage suspect du *Liber pontificalis*.

rieuse pour lui une médiation dont son pays tira quelque avantage ; mais Rome et ses habitans n'en furent pas moins la proie des Maures et des Vandales, et les nouveaux habitans de Carthage vengèrent ses anciennes injures. Le pillage continua durant quatorze jours et quatorze nuits ; et Genseric fit ensuite soigneusement transporter sur ses vaisseaux tout ce qui resta de richesses publiques et de celles des particuliers, des trésors de l'Église et de ceux de l'État. Parmi les dépouilles, les ornemens précieux de deux temples ou plutôt de deux religions, offrirent un exemple mémorable de la vicissitude des choses humaines et divines. Depuis l'abolition du paganisme, le Capitole profane avait été abandonné, mais on respectait encore les statues des dieux et des héros ; et la magnifique voûte de bronze doré attendait les mains avides de Genseric (1). Les instrumens sa-

---

(1) La profusion de Catulus, qui dora le premier le toit du Capitole, ne fut pas généralement approuvée (Pline, *Hist. nat.*, xxxiii, 18). Mais un empereur la surpassa ; et la dorure extérieure du temple coûta à Domitien douze mille talens (deux millions quatre cent mille livres sterling). Les expressions de Claudien et de Rutilius, *Luce metalli æmula.... fastigia astris, et confunduntque vagos delubra micantia visus*, prouvent évidemment que cette magnifique couverture ne fut enlevée ni par les chrétiens ni par les Goths. (*Voyez* Donat, *Roma antiqua*, l. ii, c. 6, p. 125.) Il paraît assez probable que le toit doré était orné de statues dorées et de chars attelés de quatre chevaux également dorés.

crés du culte des Juifs (1), la table d'or, le chandélier d'or à sept branches, originairement construits d'après les instructions de Dieu lui-même, et qui étaient placés dans le sanctuaire de son temple, avaient été offerts avec ostentation en spectacle aux Romains dans le triomphe de Titus, et déposés ensuite dans le temple de la Paix. Après quatre siècles, les dépouilles de Jérusalem furent transportées de Rome à Carthage par un Barbare qui tirait son origine des côtes de la mer Baltique. Ces anciens monumens pouvaient attirer l'attention de la curiosité aussi justement que celle de l'avarice. Les églises chrétiennes, ornées et enrichies par la dévotion de ces temps, offrirent une proie plus abondante à des mains sacriléges, et la pieuse libéralité du pape Léon, qui fondit six vases d'argent, chacun du poids de cent livres, donnés par le grand Constantin, est une preuve de la perte qu'il tâchait de réparer. Dans les quarante-cinq ans qui s'étaient écoulés depuis l'invasion des Goths, Rome avait presque repris sa première magnificence, et il était difficile de tromper ou de rassasier l'avarice d'un conquérant qui avait le loisir d'enlever les richesses de la capitale, et des vaisseaux pour les transporter. Les ornemens du palais impérial, les meubles, la magnifique garde-robe des empereurs, la vaisselle, tout fut entassé sans distinc-

---

(1) Le lecteur curieux peut consulter le savant traité d'Adrien Reland, *de Spoliis templi Hierosolymitani in arcu Titiano Romæ conspicuis*, in-12, *Trajecti ad Rhenum*, 1716.

tion. L'or et l'argent montèrent à plusieurs milliers de talens, et les Barbares ne négligèrent cependant ni le cuivre ni l'airain. Eudoxie elle-même paya chèrement son imprudence. On la dépouilla brutalement de ses bijoux au moment où elle venait au devant de son libérateur et de son allié. L'impératrice et ses deux filles, seuls restes de la famille du grand Théodose, furent forcées de suivre comme captives le sauvage Vandale, qui mit aussitôt à la voile, et rentra dans le port de Carthage après une heureuse navigation (1). Les Barbares entraînèrent sur leurs vaisseaux des milliers de Romains des deux sexes, choisis parmi ceux dont on pouvait espérer de tirer quelque utilité ou quelque agrément; et dans le partage des captifs, les maris furent impitoyablement séparés de leurs femmes, et les pères de leurs enfans. Ils ne trouvèrent d'appui et de consolation que dans la charité de Deogratias, évêque de Carthage (2). Il vendit les vases d'or et d'argent de son église, racheta les uns, adoucit l'esclavage des autres, soigna les

---

(1) Le vaisseau qui transportait les reliques du Capitole fut le seul qui fit naufrage. Si un païen fanatique eût parlé de cet accident, il aurait sans doute témoigné sa joie de ce que cette cargaison sacrilége avait été engloutie dans la mer.

(2) *Voyez* Victor Vitensis, *de Pers. Vandal.*, l. 1, c. 8, p. 11, 12, édit. Ruinart. Deogratias n'occupa que trois ans le siége pontifical de Carthage; et si l'on n'eût pris la précaution de l'enterrer secrètement, les habitans l'auraient dévotement mis en morceaux pour se partager ses reliques.

malades, et fournit aux différens besoins d'une multitude dont la santé avait beaucoup souffert dans le passage d'Italie en Afrique. Le digne prélat convertit deux vastes églises en hôpitaux, y plaça commodément tous les malades, et se chargea de leur procurer en abondance la nourriture et les médicamens nécessaires à leur état. Deogratias, quoique d'un âge très-avancé, les visitait exactement le jour et la nuit. Son courage lui prêtait des forces, et sa tendre compassion ajoutait un prix inestimable à ses services. Comparons cette scène avec les champs de Cannes, et jugeons entre Annibal et le successeur de saint Cyprien (1).

La mort d'Ætius et de Valentinien avait relâché les liens qui contenaient les Barbares de la Gaule. Les Saxons infestaient la côte maritime; les Allemands et les Francs s'avançaient des bords du Rhin sur ceux de la Seine; et l'ambition des Goths semblait méditer des conquêtes plus solides et plus étendues. Maxime s'était débarrassé, par un choix judicieux, du soin de veiller sur ces pays éloignés. Fermant l'oreille aux sollicitations de ses amis, il avait écouté la voix

Avitus, empereur. A. D. 455, 10 juillet.

---

(1) On trouve la mort de Maxime et le sac de Rome par les Vandales attestés par Sidonius, *Paneg. Avit.*, 441-450; Procope, *de Bell. vandal.*, l. 1, c. 4, 5, p. 188, 189; et l. II, c. 5, p. 255; Evagrius, l. II, c. 7; Jornandès, *de Reb. getic.*, c. 45, p. 677, et dans les *Chroniques* d'Idatius, Prosper, Marcellin et Théophane sous l'année à laquelle elle appartient.

publique, et avait élevé un étranger au commandement général des forces de la Gaule. Avitus (1), dont le mérite fut si glorieusement récompensé, descendait d'une famille riche et honorable du diocèse d'Auvergne. Il s'était distingué par son zèle dans les postes civils et militaires, où les troubles des temps l'avaient successivement placé; et son activité infatigable mêlait l'étude de la littérature et de la jurisprudence à l'exercice de la chasse et à celui des armes. Trente ans de sa vie avaient été consacrés avec honneur au service public; il avait déployé alternativement son génie pour la guerre et pour les négociations; et le soldat d'Ætius, après s'être acquitté avec succès des plus importantes ambassades, fut élevé à la dignité de préfet du prétoire de la Gaule. Soit que le mérite d'Avitus eût excité l'envie, ou qu'il eût désiré lui-même de goûter les plaisirs de l'indépendance et de la tranquillité, il s'était enfin retiré dans les domaines qu'il possédait aux environs de Clermont en Auvergne. Une source abondante qui formait une cascade naturelle, en se précipitant du haut d'une montagne, déchargeait ses eaux dans un lac de deux milles de longueur, et sa maison de campagne était agréablement située sur les bords du lac. Avitus y avait construit des bains, des porti-

---

(1) On est réduit à tirer l'histoire de la vie privée et de l'élévation d'Avitus, du panégyrique prononcé par Sidonius-Apollinaris, son sujet et son gendre, qu'on ne doit suivre qu'avec circonspection.

ques; des appartemens d'hiver et d'été (1), et tout ce qui pouvait contribuer à la commodité et aux jouissances du luxe. Environné dans sa retraite de la perspective riante des bois et des prairies, Avitus occupait ses loisirs de la lecture, des plaisirs champêtres, de l'agriculture et de la société de quelques amis (2), lorsqu'il reçut le diplôme de l'empereur, qui l'élevait au rang de maître général de toutes les forces militaires de la Gaule. Dès qu'il eut pris le commandement, les Barbares suspendirent leurs ravages, et quels que soient les moyens qu'il ait employés, les concessions qu'il ait été contraint de faire, il procura du moins aux peuples les douceurs de la paix; mais le sort de la Gaule dépendait des

---

(1) D'après l'exemple de Pline le jeune, Sidonius (l. II, c. 2) a fait une description pompeuse, obscure et prolixe, de sa maison de campagne nommée *Avitacium*, et qui avait appartenu à Avitus. On n'en connaît pas au juste la position. On peut cependant consulter les notes de Savaron et de Sirmond.

(2) Sidonius (l. II, *epist*. 9) décrit la manière dont vivaient les nobles de la Gaule, d'après une visite qu'il fit à un de ses amis dans les environs de Nîmes. La matinée se passait à la paume, *sphæristerium*, ou dans leur bibliothèque, qui était garnie d'auteurs latins, profanes et sacrés, les premiers à l'usage des hommes, et les autres pour les femmes. On se mettait deux fois à table, à dîner et à souper, et les repas consistaient en viandes chaudes, rôties et bouillies, et en vins. Dans l'intervalle, entre les deux repas, on dormait, on se promenait à cheval, ou l'on prenait des bains chauds.

Visigoths; et le général romain, plus attaché au bien public qu'à sa propre dignité, ne dédaigna point de se rendre à la cour de Toulouse en qualité d'ambassadeur. Théodoric, roi des Goths, le reçut avec honneur; mais tandis qu'Avitus posait les fondemens d'une alliance solide avec cette nation puissante, il apprit avec étonnement la mort de Maxime et le pillage de Rome par les Vandales. Un trône vacant, où il pouvait monter sans danger et sans crime, tenta son ambition (1); et les Visigoths consentirent sans peine à soutenir ses prétentions de leur irrésistible suffrage. Les Barbares aimaient Avitus; ils respectaient ses vertus, et n'étaient point insensibles à la gloire et à l'avantage de disposer du trône de l'Occident. On approchait alors de l'époque où les sept provinces tenaient annuellement leur assemblée à Arles. La présence de Théodoric et de ses frères influa peut-être sur les délibérations de l'assemblée; mais leur choix devait naturellement tomber sur le plus illustre de leurs compatriotes. Après la résistance convenable, Avitus accepta le diadême des mains des représentans de la Gaule, et les acclamations des Barbares et des habitans de la province ratifièrent son élection. Il sollicita et obtint le con-

A. D. 455,
15 août.

---

(1) Trois mots d'un historien véridique; *Romanum ambisset imperium* (saint Grég. de Tours, l. II, c. 2, t. II, p. 168), anéantissent soixante vers du Panégyrique (505-575) qui décrit les efforts de Théodoric et des Gaulois pour vaincre la modeste répugnance d'Avitus.

sentement formel de Marcien, empereur de l'Orient; mais le sénat, Rome et l'Italie, quoique humiliés par des calamités récentes, ne se soumirent qu'avec une secrète indignation à un Gaulois assez présomptueux pour usurper l'empire.

Théodoric, à qui Avitus était redevable de la pourpre, avait acquis le sceptre par le meurtre de son frère aîné Torismond; et il se justifia de son crime en accusant son prédécesseur du dessein formé de rompre son alliance avec l'empire (1). Un tel crime n'était peut-être pas incompatible avec les vertus d'un Barbare; mais Théodoric avait des mœurs douces et humaines, et la postérité a pu contempler sans terreur le portrait original d'un roi des Goths, que Sidonius a soigneusement examiné au milieu des plaisirs paisibles de la société et de la conversation. Dans une épître datée de la cour de Toulouse, l'orateur donne à l'un de ses amis les particularités suivantes (2).: « Par la majesté de sa personne, Théodoric obtiendrait le respect même de ceux qui ne

Caractère de Théodoric, roi des Visigoths.
A. D.
453-466.

---

(1) Isidore, archevêque de Séville, qui était lui-même de la famille royale des Goths, avoue et excuse presque (*Hist. Goth.*, p. 718) le crime que leur esclave Jornandès avait bassement dissimulé, c. 43, p. 673.

(2) Cette description soignée était sans doute dictée par quelque motif de politique : elle était destinée au public, et les amis de Sidonius l'avaient répandue avant qu'on l'insérât dans la collection de ses épîtres. Le premier livre fut publié séparément. *Voyez* Tillemont, *Mém. ecclés.*, t. XVI, p. 264.

connaîtraient pas son mérite ; et, né prince, il a par son mérite de quoi s'attirer le respect dans une condition privée. Il a dans sa taille moyenne de l'embonpoint sans trop d'épaisseur ; et la juste proportion de ses membres nerveux réunit la force à l'agilité (1). En le détaillant, vous lui trouvez le front élevé, des sourcils épais, un nez aquilin, des lèvres minces, deux rangées de dents très-belles, et un teint fort blanc, plus fréquemment animé par la modestie que par la colère. Telle est, autant que le public peut en juger, la manière dont il distribue son temps : Théodoric, accompagné d'un très-petit nombre de ses domestiques, se rend avant le jour dans la chapelle de son palais, desservie par le clergé arien ; mais ceux qui prétendent pénétrer ses véritables sentimens ne considèrent cette assiduité de dévotion que comme un effet de l'habitude et de la politique. L'administration de son royaume occupe le reste de sa matinée. Son siége est environné de quelques officiers militaires remarquables par la décence de leur conduite et de leur maintien. La troupe bruyante des Barbares qui composent sa garde remplit la salle d'audience, mais ne peut pénétrer dans l'enceinte

---

(1) J'ai supprimé dans le portrait de Théodoric plusieurs circonstances minutieuses et des termes techniques qui ne sont supportables ou même intelligibles que pour ceux qui, comme les contemporains de Sidonius, fréquentaient les marchés où les esclaves étaient exposés nus en vente. Dubos, *Hist. crit.*, t. 1, p. 404.

des voiles ou rideaux qui dérobent aux yeux de la multitude la chambre du conseil. On introduit successivement les ambassadeurs étrangers. Théodoric écoute avec attention, répond en peu de mots, et, selon la nature des affaires, le monarque annonce ou diffère sa dernière résolution. A la seconde heure (environ huit heures), il quitte son trône pour aller visiter son trésor ou ses écuries. Lorsqu'il part pour la chasse ou pour se promener à cheval, un de ses jeunes favoris porte son arc; mais dès que la chasse commence, Théodoric le tend lui-même, et manque rarement le but où il a visé. Comme roi, il dédaigne de porter les armes dans une guerre si peu honorable; mais comme soldat il rougirait d'accepter un service militaire qu'il peut exécuter. Dans les jours ordinaires, ses repas ne diffèrent point de ceux d'un simple citoyen; mais tous les samedis il invite à sa table un grand nombre d'honorables convives, et elle est servie dans ces occasions avec l'élégance de la Grèce, l'abondance de la Gaule, l'ordre et la promptitude qu'on remarque en Italie (1). Sa vaisselle d'or et d'argent est moins remarquable par son poids que par son éclat et la perfection du travail. Les mets, pour satisfaire le goût, n'ont point recours au luxe ruineux des productions étrangères. Le nombre et la grandeur des coupes remplies de vin distribuées

---

(1) *Videas ibi elegantiam græcam, abundantiam gallicanam, celeritatem italam; publicam pompam, privatam diligentiam, regiam disciplinam.*

aux convives sont exactement réglés d'après les lois de la tempérance, et le silence respectueux qui règne dans ces repas n'est jamais interrompu que par une conversation instructive. Après le dîner, Théodoric se livre quelquefois un moment au sommeil, et à son réveil, il demande des tables et des dés. Alors il engage ses amis à oublier le monarque, et il prend plaisir à leur voir exprimer librement les mouvemens qu'élèvent en eux les divers incidens du jeu. Lui-même, à ce jeu qui lui plaît comme l'image de la guerre, déploie alternativement son ardeur, son habileté, sa patience et sa gaîté. Toujours riant quand il perd, lorsqu'il gagne il garde un modeste silence. Cependant, malgré cette indifférence apparente, ses courtisans saisissent le moment où il est victorieux pour solliciter des faveurs; et moi-même, dans les choses que j'ai pu avoir à demander au roi, j'ai quelquefois eu lieu de me féliciter de mes pertes (1). A la neuvième heure (environ trois heures), les affaires reprennent leur cours sans interruption jusque après le soleil couché; alors l'ordre donné pour le souper du roi écarte la foule importune des plaideurs et des supplians. Durant le souper, où l'on jouit d'une plus grande familiarité, on introduit quelquefois des pantomimes et des bouffons pour divertir la compagnie,

---

(1) *Tunc etiam ego aliquid obsecraturus feliciter vincor, et mihi tabula perit ut causa salvetur.* Sidonius d'Auvergne n'était pas sujet de Théodoric; mais il fût peut-être obligé de solliciter la justice ou la faveur de la cour de Toulouse.

et non pour l'offenser par des saillies impertinentes ; mais les chanteuses et toute musique langoureuse ou efféminée sont sévèrement bannies. Les airs qui peuvent animer la valeur sont les seuls qui puissent flatter l'oreille et l'âme de Théodoric. Lorsqu'il sort de table, les gardes prennent aussitôt leurs postes de nuit à la porte du trésor, du palais et des appartemens particuliers du monarque. »

Lorsque le roi des Visigoths encouragea Avitus à se ceindre du diadême, il lui offrit sa personne et son armée comme fidèle soldat de la république (1). Les exploits de Théodoric prouvèrent bientôt à l'univers qu'il n'avait pas dégénéré de la valeur de ses ancêtres. Après l'établissement des Goths dans l'Aquitaine et le passage des Vandales en Afrique, les Suèves, qui s'étaient fixés dans la Galice, aspirèrent à la conquête de l'Espagne, et menaçaient d'anéantir les faibles restes de la domination romaine. Les habitans de Tarragone et de Carthagène, désolés par une invasion, représentèrent leurs craintes et leurs souffrances. Le comte Fronto s'y rendit au nom de l'empereur Avitus, et fit des offres avantageuses de paix et d'alliance. Théodoric interposa sa médiation, et déclara que si son beau-frère, le roi des Suèves,

Son expédition en Espagne. A. D. 456.

---

(1) Théodoric avait fait lui-même une promesse solennelle et volontaire de fidélité, dont on avait connaissance en Gaule et en Espagne.

...... *Romæ sum, te duce, amicus;*
Principe te, miles. SIDON., Paneg. Avit., 511.

ne se retirait pas sans délai, il se verrait contraint d'armer en faveur de Rome et de la justice. « Dites-lui, répondit l'orgueilleux Rechiarius, que je méprise ses armes et son amitié, et que j'éprouverai bientôt s'il a le courage d'attendre mon arrivée sous les murs de Toulouse. » Ce défi décida Théodoric à prévenir les desseins de son audacieux ennemi : il passa les Pyrénées à la tête des Visigoths. Les Francs et les Bourguignons suivirent ses étendards ; et quoiqu'il se déclarât le fidèle serviteur d'Avitus, le prince barbare stipula secrètement qu'il conserverait pour lui et pour ses successeurs la possession absolue de ses conquêtes d'Espagne. Les deux armées, ou plutôt les deux nations, parurent en présence l'une de l'autre sur les bords de la rivière Urbicus, environ à douze milles d'Astorga, et la victoire décisive des Goths parut quelque temps avoir anéanti la puissance et le nom des Suèves. Du champ de bataille Théodoric s'avança à Braga, leur capitale, qui conservait encore une partie de son commerce et de sa magnificence (1). Le sang ne souilla point l'entrée du roi des Visigoths, et ses soldats respectèrent la chasteté de leurs captives, particulièrement des vierges con-

---

(1) *Quæque sinu pelagi jactat se Bracara dives.*
      Auson., de claris Urbibus, p. 245.

Le dessein du roi des Suèves prouve que la navigation des ports de la Galice dans la Méditerranée était déjà connue et pratiquée. Les vaisseaux de Bracara ou Braga naviguaient le long des côtes sans oser se hasarder dans l'océan Atlantique.

sacrées; mais une grande partie du peuple et du clergé fut réduite en esclavage, et le pillage s'étendit jusqu'aux églises et aux autels. L'infortuné roi des Suèves avait gagné un des ports de l'Océan ; mais des vents obstinés s'opposèrent à sa fuite : il fut livré à son implacable rival ; et Rechiarius, qui ne désirait ni n'espérait point de grâce ; reçut avec courage la mort qu'il aurait probablement infligée s'il eût été victorieux. Après avoir fait ce sacrifice à la politique et au ressentiment, Théodoric porta ses armes victorieuses jusqu'à Merida, capitale de la Lusitanie, sans rencontrer d'autre obstacle que la puissance miraculeuse de sainte Eulalie ; mais il fut arrêté dans le fort de ses succès et rappelé précipitamment de l'Espagne avant d'avoir pu assurer la conservation de ses conquêtes. Dans sa retraite, il se vengea de ce contre-temps sur le pays qu'il traversa ; et, dans le sac d'Astorga et de Pollentia, sa conduite fut celle d'un allié infidèle et d'un ennemi barbare. Tandis que le roi des Visigoths combattait et remportait des victoires au nom d'Avitus, le règne de cet empereur était déjà terminé ; et le malheur d'un ami qu'il avait placé sur le trône blessait également l'intérêt et l'orgueil de Théodoric (1).

---

(1) La guerre des Suèves est la partie la plus authentique de la Chronique d'Idatius, qui, comme évêque d'Iria Flavia, en avait été le témoin et la victime. Jornandès (c. 44, p. 675, 676, 677) s'est étendu avec plaisir sur la victoire des Goths.

Avitus est déposé.
A. D. 456,
16 octob.

Séduit par les sollicitations pressantes du peuple et du sénat, Avitus avait consenti à fixer sa résidence à Rome, et avait accepté le consulat pour l'année suivante. Au 1er de janvier, son gendre Sidonius-Apollinaris célébra ses louanges dans un panégyrique de six cents vers; mais cette composition, quoique récompensée d'une statue de cuivre (1), fait peu d'honneur à son génie et à sa véracité. Le poëte, si toutefois on peut lui prostituer cet honorable nom, s'étend avec exagération dans cet ouvrage sur le mérite de son père et de son souverain; et sa prédiction d'un règne long et glorieux fut bientôt démentie par l'événement. Dans un temps où la dignité impériale se bornait presqu'à une première part dans les travaux et les dangers, Avitus se livrait à tous les plaisirs de la voluptueuse Italie. L'âge n'avait pas éteint ses penchans amoureux, et l'on prétend que ceux dont les femmes avaient cédé à ses séductions ou à sa violence, étaient encore l'objet de ses cruelles et imprudentes railleries (2). Les Romains n'étaient disposés ni à excuser ses vices ni

---

(1) Dans un des portiques ou galeries de la bibliothèque de Trajan, parmi les statues des écrivains et des orateurs célèbres. Sidon.–Apoll. l. IX, *epist.* 16, p. 284; *Carm.* VIII, p. 350.

(2) *Luxuriose agere volens, à senatoribus projectus est*, dit laconiquement saint Grégoire de Tours (l. II, c. 2, t. II, p. 168). Une ancienne Chronique (t. II, p. 649) raconte une plaisanterie indécente d'Avitus, qui semble plus applicable à Rome qu'à Trèves.

à reconnaître ses vertus. Les différentes nations qui composaient l'empire s'éloignaient tous les jours davantage les unes des autres, et le Gaulois était pour le peuple un objet de haine et de mépris. Le sénat réclamait son droit légitime d'élire les empereurs; et la faiblesse d'une monarchie expirante rendait de la vigueur à l'autorité qu'il tirait originairement de l'ancienne constitution. Cependant cette monarchie, quelque faible qu'elle pût être, aurait eu peu de chose à craindre d'un sénat désarmé, si le comte Ricimer, principal commandant des troupes barbares, qui formaient presque toute la défense militaire de l'Italie, n'avait appuyé et peut-être même excité le mécontentement général. La fille de Wallia, roi des Visigoths, était la mère de Ricimer; mais du côté paternel il descendait de la nation des Suèves (1). Les malheurs de ses compatriotes réveillaient son patriotisme ou blessaient peut-être son orgueil, et il obéissait avec répugnance à un empereur qu'on avait élu sans le consulter. Ses grands et fidèles services contre l'ennemi commun augmentaient sa redoutable puissance (2). Après avoir détruit sur la côte de Corse une flotte de Vandales, composée de

---

(1) Sidonius (*Panegyr. Anthem.*, 302, etc.) célèbre la haute naissance de Ricimer, et fait entendre qu'elle lui donne des droits sur les royaumes des Goths et des Suèves.

(2) *Voy.* la *Chronique* d'Idatius. Jornandès (c. 44, p. 676) l'appelle, avec quelque raison, *virum egregium, et penè tunc in Italiâ ad exercitum singularem.*

soixante galères, Ricimer revint triomphant avec le surnom glorieux de libérateur de l'Italie. Il fit choix de cet instant pour annoncer à Avitus que son règne était fini ; et le faible empereur, éloigné de ses alliés les Visigoths, fut contraint d'abdiquer la pourpre après une courte résistance. Par clémence ou par mépris, Ricimer permit au monarque déposé d'échanger son trône contre le titre beaucoup plus désirable d'évêque de Placentia ; mais l'implacable ressentiment des sénateurs n'était pas satisfait, ils prononcèrent contre lui une sentence de mort (1). Avitus prit précipitamment la fuite vers les Alpes, sans espoir d'armer les Visigoths en sa faveur, mais dans le dessein de se mettre en sûreté avec ses trésors dans le sanctuaire de saint Julien, un des saints tutélaires de l'Auvergne (2). Il périt sur la route, ou de maladie ou de la main des bourreaux. Cependant ses restes furent transportés avec décence à Brioude, dans

---

(1) *Parcens innocentiæ Aviti.* C'est ainsi que Victor Tunnunensis (*in Chron. ap.* Scaliger Euseb.) s'exprime d'un ton de compassion dédaigneuse. Dans un autre endroit il le nomme *vir totius simplicitatis.* Cette louange est plus modeste, mais plus solide et plus sincère que celles de Sidonius.

(2) Ce saint fut martyrisé, dit-on, sous le règne de Dioclétien. (Tillemont ; *Mém. ecclés.*, t. v, p. 279, 696.) Saint Grégoire de Tours, qui lui était particulièrement dévoué, a dédié à la gloire de saint Julien martyr un livre entier (*de Gloriâ Martyrum*, l. II, *in Max. Bibl. Patrum.*, t. II, p. 861-871), dans lequel il raconte une cinquantaine de miracles ridicules opérés par ses reliques.

sa province, et déposés aux pieds de son saint patron (1). Avitus ne laissa qu'une fille mariée à Sidonius-Apollinaris, qui hérita du patrimoine de son beau-père en regrettant de voir anéantir ses espérances publiques et personnelles. Son ressentiment lui fit joindre, ou du moins soutenir le parti des rebelles de la Gaule, et le poëte commit quelques fautes qu'il lui devint nécessaire d'expier par un nouveau tribut d'adulation en l'honneur du monarque régnant (2).

Le successeur d'Avitus présente la découverte heureuse d'un caractère héroïque tel qu'on en voit naître quelquefois dans les siècles corrompus pour rétablir l'honneur de l'espèce humaine. L'empereur Majorien a mérité les louanges de ses contemporains et celles de la postérité, et nous les trouvons expri-

<small>Caractère et élévation de Majorien.
A. D. 457.</small>

---

(1) Saint Grégoire de Tours (l. II, c. 11, p. 168) est concis, mais exact, en parlant du règne de son compatriote. L'expression d'Idatius, *caret imperio, caret et vitâ*, semble annoncer que sa mort fut violente; mais il faut qu'elle ait été secrète, puisque Evagrius (l. II, c. 7) a pu supposer qu'il est mort de la peste.

(2) Après s'être modestement justifié par l'exemple de ses confrères Virgile et Horace, Sidonius avoue sincèrement sa faute, et promet de la réparer.

Sic mihi diverso nuper sub Marte cadenti,
  Jussisti placido victor ut essem animo.
Serviat ergo tibi servati lingua poëtæ,
  Atque meæ vitæ laus tua sit pretium.

Sidon.-Apoll., *Carm.*, IV, p. 308. *Voyez* Dubos, *Hist. crit.*, t. 1, p. 448, etc.

mées d'une manière énergique et concise par un historien judicieux et impartial. « Adoré de ses sujets et redouté de ses ennemis, il a surpassé, dans toutes les vertus, tous les princes qui ont régné avant lui sur les Romains (1). » Cet éloge peut du moins justifier le panégyrique de Sidonius; et il paraît constant que si le complaisant orateur était capable de flatter avec le même dévouement le monarque le plus méprisable, le mérite de celui-ci l'a contraint de se renfermer dans les bornes de la vérité (2). Majorien tirait son nom de son grand-père maternel, qui, sous le règne de Théodose le Grand, avait commandé les troupes de la frontière d'Illyrie. Il donna sa fille en mariage au père de Majorien, officier respectable, qui administrait les revenus de la Gaule avec autant d'intégrité que d'intelligence, et qui pré-

---

(1) Les termes de Procope méritent d'être transcrits : Ουτος γαρ ο Μαιορινος ξυμπαντας τους πωποτε Ρωμαιων βεβασιλευκοτας υπεραιρων αρετη πασε;

Et plus bas :

Ανηρ τα μεν εις τους υπηκοους μετριος γεγονως, φοβερος δε τα ες τους πολεμιους (de Bell. vandal., l. 1, c. 7, 194); définition concise, mais complète, de la vertu d'un roi.

(2) Ce panégyrique fut prononcé à Lyon avant la fin de l'année 458, tandis que l'empereur était encore consul. On y trouve plus d'art que de génie, et plus de travail que d'art. Les ornemens sont ou faux ou de mauvais goût, l'expression est faible et prolixe, et Sidonius manquait d'intelligence pour fixer habilement l'attention sur son principal personnage. La vie privée de Majorien est renfermée dans deux cents vers, 107-305.

féra généreusement l'amitié d'Ætius aux offres séduisantes d'une cour perfide. Son fils, le futur empereur, après avoir été élevé dans la profession des armes, fit admirer, dès sa plus tendre jeunesse, un courage intrépide, une prudence prématurée, et une libéralité qui n'était bornée que par la modicité de sa fortune. Il suivit les drapeaux d'Ætius, contribua à ses succès, partagea et éclipsa quelquefois sa gloire, et excita enfin la jalousie du patrice, ou du moins de sa femme, qui le contraignit à se retirer du service (1). Après la mort d'Ætius, Majorien fut rappelé et élevé en grade, et son intimité avec le comte Ricimer lui fraya le chemin qui le conduisit jusque sur le trône de l'Occident. Durant l'interrègne qui suivit l'abdication d'Avitus, le Barbare ambitieux, que sa naissance excluait de la dignité impériale, gouverna l'Italie sous le titre de patrice, céda à son ami le poste brillant de maître général de la cavalerie et de l'infanterie, et consentit, au bout de quelques mois, à satisfaire les vœux unanimes des Romains, dont Majorien venait de solliciter les suffrages en remportant une victoire complète sur les Allemands (2). Il reçut la pourpre à Ravenne, et sa

---

(1) Elle sollicita vivement sa mort et eut peine à se contenter de sa disgrâce : il paraît qu'Ætius, comme Bélisaire et Marlborough, se laissait gouverner par sa femme; et quoiqu'elle fût d'une piété assez exemplaire pour opérer des miracles (saint Grég. de Tours, l. II, c. 7, p. 162), sa dévotion se conciliait avec la bassesse et la cruauté.

(2) Les Allemands° avaient passé les Alpes Rhétiennes,

lettre adressée au sénat peut nous donner une idée de ses sentimens et de sa situation. « Votre choix, pères conscrits, et la volonté de la plus vaillante armée, m'ont fait votre empereur (1) : puisse la toute-puissance de la Divinité diriger les entreprises et les événemens de mon administration à votre avantage et à celui du public ! Quant à moi, je n'ai point sollicité le trône, mais je me suis soumis à y monter, et j'aurais manqué aux devoirs de citoyen, si, par une lâche et honteuse ingratitude, je m'étais refusé à cette tâche que m'impose la république. Ainsi donc, aidez le prince que vous avez élevé, partagez les devoirs que vous l'obligez à remplir, et puissent nos efforts réunis faire le bonheur d'un empire que je reçois de vos mains ! Soyez sûrs qu'à l'avenir la justice reprendra son ancienne vigueur, et que la vertu redeviendra, non-seulement innocente, mais méri-

---

et furent défaits dans les *Campi Canini*, ou vallée de Bellinzone, dans laquelle coule le Tésin en descendant du mont Adule ou Saint-Gothard, dans le lac Majeur. (Cluvier, *Italia antiq.*, t. 1, p. 100, 101.) Cette victoire tant vantée, remportée sur neuf cents Barbares (*Panégyr. de Majorien*, 373), prouve l'extrême faiblesse de l'Italie.

(1) *Imperatorem me factum, P. C., electionis vestræ arbitrio, et fortissimi exercitûs ordinatione agnoscite.* Novell. Majorian., tit. III, p. 34. *Ad calcem Cod. Theodos.* Sidonius proclame le vœu unanime de l'empire.

. . . . *Postquam ordine vobis*
Ordo omnis regnum dederat; plebs, curia, miles
Et collega simul. . . . 386.

toire. Que personne ne craigne les délations (1), si ce n'est leurs auteurs ; comme citoyen je les ai toujours condamnées, comme souverain je les punirai avec sévérité. Notre vigilance et celle de notre père, le patrice Ricimer, règleront les opérations militaires, et pourvoiront à la sûreté du monde romain, que nous avons défendu contre ses ennemis étrangers et domestiques (2). Telles sont les maximes de mon gouvernement ; et vous pouvez compter sur l'attachement solide et sincère d'un prince naguère le compagnon de vos dangers, qui se glorifiera toujours du nom de sénateur, et désire vivement que vous ne vous repentiez jamais du décret que vous avez prononcé en sa faveur (3). » L'empereur qui, sur les débris du monde romain, rappelait l'ancien langage des lois et de la liberté que Trajan n'aurait pas désavoué, doit avoir trouvé ces sentimens généreux

---

(1) On pourrait lire *dilationes* comme *delationes* ; mais ce dernier offrant un sens plus satisfaisant, je lui ai donné la préférence.

(2) *Ab externo hoste et à domesticâ clade liberavimus.* Par la dernière, Majorien ne peut entendre que la tyrannie d'Avitus, dont il avouait conséquemment la mort comme une action méritoire. A cette occasion Sidonius est obscur et embarrassé. Il parle des douze Césars, des nations de l'Afrique, etc., pour éviter de prononcer le nom d'Avitus (305, 369).

(3) *Voyez* l'édit entier ou l'épître de Majorien au sénat. (*Novell.*, tit. 4, p. 34.) Cependant les mots *regnum nostrum* portent un peu l'empreinte du siècle, et ne cadrent pas trop bien avec celui de *respublica*, qu'il répète souvent.

dans son cœur, puisqu'ils ne lui étaient suggérés ni par l'usage de son temps ni par l'exemple de ses prédécesseurs.

<small>Ses lois sages.
A. D.
457-461.</small>

On n'a qu'une connaissance imparfaite des actions publiques et privées de Majorien ; mais ses lois, toutes remarquables par une empreinte originale dans les pensées et dans l'expression, peignent fidèlement le caractère d'un souverain qui aimait ses peuples et qui partageait leurs peines ; qui avait étudié les causes de la décadence de l'empire, et qui était capable de trouver les moyens les plus judicieux et les plus efficaces pour remédier aux désordres publics, autant du moins qu'on pouvait raisonnablement l'espérer (1). Tous ses réglemens relatifs aux finances tendaient évidemment à faire cesser, ou du moins à diminuer les vexations les plus intolérables. 1° Dès le premier instant de son règne, il s'occupa (ce sont ses propres expressions) à soulager les habitans des provinces dont les fortunes étaient épuisées par le poids accumulé des indictions et des superindictions (2) ; dans cette vue, il accorda une amnistie générale, une quittance finale et absolue de tous les arrérages de tributs, et de toutes les dettes quelcon-

---

(1) *Voyez* les lois de Majorien : elles sont au nombre de neuf, très-longues, et comprennent un grand nombre d'objets, à la fin du *Cod. Theod.*, *Novell.*, l. IV, p. 32, 37. Godefroy n'a fait aucun commentaire sur ces dernières pièces.

(2) *Fessas provincialium variâ atque multiplici tributorum exactione fortunas, et extraordinariis fiscalium solutionum oneribus attritas*, etc. *Novell. Majorian.*, tit. IV, p. 34.

ques que les officiers du fisc pouvaient exiger des peuples. Ce sage abandon d'anciens droits dont la réclamation était aussi cruelle qu'inutile, rouvrit bientôt, en les purifiant, les sources du revenu public; les sujets, débarrassés d'un fardeau qui les jetait dans le désespoir, travaillèrent avec courage et reconnaissance pour eux et pour leur pays. 2° Dans l'imposition et la collecte des taxes, Majorien rétablit la juridiction ordinaire des magistrats provinciaux, et supprima les commissions extraordinaires établies au nom de l'empereur ou de ses préfets du prétoire. Les domestiques favoris qui obtenaient cette autorité illégale, se conduisaient avec arrogance, et imposaient arbitrairement. Ils affectaient de mépriser les tribunaux subalternes, et n'étaient point contens si leurs profits ne montaient au double de la somme qu'ils daignaient remettre dans le trésor. Le fait suivant paraîtrait peut-être incroyable, si le législateur ne l'attestait lui-même. Ils exigeaient tout le paiement en or; mais ils refusaient la monnaie courante de l'empire, et n'acceptaient que les anciennes pièces marquées du nom de Faustine ou des Antonins. Les particuliers qui n'avaient point de ces médailles devenues rares, avaient recours à l'expédient de composer avec leurs avides persécuteurs; ou s'ils réussissaient à s'en procurer, leur imposition se trouvait doublée, par le poids et la valeur de la monnaie des anciens temps (1). 3° « On

---

(1) Le savant Greaves (vol. 1, p. 329, 330, 331) a dé-

doit, dit l'empereur, considérer les communautés municipales, que les anciens appelaient, avec raison, de petits sénats, comme l'âme des villes et le nerf de la république; et cependant elles ont été tellement opprimées par l'injustice des magistrats et par la vénalité des collecteurs, que la plupart de leurs membres, renonçant à leur dignité et à leur pays, ont cherché un asile obscur dans des provinces éloignées. » Il les presse, il leur ordonne même de revenir dans leurs villes; mais il fait cesser les vexations qui les avaient contraintes d'abandonner les fonctions municipales. Majorien les charge de la levée des tributs sous l'autorité des magistrats provinciaux, et au lieu d'être garans de toute la somme imposée sur le district, ils doivent seulement donner une liste exacte des paiemens qu'ils ont reçus, et de ceux des contribuables qui n'ont pas satisfait à leur part de l'imposition. 4° Majorien n'ignorait point que ces communautés n'étaient que trop disposées à se venger des injustices et des vexations qu'on leur avait fait souffrir; et il rétablit l'ancien office de *défenseur des villes*. Il exhorte le peuple à choisir, dans une assemblée libre et générale, un citoyen d'une pru-

---

couvert, à force de recherches, que les *aurei* des Antonins pesaient cent dix-huit grains anglais, et que ceux du cinquième siècle n'en pesaient que soixante-huit. Majorien donna cours à toutes les pièces d'or, en exceptant le *solidus* des Gaulois, défectueux non pas relativement au poids, mais au titre.

dence et d'une intégrité reconnues ; qui ait la fermeté de défendre ses privilèges, de représenter ses sujets de plainte, de protéger les pauvres contre la tyrannie des riches, et d'informer l'empereur des abus qui se commettent sous la sanction de son nom et de son autorité.

Le spectateur qui contemple tristement les ruines de l'ancienne Rome, est tenté d'accuser les Goths et les Vandales d'un dégât qu'ils n'ont eu ni le temps, ni le pouvoir, ni peut-être le désir d'exécuter. Les fureurs de la guerre ont bien pu renverser quelques tours ; mais la destruction qui mina les fondemens de tant de solides édifices, s'opéra lentement et sourdement durant une période de dix siècles. Le goût noble et éclairé de Majorien réprima sévèrement, pour un temps, ces motifs d'intérêt qui, après lui, travaillèrent sans honte et sans obstacle à la dégradation de Rome. Dans sa décadence une partie de ses monumens publics avaient beaucoup perdu de leur prix et de leur utilité. Le cirque et les amphithéâtres subsistaient encore, mais on y donnait rarement des spectacles. Les temples qui avaient échappé au zèle des chrétiens, n'étaient plus habités ni par les dieux ni par les hommes, et les faibles restes du peuple romain se perdaient dans l'espace immense des bains et des portiques. Les vastes bibliothèques et les salles d'audience devenaient inutiles à une génération indolente qui laissait rarement troubler son repos par l'étude ou les affaires. Les monumens de la grandeur impériale ou consulaire n'étaient plus révérés comme

Les édifices de Rome.

la gloire de la capitale; on ne les estimait que comme une mine inépuisable de matériaux, moins chers et plus commodes que ceux qu'il aurait fallu tirer d'une carrière éloignée. De continuelles requêtes adressées aux magistrats de Rome, en obtenaient sans peine la permission de tirer des édifices publics les pierres et la brique nécessaires, disait-on, pour quelques ouvrages indispensables; la plus légère réparation servait d'occasion ou de prétexte pour défigurer grossièrement les plus beaux morceaux d'architecture. Un peuple dégénéré détruisait d'une main sacrilége les monumens élevés par ses ancêtres, et la postérité des premiers Romains ne songeait qu'à s'enrichir de leurs dépouilles. Majorien, qui avait souvent contemplé ce désordre avec douleur, en arrêta, par une ordonnance sévère, les progrès toujours croissans (1); il réserva au prince et au sénat la connaissance exclusive des circonstances qui pourraient nécessiter la destruction d'un ancien édifice; condamna à une

---

(1) L'édit entier (*Novell. Majorian.*, tit. VI, p. 35) est très-curieux. *Antiquarum ædium dissipatur speciosa constructio; et ut aliquid reparetur, magna diruuntur. Hinc jam occasio nascitur, ut etiam unusquisque privatum ædificium construens; per gratiam judicum.... præsumere de publicis locis necessaria; et transferre non dubitet*, etc. Pétrarque répéta les mêmes plaintes dans le quatorzième siècle avec autant de zèle, mais avec moins de puissance et de succès. (*Vie de Pétrarque*, t. I, p. 326, 327.) Si je continue cette histoire, je n'oublierai point la décadence et la destruction de la ville de Rome, objet intéressant auquel j'avais borné mon premier plan.

amende de cinquante livres d'or, ou environ deux mille livres sterling, tout magistrat qui, au mépris des lois et de la décence, prendrait sur lui d'en accorder la permission, et menaça de punir la complicité des officiers inférieurs par le châtiment du fouet et l'amputation des deux mains. On trouvera peut-être qu'entre le crime et cette dernière peine, le législateur n'observa point de proportion ; mais son zèle partait d'un sentiment généreux, et Majorien avait à cœur de protéger les monumens des siècles dans lesquels il aurait désiré et mérité de vivre. L'empereur sentit qu'il était de son intérêt de multiplier le nombre de ses sujets, et que son devoir lui prescrivait de conserver la pureté du lit nuptial ; mais il employa pour y réussir des moyens douteux, et peut-être condamnables. On défendit aux vierges qui consacraient à Dieu leur virginité, de prendre le voile avant l'âge de quarante ans. Les veuves au-dessous de cet âge furent forcées de contracter un second mariage dans le terme de cinq ans, sous peine d'abandonner à leur plus proche héritier, ou à l'État, la moitié de leur fortune. On condamna et on annula même les mariages d'âges disproportionnés. La confiscation et l'exil parurent trop faibles pour punir les adultères, et d'après une déclaration expresse de Majorien, si le coupable rentrait en Italie, on pouvait le tuer sans que le meurtrier fût exposé à aucune recherche (1).

---

(1) L'empereur réprimande Rogatien, consulaire de Tos-

Majorien se prépare à chasser les Vandales de l'Afrique.
A. D. 457.

Tandis que Majorien travaillait assidument à rappeler chez les Romains le bonheur et la vertu, il eut à combattre Genseric, le plus formidable de leurs ennemis par son caractère et sa situation. Une flotte de Maures et de Vandales aborda à l'embouchure du Liris ou Garigliano ; mais les troupes impériales surprirent les Barbares chargés et embarrassés des dépouilles de la Campanie, les forcèrent à regagner leurs vaisseaux avec beaucoup de perte ; et le beau-frère de Genseric, qui commandait l'expédition, fut trouvé dans le nombre des morts (1). Cette vigilance annonçait l'esprit du nouveau règne ; mais la plus exacte vigilance et les forces les plus nombreuses n'auraient pas suffi pour défendre la côte étendue de l'Italie des ravages d'une guerre maritime. On attendait du génie de Majorien une entreprise plus hardie et plus avantageuse pour l'empire. C'était de lui seul que Rome osait espérer la restitution de l'Afrique ; et le dessein qu'il forma d'attaquer les Vandales dans leurs nouvelles possessions, était le résultat d'une politique savante autant que courageuse. Si l'empereur avait pu inspirer une partie de son intrépidité à la jeunesse de l'Italie, s'il avait pu ranimer dans le Champ-de-Mars la pratique de ces exercices militaires

cane, et le blâme de sa douceur d'un ton d'aigreur qui ressemble au ressentiment personnel. (*Novell.*, tit. IX, p. 37.) La loi qui punissait l'obstination des veuves fut révoquée par Sévère, successeur de Majorien. *Novell. Sever.*, tit. 1, pag. 37.

(1) Sidonius ; *Panegyr. Majorian.* ; 385-440.

dans lesquels il avait toujours surpassé ses compagnons d'armes, il aurait attaqué Genseric à la tête d'une armée de Romains. Une génération naissante pourrait adopter cette réforme des mœurs nationales; mais un prince qui travaille à reculer la décadence d'une monarchie chancelante, est presque toujours forcé, pour obtenir quelque avantage immédiat ou détourner quelque danger pressant, de tolérer ou même de multiplier les abus les plus pernicieux. Majorien fut réduit, comme le plus faible de ses prédécesseurs, à l'expédient honteux de remplacer ses timides sujets par des Barbares auxiliaires; et il ne put prouver la supériorité de ses talens, que par la vigueur et l'adresse avec laquelle il sut manier un instrument dangereux, toujours prêt à blesser la main qui l'emploie. Outre les confédérés qui étaient déjà enrôlés au service de l'empire, la réputation de sa valeur et de sa libéralité attira les Barbares du Danube, du Borysthène et peut-être du Tanaïs. Les plus braves soldats d'Attila, les Gépides, les Ostrogoths, les Rugiens, les Bourguignons, les Suèves et les Alains, s'assemblèrent par milliers dans les plaines de la Ligurie, diminuant, par leurs mutuelles animosités, ce qu'on pouvait avoir à craindre de la réunion de leurs forces (1). Ils passèrent les Alpes au cœur de l'hiver. L'empereur marchait à leur tête, à pied et entière-

---

(1). La revue de l'armée et le passage des Alpes occupent la partie la moins médiocre du panégyrique, 470-552. M. du Buat (*Hist. des Peuples*, etc., t. VIII, p. 49-55) est

ment couvert de son armure ; il sondait avec un bâton la profondeur de la glace ou de la neige, et encourageait les Scythes, qui se plaignaient de l'excès du froid, en leur promettant avec gaîté qu'ils seraient contens de la chaleur de l'Afrique. Les citoyens de Lyon osèrent fermer leurs portes ; mais ils implorèrent bientôt et éprouvèrent la clémence de Majorien. Après avoir remporté une victoire sur Théodoric, il accepta l'alliance et l'amitié d'un roi dont il estimait la valeur. La force et la persuasion concoururent utilement à réunir pour un moment la plus grande partie de l'Espagne et de la Gaule ; et les Bagaudes indépendans, qui avaient échappé ou résisté à la tyrannie des règnes précédens, cédèrent avec confiance aux vertus de Majorien (1). Son camp était rempli d'alliés barbares : le zèle et l'amour des peuples mettaient son trône en sûreté ; mais l'empereur avait prévu qu'il était impossible d'entreprendre la conquête de l'Afrique sans une force maritime. Dans la première guerre contre les Carthaginois, la république fit des efforts si incroyables, que soixante jours après le premier coup de hache donné au premier arbre de la forêt,

---

infiniment plus satisfaisant dans son commentaire que Savaron et Sirmond.

(1) Τα μὲν ὅπλοις, τα δὲ λογοις. Telle est la distinction aussi juste que frappante établie par Priscus (*Excerpt. leg.*, p. 42) dans un fragment qui jette beaucoup de lumière sur la vie de Majorien. Jornandès supprime la défaite et l'alliance des Visigoths, qui furent publiées dans la Galice, et sont relatées dans la Chronique d'Idatius.

une flotte de cent soixante galères se déployait fièrement dans le port, toute prête à faire voile (1). Dans des circonstances moins favorables, Majorien égala le courage et la persévérance des anciens Romains. On abattit les bois de l'Apennin ; on rétablit les arsenaux et les manufactures de Misène et de Ravenne. L'Italie et la Gaule contribuèrent à l'envi, et la flotte impériale, composée de trois cents fortes galères et d'un nombre proportionné de moindres navires et de bâtimens de transport, se rassembla dans le port vaste et sûr de Carthagène en Espagne (2). Les soldats de Majorien, animés par l'intrépidité de leur général, ne doutaient plus de la victoire ; et, si l'on peut en croire l'historien Procope, l'empereur se laissait quelquefois emporter par son courage au-delà des bornes de la prudence. Curieux d'examiner par lui-même la situation des Vandales, il se hasarda, en déguisant la couleur de ses cheveux, d'entrer dans Carthage, sous le nom de son ambassadeur ; et Genseric, lors-

---

(1) Florus (l. II, c. 2) se plaît à supposer poétiquement que les arbres furent métamorphosés en vaisseaux; et réellement le fait, tel qu'il est raconté dans le premier livre de Polybe, s'éloigne trop du cours ordinaire des choses.

(2). *Intereà duplici texis dum littore classem*
Inferno superoque mari, cedit omnis in æquor
Silva tibi, etc. . . . .
   Sidon., Panegyr. de Major., 441-461.

Le nombre de vaisseaux, que Priscus fixe à trois cents, a été enflé par une vague comparaison avec les flottes de Xerxès, d'Agamemnon et d'Auguste.

qu'il en fut instruit, regretta vivement d'avoir laissé échapper l'empereur des Romains. Cette anecdote peut paraître apocryphe ; mais elle n'était applicable qu'à un héros (1).

Perte de la flotte.
Genseric n'eut pas besoin d'une entrevue pour apprécier le génie et les desseins de son adversaire. Il eut bientôt épuisé sans succès ses ruses et ses délais accoutumés : ses propositions de paix devenaient à chaque instant plus soumises et peut-être plus sincères ; mais l'inflexible Majorien, fidèle à l'ancienne maxime, croyait que le salut de Rome dépendait de l'assujettissement de Carthage. Le roi des Vandales n'osait plus compter sur la valeur de ses sujets naturels, énervés par le luxe du Midi (2) ; il soupçonnait la fidélité d'un peuple vaincu, qui le détestait comme protecteur des ariens ; et la précaution qu'il prit de faire un désert de la Mauritanie (3), n'arrêta point

---

(1) Procope, *de Bell. vandal.*, l. 1, c. 8, p. 194. Lorsque Genseric introduisit dans l'arsenal de Carthage cet hôte dont il était loin de soupçonner le rang, les armes résonnèrent sans qu'on les touchât. Majorien avait teint en noir ses cheveux blonds.

(2) . . . . *Spoliisque potitus*
Immensis, robur luxu jam perdidit omne,
Quo valuit dùm pauper erat.
                                        Panegyr. Major., 330.
Il charge ensuite Genseric, assez injustement, à ce qu'il parait, de tous les vices de ses sujets.

(3) Il brûla les villages, et empoisonna les eaux. (Priscus, page 42). Dubos (*Hist. critique*, tome 1, page 475) observe que les magasins des Maures, que ceux-ci ont coutume

l'empereur romain, qui pouvait choisir le lieu de sa descente sur toute la côte d'Afrique : mais la perfidie de quelques sujets puissans, envieux ou effrayés des succès de leur maître, délivra Genseric du danger. Par le moyen de cette intelligence, il surprit la flotte dans la baie de Carthagène ; une partie des vaisseaux furent pris, coulés à fond ou brûlés ; et un seul jour vit détruire les travaux de trois années (1). Après cet événement, les deux rivaux se montrèrent supérieurs à leur fortune. Le Vandale, au lieu de s'enorgueillir d'une victoire accidentelle, renouvela ses propositions de paix. L'empereur d'Occident, capable de former de vastes desseins et de supporter de grands revers, consentit à un traité ou plutôt à une suspension d'armes, convaincu qu'avant d'avoir pu rétablir sa flotte, il ne manquerait pas d'un sujet légitime pour justifier une seconde guerre. Majorien retourna en Italie s'occuper du bonheur de ses sujets ; et, fort du sentiment de sa conscience, il ignora long-temps sans doute la criminelle conspiration qui menaçait son trône et sa vie. L'événement de Carthage ternissait une gloire dont l'éclat avait frappé les yeux de la

---

d'enterrer, purent échapper à ses recherches. Ils creusent deux ou trois cents trous dans le même champ, et chaque trou contient au moins quatre cents boisseaux de blé. *Voyages de Shaw*, p. 139.

(1) Idatius, qui était dans la Galice, à l'abri du pouvoir de Ricimer, déclare avec franchise et hardiesse, *Vandali per proditores admoniti*, etc. Il ne nomme cependant pas l'auteur de la trahison.

multitude ; presque tous les officiers ; soit civils ou militaires, étaient irrités contre le réformateur des abus qui leur étaient personnellement avantageux ; et le patrice Ricimer tâchait de tourner l'esprit inconstant des Barbares contre un prince qu'il estimait et haïssait également. Les vertus de Majorien ne purent le protéger contre la sédition qui éclata dans le camp, près de Tortone, au pied des Alpes. Il fut contraint d'abdiquer la pourpre ; cinq jours après, on annonça que Majorien était mort d'une dysenterie (1), et l'humble tombe qui couvrit les restes de ce grand homme fut consacrée par la reconnaissance et par le respect de la postérité (2). Le caractère de Majorien inspirait l'amour et le respect. La satire et la calomnie l'enflammaient d'indignation ; mais elles n'excitaient que son mépris lorsqu'il en était l'objet. Il encourageait cependant la liberté de la conversa-

<small>Mort de Majorien. A. D. 461, 7 août.</small>

---

(1) Procope, *de Bell. vandal.*, l. 1^r, c. 8, p. 194. Le témoignage d'Idatius paraît impartial. *Majorianum de Galliis Romam redeuntem, et romano imperio, vel nomini, res necessarias ordinantem, Ricimer livore percitus, et invidorum consilio fultus, fraude interficit circumventum.* Quelques-uns lisent *Suevorum* ; et je voudrais n'effacer ni l'un ni l'autre de ces mots, parce qu'ils font connaître les différens auteurs de la conspiration qui précipita Majorien du trône.

(2) *Voyez les Épigrammes* d'Ennodius, n° 135, *inter Sirmondi opera*, t. 1, p. 1903. Elle est plate et obscure ; mais Ennodius fut fait évêque de Pavie cinquante ans après la mort de Majorien, et ses louanges méritent quelque confiance.

tion; et dans les heures que l'empereur donnait à la société, il savait se livrer à son goût pour la plaisanterie, sans jamais déroger à la majesté de son rang (1).

Ce ne fut pas peut-être sans regret que Ricimer sacrifia son ami à l'intérêt de son ambition; mais il résolut d'éviter, dans un second choix, de se donner un supérieur dont le mérite et la vertu pussent lui faire ombrage. Le sénat, docile à ses ordres, accorda le titre d'empereur à Libius-Sévère, qui monta sur le trône de l'Occident sans sortir de son obscurité: à peine l'histoire a-t-elle daigné faire connaître sa naissance, son élévation, son caractère ou sa mort. Sévère cessa d'exister dès que sa vie devint incommode à son protecteur (2), et il serait inutile de chercher dans l'intervalle de six années, qui s'écoula

{Ricimer règne sous le nom de Sévère. A. D. 461 - 467.}

---

(1) Sidonius fait longuement le récit (l. 1, *ep.* 11, p. 25-31) d'un souper à Arles, où il fut invité par Majorien peu de temps avant sa mort. Il n'avait point l'intention de louer un empereur qui n'existait plus; mais une observation accidentelle : *Subrisit Augustus, ut erat, auctoritate servatâ, cùm se communioni dedisset, joci plenus*, prouve plus en faveur de l'empereur que les six cents vers de son vénal panégyrique.

(2) Sidon. (*Paneg. Anthem.*, p. 317) l'envoie dans le ciel.

Auxerat Augustus, naturæ lege, Severus,
Divorum numerum. . . . . .

On trouve dans une ancienne liste des empereurs, composée du temps de Justinien, les louanges de la piété de Sévère; cette même autorité fixe sa résidence à Rome. Sirmond, *Not. ad Sidon.*, p. 111-112.

depuis la mort de Majorien jusqu'à l'élévation d'Anthemius, quel a pu être l'espace de temps occupé par le règne de ce fantôme d'empereur. Pendant cet intervalle, Ricimer fut seul maître du gouvernement; et, sans oser prétendre au nom de monarque, le Barbare accumula des trésors, eut une armée à lui, fit des traités particuliers, et exerça en Italie l'autorité indépendante et despotique qu'y exercèrent depuis Odoacre et Théodoric. Mais les Alpes bornaient ses États; deux généraux romains, Marcellin et Ægidius, demeurèrent fidèles à la république, et rejetèrent dédaigneusement le fantôme qu'il décorait du nom d'empereur. Marcellin suivait l'ancienne religion; et les païens dévots, qui désobéissaient en secret aux lois de l'Église et de l'État, respectaient ses connaissances dans l'art de la divination : mais il possédait des qualités plus estimables, la science, le courage et la vertu (1); il s'était perfectionné le goût par l'étude de la littérature latine, et ses talens militaires lui avaient acquis l'estime du grand Ætius, qui l'enveloppa dans sa ruine : mais il évita par la fuite la fureur de Valentinien, et maintint hardiment son indépendance au milieu des révolutions de l'empire d'Occident. Majorien récompensa la soumission volontaire ou forcée de Marcellin, en lui confiant le

Révolte de Marcellin en Dalmatie.

―――――

(1) Tillemont, que les vertus des infidèles scandalisent toujours, attribue ce portrait avantageux de Marcellin, conservé par Suidas, au zèle partial des auteurs païens. *Hist. des Emper.*, t. VI, p. 330.

gouvernement de la Sicile et le commandement d'une armée placée dans cette île pour attaquer où arrêter les Vandales : mais à la mort de Majorien, les intrigues et l'or de Ricimer firent révolter ses soldats. A la tête d'une troupe fidèle, Marcellin s'empara de la Dalmatie, prit le titre de patrice de l'Occident, mérita l'attachement de ses sujets par un gouvernement doux et équitable, construisit une flotte qui faisait la loi sur la mer Adriatique, et menaçait alternativement les côtes d'Afrique et d'Italie (1). Ægidius, maître général de la Gaule, qui égalait ou imitait les héros de l'ancienne Rome (2), déclara son ressentiment implacable contre les assassins d'un prince qu'il chérissait. Une armée nombreuse et choisie suivait ses drapeaux ; et quoique les artifices de Ricimer et les forces des Visigoths lui fermassent le chemin de Rome, il maintint au-delà des Alpes sa souveraineté indépendante, et rendit le nom d'Ægidius respectable dans la paix comme dans la guerre. Les Francs, qui avaient puni par l'exil les débordemens du jeune Childéric, placèrent sur le trône le général romain.

Et d'Ægidius dans la Gaule.

---

(1) Procope, *de Bell. vandal.*, l. 1, c. 6, p. 191. Dans plusieurs circonstances de la vie de Marcellin, il n'est pas aisé de concilier les historiens grecs avec les chroniques latines de ces temps.

(2) Je crois devoir appliquer à Ægidius les louanges que Sidonius (*Panég. de Majorien*, p. 553) donne à un maître général qu'il ne nomme pas, mais qui commandait l'arrière-garde de Majorien. Idatius loue sa piété d'après l'opinion publique ; et Priscus parle de ses talens militaires, p. 42.

Cet honneur singulier flatta plus sa vanité que son ambition ; et quatre ans après, lorsque la nation se repentit de l'outrage qu'elle avait fait à la famille des Mérovingiens, il consentit à rendre le trône au prince légitime. Ægidius maintint sa puissance jusqu'à sa mort : les Gaulois, désespérés de sa perte, accusèrent Ricimer de l'avoir hâtée par le poison ou par la violence, et son caractère connu justifiait leurs soupçons (1).

<small>Guerre navale des Vandales.
A. D.
461 - 467.</small>

Le royaume d'Italie (tel était le nom auquel avait été réduit peu à peu l'empire d'Occident) fut continuellement dévasté sous le règne de Ricimer par les descentes et les incursions des pirates vandales (2).

---

(1). Saint Grégoire de Tours, l. II, c. 12, dans le tome II, page 168. Le père Daniel, dont les connaissances historiques sont superficielles et remontent peu aux sources, a fait quelques objections contre l'histoire de Childéric (*Hist. de France*, t. I, *Préface histor.*, p. 78, etc.); mais Dubos y a répondu d'une manière victorieuse (*Hist. crit.*, t. 1, p. 460-510), ainsi que deux auteurs qui ont disputé le prix de l'Académie de Soissons (p. 131-177; 310-339). Relativement à la durée de l'exil de Childéric, il est indispensable ou de prolonger la vie d'Ægidius au-delà de la date fixée par la Chronique d'Idatius, ou de corriger le texte de saint Grégoire, en lisant *quarto anno* au lieu d'*octavo*.

(2). La guerre navale de Genseric se trouve détaillée par Priscus (*Excerpt. legat.*, p. 42); Procope (*de Bell. vand.*, l. 1, c. 5, p. 189, 190, et c. 22, p. 228); Victor Vitensis (*de Persecut. Vandal.*, l. 1, c. 17); Ruinart (p. 467-481), et dans trois panégyriques de Sidonius, dont l'ordre chronologique a été ridiculement transposé dans les éditions de Savaron et de Sirmond (*Avit. carm.*, VII, 441-451;

Au printemps de chaque année, ils équipaient une flotte nombreuse dans le port de Carthage; et Genséric, quoique d'un âge très-avancé, commandait en personne les expéditions les plus importantes. Il couvrait ses desseins d'un secret impénétrable jusqu'au moment de mettre à la voile. Lorsque le pilote lui demandait quelle direction il devait prendre : « Suivez celle des vents, répondait Genseric du ton d'une dévote insolence; ils nous conduiront sur la côte *coupable* dont les habitans ont offensé la justice divine. » Mais lorsque le roi des Vandales daignait donner lui-même des ordres plus positifs, les nations les plus riches lui paraissaient toujours les plus coupables. Les Barbares désolèrent successivement les côtes de l'Espagne, de la Ligurie, de la Toscane, de la Campanie, de la Lucanie, de Bruttium, de la Pouille, de la Calabre, de la Vénétie, de la Dalmatie, de l'Épire, de la Grèce et de la Sicile. La situation de la Sardaigne, placée si avantageusement au centre de la Méditerranée, leur inspira le désir de la soumettre; et ils répandirent les ravages ou la terreur depuis les colonnes d'Hercule jusqu'aux bouches du

---

Major. carm., v, 327-350, 385-440; *Anthem. carm.*, II, 348-386). Dans un passage, le poëte semble être animé par son sujet, et il exprime une idée forte par une image saillante :

. . . . *Hinc Vandalus hostis*
Urget; et in nostrum numerosá classe quotannis
Militat excidium; conversoque ordine Fati
Torrida caucaseos infert mihi Byrsa furores.

Nil. Moins jaloux de gloire que de butin, ils attaquaient rarement les villes fortifiées ou les troupes régulières ; mais la rapidité de leurs mouvemens les mettait à même de menacer presqu'au même instant des endroits fort éloignés les uns des autres ; et comme ils embarquaient toujours un nombre suffisant de chevaux, leur cavalerie se répandait dans le pays dès l'instant qu'ils avaient atteint la côte. Cependant, et quoique leur souverain donnât l'exemple, les Vandales et les Alains se dégoûtèrent bientôt d'un genre de guerre pénible et dangereux. La robuste génération des conquérans de Carthage était presque entièrement éteinte ; les fils de ces guerriers, nés en Afrique, jouissaient paisiblement des bains et des jardins délicieux acquis par les exploits de leurs pères. Ils furent aisément remplacés dans les armées par une multitude de Maures et de Romains, soit captifs, soit proscrits ; et ces furieux, qui avaient commencé par violer les lois de leur pays, étaient les plus ardens à se livrer à ces horreurs qui déshonorèrent les victoires de Genseric. Il épargnait quelquefois ses malheureux captifs par un sentiment d'avarice, il les sacrifiait dans d'autres occasions au plaisir de satisfaire sa cruauté ; et l'indignation publique a reproché à sa dernière postérité le massacre de cinq cents citoyens nobles de Zante ou Zacynthus, dont il fit jeter les corps mutilés dans la mer Ionienne.

Négociations avec l'empire d'Orient. A. D. 462, etc.

Aucun prétexte n'autorisait de semblables crimes ; mais la guerre que Genseric entreprit bientôt contre l'empire, pouvait être justifiée par des motifs spécieux et même raisonnables. La veuve de Valentinien, Eudoxie, entraînée captive de Rome à Carthage, était seule héritière de la maison de Théodose. Le monarque des Vandales contraignit Eudoxie, fille aînée de l'impératrice, d'épouser son fils Huneric; et aussitôt, appuyé d'un titre légal, il exigea impérieusement qu'on remît à la femme de son fils la part qui lui revenait dans la succession de l'empire. Il était également difficile de le refuser et de le satisfaire. L'empereur d'Orient, au moyen d'une forte compensation, acheta une paix nécessaire; Eudoxie et Placidie, sa seconde fille, furent reconduites honorablement à Constantinople, et les Vandales bornèrent leurs ravages aux limites de l'empire d'Occident. Les Italiens, dépourvus d'une marine qui pouvait seule défendre leurs côtes, implorèrent humblement le secours des nations plus heureuses de l'Orient, qui autrefois, en temps de paix comme en temps de guerre, avaient reconnu la suprématie de Rome; mais la séparation constante des deux empires les avaient désunis d'intérêts et d'affections : on objecta le traité récent, et au lieu d'armes et de vaisseaux, les Romains de l'Occident n'obtinrent qu'une médiation froide et inutile. L'orgueilleux Ricimer, ne pouvant soutenir plus long-temps le fardeau qu'il s'était imposé, fut enfin forcé d'employer auprès de la cour de Constantinople l'humble langage d'un sujet suppliant; l'Italie reçut un maître choisi par l'empereur d'Orient, et l'alliance des deux empires fut le prix de cette soumission (1). L'objet de ce chapitre, ni même de ce volume, n'est point de suivre en détail l'histoire de Byzance; mais un coup d'œil rapide sur le règne et sur le caractère de l'empereur Léon, peut servir à faire apprécier les derniers efforts que l'on tenta pour sauver de sa ruine l'empire d'Occident (2).

<small>Léon, empereur de l'Orient. A. D. 457-474.</small>

Depuis la mort de Théodose le jeune, la tranquillité de Constantinople n'avait été interrompue ni par des guerres étrangères, ni par des factions domestiques. Le modeste et vertueux Marcien avait reçu la main de Pulchérie et le sceptre de l'Orient; plein de reconnaissance, il respecta toujours le rang et la virginité de son épouse; et l'empereur donna

---

(1) Le poëte est forcé d'avouer l'embarras de Ricimer.

Præterea invictus Ricimer, quem publica fata
Respiciunt, proprio solus vix Marte repellit
Piratam per rura vagum...

L'Italie adresse ses plaintes au Tibre; et Rome, à la sollicitation du dieu du fleuve, se transporte à Constantinople, renonce à ses anciennes prétentions, et implore le secours d'Aurore, déesse de l'Orient. Ce merveilleux mythologique, dont avait déjà usé et abusé le génie de Claudien, est constamment l'unique et misérable ressource de Sidonius.

(2) Les auteurs originaux des règnes de Marcien, Léon et Zénon, sont réduits à quelques fragmens; et il faut suppléer aux lacunes par les compilations plus récentes de Théophane, Zonare et Cedrenus.

le premier, lorsqu'il la perdit, l'exemple du culte dû à la mémoire de cette sainte impératrice (1). Occupé seulement des intérêts de son empire, Marcien semblait contempler les malheurs de Rome avec indifférence; et l'on attribua le refus que faisait un prince actif et courageux de se déclarer contre les Vandales, à une promesse secrète que Genseric lui avait arrachée lorsqu'il était son captif (2). La mort de Marcien, arrivée après un règne de sept années, aurait exposé l'empire au danger d'une élection populaire, si l'autorité d'une seule famille n'eût pas suffi pour placer sur le trône le candidat dont elle soutenait les prétentions. Le patrice Aspar se serait facilement emparé du diadème, s'il eût voulu accepter publiquement la foi de Nicée (3). Depuis trois générations, son père, lui et son fils Ardaburius, commandaient les armées de l'Orient; sa nombreuse garde de Barbares tenait en respect le palais et la capitale, et les immenses trésors qu'il répandait avec

---

(1) Sainte Pulchérie mourut (A. D. 453) quatre ans avant son mari titulaire; et les Grecs modernes célèbrent sa fête le 10 de septembre. Elle légua son immense patrimoine pour des usages pieux, ou du moins pour l'usage de l'Église. *Voyez* Tillemont, *Mém. ecclés.*, t. xv; p. 181-184.

(2) *Voyez* Procope, *de Bell. vandal.*, l. 1, c. 4, p. 185.

(3) On peut inférer de l'obstacle qui empêcha Aspar de monter sur le trône, que la tache d'hérésie était perpétuelle et indélébile, tandis que celle de *barbarie* disparaissait à la seconde génération.

profusion., égalaient sa popularité à sa puissance. Il présenta un homme obscur, Léon de Thrace, tribun militaire et le principal intendant de sa maison, et le sénat ratifia cette nomination par ses suffrages unanimes. Le domestique d'Aspar reçut la couronne impériale des mains du patriarche ou évêque, à qui l'on permit d'annoncer la protection divine par cette cérémonie inusitée (1). Le titre de *grand* par lequel l'empereur Léon fut distingué de ceux qui portèrent après lui le même nom, prouve que les princes qui avaient occupé successivement le trône de Constantinople, avaient rendu les Grecs peu exigeans sur ce qu'ils regardaient comme la perfection des vertus héroïques ou du moins des vertus impériales. Cependant la fermeté modérée que Léon opposa à la tyrannie de son bienfaiteur montra qu'il connaissait son devoir et son autorité. Aspar vit avec étonnement que son influence ne suffisait plus pour faire nommer un préfet de Constantinople ; il osa reprocher à son souverain de manquer à ses engagemens, et secouant insolemment sa robe pourpre : « Il ne convient pas, lui dit-il, qu'un homme revêtu de cette robe fausse sa parole. — Il ne convient pas non plus, répondit Léon, qu'un prince soit forcé de soumettre son jugement et l'intérêt public à la volonté d'un

---

(1) Théophane, p. 95. Cette cérémonie semble avoir été l'origine de celle que tous les princes chrétiens ont adoptée depuis, et de laquelle le clergé a tiré de si dangereuses conséquences.

de ses sujets (1). » Après cette étrange scène, on ne pouvait pas espérer une réconciliation sincère ou durable entre l'empereur et le patrice. Léon leva secrètement une armée d'Isauriens (2), qu'il introduisit dans Constantinople; et tandis qu'il minait sourdement la puissance d'une famille dont il méditait la ruine, sa conduite prudente et modérée tranquillisait Aspar, et le détournait des mesures violentes qui auraient entraîné sa perte ou celle de ses ennemis. Cette révolution intérieure influa sur le système politique de l'empire. Tant qu'Aspar avait avili par sa tyrannie la majesté du trône, des motifs secrets d'intérêt et de religion l'avaient engagé à favoriser Genseric : mais dès que Léon fut délivré de cette ignominieuse servitude, il écouta les plaintes des Italiens, résolut de chasser les Vandales de l'Afrique, et déclara son alliance avec son collègue Anthemius, qu'il plaça solennellement sur le trône de l'Occident.

On a peut-être exagéré les vertus d'Anthemius comme l'illustration de son origine, que l'on faisait

Anthemius, empereur d'Occident.
A. D. 467-472.

---

(1) Cedrenus (p. 345, 346), historien familiarisé avec les écrits des plus beaux siècles, a conservé les remarquables expressions d'Aspar : Βασιλευ, τον αυτην την αλουργιδα περιβεβλημενον ου χρη διαψευδεσθαι.

(2) La puissance des Isauriens agita l'empire d'Orient sous les deux règnes suivans de Zénon et d'Anastase; mais ces troubles finirent par la destruction de ces Barbares, qui avaient défendu leur farouche indépendance durant environ deux cent trente années.

remonter à une suite d'empereurs, quoique l'usurpateur Procope soit le seul de ses ancêtres qui ait été honoré de la pourpre (1); mais le mérite de ses derniers parens, leurs dignités et leurs richesses, plaçaient Anthemius au nombre des plus illustres sujets de l'empire d'Orient. Procope, son père, avait obtenu, au retour de son ambassade en Perse, le rang de général et de patrice : le nom d'Anthemius venait de son grand-père maternel, le célèbre préfet qui gouverna l'empire avec tant de sagesse et de succès durant l'enfance de Théodose. Le petit-fils du préfet sortit, en quelque façon, de la classe des sujets par son mariage avec Euphémie, fille de l'empereur Marcien. Cette alliance illustre, qui aurait pu suppléer au défaut de mérite, hâta l'élévation d'Anthemius aux dignités successives de comte, de maître général, de consul et de patrice, et ses talens ou la fortune lui valurent l'honneur d'une victoire qu'il remporta sur les Huns, près des bords du Danube. Le gendre de Marcien pouvait, sans être accusé d'une ambition extravagante, espérer de devenir son successeur; mais Anthemius soutint avec un courage modeste la perte de cette espérance; et

---

(1) . . . . *Tali tu civis ab urbe*
Procopio genitore micas; cui prisca propago
Augustis venit à proavis. . . . .
Sidon., Panegyr. Anthem., 67-306.
Le poëte continue ensuite à raconter la vie privée et les aventures du futur empereur, dont il était probablement fort mal informé.

son élévation à l'empire d'Occident eut généralement l'approbation du public, qui le jugea digne du trône jusqu'au moment où il y fut placé (1). L'empereur d'Occident partit de Constantinople, suivi de plusieurs comtes de la première distinction, et d'une garde dont la force et le nombre équivalaient presque à une armée régulière. Il entra dans Rome en triomphe, et le choix de Léon fut confirmé par le sénat, par le peuple et par les Barbares confédérés de l'Italie (2). Après la cérémonie de son inauguration, Anthemius célébra le mariage de sa fille avec le patrice Ricimer : et cet heureux événement parut devoir assurer l'union de l'empire et sa prospérité. On étala pompeusement, à cette occasion, les richesses des deux empires, et un grand nombre de sénateurs consommèrent leur ruine par leurs efforts pour déguiser leur pauvreté. Durant ces fêtes, toutes les affaires furent suspendues, les tribunaux demeurèrent fermés ; les rues de Rome, les théâtres et les places publiques, retentirent des danses et des chants de l'hyménée ; et la princesse, vêtue d'une robe de soie et la couronne sur la tête, fût conduite au palais de Ricimer, qui avait changé son habit militaire

A. D. 467,
12 avril.

---

(1) Sidonius avoue avec assez d'ingénuité que la modération d'Anthemius ajouta un nouveau lustre (210, etc.) aux vertus de ce prince, qui refusa un trône, et n'accepta l'autre qu'avec répugnance (22, etc.).

(2) Le poëte célèbre encore l'unanimité de tous les ordres de l'État (15-22) ; et la chronique d'Idatius atteste les forces dont sa marche fut accompagnée.

contre la robe de consul et de sénateur. Dans cette occasion, Sidonius, dont l'ambition et les premières espérances avaient été si cruellement déçues, parut comme orateur de l'Auvergne parmi les députés des provinces qui venaient adresser au nouveau souverain leurs plaintes ou leurs félicitations (1). On approchait des calendes de janvier; et le poëte vénal qui avait aimé Avitus et estimé Majorien, célébra, à la sollicitation de ses amis, en vers héroïques, le mérite, le bonheur, le second consulat et les triomphes futurs de l'empereur Anthemius. Sidonius prononça, avec autant de succès que de confiance, un panégyrique qui existe encore; et quels que fussent les défauts du sujet ou de la composition, le flatteur n'en obtint pas moins aussitôt pour récompense la préfecture de Rome. Cette dignité le plaça au nombre des premiers personnages de l'empire, jusqu'au moment où il la quitta sagement pour les titres plus respectables d'évêque et de saint (2).

A. D. 468,
1er janvier.

Les fêtes lupercales.

Les Grecs exaltent la foi et la piété de l'empereur

―――

(1) *Interveni autem nuptiis patricii Ricimeris, cui filia perennis Augusti in spem publicæ securitatis copulatur.* Le voyage de Sidonius depuis Lyon, et les fêtes de Rome, sont décrits avec assez de talent (l. 1, *epist.* 5, p. 9-13; ep. 9, p. 21).

(2) Sidonius (l. 1, *epist.* 9, p. 23, 24) déclare nettement son motif, son travail et sa récompense. *Hic ipse panegyricus, si non judicium, certè eventum, boni operis, accepit.* Il passa à l'évêché de Clermont, A. D. 471. Tillemont, *Mém. ecclés.*, t. VI, p. 750.

qu'ils donnèrent à l'Occident, et ils ont soin d'observer qu'en quittant Constantinople, Anthemius convertit son palais en un local qu'il consacra à plusieurs fondations pieuses, comme des bains, une église et un hôpital pour les vieillards (1). Cependant quelques apparences suspectes ternissent la réputation théologique de ce souverain : il avait puisé des maximes de tolérance dans la conversation de Philothée, moine de la secte des macédoniens ; et les hérétiques de Rome auraient tenu impunément leurs assemblées, si la censure véhémente que le pape Hilaire prononça dans l'église de Saint-Pierre n'eût obligé le monarque d'abjurer une indulgence contraire à l'opinion (2). L'indifférence ou la faveur d'Anthemius ranimait jusqu'à l'espoir du faible reste des païens ; ils attribuèrent à un dessein secret de rétablir l'ancien culte (3), l'amitié singulière dont il honorait le

---

(1) Le palais d'Anthemius était situé sur le bord de la Propontide. Dans le neuvième siècle, Alexis, gendre de l'empereur Théophile, obtint la permission d'acheter le terrain, et finit ses jours dans un monastère qu'il fonda sur ce délicieux rivage. Ducange, *Constantinopolis christiana*, p. 117-152.

(2) *Papa Hilarius.... apud beatum Petrum apostolum palam ne id fieret, clarâ voce constrinxit, in tantum ut non ea facienda cum interpositione juramenti, idem promitteret imperator.* Gelas., epist. ad Andronic. apud Baron. A. D. 467, n° 3. Le cardinal observe avec complaisance qu'il était beaucoup plus difficile d'introduire une hérésie à Rome qu'à Constantinople.

(3) Damascius, dans la *Vie du philosophe Isidore*, apud

philosophe Sévère, qu'il revêtit de la dignité de consul. Les idoles renversées traînaient dans la poussière, et la mythologie, si respectée des anciens, était devenue si méprisable, que les poëtes chrétiens pouvaient s'en servir sans causer de scandale et sans se rendre suspects (1). Il restait cependant quelques vestiges de superstition, et l'on célébrait encore sous le règne d'Anthemius la fête des Lupercales, dont l'origine était antérieure à la fondation de Rome. Les cérémonies simples et sauvages de cette fête devaient tirer leur origine de l'état de société qui avait précédé l'invention des arts et de l'agriculture. Les dieux qui présidaient aux travaux et aux plaisirs champêtres, Pan, Faune et leur suite de satyres, étaient tels que l'imagination des pâtres pouvait les inventer, gais, lascifs et pétulans. Leur pouvoir était limité et leur malice peu dangereuse ; et une chèvre semblait être l'offrande la plus convenable à leur caractère et à leurs attributs. On rôtissait la chair de la victime sur des broches de saule ; les jeunes hommes, qui

---

Photium, p. 1049. Damascius, qui vivait sous le règne de Justinien, composa un autre ouvrage de cinq cent soixante-dix histoires extraordinaires d'âmes, de démons et d'apparitions, etc., rêveries du paganisme platonicien.

(1) Dans les OEuvres poétiques de Sidonius, qu'il condamna dans la suite (l. IX, *epist*. 16, p. 285), les principaux acteurs sont des divinités fabuleuses. Si les anges fustigèrent sévèrement saint Jérôme pour avoir lu Virgile, cette imitation servile devait valoir de plus, à l'évêque de Clermont, une correction semblable de la part des Muses.

venaient en foule à la fête, couraient tout nus dans les champs, une lanière de cuir à la main, et passaient pour rendre fécondes toutes les femmes qui s'en laissaient toucher (1). L'autel du dieu Pan avait été élevé, peut-être par l'Arcadien Évandre, dans un endroit solitaire du mont Palatin, au milieu d'un bocage arrosé par une source d'eau vive. La tradition qui enseignait que dans ce même endroit une louve avait nourri Romulus et Remus de son lait, le rendait encore plus respectable et plus cher aux Romains; et ce lieu agreste avait été insensiblement entouré des superbes édifices du Forum (2). Après la conversion de Rome, les chrétiens continuèrent à célébrer tous les ans, dans le mois de février, la fête des Lupercales, à laquelle ils attribuaient une influence secrète et mystique sur la fécondité du genre animal et végétal. Les évêques de Rome désiraient abolir cette coutume profane, si contraire à l'esprit du christianisme; mais leur zèle n'était point appuyé par l'autorité du magistrat civil; l'abus subsista jusqu'à la fin du cinquième siècle, et le pape Gélase, qui pu-

---

(1) Ovide (*Fast.*, l. II, 267-452) a donné une description piquante des folies de l'antiquité, qui inspiraient alors encore un si grand respect, qu'un grave magistrat qui courait tout nu par les rues, n'inspirait ni le mépris ni la surprise.

(2) *Voyez* Denys d'Halicarn., l. I, p. 25-65, éd. Hudson; les antiquaires romains Donat (l. II, c. 18, p. 173, 174) et Nardini (p. 386, 387) ont travaillé à découvrir la position exacte du Lupercal.

rifia la capitale de ce reste d'idolâtrie, fut obligé d'apaiser, par une apologie spéciale, les murmures du peuple et du sénat (1).

Préparatifs contre les Vandales d'Afrique.
A. D. 468.

Dans toutes ses déclarations publiques, l'empereur Léon prenait vis-à-vis d'Anthemius le ton d'autorité d'un père, et y ajoutait les protestations du plus vif attachement pour le fils avec lequel il avait partagé l'administration de l'univers (2). La situation de Léon et peut-être son caractère le détournèrent de s'exposer personnellement aux fatigues et aux dangers de la guerre d'Afrique; mais il se servit avec vigueur de toutes les ressources de l'empire d'Orient pour délivrer l'Italie et la Méditerranée de la tyrannie des Vandales; et Genseric, qui ravageait depuis longtemps l'une et l'autre, se vit à son tour menacé d'une

---

(1) Baronius publia, d'après les manuscrits du Vatican, l'épître du pape Gélase (A. D. 496, n°s 28-45), qui a pour titre : *Adversus Andromachum senatorem, cæterosque Romanos, qui Lupercalia, secundùm morem pristinum, colenda constituebant.* Gélase suppose toujours que ses adversaires ont au moins le nom de chrétiens, et, pour ne pas leur céder en préjugés et en absurdité, il impute toutes les calamités du temps à la célébration de cette fête innocente.

(2) *Itaque nos quibus totius mundi regimen commisit superna provisio.... Pius et triumphator semper Augustus filius noster Anthemius, licet divina majestas et nostra creatio pietati ejus plenam imperii commiserit potestatem*, etc..... Tel est le ton de dignité que prend Léon; et Anthemius le nomme respectueusement *dominus et pater meus, princeps sacratissimus Leo.* Voyez *Novell. Anthem.*, tit. 2, 3, p. 38, *ad calcem Cod. Theod.*

invasion formidable. Le préfet Héraclius ouvrit la campagne par une entreprise hardie et qui eut un plein succès (1). Les troupes de l'Égypte, de la Thébaïde et de la Libye, s'embarquèrent sous ses ordres; et les Arabes, avec le secours d'un grand nombre de chevaux et de chameaux, ouvrirent les routes du désert. Héraclius débarqua à Tripoli, surprit et soumit les villes de cette province, et entreprit (2), par une marche pénible, ce qu'avait autrefois exécuté Caton, de se réunir à l'armée impériale sous les murs de Carthage. La nouvelle de ces succès arracha de Genseric quelques insidieuses propositions de paix; mais son inquiétude redoubla lorsqu'il apprit la réconciliation du comte Marcellin avec les deux empires. Le patrice, renonçant à son indépendance, s'était déterminé à reconnaître l'autorité d'Anthémius, qu'il avait accompagné à Rome. Les flottes dalmatiennes entre-

---

(1) L'expédition d'Héraclius est obscurcie d'un grand nombre de difficultés (Tillemont, *Hist. des Emper.*, t. VI, p. 640); et il faut user avec circonspection des circonstances fournies par Théophane, pour ne pas contrarier l'autorité plus respectable de Procope.

(2) La marche de Caton depuis Bérénice, dans la province de Cyrène, était beaucoup plus longue que celle d'Héraclius depuis Tripoli. Il traversa les sables du désert en trente jours de marche, et il fallut s'approvisionner en outre des munitions ordinaires, d'un grand nombre d'outres pleines d'eau, et de plusieurs *psylli*, à qui on supposait l'art de guérir, en les suçant, les blessures des serpens de leur pays. *Voyez* Plutarque, *in Caton. uticens.*, t. IV, p. 275; Strab., *Géogr.*, l. XVII, p. 1193.

rent dans les ports d'Italie; la valeur de Marcellin expulsa les Vandales de la Sardaigne; et les faibles efforts de l'empire d'Occident secondèrent à un certain point les préparatifs immenses des Romains de l'Orient. On a fait l'évaluation exacte des frais de l'armement naval que Léon envoya contre les Vandales d'Afrique; et ce calcul, aussi curieux qu'intéressant, nous fournit un aperçu de l'opulence de l'empire au moment de sa décadence. Les domaines de l'empereur ou son patrimoine particulier fournirent dix-sept mille livres pesant d'or, et les préfets du prétoire levèrent sur les provinces quarante-sept mille livres d'or et sept cent mille livres d'argent; mais les villes furent réduites à la plus extrême pauvreté; et les calculs des amendes et des confiscations, considérées comme une partie intéressante du revenu, ne donnent pas une grande idée de la douceur et de l'équité de l'administration. Toutes les dépenses de la campagne d'Afrique, de quelque moyen qu'on se soit servi pour les défrayer, montèrent à la somme de cent trente mille livres d'or, environ cinq millions deux cent mille livres sterling, dans un temps où, à en juger par le prix comparatif des grains, l'argent devait avoir un peu plus de valeur que dans le siècle présent (1). La flotte qui cin-

---

(1) La somme totale est clairement énoncée par Procope, *de Bell. vandal.*, l. I, c. 6, p. 191. Les parties séparées dont elle était formée, et que Tillemont (*Hist. des Emp.*, t. VI, p. 396) a péniblement extraites des écrivains de l'his-

gla de Constantinople à Carthage était composée de onze cent treize vaisseaux chargés de plus de cent mille hommes, tant soldats que matelots. On en confia le commandement à Basiliscus, frère de l'impératrice Vorine. Sa sœur, femme de Léon, avait exagéré le mérite de ses anciens exploits contre les Scythes ; c'était dans la guerre d'Afrique qu'il se réservait de faire connaître sa perfidie ou son incapacité ; et ses amis furent réduits, pour sauver sa réputation militaire, à convenir qu'il s'était entendu avec Aspar pour épargner Genseric et anéantir la dernière espérance de l'empire d'Occident.

L'expérience a démontré que le succès d'une invasion dépend presque toujours de la vigueur et de la célérité des opérations. Le moindre délai détruit la force et l'effet de la première impression de terreur qu'elle a produite sur l'ennemi. Le courage et la santé des soldats déclinent sous un climat étranger, leur ardeur se ralentit, et les forces de terre et de mer, rassemblées par un effort pénible et peut-être impossible à répéter, se consument inutilement. Chaque instant perdu en négociations accoutume l'ennemi à contempler de sang-froid ce que ses premières terreurs lui avaient peint comme irrésistible. La

Mauvais succès de l'expédition.

---

toire byzantine, sont moins authentiques et moins intéressantes. L'historien Malchus déplore la misère publique (*Excerpt. ex Suidâ in corp. Hist. byzant.*, p. 58) ; mais c'est sûrement à tort qu'il accuse Léon d'avoir entassé dans son trésor les sommes qu'il avait arrachées au peuple.

flotte de Basiliscus vogua sans accident du Bosphore de Thrace à la côte d'Afrique. Il débarqua ses troupes au cap Bon ou promontoire de Mercure, environ à quarante milles de Carthage (1). L'armée d'Héraclius et la flotte de Marcellin joignirent ou secondèrent le général de l'empereur, et les Vandales furent vaincus partout où ils voulurent les arrêter, soit par terre, soit par mer (2). Si Basiliscus eût saisi le moment de la consternation pour avancer promptement vers la capitale, Carthage se serait nécessairement rendue, et le royaume des Vandales était anéanti. Genseric considéra le danger en homme de courage, et l'éluda avec son adresse ordinaire. Il offrit respectueusement de soumettre sa personne et ses États au pouvoir de l'empereur; mais il demanda une trêve de cinq jours pour stipuler les conditions de sa soumission; et sa libéralité, si l'on peut en croire l'opinion universelle de ce siècle, lui fit aisément obtenir le succès de cette demande insidieuse. Au lieu de refuser avec fermeté une grâce si vivement

---

(1) Ce promontoire est à quarante milles de Carthage (Procope, l. 1, c. 6, p. 192), et à vingt lieues de la Sicile (*Voyages de Shaw*, p. 89). Scipion aborda plus avant dans la baie au promontoire Blanc. *Voyez* la *Description* de Tite-Live, XXIX, 26, 27.

(2) Théophane (p. 100) affirme que plusieurs vaisseaux des Vandales coulèrent bas. On doit entendre dans un sens très-modifié le témoignage de Jornandès lorsqu'il assure que Basiliscus attaqua Carthage. Jornandès, *de Success. regn.*

sollicitée par l'ennemi, le coupable ou crédule Basiliscus consentit à cette trêve funeste, et se conduisit avec aussi peu de précautions que s'il eût été déjà le maître de l'Afrique. Dans ce court intervalle, les vents devinrent favorables aux desseins de Genseric. Il fit monter sur ses plus grands vaisseaux de guerre les plus déterminés de ses soldats, soit Maures, soit Vandales; ils remorquèrent après eux de grandes barques remplies de matières combustibles, et, après y avoir mis le feu, ils les dirigèrent pendant la nuit au milieu de la flotte ennemie où le vent les portait. Les Romains furent éveillés par les flammes qui consumaient leurs vaisseaux; et comme ils étaient serrés les uns contre les autres, le feu s'y communiquait avec une violence irrésistible; l'obscurité, le bruit des vents, les pétillemens de la flamme, les cris des matelots et des soldats qui ne savaient ni obéir ni commander, augmentaient le désordre et la terreur des Romains. Tandis qu'ils tâchaient de s'éloigner des brûlots et de sauver une partie de la flotte, les galères de Genseric les assaillirent de tous côtés avec ordre et un courage réglé par la prudence; et ceux des soldats romains qui avaient échappé aux flammes furent pour la plupart pris ou tués par les Vandales victorieux. Au milieu des événemens de cette nuit désastreuse, Jean, l'un des principaux officiers de Basiliscus, a su, par son courage héroïque ou plutôt désespéré, préserver son nom de l'oubli. Lorsque le vaisseau qu'il avait courageusement défendu fut presque consumé par les flammes, il se refusa dédaigneusement aux instances de Genso, fils de Genseric, qui, plein d'estime et de compassion pour lui, le pressait honorablement de se rendre; et se précipitant tout armé dans la mer, ses derniers mots furent qu'il ne voulait pas tomber vivant dans les mains de ces misérables impies. Mais Basiliscus, qui, fort éloigné d'un semblable courage, avait choisi son poste très-loin du danger, prit honteusement la fuite dès le commencement du combat, retourna précipitamment à Constantinople, après avoir perdu la moitié de sa flotte et de son armée, et mit sa tête coupable à l'abri du sanctuaire de Sainte-Sophie, où il attendit que sa sœur eût obtenu, par ses prières et ses larmes, le pardon de l'empereur indigné. Héraclius fit sa retraite à travers le désert; Marcellin se retira en Sicile, où, peut-être à l'instigation de Ricimer, il fut assassiné par un de ses propres officiers; et le roi des Vandales apprit avec autant de surprise que de satisfaction, que les Romains s'empressaient euxmêmes à le débarrasser de ses plus formidables adversaires (1). Après le mauvais succès de cette grande expédition, Genseric recommença à exercer sa tyrannie sur les mers; les côtes de l'Italie, de la Grèce et de l'Asie, éprouvèrent tour à tour les fureurs de sa vengeance et de son avarice. La Sardaigne et Tripoli

---

(1) Damascius, *in Vit. Isidor.* apud Phot., p. 1048. En comparant les trois courtes chroniques de ces temps, il semble en résulter que Marcellin combattit près de Carthage, et qu'il fut tué en Sicile.

rentrèrent sous son obéissance ; il ajouta la Sicile à ses provinces, et, avant de mourir, plein de gloire et d'années, il vit la destruction totale de l'empire d'Occident (1).

A. D. 477.

Durant tout le cours d'un règne long et actif, le monarque africain avait soigneusement cultivé l'amitié des Barbares de l'Europe, dont il se servait habilement pour faire des diversions contre les deux empires. Après la mort d'Attila, il renouvela son alliance avec les Visigoths de la Gaule ; et les fils du premier Théodoric qui régnèrent successivement sur cette nation guerrière, oublièrent aisément, par des vues d'intérêt, l'affront que leur sœur (2) avait reçu de Genseric. La mort de l'empereur Majorien délivra Théodoric II des liens de la crainte et peut-être de l'honneur ; il viola le traité récemment conclu avec les Romains, et sa perfidie lui valut le vaste territoire de Narbonne, qu'il réunit à ses États. Par une politique

Conquêtes des Visigoths en Espagne et dans la Gaule.
A. D. 462-472.

---

(1) Pour la guerre d'Afrique, voyez Procope, de Bell. vandal., l. 1, c. 6, p. 191, 192, 193 ; Théophane, p. 99, 100, 101 ; Cedrenus, p. 349, 350 ; et Zonare, t. II, l. XIV, p. 50, 51. Montesquieu (Considér. sur la grandeur, etc., c. 20) a fait une observation judicieuse sur le mauvais succès de ces grandes expéditions maritimes.

(2) Jornandès est notre meilleur guide pour les règnes de Théodoric II et d'Euric (de Reb. getic.; c. 44, 45, 46, 47, p. 675-681.). Idatius finit trop tôt, et Isidore ne s'étend pas assez sur les affaires d'Espagne, dont il aurait pu rendre compte. L'abbé Dubos, dans son troisième livre de l'*Hist. crit.*, t. 1, p. 424-620, a éclairci avec beaucoup de travail les événemens relatifs à la Gaule.

intéressée, Ricimer l'encourageait à envahir les provinces qui obéissaient à son rival Ægidius; mais l'activité du comte défendit Arles, remporta une victoire à Orléans, sauva la Gaule, et arrêta tant qu'il vécut les progrès des Visigoths. Leur ambition ne tarda pas à se rallumer; et le dessein d'arracher la Gaule et l'Espagne au gouvernement romain, fut conçu et presque entièrement exécuté sous le règne d'Euric, qui assassina son frère Théodoric, et déploya avec plus de férocité de très-grands talens politiques et militaires. Il passa les Pyrénées à la tête d'une armée nombreuse, soumit les villes de Saragosse et de Pampelune, vainquit en bataille rangée la noblesse de la province Tarragonaise, porta ses armes victorieuses jusqu'au cœur de la Lusitanie, et accorda aux Suèves la possession tranquille de la Galice, sous l'autorité de la monarchie des Goths d'Espagne (1). Ce fut avec non moins de vigueur qu'Euric tourna ses entreprises vers la Gaule; et depuis les Pyrénées jusqu'au Rhône et à la Loire, l'Auvergne et le Berri furent les seuls diocèses qui refusassent de le reconnaître pour maître (2). Dans la défense de Clermont, leur principale ville, les habitans de l'Auvergne souffrirent avec in-

---

(1) *Voyez* Mariana, *Hist. Hispan.*, t. 1, l. v; c. 5, p. 162.

(2). On trouve un tableau imparfait, mais original, de l'état de la Gaule, et principalement de l'Auvergne, dans Sidonius; qui, comme sénateur et ensuite comme évêque, s'intéressait vivement au sort de son pays. *Voy.* l. v, ep. 1, 5, 9, etc.

trépidité les fatigues de la guerre et les fléaux de la peste et de la famine. Les Visigoths, forcés d'abandonner le siége, renoncèrent pour le moment à cette importante conquête. La jeunesse de la province était animée par la valeur héroïque et presque incroyable d'Ecdicius, fils de l'empereur Avitus (1). Suivi de dix-huit cavaliers, il osa sortir de la ville et attaquer l'armée des Goths; et après avoir soutenu le combat toujours en se retirant vers la ville, ils y rentrèrent vainqueurs et sans avoir éprouvé aucune perte. Sa bienfaisance était égale à son courage : il nourrit à ses dépens quatre mille pauvres dans un temps de disette, et, par son propre crédit, il parvint à lever une armée de Bourguignons pour la défense de l'Auvergne. Les sujets fidèles de la Gaule n'attendaient plus leur délivrance et leur liberté que de son courage ; et cependant ce courage même ne suffisait pas pour prévenir la ruine de son pays, puisque ses concitoyens attendaient que son exemple les déterminât à la fuite ou à la servitude (2). La confiance publique était perdue,

---

(1) Sidonius, l. III, epist. 3, p. 65-68; saint Grégoire de Tours, l. II, c. 24, t. II, p. 174; Jornandès, c. 45, p. 675. Ecdicius n'était peut-être que le beau-fils d'Avitus, et né d'un premier mariage de la femme de cet empereur.

(2) *Si nullæ à republicâ vires, nulla præsidia, si nullæ, quantum rumor est, Anthemii principis opes, statuit, te auctore, nobilitas seu patriam dimittere seu capillos.* Sidon., l. II, epist. 1, p. 33. Ces derniers mots (Sirmond, *Not.*, p. 25) peuvent signifier la tonsure cléricale dont Sidonius lui-même avait fait choix.

les ressources de l'État épuisées; et les Gaulois commençaient à se persuader, avec raison, qu'Anthémius, qui régnait sur l'Italie, manquait de moyens pour secourir ses sujets au-delà des Alpes. Le faible empereur ne put lever, pour leur défense, qu'un corps de douze mille Bretons auxiliaires. Riothamus, un des rois ou chefs indépendans de cette île, consentit à transporter ses troupes dans la Gaule; il remonta la Loire et établit ses quartiers dans le Berri, où les peuples gémirent sous la tyrannie de ces nouveaux alliés, jusqu'au moment où les Visigoths les détruisirent ou les dispersèrent (1).

Procès d'Arvandus. A. D. 468.

Le procès et la condamnation du préfet Arvandus sont un des derniers actes d'autorité que le sénat romain ait exercés sur la Gaule. Sidonius, qui se félicitait de vivre sous un règne où il était permis de plaindre et de consoler un criminel d'État, avoue avec franchise les fautes de son inconsidéré et malheureux ami (2). Les périls auxquels avait échappé Arvandus lui inspirèrent moins de sagesse que de pré-

---

(1) On peut suivre l'histoire de ces Bretons dans Jornandès, c. 45, p. 678; Sidonius, l. III, epist. 9, p. 73, 74; et saint Grégoire de Tours, l. II, c. 18, t. II, p. 170. Sidonius, qui appelle ces troupes mercenaires, *argutos, armatos, tumultuosos, virtute, numero, contubernio, contumaces*, s'adresse à leur général sur le ton de l'amitié et de la familiarité.

(2) *Voyez* Sidonius (l. I, epist. 7, p. 15-20) et les notes de Sirmond. Cette lettre fait autant d'honneur à son cœur qu'à son esprit. La prose de Sidonius, quoiqu'un peu dé-

somption, et il se conduisit dans toutes les occasions avec une si constante imprudence, qu'on doit moins s'étonner de sa chute que de ses succès. La seconde préfecture qu'il obtint cinq ans après effaça tout le mérite de sa première administration, et lui ôta toute la popularité qu'il avait acquise : dépourvu de solidité dans le caractère, il se laissa corrompre par la flatterie et s'irrita par la contradiction. Forcé de vexer sa province pour apaiser ses propres créanciers, il offensa les nobles de la Gaule par l'insolence de sa tyrannie, et succomba sous le poids de la haine publique. Le mandat impérial qui le révoquait, lui ordonnait en même temps de se justifier devant le sénat; et il passa la mer de Toscane avec un vent favorable, qu'il regarda follement comme le présage de son bonheur à venir. On conservait encore du respect pour le rang de préfet; Arvandus, en arrivant à Rome, fut confié plutôt aux soins qu'à la garde de Flavius Asellus, comte des sacrées-largesses, qui demeurait dans le Capitole (1). Les députés de la Gaule, ses accusateurs, le poursuivirent vigoureusement. Ils étaient tous quatre distingués par leur naissance, leur rang et leur éloquence; ils intentèrent une action civile

---

figurée par l'affectation et le mauvais goût, est infiniment préférable à ses insipides vers.

(1) Quand le Capitole cessa d'être un temple, on en fit la demeure des magistrats civils, et il est encore la résidence du sénateur romain. On permettait aux bijoutiers, etc., d'étaler sous les portiques leurs précieuses marchandises.

et criminelle au nom d'une grande province, et selon les formes ordinaires de la jurisprudence romaine, avec la demande de restitutions équivalentes aux pertes des particuliers, et d'une punition qui pût satisfaire la justice de l'État. Il y avait contre lui de fortes et nombreuses accusations, tant de corruption que de tyrannie; mais les adversaires d'Arvandus fondaient leur principale espérance sur une lettre qu'ils avaient interceptée, et qu'appuyés du témoignage de son secrétaire, ils l'accusaient d'avoir dictée lui-même. Dans cette lettre, on détournait le roi des Goths de faire la paix avec l'empereur grec : on l'engageait à attaquer les Bretons sur les bords de la Loire, et on lui recommandait de partager la Gaule, selon les lois des nations, entre les Visigoths et les Bourguignons (1). Ces projets dangereux, qu'un ami n'a pu pallier qu'en avouant la vanité et l'indiscrétion de celui qui les avait conçus, étaient susceptibles d'une interprétation très-criminelle; et les députés se décidèrent habilement à ne produire cette pièce terrible qu'au moment décisif; mais le zèle de Sidonius découvrit leur intention. Il avertit sur-le-champ le criminel de son danger, et déplora sincèrement et sans amertume la présomption hautaine d'Arvandus, qui rejeta l'avis salutaire de ses amis, et alla

---

(1) *Hæc ad regem Gothorum charta videbatur emitti, pacem cum Græco imperatore dissuadens, Britannos super Ligerim sitos impugnari oportere demonstrans, cum Burgundionibus jure gentium Gallias dividi debere confirmans.*

même jusqu'à s'en irriter. Arvandus, ignorant sa véritable situation, se montrait dans le Capitole en robe de candidat, saluait d'un air de tranquillité, acceptait les offres de service, examinait les boutiques des marchands, tantôt de l'œil indifférent d'un spectateur, et tantôt avec l'attention d'un homme qui voulait acheter; se plaignant toujours des temps, du sénat, du prince, et des délais de la justice. Il n'eut pas long-temps lieu de s'en plaindre. On annonça le jour de son jugement, et Arvandus parut avec ses accusateurs devant la nombreuse assemblée du sénat romain. Les vêtemens de deuil dont les députés avaient eu soin de se couvrir intéressaient les juges en leur faveur, et ils étaient scandalisés de l'air libre et de l'habillement magnifique de leur adversaire. Lorsque le préfet Arvandus et le premier des députés de la Gaule furent conduits à leurs places, sur le banc des sénateurs, on remarqua dans leur maintien le même contraste d'orgueil et de modestie. Dans ce jugement, qui offrit une vive image des formes de l'ancienne république, les Gaulois exposèrent avec force et liberté les griefs de la province; et lorsque l'audience parut suffisamment animée contre le préfet, ils firent la lecture de la fatale lettre. Arvandus fondait sa présomption opiniâtre sur cette étrange prétention qu'on ne pouvait pas, disait-il, convaincre de trahison un sujet qui n'avait ni conspiré contre le souverain, ni tenté d'usurper la pourpre. A la lecture de la lettre, il la reconnut hautement et à plusieurs reprises pour avoir été dictée par lui; et sa surprise égala son effroi, lorsque, d'une voix unanime, les sénateurs le déclarèrent coupable d'un crime capital. Le décret le dégrada du rang de préfet à celui de plébéien; et il fut ignominieusement traîné par des esclaves dans la prison publique. Après un délai de quinze jours, le sénat s'assembla une seconde fois pour prononcer sa sentence de mort; mais tandis qu'il attendait douloureusement dans l'île d'Esculape l'expiration des trente jours accordés par une ancienne loi aux plus vils malfaiteurs (1), ses amis agirent auprès de l'empereur; Anthemius s'adoucit, et le préfet de la Gaule en fut quitte pour l'exil et la confiscation. Les fautes d'Arvandus pouvaient mériter quelque indulgence; mais l'impunité de Seronatus fut la honte de la justice romaine jusqu'au moment où les plaintes des peuples d'Auvergne le firent condamner et exécuter. Cet indigne ministre, le Catilina de son siècle et de son pays, était en correspondance avec les Visigoths pour trahir la province qu'il tyrannisait. Il employait toutes les ressources de son esprit à inventer chaque jour de nouvelles taxes et à découvrir d'anciens crimes; et ses vices extravagans auraient inspiré le mépris s'ils n'avaient fait naître un sentiment de crainte et d'horreur (2).

---

(1) *Senatus-consultum Tiberianum.* Sirmond, *Not.*; p. 17. Mais cette loi n'admettait que dix jours entre la sentence et l'exécution; ce fut Théodose qui ajouta les vingt autres.

(2) *Catilina seculi nostri.* Sidonius, l. ii, epist. 1, p. 33;

De tels coupables n'étaient pas hors de l'atteinte de la justice; mais quels que fussent les crimes de Ricimer, ce puissant Barbare pouvait ou combattre ou traiter avec le souverain dont il avait daigné devenir le gendre. La discorde et le malheur troublèrent bientôt le règne heureux et paisible qu'Anthemius avait promis à l'empire d'Occident. Ricimer, incapable de supporter un supérieur, ou peut-être craignant pour sa propre sûreté, quitta Rome, et fixa sa résidence à Milan, dont la position avantageuse lui facilitait les moyens d'appeler ou de repousser les Barbares qui habitaient entre les Alpes et le Danube (1). L'Italie se trouva insensiblement divisée en deux royaumes indépendans et jaloux; et les nobles de la Ligurie, qui prévoyaient l'approche funeste d'une guerre civile, se jetèrent aux pieds du patrice en le conjurant d'avoir compassion de leur pays. « Je suis encore disposé, répondit Ricimer du ton d'une insolente modération, à vivre en bonne intelligence avec le Galatien (2); mais qui osera en-

Discorde d'Anthemius et de Ricimer. A. D. 471.

---

l. v, *epist.* 13, p. 143; l. vii, *epist.* 7, p. 185. Il parle avec horreur des crimes de Seronatus, et applaudit à sa mort, peut-être avec l'indignation d'un citoyen vertueux, et peut-être avec la haine secrète d'un ennemi personnel.

(1) Ricimer défit dans une bataille, sous le règne d'Anthemius, et tua de sa propre main Beorgor, roi des Alains. (Jornandès, c. 45, p. 678.) Sa sœur avait épousé le roi des Bourguignons, et il conserva toujours des liaisons avec la colonie des Suèves établis dans la Norique et la Pannonie.

(2) *Galatam concitatum.* Sirmond, dans ses notes sur

treprendre de calmer sa colère ou d'apprivoiser son orgueil, que notre soumission ne fait qu'augmenter? » Ils lui indiquèrent Épiphane, évêque de Pavie (1), qui joignait, disaient-ils, la prudence du serpent à l'innocence de la colombe, et parurent espérer que son éloquence serait capable de triompher de tous les obstacles que pourraient lui opposer l'intérêt ou le ressentiment. Ricimer le crut, et saint Épiphane, chargé du rôle bienfaisant de médiateur, partit sur-le-champ pour Rome, où il fut reçu avec les honneurs dus à son mérite et à sa réputation. On imaginera facilement le discours d'un évêque en faveur de la paix; il prouva que dans toutes sortes de circonstances le pardon des injures était nécessairement un acte de bonté, de grandeur d'âme ou de prudence, et il représenta sérieusement à l'empereur qu'une guerre contre un Barbare emporté ne pourrait être que ruineuse pour ses États, et peut-

---

Ennodius, applique cette expression à Anthemius lui-même. L'empereur était probablement né dans la Galatie, dont on accusait les habitans, les Gallo-Grecs, de réunir les vices des peuples sauvages à ceux des nations civilisées et corrompues.

(1) Saint Épiphane occupa trente ans le siége épiscopal de Pavie (A. D. 467-497). *Voyez* Tillemont, *Mém. ecclés.*, t. XVI, p. 788. Son nom et ses actions seraient demeurés inconnus à la postérité, si Ennodius, un de ses successeurs, n'avait pas écrit sa vie (Sirmond *opera*, t. 1, 1647-1692), dans laquelle il le représente comme un des plus grands hommes de son siècle.

être funeste pour lui-même. Anthemius reconnaissait la vérité de ces maximes ; mais la conduite de Ricimer excitait vivement son indignation, et la colère lui inspira de l'éloquence. « Quelles faveurs, s'écria-t-il, avons-nous refusées à cet ingrat ? Combien d'insultes n'avons-nous pas dissimulées ! Oubliant la majesté impériale, j'ai donné ma fille à un Goth ; j'ai sacrifié mon propre sang à la tranquillité de la république. La générosité qui devait m'attacher éternellement Ricimer, n'a servi qu'à l'irriter contre son bienfaiteur. Combien de guerres n'a-t-il point suscitées à l'empire ! Combien de fois n'a-t-il pas excité et secondé la fureur des ennemis ! Dois-je encore accepter sa perfide amitié ? et puis-je espérer qu'après avoir manqué à tous les devoirs d'un fils, il respectera la foi d'un traité ? » Mais le ressentiment d'Anthemius s'évapora avec ses plaintes. Il céda insensiblement, et le prélat retourna dans son diocèse avec la satisfaction d'avoir rendu la paix à l'Italie, par une réconciliation (1) dont on pouvait raisonnablement révoquer en doute la durée et la sincérité. L'empereur pardonna par faiblesse, et Ricimer suspendit ses desseins ambitieux pour préparer en secret les moyens de renverser le trône d'Anthemius. Se dépouillant alors du masque de la modération, il aug-

---

(1) Ennodius (p. 1659-1664) rend compte de l'ambassade de saint Épiphane ; et son récit, quelque verbeux et ampoulé qu'il puisse paraître, éclaircit quelques circonstances intéressantes de la chute de l'empire d'Occident.

menta son armée d'un corps nombreux de Bourguignons et de Suèves orientaux, refusa de reconnaître plus long-temps la domination de l'empereur grec, marcha de Milan aux portes de Rome, et campa sur les bords de l'Anio, en attendant l'arrivée d'Olybrius, dont il voulait faire un nouvel empereur.

Olybrius, empereur de l'Occident. A. D. 472, 23 mars.

Olybrius, sénateur de la famille Anicienne, pouvait se regarder comme l'héritier légitime de l'empire d'Occident. Il avait épousé Placidie, la plus jeune des filles de Valentinien, après son retour d'Afrique, où Genseric retenait encore sa sœur Eudoxie, femme ou plutôt esclave de son fils Hunneric. Le roi des Vandales appuya de ses menaces et de ses sollicitations les droits légitimes de son allié, et allégua pour motif de la guerre le refus que le peuple et le sénat romain faisaient de reconnaître leur prince légitime, et la préférence qu'ils avaient injustement donnée à un étranger (1). La protection de l'ennemi public augmentait sans doute l'aversion des Italiens pour Olybrius; mais en méditant la ruine d'Anthemius, Ricimer avait voulu tenter, par l'offre du diadême, un candidat dont le nom illustre et l'alliance auguste pussent pallier la perfidie de sa révolte. Le mari de Placidie, élevé à

---

(1) Priscus, *Excerpt. legat.*, p. 74; Procop., *de Bell. vandal.*; l. 1, c. 6, p. 191. Ce fut après la mort de Majorien qu'Eudoxie et sa fille obtinrent la liberté. Peut-être accorda-t-on les honneurs du consulat à Olybrius, comme présent de noces.

la dignité consulaire comme la plupart de ses ancêtres, aurait pu jouir paisiblement de son opulence à Constantinople; et il ne semble pas que son génie ait été assez vaste ou assez actif pour ne pouvoir être suffisamment occupé que par l'administration d'un empire. Cependant Olybrius, cédant aux sollicitations de ses amis, peut-être aux importunités de sa femme, se précipita inconsidérément dans les dangers d'une guerre civile, et accepta, avec l'approbation secrète de l'empereur Léon, le sceptre de l'Italie, qu'un Barbare donnait et reprenait au gré de son caprice. Genseric, maître de la mer, fit débarquer sans obstacle le mari de Placidie à Ravenne ou au port d'Ostie, et le futur empereur se rendit au camp de Ricimer, où il fut reçu comme le monarque de l'Occident (1).

Le patrice, qui avait étendu ses postes depuis l'Anio jusqu'au pont Milvius, était déjà le maître de deux quartiers de Rome, du Janicule et du Vatican, que le Tibre sépare du reste de la ville (2); et l'on

Sac de Rome et mort d'Anthemius.
A. D. 472, 11 juillet.

---

(1) La durée du règne d'Olybrius fixe la date de son arrivée, quoi qu'en puisse dire Pagi. Théophane et la Chronique de Paschal conviennent du consentement de l'empereur Léon. Nous ignorons quels étaient ses motifs, et notre ignorance s'étend jusque sur les faits les plus publics et les plus intéressans de ces temps obscurs.

(2) Des quatorze quartiers dont Rome était composée du temps d'Auguste, d'après la division que ce prince en avait faite; il n'y en avait qu'un sur le côté toscan du Tibre, et c'était le Janicule; mais, dans le cinquième siècle, le fau-

peut conjecturer qu'une assemblée d'un petit nombre de sénateurs scissionnaires proclama Olybrius, en imitant les formes ordinaires de la république ; mais le peuple et le corps du sénat restèrent fidèles à Anthémius, et le secours d'une armée de Visigoths prolongea durant trois mois son règne et les calamités d'un siége accompagné de la famine et de la peste. Enfin Ricimer fit attaquer vigoureusement le pont d'Adrien ou de Saint-Ange, et les Goths défendirent avec intrépidité cet étroit passage jusqu'à la mort de leur chef Gilimer ; mais les troupes victorieuses, renversant tous les obstacles, se précipitèrent, avec une impétuosité irrésistible, jusque dans le cœur de la ville, et Rome (si nous pouvons employer les expressions d'un pape contemporain) fut bouleversée par les fureurs mutuelles de Ricimer et d'Anthemius (1). On arracha le malheureux empereur de sa

---

bourg du Vatican formait une partie considérable de la ville ; et dans la distribution ecclésiastique nouvellement faite par Simplicius, le pape régnant, deux des sept paroisses de Rome dépendirent de l'église de Saint-Pierre. (*Voyez* Nardini, *Roma antica*, p. 67.) Je serais forcé de faire une dissertation aussi fastidieuse que longue, si je voulais indiquer les points sur lesquels je suis disposé à m'écarter de la topographie de ce savant romain.

(1) *Nuper Anthemii et Ricimeris civili furore subversa est.* Gélas., *in epist. ad Andromach.*, apud Baron, A. D. 496; n° 42. Sigonius (t. 1, l. xiv, *de occidentali Imperio*, p. 542, 543) et Muratori (*Annali d'Italia*, t. iv, p. 308, 309) ont éclairci cette scène sanglante et obscure avec le secours d'un manuscrit moins imparfait de l'*Historia Miscella*.

retraite ; le patrice fit immoler inhumainement son beau-père, et ajouta par sa mort un troisième ou peut-être un quatrième empereur au nombre de ses victimes. Les soldats, qui réunissaient les fureurs des citoyens factieux à la férocité des nations barbares, se rassasièrent impunément de meurtres et de pillage. La foule d'esclaves et de plébéiens qui ne prenaient point d'intérêt à l'événement, ne pouvaient que gagner au désordre ; le tumulte de Rome présentait l'étrange contraste d'une cruauté réfléchie et d'une licence effrénée (1). Quarante jours après cet événement funeste, où le crime s'était montré sans mélange de gloire, une maladie douloureuse délivra l'Italie du tyran Ricimer, qui légua le commandement de son armée à son neveu Gundobald, un des princes bourguignons. Dans la même année, tous les principaux acteurs de cette révolution disparurent de la scène, et le règne d'Olybrius, dont la mort paraît avoir été naturelle, se trouve renfermé dans le cours de sept mois. Il laissa une fille de son mariage avec Placidie ; et la famille du grand Théodose, transplantée d'Espagne à Constantinople, se propa-

Mort de Ricimer.
20 août.

Et d'Olybrius.
Oct. 23.

---

(1) Telle avait été la *sæva ac deformis urbe totâ facies*, lorsque Rome fut assaillie et emportée par les soldats de Vespasien (*voyez* Tacite, *Hist.*, III, 82, 83) ; et toutes les espèces de désordres avaient acquis depuis beaucoup d'activité. Tous les siècles présentent à peu près les mêmes calamités, mais ils s'écoulent sans produire un Tacite pour les décrire.

gea, du côté maternel, jusqu'à la huitième génération (1).

Julius-Nepos et Glycerius, empereurs d'Occident. A. D. 472-475.
Tandis que l'Italie, sans maître, était abandonnée aux fureurs des Barbares (2), le conseil de Léon s'occupait sérieusement de l'élection d'un nouveau collègue. L'impératrice Vorine, jalouse d'élever sa propre famille, avait marié une de ses nièces à Julius-Nepos, qui régnait sur la Dalmatie depuis la mort de son oncle Marcellin; possession bien plus réelle que le titre d'empereur d'Occident, qu'on le força d'accepter : mais la cour de Byzance agissait avec tant de lenteur et d'irrésolution, que plusieurs mois s'écoulèrent après la mort d'Anthemius et même d'Olybrius, sans que celui qui devait leur succéder pût se montrer à ses sujets d'Italie avec des forces capables de le faire respecter. Dans cet intervalle, Gundobald revêtit de la pourpre Glycerius, guerrier obscur attaché à son service; mais le prince bourguignon manqua de moyens ou de volonté pour allumer une guerre civile en faveur de son protégé,

---

(1) *Voyez* Ducange, *Fam. byzant.*, p. 74, 75. Aréobinde, qui paraît avoir épousé la nièce de l'empereur Justinien, était le huitième descendant de Théodose Ier.

(2) Les dernières révolutions de l'empire d'Occident sont faiblement indiquées par Théophane (p. 102), ainsi que par Jornandès (c. 45, p. 679); la Chronique de Marcellin et les Fragmens d'un auteur anonyme, publiés par Valois à la fin d'Ammien (p. 716, 717). Sans la malheureuse concision de Photius, nous aurions pu tirer de grands secours des histoires contemporaines de Malchus et de Candidus.

Son ambition personnelle le rappela au-delà des Alpes (1), et son client eut la permission d'échanger le diadême d'empereur de l'Occident pour la mitre d'évêque de Salone. Après s'être défait de son compétiteur, l'empereur Nepos fut reconnu par les Italiens, par le sénat et par les provinces de la Gaule. On célébra hautement ses vertus morales et ses talens militaires ; et ceux qui tiraient quelque avantage de son gouvernement annoncèrent d'un ton prophétique le retour de la prospérité publique (2). En moins d'une année leurs espérances, en supposant qu'ils en eussent conçu quelques-unes, furent entièrement anéanties, et le règne court et obscur de Julius-Nepos n'offre pour événement qu'un traité de paix qui cédait l'Auvergne aux Visigoths. L'empereur d'Italie sacrifia à sa sûreté personnelle les plus fidèles sujets de la Gaule (3) ; mais son repos

---

(1) *Voyez* saint Grégoire de Tours, l. II, c. 28, t. II, p. 175; Dubos, *Hist. crit.*, t. I, p. 613. Par la mort ou par le meurtre de ses deux frères, Gundobald acquit la possession entière du royaume de Bourgogne, dont leurs discordes avaient préparé la ruine.

(2) *Julius-Nepos armis pariter summus Augustus ac moribus*. Sidonius, l. v, *epist.* 16, p. 146. Nepos donna à Ecdicius le titre de patrice qu'Anthemius lui avait promis. *Decessoris Anthemii fidem absolvit*. Voyez l. VIII, *epist.* 7, p. 224.

(3) Nepos envoya saint Épiphane comme ambassadeur chez les Visigoths, pour fixer *fines imperii italici*. (Ennodius *in* Sirmond, t. I, p. 1665-1669.) Son discours pathétique

fut bientôt troublé par une terrible révolte des Barbares confédérés, qui partirent de Rome sous la conduite d'Oreste, leur commandant, pour l'assiéger dans Ravenne. Tremblant à leur approche, au lieu de mettre sa confiance dans la force de la place, Nepos s'enfuit précipitamment sur ses vaisseaux, et se retira dans sa principauté de Dalmatie, sur la côte opposée de la mer Adriatique. Au moyen de cette honteuse abdication, il traîna sa vie, durant cinq années, dans une situation incertaine entre le titre d'empereur et celui d'exilé, jusqu'au moment où il fut assassiné par l'ingrat Glycerius, que, peut-être pour prix de son crime, on éleva au siége archiépiscopal de Milan (1).

Le patrice Oreste.
A. D. 475.

Les nations qui avaient maintenu leur indépendance depuis la mort d'Attila, étaient établies par droit de conquête ou de possession dans les vastes pays situés au nord du Danube ou dans les provinces romaines entre ce fleuve et les Alpes; mais leur plus brave jeunesse suivait les drapeaux des *confédérés* qui défendaient et opprimaient l'Italie (2).

---

déguisa le secret honteux qui excita depuis les justes et amers reproches de l'évêque de Clermont.

(1) Malchus, *apud* Phot., p. 172; Ennod., *epigram.* 82, in Sirmond *opera*, t. 1, p. 1879. Il n'est pourtant pas absolument certain que l'empereur et l'archevêque fussent la même personne.

(2) Relativement aux mercenaires qui renversèrent l'empire d'Occident, nous suivons Procope (*de Bell. Goth.*, l. 1, c. 1, p. 308). L'opinion générale et quelques écrivains très-

Dans cette multitude se faisaient remarquer les Hérules, les Scyrres, les Alains, les Turcilinges, les Rugiens. Oreste (1), fils de Tatullus, et père du dernier empereur de l'Occident, suivit l'exemple de ses compatriotes. Oreste, dont nous avons déjà eu occasion de parler dans cette histoire, n'avait jamais séparé sa cause de celle de son pays. La naissance et la fortune le plaçaient au nombre des habitans les plus distingués de la Pannonie. Lorsque les Romains cédèrent cette province aux Huns, il entra au service d'Attila, son souverain légitime, devint son secrétaire, et fut envoyé plusieurs fois en ambassade à Constantinople, où il représenta la personne et déclara les ordres de son impérieux monarque. La mort du conquérant lui rendit la liberté, et Oreste put honorablement refuser de suivre les fils d'Attila dans les déserts de la Scythie, et d'obéir aux Ostrogoths, qui avaient envahi la Pannonie. Il aima mieux servir les successeurs de Valentinien ; ses talens, sa valeur et son expérience, lui frayèrent un chemin rapide dans la profession militaire, et il dut à la faveur de Nepos les dignités de patrice et de maître

---

modernes représentent mal à propos Odoacre comme un monarque, et un monarque étranger, qui envahit l'Italie avec une armée de ses sujets naturels.

(1) *Orestes, qui eo tempore, quando Attila ad Italiam venit, se illi junxit, et ejus notarius factus fuerat.* (Anonym. Val., p. 716.) Il se trompe sur la date; mais son opinion paraît fondée lorsqu'il assure que le secrétaire d'Attila fut le père d'Augustule.

général des armées. Elles étaient accoutumées depuis long-temps à respecter la personne et l'autorité d'Oreste, qui affectait leurs manières, parlait leur langue, et vivait depuis long-temps avec leurs chefs dans la plus intime familiarité. Ils prirent les armes, à sa sollicitation, contre Nepos, ce Grec inconnu qui prétendait à leur obéissance; et lorsque le secrétaire d'Attila refusa, par quelque motif secret, de prendre lui-même la pourpre, les Barbares consentirent avec la même facilité à reconnaître son fils Augustule pour empereur de l'Occident. L'abdication de Nepos remplissait complétement les vues ambitieuses d'Oreste; mais il aperçut, avant la fin de l'année, qu'un rebelle est presque toujours, tôt ou tard, la victime des leçons d'ingratitude et de perfidie qu'il a données; et que le souverain précaire de l'Italie ne pouvait conserver son titre ou sa vie que par une obéissance servile pour ses tyrans mercenaires. La dangereuse alliance des Barbares avait anéanti les faibles restes de la grandeur et de la liberté des Romains. A chaque révolution ils obtenaient une augmentation de paye et de nouveaux priviléges; mais leur insolence parvint à un degré encore plus extravagant. Jaloux des succès de leurs compatriotes, dont les armes victorieuses avaient acquis des établissemens héréditaires en Espagne, en Afrique et dans la Gaule, ils exigèrent qu'on leur partageât sans délai le tiers des terres de l'Italie. Oreste, avec un courage qui, dans un poste plus légitimement acquis, lui eût mérité toute notre estime, aima mieux s'exposer à la rage d'une

Son fils Augustule, dernier empereur d'Occident. A. D. 476.

multitude armée, que de souscrire la ruine d'un peuple innocent. Il rejeta la demande, et son refus favorisa l'ambition d'Odoacre. Cet audacieux Barbare assura les mécontens que s'ils voulaient le suivre, il leur ferait bientôt rendre par force la justice qu'on avait refusée à leurs demandes respectueuses. Enflammés tous du même ressentiment et des mêmes espérances, les confédérés sortirent en foule de tous les camps et de toutes les garnisons de l'Italie pour se ranger sous ses drapeaux, et le malheureux patrice, succombant à l'orage, se retira précipitamment dans la forteresse de Pavie, le siége épiscopal du vénérable saint Épiphane, où il fut immédiatement assiégé par les confédérés. Ils emportèrent les fortifications, pillèrent la ville ; l'évêque, par les efforts de son zèle, parvint, jusqu'à un certain point, à sauver les richesses de son église et la chasteté des captives; cependant le tumulte ne put être apaisé qu'après l'exécution d'Oreste (1). Son frère Paul perdit la vie dans un combat près de Ravenne ; et Augustule, hors d'état désormais d'imposer aucun respect, fut réduit à implorer la clémence d'Odoacre.

Le Barbare vainqueur était fils d'Édecon, qui avait été le collègue d'Oreste et l'ambassadeur d'Attila dans des circonstances dont nous avons traité au

Odoacre, roi d'Italie.
A. D.
476 - 490.

---

(1) *Voy.* Ennodius, *in Vit. Epiph.* Sirmond, t. 1, p. 1669, 1670. Il confirme le récit de Procope ; cependant on peut douter que le diable ait suscité le siége de Pavie pour affliger l'évêque et son troupeau.

chapitre précédent. L'honneur d'un ambassadeur devrait être à l'abri du soupçon; cependant on sait qu'Édécon avait prêté l'oreille à un complot tramé contre la vie de son souverain; mais son mérite, où son repentir avait effacé cette apparence de crime; il jouissait d'un rang élevé et de la faveur de son maître, et les troupes qui sous ses ordres gardaient à leur tour le village royal qu'habitait Attila, étaient composées d'une tribu de Scyrres, ses sujets héréditaires. Lorsque les nations se révoltèrent après la mort d'Attila, les Scyrres suivirent le sort des Huns, et plus de douze ans après, le nom d'Édécon tient une place honorable dans l'histoire de la guerre contre les Ostrogoths, qui fut terminée par deux batailles sanglantes et la défaite totale des Scyrres, dont les restes se dispersèrent (1). Leur intrépide chef ne survécut point aux malheurs de sa nation : il laissa deux fils, Onulf et Odoacre, aux prises avec l'adversité, et réduits à chercher dans le pillage, ou dans un service étranger, les moyens de faire subsister les compagnons de leur exil. Onulf tourna ses pas vers Constantinople, où il déshonora la gloire de ses armes par le meurtre de son bienfaiteur. Son

---

(1) Jornandès, c. 53, 54, p. 692-695. M. du Buat (*Hist. des Peuples de l'Europe*, t. VIII, p. 221-228) a expliqué clairement l'origine et les aventures d'Odoacre. Je suis porté à croire que ce fut lui qui pilla Angers, et qui commandait la flotte des pirates saxons sur l'Océan. Saint Grég. de Tours, l. II, c. 18, t. II, p. 170.

frère Odoacre mena quelque temps une vie errante parmi les Barbares de la Norique ; l'intrépidité de son caractère et sa situation le disposaient à tenter les entreprises les plus hardies. Lorsqu'il eût fait un choix, il visita pieusement la cellule de saint Séverin, le saint en crédit dans le canton, pour solliciter son approbation et sa bénédiction. La porte était basse, et la taille élevée d'Odoacre l'obligea de se courber ; mais à travers l'humilité apparente de cette attitude, le saint aperçut les signes de sa grandeur future, et s'adressant à lui d'un ton prophétique : « Poursuivez votre dessein, lui dit-il : allez en Italie ; vous vous dépouillerez bientôt de ce grossier vêtement de peau, et votre fortune sera digne de la grandeur de votre âme (1). » Le Barbare, dont l'audace accepta et ratifia la prédiction, fut admis au service de l'empire d'Occident, et obtint bientôt un poste distingué dans les gardes. Ses mœurs s'adoucirent ; ses talens militaires se perfectionnèrent, et les confédérés de l'Italie n'auraient pas choisi Odoacre pour général, si ses exploits n'eussent point établi la réputation de sa valeur et de sa capacité (2).

(1) *Vade ad Italiam, vade vilissimis nunc pellibus coopertus : sed multis cito plurima largiturus.* (Anon. Val., p. 717.) Il cite la Vie de saint Séverin, qui existe encore, et contient des particularités inconnues et très-curieuses de l'histoire d'alors. Elle fut composée par son disciple Eugippe (A. D. 511), trente ans après sa mort. *Voyez* Tillemont, *Mém. ecclés.*, t. XVI, p. 168-181.

(2) Théophane, qui lui donne le nom de Goth, assure

Ses compagnons lui donnèrent d'une voix unanime le titre de roi; mais il s'abstint, durant tout son règne, de la pourpre et du diadême (1), pour ne point éveiller la jalousie des princes dont les sujets avaient formé, par leur réunion, une armée que le temps et un gouvernement sage pouvaient convertir en une grande nation.

Extinction de l'empire d'Occident. A. D. 476 ou 479.

Les Barbares étaient accoutumés à la royauté, et les dociles Italiens étaient disposés à reconnaître sans murmurer l'autorité qu'il consentirait à exercer comme vice-gérant de l'empereur d'Occident; mais Odoacre avait résolu d'abolir ce titre inutile et dispendieux; et telle est la force des anciens préjugés, qu'il lui fallut de l'audace et de la pénétration pour concevoir la facilité de cette entreprise. Le malheureux Augustule fut forcé de servir d'instrument à sa propre disgrâce: il signifia sa résignation au sénat, et cette assemblée affecta encore, dans son dernier acte d'obéissance à un prince romain, le courage, la liberté et les formes de l'ancienne constitution. Par un décret unanime, le sénat adressa une lettre à l'empereur Zénon, gendre et successeur de Léon; et qui,

---

qu'il fut élevé, *nourri* (τραφετο) en Italie (p. 102); et comme cette expression ne peut soutenir une interprétation littérale, on doit présumer qu'elle signifie un très-long service dans les gardes impériales.

(1) *Nomen regis Odoacer assumpsit, cùm tamen neque purpurâ nec regalibus uteretur insignibus.* (Cassiod., in Chron. A. D. 476.) Il paraît qu'il prit le titre vague de roi, sans y attacher le nom d'aucune nation ni d'aucun pays.

à la suite d'une révolte passagère, venait d'être rétabli sur le trône de Constantinople. Les pères conscrits reconnaissent l'inutilité, annoncent même ne plus conserver le désir de prolonger plus long-temps la succession impériale en Italie, et déclarent qu'un seul monarque suffit pour remplir de sa majesté et pour défendre l'Orient et l'Occident. Ils consentent, au nom du peuple et du sénat, à transférer le siége universel de l'empire à Constantinople, et renoncent bassement au droit de se choisir un maître, seul vestige de l'autorité qui avait imposé des lois à l'univers. Prononçant encore sans rougir le nom antique et respectable de la république, ils assurent que les vertus civiles et militaires d'Odoacre méritent toute leur confiance, et supplient l'empereur de lui accorder le titre de patrice et le gouvernement du *diocèse* d'Italie. On reçut les députés du sénat à Constantinople avec quelque apparence de mécontentement et d'indignation; et lorsqu'ils furent admis à son audience, Zénon leur reprocha le sort des deux empereurs Anthemius et Nepos, que le monarque d'Orient avait successivement envoyés en Italie d'après leurs sollicitations. « Vous avez assassiné le premier, leur dit-il d'un ton sévère, et vous avez chassé l'autre; mais il existe encore, et jusqu'à sa mort il sera votre souverain légitime. » Mais la prudence de Zénon ne lui permit pas de soutenir long-temps la cause de son ancien collègue; sa vanité fut flattée du titre de seul empereur et des statues élevées à Rome en son honneur. Sans le déclarer positivement, il entretint une correspondance amicale avec le patrice Odoacre et accepta les enseignes impériales, les ornemens du trône et du palais, que le prince barbare n'était pas fâché d'éloigner de la vue du peuple (1).

<small>Augustule est relégué dans la maison de campagne de Lucullus.</small>

Dans les vingt années qui s'étaient écoulées depuis la mort de Valentinien, on avait vu successivement disparaître neuf empereurs; et le jeune fils d'Oreste, remarquable seulement par sa beauté, serait celui de tous qui aurait eu le moins de droits au souvenir de la postérité, si son règne, qui consomma l'extinction de l'empire d'Occident, n'était point lié à une époque mémorable dans l'histoire du genre humain (2). Le patrice Odoacre avait épousé la fille du comte Romulus de Petovio en Norique. Malgré la méfiance des empereurs, on faisait à Aquilée un usage familier du surnom d'Auguste, et le dernier successeur des Césars réunissait, par un hasard ex-

---

(1) Malchus, dont nous regrettons la perte, a conservé (*in Excerpt. legat.*, p. 93) cette ambassade extraordinaire du sénat à Zénon; les Fragmens d'un anonyme (p. 717) et l'Extrait de Candidus (*apud* Phot., p. 176) sont aussi de quelque utilité.

(2) On ne peut fixer avec exactitude l'année qui vit consommer la destruction de l'empire d'Occident. Les Chroniques authentiques *semblent* avoir adopté l'an de J.-C. 476. Mais les deux dates de Jornandès (c. 46, p. 680) différeraient cet événement jusqu'en 479; et quoique M. du Buat méprise son autorité, il rapporte (t. VIII, p. 261-288) différentes preuves à l'appui de cette opinion.

traordinaire, les deux noms du fondateur de la ville et de celui de la monarchie (1). Le fils d'Oreste porta et déshonora les noms de Romulus et d'Auguste; mais les Grecs changèrent le premier, par corruption, en Momyllus, et les latins ont fait du second, par mépris, le nom diminutif d'Augustule. La généreuse pitié d'Odoacre épargna un jeune homme qu'il ne pouvait craindre. En le bannissant, avec toute sa famille, du palais impérial, il leur assigna pour retraite la maison de Lucullus, située dans la Campanie, et leur assura un revenu de six mille pièces d'or (2). Les anciens Romains, aussitôt qu'ils purent respirer des fatigues de la guerre punique, furent attirés par la beauté et le charme des plaines de la Campanie; et la maison de campagne que Scipion l'Ancien fit construire à Liternum, offrit long-temps un modèle de leur simplicité rustique (3). Les

---

(1) *Voyez* ses médailles dans Ducange, *Fam. byzant.*, p. 81; Priscus, *Excerpt. legat.*, 56; *Osservazioni letter.* de Maffei, t. II, p. 314. On peut ajouter à cet exemple un exemple fameux du même genre. Les sujets les plus obscurs de l'empire romain prenaient souvent le nom *illustre* de *patricius*, qui s'est communiqué à toute une nation par la conversion de l'Irlande.

(2) *Ingrediens autem Ravennam, deposuit Augustulum de regno, cujus infantiam misertus concessit ei sanguinem; et quia pulcher erat, tamen donavit ei reditum sex millia solidos, et misit eum intra Campaniam cum parentibus suis liberè vivere.* Anonym. Val., p. 716. Jornandès dit (c. 46, p. 680): *In Lucullano Campaniæ castello exilii pœnâ damnavit.*

(3) *Voy.* la déclamation éloquente de Sénèque, *ep.* 86. Le

côtes délicieuses de la baie de Naples se couvrirent de maisons de campagne; Sylla loua son rival d'avoir habilement placé sa résidence sur le promontoire de Misène, qui commande de tous côtés la terre et la mer jusqu'aux bornes de l'horizon (1). Lucullus avait acheté, peu d'années après, la maison de Marius, et le prix était monté de deux mille cinq cents livres sterling à celui de quatre vingt mille (2). Le nouveau propriétaire l'embellit à l'aide des arts de la Grèce et des trésors de l'Asie ; les maisons et les jardins de Lucullus tenaient un rang distingué dans la liste des palais impériaux (3). Lorsque les Vandales répandi-

---

philosophe aurait dû se souvenir que le luxe est relatif, et que Scipion l'Ancien, dont l'étude et la conversation avaient adouci les mœurs, fut accusé de ce vice par ses contemporains peu civilisés. Tite-Live, XXIX, 19.

(1) Sylla louait en soldat ce qu'il appelait sa *peritia castrametandi*. (Pline, *Hist. nat.*, XVIII, 7.) Phèdre, qui a placé sous ses ombrages, *læta viridia*, le lieu de la scène d'une fable insipide (*Fab.* II, 5), en décrit ainsi la situation:

Cæsar Tiberius quum petens Neapolim,
In Misenensem villam venisset suam,
Quæ, monte summo posita Luculli manu,
Prospectat Siculum et prospicit Tuscum mare.

(2) De sept myriades et demie, à cent cinquante myriades de drachmes. Cependant, dans le temps où elle appartenait à Marius, on la regardait comme une habitation de luxe. Les Romains ridiculisaient l'indolence du maître, et ils pleurèrent bientôt de son activité. *Voyez* Plutarque, *in Mario*, t. II, p. 524.

(3) Lucullus avait à Baies, à Naples, à Tusculum, etc.,

rent la terreur sur les côtes de la mer, la maison de Lucullus, située sur le promontoire de Misène, prit insensiblement la forme et le nom d'une forteresse, retraite obscure du dernier empereur de l'Occident. Environ vingt ans après, on en fit une église et un monastère pour y déposer les restes de saint Severin, et parmi les trophées brisés des victoires sur les Cimbres et les Arméniens, ils y reposèrent en sûreté jusqu'au commencement du dixième siècle; les habitans de Naples détruisirent alors cette forteresse, de peur qu'elle ne servît de repaire aux Sarrasins. (1).

Odoacre fut le premier prince barbare qui régna en Italie sur un peuple devant lequel avait justement fléchi l'univers. La chute des Romains excite encore en nous une compassion respectueuse, et nous nous sentons portés à partager l'indignation et la douleur

Décadence de la fierté romaine.

---

d'autres maisons de campagne égales en magnificence, quoique variées dans leurs ornemens. Il se vantait de changer de climat avec les grues et les cigognes. Plutarque, *in Lucull.*, t. III, p. 193.

(1) Saint Severin mourut dans la Norique, A. D. 482. Six ans après, son corps fut transporté en Italie par ses disciples, et opéra dans la route une suite continuelle de miracles. Une dame napolitaine remplaça dévotement Augustule par saint Severin; le premier n'existait probablement plus. *Voy.* Baronius (*Annal. eccles.*, A. D. 496, n°s 50, 51) et Tillemont (*Mém. ecclés.*, t. XVI, p. 178-181), d'après la vie originale par Eugippe. Le récit de la translation du saint à Naples est aussi une pièce authentique.

que nous supposons à leur postérité dégénérée. Mais les calamités de l'Italie avaient éteint peu à peu tout sentiment de gloire et de liberté. Tant qu'on avait vu subsister la vertu romaine, les provinces de la république étaient soumises à ses armes, et ses citoyens n'obéissaient qu'à ses lois : ces lois une fois anéanties par la discorde civile, la ville et les provinces devinrent l'humble propriété d'un usurpateur. Le temps et la violence anéantirent les formes de la constitution, qui adoucissaient ou déguisaient la honte de l'esclavage; les Italiens se plaignaient alternativement de l'absence et de la présence de leurs souverains, objets de leur crainte ou de leur mépris ; et durant cinq siècles successifs, Rome éprouva tous les maux que peuvent faire souffrir la licence militaire, les caprices du despotisme, et le système d'oppression le plus soigneusement combiné. Durant cette période, les Barbares étaient sortis de leur obscurité, on avait cessé de les regarder avec mépris; les guerriers scythes et germains furent reçus dans les provinces, d'abord comme les serviteurs, ensuite comme les alliés, et enfin comme les maîtres des Romains, qu'ils défendaient et insultaient tour à tour. L'effroi des peuples imposait silence à leur aversion; ils respectaient la valeur et l'illustration des chefs revêtus des dignités de la république, et le sort de Rome avait dépendu long-temps de l'épée de ces formidables étrangers. L'orgueilleux Ricimer, foulant aux pieds les ruines de l'Italie, avait exercé l'autorité d'un roi sans en prendre le titre ; et la patience des

Romains les avait insensiblement disposés à reconnaître pour souverains Odoacre et ses successeurs.

Le premier roi de l'Italie n'était point indigne du haut rang où le placèrent sa valeur et sa fortune. Il avait dépouillé dans la société la rudesse de ses mœurs, et, bien que conquérant et Barbare, il respecta les institutions et même les préjugés de ses sujets. Après un intervalle de sept ans, Odoacre rétablit le consulat de l'Occident, et refusa, par orgueil ou par modestie, d'accepter un titre que les empereurs d'Orient ne dédaignaient point encore de porter; mais la chaise curule fut successivement occupée par onze des plus illustres sénateurs (1), parmi lesquels on trouve le nom du respectable Basilius, dont les vertus méritèrent l'amitié, les louanges et la reconnaissance de son client Sidonius (2). On suivit exactement les lois des empereurs, et l'administration civile de l'Italie continua d'être exercée par un préfet du prétoire et par ses officiers subordonnés. Odoacre imposa aux magistrats romains la tâche odieuse de

_{Caractère et règne d'Odoacre. A. D. 476-490.}

---

(1) On peut trouver les fastes consulaires dans Pagi ou dans Muratori. Il paraît que les consuls nommés par Odoacre, ou peut-être par le sénat, étaient reconnus dans l'empire d'Orient.

(2) Sidon.-Apollin. (l. 1, *epist.* 9, p. 22, édit. Sirmond) a comparé les deux principaux sénateurs de son temps (A. D. 468), Gennadius-Avienus et Cæsina-Basilius. Il donne au premier toute l'apparence, et au second toute la réalité des vertus publiques et domestiques. Un Basilius, probablement son fils, fut consul dans l'année 480.

lever les impositions publiques, et se réserva exclusivement le droit de s'attirer l'affection du peuple par des décharges accordées à propos (1). Élevé, comme tous les Barbares, dans les principes de l'arianisme, il respecta toujours le caractère épiscopal et monastique; et le silence des catholiques suffit pour attester la liberté dont Odoacre les laissa jouir. La tranquillité de la ville exigea l'interposition de son préfet Basilius, dans le choix d'un pontife romain. La défense faite au clergé d'aliéner ses terres, fut un acte de bienfaisance pour le peuple dont la dévotion se croyait tenue de réparer les pertes de l'Église (2). Le conquérant de l'Italie la défendit, et fit respecter ses frontières par les Barbares de la Gaule et de la Germanie, qui insultaient depuis si long-temps les faibles descendans de Théodose. Odoacre passa la mer Adriatique pour châtier les assassins de Nepos, et envahir en même temps la province maritime de Dalmatie. Il traversa les Alpes pour délivrer les restes de la Norique des mains de Fava ou Feletheus, roi des Rugiens, qui habitait au-delà du Danube. Feletheus perdit la bataille, et fut fait prisonnier: Odoacre ramena en Italie une colonie nombreuse de captifs et

---

(1) Saint Épiphane intercéda pour le peuple de Pavie; le roi accorda d'abord une exemption de cinq ans, et délivra ensuite la ville de la tyrannie du préfet Pélage. Ennod. in *Vit. S. Epiph.*, opera Sirmondi, t. 1, p. 1670-1672.

(2) *Voyez* Baronius, *Annal. eccles.*, A. D. 483, n.os 10, 15. Seize ans après, le pape Symmaque condamna dans un synode romain la conduite irrégulière du préfet Basilius.

d'hommes libres; et Rome, après une longue suite de disgrâces, put s'enorgueillir du triomphe de son roi barbare (1).

Malgré la prudence et les succès d'Odoacre, son royaume offrait de toutes parts la misère et la désolation. Dès le siècle de Tibère, on s'était plaint en Italie de la décadence de l'agriculture; et les Romains, forcés de tirer leur subsistance des provinces éloignées, la voyaient avec inquiétude dépendre des accidens de la mer et des vents (2); mais lorsque, dans le déclin et la division de l'empire, Rome se vit enlever le tribut des moissons de l'Afrique et de l'Égypte, ses habitans diminuèrent avec les moyens de subsistance, et la population fut engloutie par les fléaux de la guerre, de la famine et de la contagion (3). Saint

<small>Triste situation de l'Italie.</small>

---

(1) On trouve un récit abrégé des guerres d'Odoacre dans Paul, diacre (*de Gestis Longobard.*, l. 1, c. 19, p. 757, édit. Grot.), et dans les deux Chroniques de Cassiodore et de Cuspinien. La vie de saint Severin par Eugippe, que le comte du Buat (*Hist. des Peuples*, etc., t. VIII, c. 1, 4, 8, 9) a soigneusement étudiée, jette des lumières sur les ruines de la Norique et les antiquités de la Bavière.

(2) Tacite, *Annal.*, III, 53. Les *Recherches sur l'administration des terres chez les Romains* (p. 351-361) exposent clairement les progrès de cette décadence.

(3) Un poëte français a décrit éloquemment en prose et en vers la famine qui affligea l'Italie lorsqu'elle fut envahie par Odoacre, roi des Hérules (*les Mois*, t. II, p. 174-206, édit. in-12). J'ignore où il a puisé ses autorités; mais je suis convaincu qu'une partie des faits qu'il raconte est incompatible avec la vérité de l'histoire.

Ambroise a déploré la ruine d'un district florissant, qui comptait au nombre de ses villes Bologne, Modène, Reggio et Plaisance (1); le pape Gélase, sujet d'Odoacre, affirme, à la vérité avec beaucoup d'exagération, que la province Æmilienne, la Toscane et les provinces voisines étaient presque entièrement dépeuplées (2). Les plébéiens de Rome, accoutumés à recevoir leur subsistance des empereurs, périrent ou disparurent dès que cette libéralité fut supprimée. Le déclin des arts réduisit les citoyens industrieux à l'oisiveté et à la misère; et les sénateurs, qui auraient peut-être contemplé avec indifférence la destruction de leur patrie, ne s'accoutumaient point à la perte de leurs richesses personnelles. De ces vastes domaines considérés comme la cause originaire de la ruine de l'Italie (3), un tiers passa entre les mains des conquérans. Aux injustices on ajoutait l'insulte. La crainte de l'avenir aggravait les maux présens; et, comme on accordait des terres à tous les nouveaux essaims de Barbares, les sénateurs tremblaient de voir

---

(1) *Voyez* la trente-neuvième épître de saint Ambroise, telle qu'elle est citée par Muratori, *Sopra le Antichità Ital.*, t. I, *Dissert.* XXI, p. 354.

(2) *Æmilia, Tuscia, cæteræque provinciæ in quibus hominum prope nullus existit.* Gelasius, *epist. ad Andromach.*, apud Baron., *Annal. eccles.*; A. D. 496, n° 36.

(3) *Verumque confitentibus, latifundia perdidere Italiam.* Pline, *Hist. nat.*, XVIII, 7.

les arpenteurs s'approcher de leur meilleure ferme
où de leur maison de campagne favorite. Les moins
malheureux étaient sans doute ceux qui se soumettaient sans murmure à un pouvoir auquel il était
impossible de résister : puisqu'ils désiraient de vivre,
ils devaient une certaine reconnaissance au tyran qui
leur permettait d'exister ; et puisqu'il était le maître
absolu de leur fortune, la portion qu'il ne leur en-
levait pas devait être considérée comme un don
de sa générosité (1). Odoacre s'était solennellement
engagé, pour prix de son élévation, à satisfaire
aux demandes d'une multitude turbulente et licen-
cieuse ; mais sa prudence et son humanité adoucirent
le sort de l'Italie. Les rois des Barbares furent souvent
peu obéis, souvent même déposés ou assassinés par
leurs sujets naturels ; et les bandes d'Italiens mercenaires qui se réunissaient sous un chef de leur choix,
prétendaient avoir plus de droits encore au butin et
à la licence. Une monarchie sans union nationale et
sans droit héréditaire, tendait rapidement vers sa
dissolution. Après un règne de quatorze ans, Odoacre fut forcé de céder à la supériorité du génie de

---

(1) Tels sont les motifs de consolation, ou plutôt de patience, que Cicéron (*ad Familiares*, l. IX, *epist.* 17) offre
à son ami Papirius Pœtus, sous le despotisme militaire de
César. Cependant l'argument de *vivere pulcherrimum duxi*,
convient mieux à un philosophe romain, qui pouvait choisir
à son gré entre la vie et la mort.

Théodoric, roi des Ostrogoths, héros qui possédait les talens militaires et les vertus d'un législateur, qui fit renaître des jours de paix et de prospérité, et dont le nom excite et mérite également l'attention du genre humain.

CHAPITRE XXXVII.

Origine, progrès et effets de la vie monastique. Conversion des Barbares au christianisme et à l'arianisme. Persécution des Vandales en Afrique. Extinction de l'arianisme parmi les Barbares.

Les affaires du clergé ont eu avec les événemens du monde une si étroite liaison, que je n'ai pu me dispenser de raconter les progrès, les persécutions, l'établissement, les divisions, le triomphe et la corruption graduelle du christianisme. J'ai différé à dessein toute réflexion sur deux objets intéressans dans l'étude de l'esprit humain, et qui influèrent sur le déclin et sur la chute de l'empire romain : 1.º l'institution de la vie monastique (1), et 2.º la conversion des Barbares du Nord.

I. La paix et la prospérité introduisirent la dis-

1.º La vie monastique. Origine des moines.

---

(1). Thomassin (*Discipl. de l'Église*, t. 1, p. 1419-1426) et Hélyot (*Hist. des Ordres monastiques*, t. 1, p. 1-66) ont savamment discuté l'origine des institutions monastiques. Ces auteurs sont très-instruits et passablement impartiaux, et la différence de leurs opinions découvre ce sujet dans toute son étendue. Cependant ceux des protestans qui hésiteraient à donner leur confiance à des écrivains papistes, peuvent consulter le septième livre des *Antiq. chrétiennes* de Bingham.

tinction de simples chrétiens et de chrétiens ascétiques (1). La multitude se contentait d'une pratique imparfaite et relâchée. Le prince, le magistrat, le militaire et le marchand, accommodaient leur foi et leur zèle à l'exercice de leurs professions, à leurs intérêts ou à leurs passions; mais les ascétiques, qui suivaient à la rigueur les principes de l'Évangile dont ils abusaient, se représentaient dans leur enthousiasme sauvage l'homme comme un criminel, et Dieu comme son tyran. Ils renonçaient aux affaires et aux plaisirs, s'interdisaient l'usage du vin, de la viande, et l'union légitime des deux sexes; mortifiaient leur corps et leurs affections; et faisaient d'une vie de misère le prix auquel ils espéraient obtenir une félicité éternelle. Sous le règne de Constantin, les ascétiques se retirèrent d'un monde profane et corrompu pour vivre solitaires ou former des sociétés religieuses (2). A l'exemple des premiers chrétiens de Jérusalem, ils abandonnèrent l'usage ou la propriété de leurs possessions temporelles, instituèrent

---

(1) *Voyez* Eusèbe, *Démonstrat. évangél.*, l. 1, p. 20 21, edit. græc. *Rob. Stephani*, Paris, 1545. Dans son *Histoire ecclésiastique*, publiée douze ans après la *Démonstration*, Eusèbe (l. II, c. 17) défend le christianisme des thérapeutes; mais il semble ignorer qu'il y avait alors une institution semblable dans l'Égypte.

(2) Cassien (*Collat.*, XVIII, 5) rapporte l'origine des cénobites à cette institution, qui dégénéra insensiblement jusqu'au moment où elle fut rétablie par saint Antoine et par ses disciples.

pour chaque sexe des communautés régulières et formées sur un même modèle, et prirent les noms d'ermites, de moines ou d'anachorètes, propres à désigner leur vie retirée et le choix qu'ils faisaient d'un désert, soit naturel, soit factice. Ils obtinrent bientôt le respect du monde qu'ils méprisaient; et l'on prodigua les plus hautes louanges à une *philosophie divine* (1), qui, sans le secours de la science ou de l'étude, surpassait les laborieuses vertus enseignées dans les écoles de la Grèce. Les moines pouvaient à la vérité disputer aux stoïciens le mépris de la fortune, de la douleur ou de la mort. On vit renaître dans cette discipline assujettissante le silence et la soumission des disciples de Pythagore; et les moines se montrèrent aussi fermes que les cyniques eux-mêmes dans le mépris des usages et de la décence de la société. Mais les prosélytes de cette philosophie divine aspiraient à imiter un modèle plus pur et plus parfait; ils marchaient sur les traces des prophètes

―――――――

(1) Ωφελιμωτατον γαρ τι χρημα εις ανθρωπους ελθουσα παρα Θεου η τοιαυτη φιλοσοφια. Ce sont les expressions de Sozomène, qui décrit très au long et agréablement (l. 1, c. 12, 13, 14, l'origine et les progrès de cette philosophie monastique. *Voyez* Suicer.; *Thes. ecclesiat.*, t. 11, p. 1441. Quelques auteurs modernes, Juste-Lipse (t. iv, p. 448, *Manuduct. ad philos. stoic.*, III, 13) et La Mothe-le-Vayer (t. ix, *de la Vertu des Païens*, p. 228-262.) ont comparé les carmélites aux disciples de Pythagore, et les cyniques aux capucins.

qui s'étaient retirés dans le désert (1), et ils ramenèrent la vie de dévotion contemplative, instituée par les esséniens dans l'Égypte et dans la Palestine. Le philosophe Pline avait contemplé avec étonnement un peuple de solitaires qui habitaient parmi les palmiers de la mer Morte, qui subsistaient sans argent, qui se perpétuaient sans femmes, et que le dégoût ou le repentir recrutaient continuellement d'associés volontaires (2).

L'Égypte, mère féconde de toutes les superstitions,

Saint Antoine et les moines de l'Égypte. A. D. 305.

---

(1) Les carmélites tirent leur origine, en ligne directe, du prophète Élie. *Voyez* les *Thèses de Beziers*, A. D. 1682, dans Bayle, *Nouv. de la républ. des Lettres*, Œuvres, t. I, p. 82, etc.; et la longue satire des ordres monastiques, ouvrage anonyme, t. I, p. 1-433; Berlin, 1751. Rome et l'inquisition d'Espagne imposèrent silence à la critique profane des jésuites de Flandre (Hélyot, *Hist. des Ordres monastiques*, t. I, p. 282-300); et la statue d'Élie le carmélite a été élevée dans l'église de Saint-Pierre. *Voyage du père Labat*, t. III, p. 87.

(2) Pline, *Hist. nat.*, v, 15. *Gens sola et in toto orbe præter cæteras mira, sine ullâ feminâ, omni venere abdicatâ, sine pecuniâ, socia palmarum. Ita per seculorum millia, incredibile dictu, gens æterna est in quâ nemo nascitur. Tam fecunda illis aliorum vitæ pœnitentia est.* Il les place à une distance suffisante du lac pour qu'ils soient à l'abri de ses exhalaisons malsaines, et nomme Engaddi et Masada comme les villes les plus prochaines. La Laura et le monastère de Saint-Sabas n'étaient vraisemblablement pas fort éloignés de cet endroit. *Voyez* Roland, *Palest.*, t. I, p. 295; t. II, p. 763-874, 880-890.

donna l'exemple de la vie monastique (1). Antoine, jeune homme sans éducation, né dans la Basse-Thébaïde (2), distribua son patrimoine (3), abandonna très-jeune sa famille et son pays, et exécuta sa pénitence monastique avec toute l'intrépidité et la singularité du fanatisme. Après un noviciat long et pénible au milieu des tombeaux et dans les ruines d'une tour, il s'avança hardiment à trois journées dans le désert, à l'orient du Nil, découvrit un endroit solitaire, ombragé d'arbres et arrosé par un ruisseau, et fixa sa dernière résidence sur le mont Colzim, aux environs de la mer Rouge, où un ancien monastère

---

(1) *Voyez* saint Athanase, *Opera*, t. II, p. 465-540; et *Vit. Patrum*, p. 26-74, avec les notes de Rosweyde. La première est l'original grec; la dernière une version latine très-ancienne par Evagrius, l'ami de saint Jérôme.

(2) Γραμματα μεν μαθειν ουκ ηνεσχετο. (Saint Athanase, t. II, *in Vit. S. Anton.*, p. 452.) L'opinion de son ignorance a été adoptée par un grand nombre d'auteurs anciens et modernes; mais Tillemont (*Mém. ecclés.*, t. VII, p. 666) démontre, par quelques argumens plausibles, que saint Antoine savait lire et écrire dans sa propre langue (le cophte); mais qu'il était seulement étranger aux lettres grecques. Le philosophe Synèse (p. 51) avoue que l'esprit naturel de saint Antoine n'avait pas besoin du secours de l'étude.

(3) Aruræ *autem erant ei trecentæ uberes et valdè optimæ* (*Vit. Patr.*, l. I, p. 36). Si l'*arura* est une mesure carrée de cent coudées d'Égypte (Rosweyde, *Onomasticon, ad Vit. Patrum*, p. 1014, 1015), et que la coudée égyptienne de tous les temps soit égale à vingt-deux pouces anglais (*Greaves*, vol. I, p. 233), l'*arura* sera à peu près les deux tiers d'une acre anglaise.

conserve encore le nom et la mémoire de saint Antoine (1). La dévotion et la curiosité des chrétiens le poursuivirent dans le désert (2), et lorsque le saint fut obligé de paraître à Alexandrie, il soutint sa réputation avec autant de dignité que de modestie. Il obtint l'amitié de saint Athanase, dont il approuvait la doctrine, et le paysan d'Égypte refusa une invitation respectueuse de l'empereur Constantin. Saint Antoine, dans sa vieillesse, qui se prolongea jusqu'à l'âge de cent cinq ans, vit le prodigieux accroissement de cette postérité monastique formée par son exemple et par ses leçons. De fécondes colonies de moines se multipliaient rapidement dans les sables de la Libye, sur les rochers de la Thébaïde et dans les villes voisines du Nil. Au sud d'Alexandrie, la montagne voisine et le désert étaient habités par cinq mille anachorètes, et les voyageurs peuvent apercevoir encore les ruines de cinquante monastères élevés sur ce sol stérile par les disciples de saint Antoine (3). Saint Pachôme et quatorze cents de ses frères

---

(1) Saint Jérôme (t. 1, p. 248, 249, *in. Vit. Hil.*) et le père Sicard (*Missions du Levant*, t. v, p. 122-200) donnent la description du monastère. Leurs récits ne peuvent pas toujours s'accorder. Saint Jérôme peignait d'après son imagination, et le jésuite d'après ce qu'il avait vu.

(2) Les persécutions de Dioclétien contribuèrent beaucoup à peupler le désert de chrétiens fugitifs, qui aimèrent mieux s'associer à la vie des anachorètes que briguer la palme du martyre. Planck., *Hist. de la constit. de l'Église chrétienne*, t. 1, c. 14, §. 3. (*Note de l'Éditeur.*)

(3) Saint Jérôme, t. 1, p. 146, *ad Eustoch., Hist. Lausiac.*,

occupaient l'île de Tabenne, dans la Haute-Thébaïde (1). Ce saint abbé fonda successivement neuf communautés d'hommes et une de femmes, et il se rassemblait quelquefois aux fêtes de Pâques cinquante mille religieux ou religieuses, tous soumis à la règle *angélique* (2). La ville riche et peuplée d'Oxyrinchus avait dévoué ses temples, ses édifices publics, et même ses remparts à des usages de dévotion et de charité; l'évêque pouvait y prêcher dans douze églises, et y comptait dix mille femmes et vingt mille hommes attachés à la profession monastique (3). Les Égyptiens, qui se félicitaient de cette

---

c. 7, *in Vit. Patrum*, p. 712. Le père Sicard (*Missions du Levant*, t. II, p. 29-79) a visité et décrit ce désert, qui contient aujourd'hui quatre monastères et vingt ou trente moines. *Voyez* d'Anville; *Description de l'Égypte*, p. 74.

(1) Tabenne est une petite île du Nil, dans le diocèse de Tentyra ou Dendera, entre la ville moderne de Girgé et les ruines de l'ancienne Thèbes. (D'Anville, p. 194.) M. de Tillemont doute qu'il y ait jamais eu une île; mais je puis conclure, d'après les faits qu'il rapporte lui-même, que le nom primitif a été transporté dans la suite au grand monastère de Bau ou Pabau. *Mém. ecclés.*, t. VII, p. 678-688.

(2) *Voyez* dans le *Codex Regularum*, publié par Lucas Holstenius (Rome, 1661), une Préface de saint Jérôme, en tête de sa traduction latine de la règle de saint Pachôme, t. 1, p. 61.

(3) Rufin, c. 5., *in Vit. Patrum*, p. 459. Il la nomme *civitas ampla, valdè populosa*, et y compte douze églises. Strabon (l. XVII, p. 1166) et Ammien (XXII, 16) parlent honorablement d'Oxyrinchus, dont les habitans adoraient un petit poisson dans un temple vaste et magnifique.

pieuse révolution, aimaient à croire que les moines composaient une grande moitié de la population (1); et la postérité a pu répéter ce mot appliqué jadis aux animaux sacrés du pays, qu'il était plus facile de trouver en Égypte un dieu qu'un homme.

Propagation de la vie monastique à Rome.
A. D. 341. Saint Athanase introduisit à Rome la connaissance et la pratique de la vie monastique; et les disciples de saint Antoine, qui avaient suivi en Égypte leur primat sous les murs sacrés du Vatican, ouvrirent une école de cette nouvelle philosophie. L'extérieur burlesque et sauvage de ces Égyptiens excita d'abord l'horreur et le mépris; mais on ne tarda pas à les applaudir et à les imiter avec zèle. Les sénateurs, et principalement les matrones, convertirent leurs palais et leurs maisons de plaisance en monastères; l'institution mesquine des six vestales fut bientôt éclipsée par le grand nombre de couvens élevés sur les ruines des temples et au milieu du Forum des Romains (2). Excité par l'exemple de saint Antoine, un jeune Syrien, nommé Hilarion (3), se retira sur

Saint Hilarion dans la Palestine.
A. D. 328.

---

(1) *Quanti populi habentur in urbibus, tantæ penè habentur in desertis multitudines monachorum.* Rufin, c. 7, in *Vit. Patrum*, p. 461. Il se félicite de cette heureuse révolution.

(2) Saint Jérôme parle en passant (t. 1, p. 119, 120, 199) de l'introduction de la vie monastique à Rome et dans l'Italie.

(3) *Voyez* la *Vie de saint Hilarion*, par saint Jérôme, t. 1, p. 241, 252. Le même auteur a parfaitement écrit les histoires de Paul, d'Hilarion et de Malchus : le seul défaut de

une langue de terre sablonneuse et stérile, entre la mer et un marais, environ à sept milles de Gaza. La pénitence austère dans laquelle il persista durant quarante-huit ans, multiplia le nombre des enthousiastes, et le saint homme, lorsqu'il visitait les nombreux monastères de la Palestine, était toujours suivi de deux ou trois mille anachorètes.

Saint Basile s'est fait une réputation immortelle dans l'histoire monastique de l'Orient (1). Avec un génie orné de l'éloquence et de l'érudition d'Athènes, et une ambition que put à peine satisfaire l'archevêché de Césarée, saint Basile se retira dans une solitude sauvage du Pont, et daigna diriger quelque temps les colonies spirituelles qu'il avait répandues en grand nombre sur les côtes de la mer Noire. Dans l'Occident, saint Martin de Tours (2), soldat, er-

<small>Saint Basile dans le Pont. A. D. 360.</small>

<small>Saint Martin dans la Gaule. A. D. 370.</small>

---

ces agréables compositions, c'est qu'elles ne s'accordent ni avec la vérité ni avec le bon sens.

(1). Sa première retraite fut dans un petit village sur les bords de l'Iris, près de Néo-Césarée. Les dix ou douze années de sa vie monastique furent troublées par de longues et fréquentes interruptions de ses pieux exercices. Quelques critiques ont disputé l'authenticité de ses règles de discipline; mais les preuves existantes sont irrécusables, et attestent un enthousiasme réel ou affecté. *Voy.* Tillemont, *Mém. ecclés.*, t. IX, p. 636-644; Hélyot; *Hist. des Ordres monastiques*, t. I, p. 175-181.

(2) *Voyez* sa *Vie* et trois *Dialogues* de Sulpice-Sévère, qui affirme (*Dialog.* I, 16) que les libraires de Rome se félicitaient du prompt débit de cet ouvrage alors très en vogue.

mite, évêque et saint, établit les monastères de la Gaule. Deux mille de ses disciples suivirent son enterrement, et son historien défie les déserts de la Thébaïde de produire, dans un climat bien plus favorable, un rival orné des mêmes vertus. Le monachisme s'étendit aussi rapidement et aussi généralement que le christianisme : toutes les provinces de l'empire, et à la fin toutes les villes se remplirent d'une multitude de moines, dont le nombre augmentait sans cesse. Les anachorètes choisirent les îles désertes de la mer de Toscane, entre Lérins et Lipari, pour le lieu de leur exil volontaire. La communication, tant par terre que par mer, entre les différentes provinces de l'empire, était aussi continuelle qu'elle était aisée ; et la vie de saint Hilarion est une preuve de la facilité avec laquelle un ermite indigent de la Palestine pouvait traverser l'Égypte, s'embarquer pour la Sicile, fuir dans l'Épire, et s'établir enfin dans l'île de Chypre (1). Les chrétiens latins embrassèrent les institutions religieuses de

---

(1) Lorsque saint Hilarion s'embarqua à Parœtonium pour le cap Pachynus, il offrit pour paiement de son passage un livre des Évangiles. Posthumien, moine gaulois, qui avait visité l'Égypte, trouva un vaisseau marchand qui partait d'Alexandrie pour Marseille, et fit le voyage en trente jours. (Sulpice-Sévère, *Dialogue* 1, 1.) Saint Athanase, qui envoyait sa Vie de saint Antoine aux moines étrangers, fut obligé de hâter son ouvrage, afin qu'il fût prêt pour le départ des flottes (t. II, p. 451).

Rome. Les pèlerins qui visitèrent Jérusalem, imitèrent avec zèle, dans les climats les plus éloignés, le modèle de la vie monastique. Les disciples de saint Antoine se répandirent au-delà du tropique dans tout l'empire Chrétien d'Éthiopie (1). Le monastère de Banchor, dans le Flintshire, qui contenait deux mille moines (2), répandit une colonie des missionnaires parmi les Barbares de l'Irlande (3); et Iona, une des Hébrides, défrichée par les moines irlandais, fit parvenir dans les régions du Nord quelques lueurs d'une science obscurcie par la superstition (4).

---

(1) *Voyez* saint Jérôme, t. I, p. 126; Assemanni, *Bibl. orient.*, t. IV, p. 92, 857-919; et Geddes, *Histoire de l'Égl. d'Éthiopie*, p. 29, 30, 31. Les moines de l'Abyssinie suivent rigoureusement l'institution primitive.

(2) La *Britannia* de Cambden, vol. I, p. 666, 667.

(3) L'archevêque Usher, dans ses *Britannicarum ecclesiarum Antiquitates*, a rapporté tout ce qu'il est possible d'extraire du fatras de ces temps obscurs (c. 16, p. 425-503).

(4) L'île d'Iona, petite, mais fertile, autrement Hy ou Columbkill, a deux milles de longueur sur environ un mille de largeur; elle a été distinguée, 1° par le monastère de Sainte-Colombe, fondé A. D. 566, et dont l'abbé exerçait une juridiction extraordinaire sur les évêques de Calédonie; 2° par une bibliothèque classique, où l'on avait eu quelque espérance de retrouver un Tite-Live entier; et 3° par les tombeaux de soixante rois écossais, irlandais et norwégiens, qui y reposent en terre-sainte. *Voyez* Usher, p. 311, 360-370; et *Buchanan rerum Scot.*, l. II, p. 15, édit. Ruddiman.

Causes de la rapidité de ses progrès.

Ces malheureux exilés de la vie sociale se livraient à l'impulsion de leur génie mélancolique et superstitieux; leur persévérance se soutenait par l'exemple d'une multitude des deux sexes, de tous les âges et de tous les rangs; chaque prosélyte qui entrait dans un monastère croyait être sur la route pénible, mais certaine, de la félicité éternelle (1). Ces motifs agissaient toutefois avec plus ou moins de force, selon le caractère et la situation. La raison rejetait quelquefois leur influence, et les passions l'emportaient souvent sur le fanatisme. Il étendait principalement son empire sur les âmes tendres, sur les esprits faibles des femmes et des enfans. Il se fortifiait de l'influence du malheur ou de quelques remords secrets, et des considérations d'intérêt ou de vanité purent aussi venir quelquefois à son aide. On supposait naturellement que des moines humbles et pieux, qui avaient renoncé au monde pour accomplir l'œuvre du salut, étaient les hommes les plus propres à diri-

---

(1) Saint Chrysostôme, dans le premier tome de l'édition des bénédictins, à consacré trois livres à la louange et à la défense de la vie monastique; et l'arche d'alliance lui paraît un motif suffisant pour croire que les élus, *les moines*, seront seuls sauvés (l. I, p. 55, 56). Ailleurs cependant il devient un peu plus humain (l. III, p. 83, 84), et il accorde différens degrés de gloire, comme le soleil, la lune, les étoiles. Dans sa comparaison d'un roi à un moine, il suppose (ce qui n'est pas trop juste) que le roi sera récompensé d'une manière moins brillante et puni avec plus de sévérité.

ger le gouvernement spirituel des chrétiens ; et l'ermite, arraché malgré lui de sa cellule, allait, au milieu des acclamations du peuple, s'asseoir sur le siége archiépiscopal. Les monastères de l'Égypte, de la Gaule et de l'Orient, fournissaient une succession abondante de saints et d'évêques ; et l'ambition découvrit bientôt la route qui conduisait aux richesses et aux honneurs (1). Les moines répandus dans le monde partageaient les succès et la réputation de leur ordre, et travaillaient assidument à multiplier le nombre de leurs compagnons d'esclavage (2). Ils s'insinuaient dans la familiarité des citoyens distingués par la naissance et par la fortune, et ne négligeaient ni artifices ni séductions pour s'assurer des prosélytes qui pussent ajouter aux richesses ou à la dignité de la profession monastique. Le père se voyait avec indignation enlever son fils unique ; la fille crédule se laissait entraîner par vanité à manquer au vœu de la nature, et la matrone renonçait aux vertus et aux devoirs de la vie domestique (3), pour parvenir à une

---

(1) Thomassin, *Discipline de l'Église*, t. 1, p. 1426-1469 ; et Mabillon, *OEuvres posthumes*, tome 2, pages 115-158. Les moines furent admis peu à peu dans la hiérarchie ecclésiastique.

(2) Le docteur Middleton (vol. 1, p. 110) critique avec justice la conduite et les écrits de saint Chrysostôme, un de ceux qui ont défendu avec le plus d'éloquence et de succès la vie monastique.

(3) Les premiers statuts relatifs à l'organisation des monastères avaient défendu ces abus : de deux époux l'un ne

perfection imaginaire (1). Sainte Paule, séduite par l'éloquence persuasive de saint Jérôme, et par le titre profane de belle-mère de Dieu (2), consacra la virginité de sa fille Eustochie. Par les conseils et sous la conduite de son guide spirituel, sainte Paule abandonna Rome et son fils encore dans l'enfance, se retira dans le village de Bethléem, fonda un hôpital et quatre monastères, et acquit, par sa pénitence et ses aumônes, une grande renommée dans l'Église catholique. On célébrait ces exemples rares et illustres

---

pouvait se faire moine sans le consentement de l'autre (saint Basile, *Reg. maj.*, qu. XII); un enfant mineur, sans celui de ses parens (*Ib.*, qu. XV, conc. Gangr., c. 16); un esclave, contre le gré de son maître (*Conc. Chalced.*, c. 4). Mais l'empereur Justinien leva ces prohibitions, et permit aux esclaves, aux enfans et aux femmes, d'entrer dans les monastères sans le consentement de leurs maîtres, de leurs parens ou de leurs maris. *Novell.*, v, c. 2, *Cod. Just.*, l. 1, t. 3, leg. 53-55. (*Note de l'Éditeur.*)

(1) L'éloge de la dévotion de ces disciples femelles occupe une grande partie des ouvrages de saint Jérôme; entre autres le traité particulier qu'il intitule l'*Épitaphe de sainte Paule* (t. 1, p. 169-192) est un panégyrique extravagant et rempli de recherches; l'exorde en est ridiculement ampoulé. « Si toutes les parties de mon corps se changeaient en langues; si tous mes membres empruntaient une voix humaine, il me serait encore impossible de, etc. »

(2) *Socrus Dei esse cœpisti.* (Saint Jérôme, t. 1, p. 140, *ad Eustochium.*) Rufin (*in Hieronym. oper.*, tom. IV, p. 223), justement scandalisé, demande à son adversaire dans quel poète païen il a emprunté une expression si impie et si absurde.

comme la gloire de leur siècle : mais les monastères étaient remplis d'une foule de plébéiens obscurs et de la plus basse classe (1), qui trouvaient dans le cloître beaucoup plus qu'ils n'avaient sacrifié en se séparant du monde. Des paysans, des esclaves et des artisans, trouvaient facile d'échapper à la pauvreté et au mépris en se réfugiant dans une profession tranquille et respectée, dont les peines apparentes étaient adoucies par l'habitude, par les applaudissemens publics et par le relâchement secret de la discipline (2). Les sujets de Rome qui voyaient leurs personnes et leurs biens exposés à répondre du paiement d'une taxe exorbitante et inégalement répartie, échappaient dans les cloîtres à la tyrannie du gouvernement, et une partie des jeunes hommes préféraient les rigueurs de la vie monastique aux dangers du service militaire. Les différentes classes des timides habitans des pro-

(1) *Nunc autem veniunt plerumque ad hanc professionem servitutis Dei, et ex conditione servili, vel etiam liberati, vel propter hoc à dominis liberati sive liberandi; et ex vitâ rusticanâ, et ex opificum exercitatione, et plebeio labore.* (Saint Augustin, *de Oper. Monach.*, c. 22, *apud* Thomassin, *Discipline de l'Église*, t. III, p. 1094.) L'Égyptien qui blâma saint Arsène, avouait que la vie d'un moine était préférable à celle d'un pâtre. *Voy.* Tillemont, *Mém. ecclés.*, t. XIV, p. 679.

(2) Un moine dominicain, qui logeait à Cadix dans un couvent de religieux de son ordre, s'aperçut bientôt que leur repos n'était point interrompu par les prières nocturnes; *quoiqu'on ne laisse pas de sonner pour l'édification du peuple.* – *Voyages* du père Labat, t. I, p. 10.

vinces qui fuyaient à la vue des Barbares, y trouvaient une retraite et une subsistance ; des légions entières s'enterraient dans ces religieux asiles ; et la même cause qui adoucissait le sort des particuliers, détruisait peu à peu les forces et les ressources de l'empire (1).

Obéissance monastique.

La profession monastique parmi les premiers chrétiens était un acte de dévotion volontaire (2). Le fanatique dont la constance venait à se démentir, était dévoué à la vengeance du Dieu qu'il abandonnait ; mais les portes du monastère s'ouvraient librement au repentir, et les moines que leur raison ou leurs passions parvenaient à aguerrir contre les scru-

---

(1) *Voy.* une Préface très-sensée de Lucas Holstenius au *Codex Regularum*. Les empereurs tâchèrent de soutenir l'obligation des devoirs publics et particuliers (*) ; mais ces faibles digues furent bientôt renversées par le torrent du fanatisme, et Justinien favorisa les moines au-delà de leurs espérances. Thomassin., t. 1, p. 1782-1799 ; et Bingham, l. vii, c. 3, p. 253.

(2) Quatre voyageurs dévots et curieux ont décrit les institutions monastiques, et particulièrement celles de l'Égypte, vers l'an 400. Rufin, *Vit. Patrum*, l. ii, iii, p. 424-536 ; Posthumien (Sulpice-Sévère, *Dialog.* 1) ; Palladius, *Hist. Lausiac.*, in *Vit. Patrum*, p. 709-863 ; et Cassien (*voy.* t. vii, *Biblioth. Max. Patrum*, ses quatre premiers livres des Instituts et les vingt-quatre Conférences).

(*) L'empereur Valens en particulier rendit une loi : *Contra ignaviæ quosdam sectatores qui, desertis civitatum muneribus, captant solitudines ac secreta, et specie religionis cum cœtibus monachorum congregantur.* Cod. Theod., l. xii, tit. 1, leg. 63.

(*Note de l'Éditeur.*)

pules de leur conscience, pouvaient reprendre le caractère d'homme et de citoyen; les épouses du Christ passaient même légalement dans les bras d'un mortel (1). Quelques exemples de scandale et les progrès de la superstition suggérèrent le dessein d'employer des lois prohibitives. Après une épreuve suffisante, le novice se lia pour toute sa vie par un vœu solennel; et les lois de l'État et de l'Église ratifièrent cet engagement irrévocable. Les fugitifs furent déclarés criminels, poursuivis, arrêtés et reconduits dans leur prison perpétuelle; et l'interposition de l'autorité civile ôta à l'état monastique ce mérite d'obéissance et de liberté qui adoucissait l'abjection d'un esclavage volontaire (2). Les actions d'un moine, ses paroles et jusqu'à ses pensées, furent asservies à une règle inflexible (3) ou aux caprices

---

(1) L'exemple de Malchus (saint Jérôme, t. 1, p. 256), et le dessein de Cassien et de son ami (*Conférence* 24), sont des preuves incontestables de leur liberté, qu'Érasme a décrite éloquemment dans sa *Vie de saint Jérôme*. Voyez Chardon, *Hist. des Sacremens*, t. VI, p. 279-300.

(2) *Voyez* les lois de Justinien, *Novell.* CXXIII, n° 42, et de saint Louis dans les *Historiens de France*, t. VI, p. 427; et la jurisprudence actuelle de France dans Denisart, *Décisions*, etc., t. IV, p. 855, etc.

(3) L'ancien *Codex Regularum*, recueilli par saint Benoît, le réformateur des moines dans le commencement du neuvième siècle; et publié dans le dix-septième par Lucas Holstenius, contient trente différentes règles pour des communautés d'hommes et de femmes. Sept furent composées

d'un supérieur. Les moindres fautes étaient punies par des humiliations, ou par la prison, par des jeûnes extraordinaires, ou de sanglantes flagellations. La plus légère désobéissance, un murmure ou un délai, passaient pour des péchés odieux (1). La principale vertu des moines égyptiens consistait dans une obéissance aveugle pour leur abbé, quelque absurdes ou même quelque criminels que pussent être ses ordres. Il exerçait souvent leur patience par les épreuves les plus extravagantes : on leur faisait déplacer des roches énormes, arroser assidûment pendant trois ans un bâton planté en terre, qui, au bout de ce temps, devait pousser des racines et produire une tige; marcher sur des brasiers ardens, ou jeter leurs enfans dans un bassin profond. Un grand nombre de saints ou d'insensés se sont immortalisés dans l'his-

---

en Égypte, une en Orient, une en Cappadoce, une en Italie, une en Afrique, quatre en Espagne, huit en Gaule ou en France, et une en Angleterre.

(1) La Règle de Colomban, si suivie dans l'Occident, inflige cent coups de discipline pour les fautes les plus légères. (*Cod. Reg.*, part. II, p. 174.) Avant le règne de Charlemagne, les abbés se permettaient de mutiler leurs moines et de leur arracher les yeux. Cette punition barbare était encore moins affreuse que le terrible *vade in pace* (prison souterraine ou sépulcre), qu'ils inventèrent depuis. (*Voyez* l'excellent Discours du savant Mabillon, *OEuvr. posth.*, t. II, p. 321-336.) Il paraît animé dans cette occasion par le génie de l'humanité; et on peut, en faveur de cet effort, lui pardonner sa défense de la sainte larme de Vendôme, p. 361-399.

toire du monachisme par cette soumission, exempte de crainte ou dépourvue de réflexion (1). L'habitude de l'obéissance et de la crédulité détruisait la liberté de l'âme, source de tous les sentimens raisonnables ou généreux; et le moine, contractant tous les vices de l'esclavage, se dévoua sans réserve à la croyance et aux passions de son tyran ecclésiastique. La paix de l'Église d'Orient fut continuellement troublée par des troupes de fanatiques, aussi incapables de crainte que dépourvus de raison et d'humanité; et les légions impériales ne rougissaient pas d'avouer qu'elles redoutaient moins l'attaque des Barbares les plus féroces (2).

Ce fut bien souvent la superstition qui inventa et consacra les vêtemens bizarres des moines (3); mais leur singularité apparente vient quelquefois de l'atta-

Leur habillement et leurs habitations.

___

(1) Sulpice-Sévère, *Dialog.* 1, 12, 13, p. 532, etc.; Cassien, *Instit.*, l. IV, c. 26, 27. *Præcipua ibi virtus et prima est obedientia.* Parmi les *verba signorum* (in *Vit. Patr.*, l. v, p. 617), le quatorzième discours traite de l'obéissance; et le jésuite Rosweyde, qui publia cet énorme volume pour l'usage des couvens, a rassemblé dans ses deux considérables index tous les passages épars.

(2) Le docteur Jortin (*Remarq. sur l'Hist. ecclés.*, vol. IV, p. 161) cite la scandaleuse valeur des moines de Cappadoce, dont ils donnèrent un exemple à l'époque du bannissement de saint Jean Chrysostôme.

(3) Cassien a décrit simplement, quoiqu'en grand détail, l'habillement des moines d'Égypte (*Instit.*, l. 1), auquel Sozomène (l. III, c. 14) attribue un sens allégorique et des vertus.

chement à un modèle simple et primitif que les révolutions des modes ont rendu ridicule. Le fondateur des bénédictins rejette toute idée de préférence ou de mérite dans le choix de l'habillement; il exhorte sagement ses disciples à adopter les vêtemens simples et grossiers du pays qu'ils habitent (1). Les habits monastiques des premiers chrétiens variaient selon les climats et la manière de vivre; ils se couvraient indifféremment de la peau de mouton des paysans de l'Égypte et du manteau des philosophes de la Grèce. Les moines se permettaient l'usage du linge en Égypte, où il était à bon marché et fait dans le pays; mais dans l'Occident ils renonçaient à ce luxe étranger et dispendieux (2). Leur usage général était de se couper ou raser les cheveux, et de couvrir leur tête d'un capuchon pour se dérober la vue des objets profanes. Ils allaient les pieds et les jambes nus, excepté dans les grands froids, et aidaient d'un bâton leur marche lente et mal assurée. L'aspect d'un anachorète était horrible et dégoûtant. Tout ce qui faisait éprouver aux hommes une sensation pénible ou désagréable passait pour plaire à Dieu. La règle angélique de Tabenne interdisait la coutume salutaire de se laver ou de s'oindre d'huile (3). Les moines

---

(1) *Regul. Benedict.*, n° 55, *in Cod. Regul.*, part. II, p. 51.
(2) *Voyez* la Règle de Ferréol, évêque d'Uzès, n° 31, *in Cod. Regul.*, part. II, p. 136; et d'Isidore, évêque de Séville, n° 13, *in Cod. Regul.*, part. II, p. 214.
(3) On accordait quelque indulgence pour les mains et

austères couchaient sur le plancher, sur un paillasson ou sur une couverture grossière, et une même boîte de feuilles de palmiers leur servait de siége durant le jour et d'oreiller pour la nuit. Leurs premières cellules étaient des huttes basses et étroites, construites de matériaux peu solides, et dont la distribution régulière formait des rues et un vaste village qui renfermait dans ses murailles une église, un hôpital et peut-être une bibliothèque, quelques communs, un jardin, et une fontaine ou un réservoir d'eau. Trente ou quarante moines composaient une famille qui vivait en communauté sous la discipline de sa règle particulière, et les grands monastères de l'Égypte renfermaient trente ou quarante familles.

Plaisir et crime étaient synonymes en langage monastique; et l'expérience apprit bientôt aux solitaires que rien ne mortifiait la chair et n'éteignait aussi efficacement les désirs impurs que les jeûnes fréquens et la sobriété habituelle (1). Leurs abstinences n'étaient pas continuelles, et les règles n'en

Leur nourriture.

---

les pieds. *Totum autem corpus nemo unguet, nisi causâ infirmitatis; nec lavabitur aquâ nudo corpore, nisi languor perspicuus sit.* Regul. Pachom., xcii, part. 1, p. 78.

(1) Saint Jérôme fait connaître en termes expressifs, mais indiscrets, quel est le principal effet des jeûnes et de l'abstinence : *Non quòd Deus universitatis creator et Dominus intestinorum nostrorum rugitu, et inanitate ventris pulmonisque ardore delectetur, sed quòd aliter pudicitia tuta esse non possit.* (Op., t. 1, p. 137, *ad Eustochium.*) *Voyez* les

étaient pas uniformes ; mais les mortifications extraordinaires du carême compensaient amplement les réjouissances de la Pentecôte. La ferveur des nouveaux monastères se relâcha insensiblement, et l'appétit vorace des Gaulois ne s'accoutuma point aux jeûnes des sobres et patiens Égyptiens (1). Les disciples de saint Antoine et de saint Pachôme se contentaient, pour pitance journalière (2), de douze onces de pain ou plutôt de biscuit (3), dont ils faisaient deux minces

---

douzième et vingt-deuxième Conférences de Cassien, *de Castitate et de Illusionibus nocturnis.*

(1) *Edacitas in Græcis gula est, in Gallis natura.* (Dial. 1, c. 4, p. 521.) Cassien avoue qu'il est impossible d'observer strictement l'abstinence dans la Gaule, et il en donne pour raison : *Aerum intemperies, et qualitas nostræ fragilitatis.* (Instit., IV, 11.) Parmi les institutions de l'Occident, la plus austère est la Règle de Colomban, Irlandais. Élevé au milieu d'un pays pauvre, il avait été soumis par la nécessité à une règle plus austère et plus inflexible peut-être que toutes les vertus qui prescrivaient l'abstinence aux moines de l'Égypte. La Règle d'Isidore de Séville est plus douce ; elle permet de manger de la viande les jours de fêtes.

(2) « Ceux qui ne boivent que de l'eau et ne se permettent aucune liqueur nourrissante, doivent avoir au moins une livre et demie de pain par jour, *vingt-quatre onces.* » *État des prisons*, par M. Howard, p. 40.

(3) *Voyez* Cassien, *Collat.*, l. 11, p. 19, 20, 21. On avait donné aux pains ou biscuits qui pesaient six onces le nom de *paximacia.* (Rosweyde, *Onomasticon*, p. 1045.) Saint Pachôme accorda à ses moines un peu plus de liberté relativement à la quantité de leur nourriture ; mais il les faisait travailler en proportion de ce qu'ils mangeaient. Pallad.,

repas, l'un après midi et l'autre le soir. C'était un mérite et presque un devoir de s'abstenir des légumes bouillis destinés pour le réfectoire ; mais l'indulgence de l'abbé allait quelquefois jusqu'à leur accorder du fromage, des fruits, de la salade, et même des poissons secs (1). On y ajouta peu à peu une augmentation de poisson de mer et de rivière; mais long-temps on ne toléra l'usage de la viande que pour les malades et pour les voyageurs; et lorsque les monastères moins rigides de l'Europe adoptèrent cette nourriture, ils introduisirent une distinction assez extraordinaire. Les oiseaux sauvages et domestiques leur semblèrent probablement moins profanes que la viande plus grossière des quadrupèdes. L'eau pure était l'innocente boisson des premiers moines, et le fondateur des bénédictins déclame contre l'intempérance du siècle, qui le forçait d'accorder un demi-setier de vin par jour à chaque religieux (2). Les vignes de l'Italie fournirent aisément cette modique provision ; et ses disciples victorieux,

---

in Hist. Lausiac., c. 38, 39; *in Vit. Patrum*, l. VIII, p. 736, 737.

(1) *Voyez* le repas auquel Cassien (*Collat.*, VIII, 1) fut invité par Serenus, abbé d'Égypte.

(2) *Voyez* la Règle de saint Benoît, n° 39, 40, *in Cod. Regul.*, part. II, p. 41, 42. *Licet legamus vinum omninò monachorum non esse; sed quia nostris temporibus id monachis non persuaderi potest.* Il leur accorde une *hemina* romaine, mesure qui peut être évaluée d'après les tables d'Arbuthnot.

lorsqu'ils passèrent les Alpes, le Rhin ou la mer Baltique, exigèrent, au lieu de vin, une mesure proportionnée de cidre ou de bière forte.

Leurs travaux. Le candidat qui aspirait à la vertu de pauvreté évangélique, abjurait, en entrant dans une communauté, l'idée et même le nom de toute possession exclusive ou particulière (1); les frères vivaient en commun du fruit de leurs travaux manuels; le travail leur était recommandé comme pénitence, comme exercice, et comme le moyen le plus estimable d'assurer leur subsistance (2). Les moines cultivaient soigneusement les jardins et les terres qu'ils avaient défrichés dans les forêts ou desséchés dans des marais. Ils exécutaient sans répugnance toutes les œuvres serviles des domestiques et des esclaves, et l'enceinte des grands monastères contenait les différens métiers nécessaires pour fournir les

---

(1) Toutes les expressions comme *mon* livre, *mon* manteau, *mes* souliers, étaient sévèrement défendues chez les moines de l'Occident (*Cod. Reg.*, part. II, p. 174, 235-288), et la Règle de Colomban les punissait de six coups de discipline. L'auteur ironique des *Ordres monastiques*, qui plaisante sur les minuties extravagantes des couvens modernes, semble ignorer que les anciens n'étaient pas moins ridicules.

(2) Deux grands maîtres de la science ecclésiastique, le père Thomassin (*Discipl. de l'Église*, t. III, p. 1090-1139) et le père Mabillon (*Études monastiques*, t. I, p. 116-155) ont examiné sérieusement les travaux et les ouvrages mécaniques des moines, que le premier considère comme méritoires, et le second comme un devoir qu'ils remplissaient.

habits, les ustensiles, et bâtir les logemens des moines. Les études monastiques ont plus contribué à épaissir qu'à dissiper les ténèbres de la superstition; cependant le zèle et la curiosité de quelques savans solitaires ont cultivé les sciences ecclésiastiques et même profanes; et la postérité doit avouer, avec reconnaissance, qu'on leur doit la conservation des monumens de l'éloquence grecque et latine, dont leur plume infatigable a multiplié les copies (1) : mais le plus grand nombre des moines, et surtout en Égypte, se livraient à un genre d'industrie moins relevé, se contentaient de l'occupation silencieuse et sédentaire de faire des sandales de bois, des paniers et des nattes de feuilles de palmiers, dont ils vendaient le superflu pour subvenir aux besoins de la communauté. Les bateaux de Tabenne et des autres monastères de la Thébaïde descendaient le Nil jusqu'à Alexandrie; et dans un marché de chrétiens, la sainteté des ouvriers pouvait ajouter à la valeur intrinsèque de l'ouvrage.

Mais le travail des mains devint bientôt inutile.

<small>Leurs richesses.</small>

---

(1) Mabillon (*Études monastiques*, t. 1, p. 47, 55) a rassemblé plusieurs faits curieux pour démontrer l'utilité des travaux littéraires de ses prédécesseurs dans l'Orient et dans l'Occident. On faisait de fort belles copies des livres dans les anciens monastères de l'Égypte. (Cassien, *Instit.*, l. IV, c. 12.) Les disciples de saint Martin se livrèrent aussi à ce genre de travail. (Sulpice-Sévère, in *Vit. S. Martini*, c. 7, p. 473.) Cassiodore a donné aux études des moines une grande latitude, et nous ne devons pas être scandalisés de

Le novice se laissait facilement persuader de disposer de sa fortune en faveur des saints avec lesquels il devait passer sa vie, et la pernicieuse indulgence des lois lui permettait de recevoir, pour l'usage du monastère, tous les legs ou héritages qui pourraient lui survenir après sa profession (1). Sainte Mélanie vendit sa vaisselle d'argent, du poids de trois cents livres; et sainte Paule contracta une dette très-considérable pour soulager ses moines favoris, qui associaient généreusement au mérite de leurs prières et de leur pénitence, le pécheur dont ils connaissaient la richesse et la libéralité (2). L'opulence des monastères s'accrut avec le temps, et souffrit peu de quelques circonstances accidentelles qui pouvaient la diminuer; leurs possessions s'étendirent bientôt sur les campagnes et jusque dans les villes voisines; et, dans le premier siècle de leur institution, le païen

---

voir leur plume quitter quelquefois saint Augustin et saint Chrysostôme pour Homère et Virgile.

(1) Thomassin (*Discipl. de l'Église*, t. III, p. 118-145, 146, 171-179) a examiné les révolutions de la loi civile et canonique. La France moderne a confirmé la mort civile que les moines se sont infligée eux-mêmes, et les prive avec raison du droit de recevoir des successions.

(2) *Voy.* saint Jérôme, t. I, p. 176-183. Le moine Pambo fit une réponse sublime à sainte Mélanie, qui désirait faire l'évaluation de ce qu'elle donnait à l'Église: « Est-ce à moi ou à Dieu que vous l'offrez? Si c'est à Dieu, celui qui pèse l'univers dans sa balance n'a pas besoin que vous lui appreniez la valeur de votre argent. » Pallad., *Hist. Laus.*, c. 10; in *Vit. Patrum*, l. VIII, p. 715.

Zozime a observé malignement que, pour le service des pauvres, les moines chrétiens avaient réduit à la mendicité une grande partie de l'espèce humaine. Cependant, aussi long-temps qu'ils conservèrent leur première ferveur (1), ils se montrèrent les fidèles et judicieux dispensateurs des charités qui leur étaient confiées; mais leur discipline se relâcha dans la prospérité. La vanité fut une suite de l'opulence, et le faste une suite de la vanité. On pouvait excuser la magnificence du culte religieux, et le luxe des bâtimens destinés à une société toujours renaissante; mais l'Église a déclamé, dès les premiers siècles, contre la corruption des moines, qui, oubliant l'objet de leur institution, se livraient aux vanités et aux voluptés du monde auquel ils avaient renoncé (2), et abu-

---

(1) Το πολυ μερος της γης ωκειωσαντο, προφασει των μεταδιδοναι παντα πτωχοις, παντας (ως ειπειν) πτωχους καταστησαντες. (Zozime, l. v, p. 325.) La puissance souveraine des bénédictins s'élevait cependant de beaucoup au-dessus de l'opulence des moines d'Orient.

(2) Le sixième concile général, le *Quinisext. in Trullo*, canon 47 (dans Beveridge, t. 1, p. 213), défend aux femmes de passer la nuit dans un couvent d'hommes, et réciproquement aux couvens de femmes de donner l'hospitalité nocturne à des hommes. Le septième concile général, le second de Nicée, canon 20 (dans Beveridge, t. 1, p. 325), défend l'institution de monastères composés des deux sexes; mais il paraît, d'après Balsamon, que cette défense fut inefficace. *Voyez* Thomassin (t. III, p. 1334–1368), relativement aux dépenses et aux irrégularités du clergé et des moines.

saient scandaleusement des richesses acquises par les vertus austères de leurs fondateurs (1). L'œil d'un philosophe verra peut-être sans surprise et sans colère des vertus pénibles et dangereuses faire place aux vices ordinaires de l'humanité.

Leur solitude. La vie des premiers moines se passait dans la solitude et dans la pénitence, sans être jamais interrompue par ces occupations propres à remplir le temps et à exercer les facultés d'un être raisonnable, actif et naturellement sociable. Un religieux ne sortait jamais de son couvent sans être accompagné d'un de ses frères; ils se servaient mutuellement de garde et d'espion, et devaient, à leur retour, oublier ou taire ce qu'ils avaient vu ou entendu dans le monde. Tous ceux qui professaient la foi orthodoxe pouvaient entrer dans les monastères; mais ils n'étaient admis que dans un appartement séparé, et l'on n'exposait à leur conversation mondaine que d'anciens religieux d'une prudence et d'une discrétion éprouvées. L'esclave qui s'était enchaîné dans un couvent ne recevait qu'en leur présence les visites de ses amis ou de ses parens; et c'était une action regardée comme très-méritoire que de refuser obstinément à la douleur et à la tendresse d'une sœur ou d'un père âgé la consolation

---

(1) J'ai lu ou entendu raconter quelque part l'aveu sincère d'un abbé de l'ordre des bénédictins : « Mon vœu de pauvreté m'a valu cent mille écus de rente; mon vœu d'obéissance m'a élevé au rang de prince souverain. » Je ne me rappelle pas ce que lui a valu son vœu de chasteté.

d'un mot ou d'un regard (1). Rassemblés par hasard dans une prison où ils étaient retenus par la force ou par le préjugé, les religieux n'avaient aucun attachement personnel. Des solitaires fanatiques éprouvaient peu le besoin de communiquer leurs sentimens. L'abbé fixait, par une permission particulière, le moment et la durée des visites qu'ils se rendaient. Ils prenaient leur repas en silence, et, enveloppés dans leurs capuces, demeuraient durant tout ce temps sans aucune communication entre eux et presque invisibles les uns aux autres (2). L'étude est la ressource de la solitude; mais les paysans et les artisans dont les couvens étaient remplis, n'avaient été ni préparés ni disposés, par leur éducation, à l'étude des sciences ou des belles-lettres : ils pouvaient travailler; mais la vanité leur persuada bientôt que le travail des mains altérait les vertus contemplatives et la perfection spirituelle, et l'industrie n'a jamais beaucoup d'activité lorsqu'elle n'est point animée par l'intérêt personnel (3).

---

(1) Pior, moine égyptien, reçut la visite de sa sœur; mais il tint les yeux fermés tout le temps qu'elle resta avec lui. (Voyez *Vit. Patrum*, l. III, p. 504.) On pourrait citer beaucoup d'autres exemples de ce genre.

(2) Les 7, 8, 29, 30, 31, 34, 57, 60, 86 et 95° articles de la Règle de saint Pachôme sont d'une sévérité intolérable relativement au silence et à la mortification.

(3) Cassien détaille longuement, dans les troisième et quatrième livres de ses Institutions, les prières que les moines

<small>Leur dévotion et leurs visions.</small>

Les moines employaient le temps qu'ils passaient dans leurs cellules en oraisons, soit vocales, soit mentales, selon que le leur prescrivaient leur zèle et leur foi. Ils s'assemblaient le soir et se relevaient dans la nuit pour célébrer le culte public du monastère. On connaissait l'heure à la position des étoiles, que les nuages obscurcissent rarement en Égypte, et une sorte de trompette ou cornet rustique, signal de la prière, interrompait deux fois dans les vingt-quatre heures le vaste silence du désert; on leur mesurait jusqu'au sommeil, dernier refuge des malheureux; les heures de loisir, vides de plaisirs et d'occupations, s'écoulaient lentement pour le solitaire dont l'ennui accusait vingt fois chaque jour la lenteur du soleil (1). Dans cette situation désolante, la superstition poursuivait encore ses malheureuses victimes (2). Le repos qu'elles avaient cherché dans

---

faisaient jour et nuit, et il donne la préférence à la liturgie qu'un ange avait dictée au monastère de Tabenne.

(1) Cassien décrit, d'après sa propre expérience, l'*acedia* ou engourdissement de corps et d'esprit auquel un moine était exposé dans la tristesse de sa solitude. *Sæpiusque egreditur et ingreditur cellam, et solem velut ad occasum tardius properantem crebrius intuetur.* Instit., x, 1.

(2) Les souffrances et les tentations de Stagyrius ont été confiées par ce malheureux jeune homme à saint Chrysostôme, son ami. (*Voyez* les *OEuvres de Middleton*, vol. 1, pag. 107, 210.) On trouve quelque chose de semblable au commencement de la vie de presque tous les saints; et le fameux Inigo ou Ignace, fondateur des jésuites, peut servir d'exemple: *Vie d'Inigo de Guipuscoa*, t. 1, p. 29-38.

le cloître, était troublé par des repentirs tardifs; des doutes sacriléges et des désirs criminels; considérant chaque impulsion de la nature comme un péché irrémissible, elles se croyaient toujours près de tomber dans les flammes de l'abîme éternel. La mort ou la folie venaient quelquefois les délivrer promptement de ces affreux combats contre la souffrance et le désespoir; et dans le sixième siècle, on fonda à Jérusalem un hôpital pour recevoir une petite partie des pénitens dont les austérités avaient troublé la raison (1); mais avant que leur délire arrivât à cet excès qui ne permettait plus de le révoquer en doute, leurs visions ont fourni des matériaux abondans à l'histoire des prodiges et des miracles. Ils croyaient fermement que l'air qu'ils respiraient était peuplé d'une multitude d'ennemis invisibles, d'innombrables démons voltigeant sans cesse autour d'eux, prenant à leur gré toutes sortes de formes, épiant avec soin toutes les occasions de les épouvanter, et particulièrement de tenter leur vertu. Leur imagination et même leurs sens se laissaient frapper des illusions que leur présentait un fanatisme en démence; et l'ermite que le sommeil surprenait malgré lui, tandis qu'il récitait ses prières nocturnes, croyait souvent

---

(1) Fleury, *Hist. ecclés.*, t. VII, p. 46. J'ai lu dans la Vie des Pères, mais je ne me rappelle pas dans quel endroit, que plusieurs moines, et même je crois un grand nombre d'entre eux, qui n'osèrent pas révéler leurs tentations à leur abbé, se rendirent coupables de suicide.

avoir vu depuis son réveil les fantômes horribles ou séduisans qui lui étaient apparus en songe (1).

On distinguait les moines en deux espèces : les cénobites, qui suivaient en communauté la même règle; et les anachorètes, qui vivaient seuls et suivaient librement l'impulsion de leur fanatisme (2). Les plus dévots ou les plus ambitieux renonçaient aux couvens comme au monde. Les fervens monastères de l'Égypte, de la Palestine et de la Syrie, étaient environnés d'une *laura* (3), d'un certain nombre de cellules qui formaient un cercle à quelque distance

Les cénobites et les anachorètes.

---

(1) *Voyez* les septième et huitième Conférences de Cassien, qui examine gravement pourquoi les démons sont moins nombreux et moins malfaisans que du temps de saint Antoine. L'*Index* de Rosweyde, *Vita Patrum*, indique un grand nombre de scènes infernales. Les diables étaient toujours plus à craindre quand ils paraissaient sous la forme d'une femme.

(2) Pour la distinction des cénobites et des ermites, principalement en Égypte, *voyez* saint Jérôme (tom. I, p. 45, *ad Rusticum*); le premier *Dialogue* de Sulpice-Sévère; Rufin (c. 22, *in Vit. Patrum*, l. II, p. 478); Pallad. (c. 7, 69, *in Vit. Patr.*, l. VIII, p. 712-758); et, par-dessus tout, les dix-huitième et dix-neuvième Conférences de Cassien. Ces écrivains, en comparant la vie des moines réunis en communauté et celle du solitaire, découvrent l'abus et le danger de la dernière.

(3) Suicer., *Thesaur. eccles.*, l. II, p. 205, 218. Thomassin (*Discipl. de l'Église*, t. I, p. 1501, 1502) donne une description de ces cellules. Quand Gérasime fonda son monastère dans le désert du Jourdain, il fut environné d'une *laura* de soixante-dix cellules.

autour du couvent. Excités par les louanges et l'émulation, ces ermites renchérissaient les uns sur les autres en austérités extravagantes (1). Ils succombaient sous le poids des chaînes et des croix ; et se chargeaient le corps, le cou, les bras et les jambes, d'anneaux et de plaques de fer d'un poids énorme et scellés autour de leurs membres amaigris ; ils rejetaient avec mépris tout vêtement superflu, et l'on a même admiré des saints des deux sexes dont la nudité n'était couverte que par la longueur de leurs cheveux. Ils semblaient jaloux de se réduire à l'état sauvage et misérable qui assimile l'homme au reste des animaux. Une nombreuse secte d'anachorètes de la Mésopotamie tira son nom de l'habitude qu'ils avaient de pâturer dans les champs avec les troupeaux (2). Ils s'emparaient du repaire d'une bête sauvage et s'efforçaient de lui ressembler ; ils s'ensevelissaient dans de sombres cavernes creusées dans le roc, soit par la nature ou la main des hommes. On trouve encore dans les carrières de la Thébaïde des blocs de marbre chargés d'inscriptions, monumens de leur pénitence (3). La perfection des er-

---

(1). Théodoret, dans un énorme volume (*le Philothée, in Vit. Patrum*, t. ix, p. 793-863), a rassemblé la vie et les miracles de trente anachorètes. Evagrius (l. 1, c. 12) fait un éloge plus concis des ermites de la Palestine.

(2) Sozomène, l. vi., c. 33. Le grand saint Éphrem a fait le panégyrique de ces moines, Βοσϰοι ou moines broutans. Tillemont, *Mém. ecclés.*, t. viii, p. 292.

(3) Le père Sicard (*Missions du Levant*, t. ii, p. 217-

mités consistait à passer plusieurs jours sans nourriture, plusieurs nuits sans sommeil, et à garder le silence durant plusieurs années; et une gloire certaine attendait l'ermite (s'il est permis d'abuser ainsi de ce nom) dont l'imagination avait pu inventer une habitation construite de telle sorte qu'il s'y trouvât dans la posture la plus gênante et exposé aux intempéries de l'air.

<small>Saint Siméon Stylite. A. D. 395-451.</small>

Parmi les héros de la vie monastique, saint Siméon Stylite a immortalisé son nom par la singularité de sa pénitence aérienne (1). À l'âge de treize ans, le jeune pâtre de Syrie quitta son métier et se renferma dans un monastère d'une règle très-austère. Après un noviciat long et pénible, pendant lequel on eut plusieurs fois à empêcher le zèle religieux du jeune Siméon de se porter jusqu'au suicide, il établit sa résidence sur une montagne, à trente ou quarante milles à l'orient d'Antioche. Dans l'enceinte d'une *mandra* ou cercle de pierres où il s'attacha lui-même avec une chaîne pesante, Siméon monta sur une colonne qui fut successivement élevée de neuf pieds à la hauteur de

---

233) a examiné les cavernes de la Basse-Thébaïde avec autant de surprise que de dévotion. Les inscriptions sont en caractères syriaques, dont faisaient usage les chrétiens de l'Abyssinie.

(1). *Voyez* Théodoret, in *Vit. Patrum.*, liv. IX, pag. 848-854; saint Antoine, in *Vit. Patr.*, liv. I, pag. 170-177; Cosmas, in *Assem. Bibl. orient.*, tom. I, pag. 239-253; Evagrius, l. I, chap. 13, 14; et Tillemont, *Mém. ecclés.*, t. XV, pag. 347-392.

soixante (1). L'anachorète y passa trente années exposé à l'ardeur brûlante des étés et aux froids rigoureux de l'hiver. L'habitude et la pratique lui apprirent à se maintenir sans crainte et sans vertiges dans ce poste difficile, et à y prendre différentes postures de dévotion. Il priait quelquefois debout et les bras tendus en forme de croix; mais son exercice le plus ordinaire était de courber et de redresser alternativement son corps décharné en baissant sa tête presque jusqu'à ses pieds. Un spectateur curieux compta jusqu'à douze cent quarante-quatre répétitions, et n'eut pas la patience de pousser plus loin son calcul. Les suites d'un ulcère (2) à la cuisse abrégèrent la vie de Siméon Stylite, mais n'interrompirent point sa singulière pénitence, et il mourut patiemment sans bouger de dessus sa colonne. Un prince dont le caprice infligerait de pareilles tortures, passerait pour le plus cruel des tyrans; mais tout le pouvoir d'un tyran ne parviendrait pas à prolonger par force la mi-

---

(1) La circonférence étroite de deux coudées ou trois pieds qu'Évagrius donne au sommet de la colonne, ne s'accorde ni avec le bon sens ni avec les faits et les règles de l'architecture; ceux qui la voyaient d'en bas pouvaient aisément se tromper.

(2) Je ne dois point taire une ancienne médisance relative à l'ulcère de saint Siméon Stylite : on raconte que le diable, ayant pris la forme d'un ange, invita le saint à monter, comme Élie, dans un chariot enflammé. Le saint leva trop précipitamment le pied, et Satan saisit cette occasion de le punir de sa vanité.

sérable existence de sa victime. Ce martyre volontaire avait sans doute détruit peu à peu la sensibilité du corps et de l'âme; et l'on ne peut raisonnablement supposer que des fanatiques si cruels pour eux-mêmes fussent susceptibles d'affection pour les autres. Une insensibilité cruelle a été le caractère distinctif des moines dans tous les temps et dans tous les pays; mais leur âme froide et inaccessible au sentiment de l'amitié s'enflammait aisément d'une haine religieuse, et l'office de la sainte inquisition a servi à exercer leur zèle impitoyable.

Miracles et culte des moines.

Cette sainteté monastique, qui excite la pitié dédaigneuse des philosophes, obtenait la vénération et presque l'adoration des peuples et des souverains. Des foules de pèlerins venaient de la Gaule et des Indes se prosterner devant le pilier de saint Siméon. Des tribus de Sarrasins se disputaient les armes à la main l'honneur de sa bénédiction; les reines de Perse et d'Arabie rendaient hommage à ses vertus surnaturelles; et le jeune Théodose consulta le pieux ermite sur les affaires les plus importantes de l'État et de l'Église. Le patriarche et le maître général de l'Orient, six évêques, vingt-un comtes ou tribuns, et six mille soldats, transportèrent processionnellement les restes de saint Siméon de la montagne de Télénisse dans la ville d'Antioche, qui les révéra comme son plus glorieux ornement et sa plus sûre défense. Les anachorètes éclipsèrent peu à peu la renommée des apôtres et des martyrs; le monde chrétien se prosterna devant leurs reliques, et les miracles attribués à leurs précieux restes surpassèrent en nombre et en durée les exploits spirituels de leurs vies ; mais la politique ou la crédulité de leurs confrères ont fort embelli les légendes dorées où sont contenues les histoires de leurs vies (1); et les peuples d'un siècle non moins crédule se sont persuadés facilement que la volonté d'un moine d'Égypte ou de Syrie suffisait pour interrompre l'ordre éternel de l'univers. Ces favoris du ciel étaient accoutumés à guérir les malades les plus désespérés en les touchant de la main, quelquefois même d'une parole, ou par un message, lorsqu'ils se trouvaient trop éloignés. Ils forçaient les démons les plus opiniâtres à sortir où des âmes ou des corps dont ils s'étaient emparés ; les lions et les serpens du désert s'en laissaient approcher familièrement et se soumettaient à leurs ordres suprêmes. Ils faisaient renaître la végétation dans un tronc dépouillé de sève, faisaient nager le feu sur la surface des eaux. Ces contes extravagans, qui offraient les fictions de la poésie sans briller de son génie, ont trop sérieusement influé sur la raison, la foi et la

---

(1) Je ne sais comment choisir ou indiquer les miracles contenus *in Vit. Patrum* de Rosweyde, car leur nombre surpasse de beaucoup celui des mille pages de ce volumineux ouvrage. On en trouvera un échantillon agréable dans les *Dialogues* de Sulpice-Sévère et dans la *Vie de saint Martin*. Il révère les moines de l'Égypte; il fait cependant une remarque humiliante pour eux, c'est qu'ils ne ressuscitèrent jamais de morts; tandis que l'évêque de Tours en a rappelé trois à la vie.

morale des chrétiens. Leur crédulité dégradait les facultés de leur esprit; ils falsifiaient le témoignage de l'histoire, et les erreurs de la superstition éteignaient peu à peu les dangereuses lumières de la science et de la philosophie. La révélation divine vint à l'appui de tous les cultes religieux pratiqués par les saints, de toutes les doctrines mystérieuses qu'ils avaient adoptées, et le règne avilissant des moines acheva d'étouffer toute vertu noble et courageuse. S'il était possible de mesurer l'intervalle entre les écrits philosophiques de Cicéron et la légende de Théodoret, entre le caractère de Caton et celui de saint Siméon Stylite; nous apprécierions peut-être la révolution qu'éprouva l'empire romain dans une période de cinq cents ans.

II. Le christianisme remporta successivement deux victoires glorieuses et décisives : la première sur les citoyens civilisés de l'empire romain, et l'autre sur les Barbares de la Scythie et de la Germanie, qui renversèrent l'empire et embrassèrent la religion de Rome. Parmi ces sauvages prosélytes, les Goths furent ceux qui donnèrent l'exemple, et la nation fut redevable de sa conversion à un compatriote ou sujet digne d'être mis au rang de ceux qui, par d'utiles inventions, ont mérité que leur nom fût connu et honoré de la postérité. Les Goths qui ravagèrent l'Asie sous le règne de Gallien, avaient emmené en captivité un grand nombre des habitans des provinces. Parmi ces captifs il se trouvait beaucoup de chrétiens et plusieurs ecclésiastiques, réduits en esclavage, et dispersés dans les différens villages de la Dacie ; ces missionnaires travaillèrent avec succès à la conversion de leurs maîtres. Les semences de la doctrine évangélique germèrent insensiblement ; et avant qu'un siècle se fût écoulé, ce pieux ouvrage fut achevé par les travaux d'Ulphilas, dont les ancêtres avaient été transportés d'une petite ville de Cappadoce au-delà du Danube.

Ulphilas, évêque et apôtre des Goths (1), mérita le respect et l'affection des Barbares par sa vie exemplaire et son zèle infatigable. Ils reçurent avec confiance la doctrine de la vertu et de la vérité qu'il prêchait et dont il donnait l'exemple. Ulphilas exécuta la tâche pénible de traduire l'Écriture sainte dans leur langue, dialecte de la teutonique ou de celle des Germains ; mais il supprima prudemment les quatre livres des Rois, qui auraient pu exciter et autoriser le zèle féroce des Barbares. Son génie modifia et perfectionna ce langage de pâtres et de soldats, si peu propre à communiquer des idées métaphysiques. Avant de travailler à sa traduction, Ulphilas avait été forcé de composer un nouvel alphabet de vingt-quatre lettres ; quatre desquelles furent inventées par lui pour exprimer des sons in-

<sub>Ulphilas, apôtre des Goths.
A. D. 360, etc.</sub>

---

(1) Relativement à Ulphilas et à la conversion des Goths, voyez Sozomène, l. VI, c. 37 ; Socrate, l. IV, c. 33 ; Théodoret, l. IV, c. 37 ; Philostorgius, l. II, c. 5. L'hérésie de Philostorgius semble lui avoir procuré des sources d'instruction plus certaines.

connus dans la prononciation grecque et latine (1); mais la guerre et les dissensions civiles troublèrent bientôt la paix de l'Église des Goths; et les chefs, divisés par l'intérêt, le furent aussi par la religion. Fritigern, l'allié des Romains, devint le prosélyte d'Ulphilas, et le fougueux Athanaric rejeta l'alliance de l'empire et le joug de l'Évangile. La persécution qu'il excita servit à éprouver la foi des nouveaux convertis. Une image informe, qui était peut-être celle de Thor ou de Wodin, fut promenée sur un chariot dans toutes les rues du camp, et l'on brûla avec leurs tentes et leurs familles ceux qui refusèrent d'adorer le Dieu de leurs ancêtres. Le mérite d'Ulphilas lui acquit l'estime de la cour d'Orient, où il parut deux fois comme ministre de paix. Il plaida la cause des Goths, qui, dans leur détresse, imploraient la protection de Valens; et l'on donna le surnom de Moïse à ce guide spirituel qui conduisit son peuple à travers les eaux du Danube à la terre de

---

(1) On publia (A. D. 1665) une copie mutilée de la traduction des quatre Évangiles dans la langue gothique, et on la regarde comme le plus ancien monument de la langue teutonique, quoique Wetstein entreprenne „ sur des conjectures frivoles, d'enlever à Ulphilas le mérite d'avoir composé cet ouvrage. Deux des quatre lettres expriment l'une le ω et l'autre le *th* des Anglais. *Voyez* Simon, *Hist. crit. du Nouv. Testam.*, tom. II, p. 219-223; *Mill. Prolegom.*, pag. 151, édit. Kuster; Wetstein, *Prolegom.*, tome I, page 114.

promission (1). Les pâtres, attachés à sa personne et dociles à sa voix, acceptèrent l'établissement qui leur était offert au pied des montagnes de la Mœsie, dans un pays de bois et de pâturages qui fournissaient une nourriture abondante aux troupeaux, et procuraient les moyens d'acheter le blé et le vin des provinces voisines. Ces Barbares se multiplièrent en paix dans l'obscurité et dans la foi de l'Évangile (2).

Les belliqueux Visigoths, leurs compatriotes, adoptèrent universellement la religion des Romains, avec lesquels ils entretenaient des relations continuelles de guerre, d'alliance ou de conquête. Dans leur marche longue et victorieuse depuis le Danube jusqu'à l'océan Atlantique, ils convertirent leurs alliés et instruisirent la génération naissante : la dévotion qui régnait dans le camp d'Alaric et à la cour de Toulouse, aurait pu servir d'exemple et de leçon aux palais de Rome et de Constantinople (3). Vers la

<small>Les Goths, les Vandales et les Bourguignons embrassent le christianisme.
A. D. 400, etc.</small>

(1) Philostorgius place mal à propos ce passage sous le règne de Constantin ; mais j'ai du penchant à croire qu'il précéda la grande émigration.

(2) Nous avons l'obligation à Jornandès (*de Rebus getic.*) d'un *tableau concis et intéressant de cette tribu* des Goths inférieurs. *Gothi minores, populus immensus cum suo pontifice ipsoque primate Wulfilâ.* Les derniers mots, s'ils ne sont point une répétition inutile, indiquent quelque espèce de juridiction temporelle.

(3) *At non ita Gothi, non ita Vandali ; malis licet doctoribus instituti, meliores tamen etiam hac parte quàm nostri.* De Gubernat. Dei, 1. VII, p. 243.

même époque, tous les Barbares qui s'établirent sur les ruines de l'empire d'Occident, embrassèrent le christianisme ; les Bourguignons dans la Gaule, les Suèves en Espagne, les Vandales en Afrique, les Ostrogoths en Pannonie, et les différentes bandes de mercenaires qui placèrent Odoacre sur le trône de l'Italie. Les Francs et les Saxons persévéraient dans les erreurs du paganisme ; mais les Francs obtinrent la monarchie de la Gaule par leur soumission à l'exemple de Clovis, et les missionnaires de Rome éclairèrent la superstition sauvage des conquérans saxons de la Bretagne. Les prosélytes barbares déployèrent avec succès leur zèle ardent pour la propagation de la foi (1) ; les rois mérovingiens et leurs successeurs, Charlemagne et les Othon, étendirent l'empire de la croix par leurs lois et par leurs victoires ; l'Angleterre produisit l'apôtre de la Germanie, et la lumière de l'Évangile se répandit insensiblement depuis les bords du Rhin jusqu'aux nations voisines de l'Elbe, de la Vistule et de la mer Baltique.

Motifs de leur foi.   Il n'est pas aisé d'établir les différens motifs, soit de raison, soit de passion, qui purent contribuer à la conversion des Barbares ; le caprice, un accident, un songe, un présage ou le récit d'un miracle,

---

(1) Mosheim a donné une esquisse des progrès du christianisme dans le Nord, depuis le quatrième siècle jusqu'au quatorzième. Ce sujet offrirait des matériaux suffisans pour une histoire ecclésiastique, et même pour une histoire philosophique.

l'exemple d'un prêtre ou d'un héros, les charmes d'une épouse pieuse, et plus encore le succès d'une prière ou d'un vœu adressé au Dieu des chrétiens dans le moment du danger (1). Le torrent, l'habitude et la société, effacèrent insensiblement les préjugés de l'enfance et de l'éducation ; les vertus extravagantes des moines soutinrent les préceptes moraux de l'Évangile, et la théologie spirituelle se maintint par l'influence des reliques et de la pompe du culte religieux : mais les missionnaires, qui travaillaient à la conversion des infidèles, ont pu employer quelquefois un moyen de persuasion ingénieux et sensé, qui fut suggéré à un saint par un évêque saxon (2). « Admettez, dit cet habile controversiste, toutes les fables qu'ils racontent de la généalogie de leurs dieux et déesses engendrés les uns par les autres ; partez de ce principe pour démontrer l'imperfection de leur nature et leurs infirmités humaines, pour prouver que, puisqu'ils sont nés, il est probable qu'ils mourront. Dans quels temps, par quel moyen, par quelle cause le plus ancien de leurs dieux ou de leurs

---

(1) C'est à cette cause que Socrate (l. VII, c. 30) attribue la conversion des Bourguignons, dont Orose a célébré la piété chrétienne, l. VII, c. 19.

(2) *Voyez* une épître originale et curieuse de Daniel, le premier évêque de Winchester (Bede, *Hist. eccles. Anglic.*, l. v, c. 18, p. 263, édit. Smith), à saint Boniface, qui prêcha l'Évangile aux sauvages de la Hesse et de la Thuringe. *Epistol. Bonifacii*, LXVII. *In maximâ bibliothecâ Patrum*, t. XIII, p. 93.

déesses, a-t-il été produit ? Continuent-ils, ou ont-ils cessé d'engendrer ? S'ils n'engendrent plus, sommez votre adversaire de vous rendre raison d'un changement si extraordinaire. S'ils engendrent encore, le nombre des dieux doit se multiplier à l'infini : et ne peut-on pas risquer d'exciter le ressentiment de quelque dieu supérieur, en adorant imprudemment une divinité impuissante ? Le ciel, la terre, et tout le système de l'univers, tel qu'il est susceptible d'être conçu par l'esprit humain, sont-ils créés ou éternels ? S'ils ont été créés, où et comment les dieux pouvaient-ils exister avant la création ? Si, au contraire, l'univers est éternel, comment les dieux ont-ils pu donner des lois à un monde qui existait avant eux et indépendamment de leur pouvoir ? Servez-vous de ces argumens avec modération ; faites sentir, dans les occasions favorables, la vérité et la beauté de la révélation chrétienne, et tâchez de confondre les incrédules sans exciter leur colère. » Ce raisonnement métaphysique, et trop raffiné peut-être pour des Barbares de la Germanie, était fortifié par l'autorité plus sensible du consentement populaire. La fortune avait abandonné les païens, elle avait passé du côté du christianisme ; et la nation romaine, la plus puissante et la plus éclairée du globe, avait renoncé à son ancienne superstition. Si les ruines de l'empire semblaient accuser l'impuissance de la nouvelle religion, la conversion des Goths victorieux détruisait toute la valeur de cet argument. Les braves et heureux Barbares qui envahirent l'empire d'Occident, reçurent et offrirent successivement les mêmes exemples d'édification. Avant le siècle de Charlemagne, les nations chrétiennes de l'Europe purent se glorifier de posséder tous les climats tempérés, et les pays fertiles qui produisent l'huile, les blés et les vins, tandis que les sauvages idolâtres et leurs idoles impuissantes se trouvaient confinés aux extrémités de la terre dans les froides et sombres régions du Nord (1).

Le christianisme, en même temps qu'il ouvrit aux Barbares les portes du ciel, opéra une grande révolution dans leur état moral et politique. Ils acquirent l'usage des lettres, si essentiel à une religion dont la doctrine est contenue dans un livre sacré ; et, en étudiant les vérités divines, leur esprit s'agrandissait par la connaissance de l'histoire, de la nature, des arts et de la société. La traduction de la sainte Écriture dans leur langue nationale, après avoir facilité leur conversion, put donner à leur clergé l'envie de lire le texte original, de comprendre la liturgie de l'Église, et d'examiner dans les écrits des Pères la chaîne de la tradition ecclésiastique. Ces dons spirituels se conservaient dans les langues grecque et latine, qui recélaient les monumens inestimables des anciennes lumières. Les productions immortelles de

Effets de leur conversion.

---

(1) L'épée de Charlemagne ajouta du poids à cet argument ; mais lorsque Daniel écrivit cette épître (A. D. 723), les mahométans, dont les possessions s'étendaient depuis l'Inde jusqu'en Espagne, auraient pu le rétorquer contre les chrétiens.

Virgile, de Cicéron et de Tite-Live, devinrent accessibles aux chrétiens barbares, et établirent silencieusement, à travers les générations, une sorte de commerce entre le règne d'Auguste et les temps de Clovis et de Charlemagne. Le souvenir d'un état plus parfait alluma l'émulation des hommes, et le feu sacré de la science se conserva en secret pour enflammer et éclairer un jour les nations de l'Occident. Quelque corrompu qu'ait été leur christianisme, les Barbares trouvaient dans la foi des principes d'équité, et dans l'Évangile des préceptes de charité et d'indulgence; et si la connaissance de leur devoir ne suffisait pas pour diriger leurs actions, ou pour régler leurs passions, ils étaient retenus quelquefois par la conscience, et souvent punis par le remords; mais l'autorité immédiate de la religion avait moins d'empire sur eux que la confraternité qui les unissait avec tous les chrétiens. L'influence de ce sentiment contribuait à maintenir leur fidélité au service ou à l'alliance des Romains, à adoucir les horreurs de la guerre, à modérer les rigueurs de la conquête, et à conserver dans la chute de l'empire le respect du nom et des institutions de Rome. Dans les jours du paganisme, les prêtres de la Gaule et de la Germanie commandaient au peuple, et contrôlaient la juridiction des magistrats. Les prosélytes zélés poussèrent encore plus loin l'obéissance pour les pontifes de la foi chrétienne. Le caractère sacré des évêques tirait encore de l'autorité de leurs possessions temporelles; ils occupaient une place honorable dans les assemblées législatives des soldats et des hommes libres ; et il était de leur intérêt autant que de leur devoir d'adoucir par leurs conseils pacifiques la férocité des Barbares. La correspondance continuelle du clergé latin, les pélerinages fréquens de Rome et de Jérusalem, et l'autorité naissante des papes, cimentèrent l'union de la république chrétienne, et produisirent insensiblement cette unité de morale et de jurisprudence qui s'est conservée entre les nations de l'Europe moderne, bien qu'indépendantes et souvent ennemies les unes des autres, et les a distinguées du reste du genre humain.

Mais l'opération de ces causes bienfaisantes fut long-temps arrêtée et ralentie par l'effet du malheureux hasard qui avait infecté d'un poison mortel la coupe du salut. Quels qu'aient été les premiers sentimens d'Ulphilas, ses liaisons avec l'empire et avec l'Église s'étaient formées durant le règne de l'arianisme. L'apôtre des Goths signa la confession de foi de Rimini, soutint publiquement, et peut-être de bonne foi, que le *fils* n'était ni égal ni consubstantiel au *père* (1); communiqua cette erreur au peuple et au clergé ; et infecta toutes les nations barbares d'une

<small>Ils adoptent l'hérésie d'Arius.</small>

---

(1) Les opinions d'Ulphilas et des Goths inclinaient vers le semi-arianisme, puisqu'ils ne convenaient pas que le fils fût une *créature*, quoiqu'ils reçussent dans leur communion ceux qui maintenaient cette doctrine. Leur apôtre représenta toute cette controverse comme une question de peu d'importance, et qui n'en avait acquis que par les emportemens du clergé (l. IV, c. 37).

hérésie (1) que Théodose le Grand avait proscrite et éteinte chez les Romains. Le caractère et l'intelligence des nouveaux prosélytes les rendaient peu propres à s'occuper des subtilités métaphysiques; mais ils défendaient avec fermeté les principes qu'ils avaient pieusement reçus comme la véritable doctrine du christianisme. L'avantage de prêcher et d'interpréter les saintes Écritures en langue teutonique, facilita les succès apostoliques d'Ulphilas et de ses successeurs; et ils ordonnèrent un nombre suffisant d'évêques et de prêtres pour instruire les tribus de leurs compatriotes. Les Ostrogoths, les Bourguignons, les Suèves et les Vandales, préférèrent à l'éloquence du clergé latin les leçons plus intelligibles de leurs prédicateurs nationaux (2); et les belliqueux convertis qui s'étaient établis sur les ruines de l'empire d'Occident, adoptèrent l'arianisme pour leur foi nationale. Cette différence de religion était une source

---

(1) On a imputé l'hérésie des Goths à l'empereur Valens. *Itaque justo Dei judicio ipsi eum vivum incenderunt, qui propter eum, etiam mortui, vitio erroris arsuri sunt.* (Orose, l. VII, c. 33, p. 554.) Cette sentence cruelle est confirmée par Tillemont (*Mém. ecclés.*, t. VI, p. 604-610), qui dit froidement : « Un seul homme entraîna dans l'enfer un nombre infini de septentrionaux, etc. » Salvien (*de Gubernat. Dei*, l. v., pag. 150, 151) plaint et excuse cette erreur involontaire.

(2) Orose affirme, dans l'année 416 (liv. VII, chap. 41, pag. 580), que les églises chrétiennes (des catholiques) étaient remplies de Huns, de Suèves, de Vandales et de Bourguignons.

perpétuelle de haine et de soupçons; au nom insultant de *Barbare* on ajoutait l'épithète encore plus odieuse d'*hérétique;* et les héros du Nord, après avoir adopté avec quelque répugance une doctrine qui condamnait leurs ancêtres aux supplices de l'enfer (1), apprirent avec autant d'indignation que de surprise, qu'ils n'avaient fait que changer de manière de se précipiter dans la damnation éternelle. Au lieu de ces douces louanges que les rois chrétiens ont coutume d'attendre de leurs fidèles évêques, les prélats orthodoxes et leur clergé étaient toujours en contestation avec les cours ariennes. Leurs oppositions indiscrètes devenaient souvent criminelles, et quelquefois dangereuses (2). Les chaires, organes privilégiés de la sédition, retentissaient des noms de Pharaon et d'Holopherne (3). L'espérance ou la promesse d'une délivrance glorieuse enflammait le ressentiment du peuple, et les prélats séditieux ne pouvaient se défendre de travailler quelquefois eux-mêmes au

---

(1) Radbod, roi des Frisons, fut si irrité de cette déclaration que lui fit imprudemment un missionnaire, qu'il retira son pied déjà entré dans les fonts baptismaux. *Voyez* Fleury, *Hist. ecclés.*, t. IX, p. 167.

(2) Les épîtres de Sidonius, évêque de Clermont sous les Visigoths, et d'Avitus, évêque de Vienne sous les Bourguignons, font connaître en quelques endroits d'une manière détournée la disposition générale des catholiques. L'histoire de Clovis et de Théodoric fournira quelques faits particuliers.

(3) Genseric semble confesser la justesse de la comparaison, par la rigueur avec laquelle il punit ces allusions indiscrètes. Victor Vitensis, 1, 7, p. 10.

succès de leurs prédictions. Malgré ces provocations, les catholiques de l'Espagne, de la Gaule et de l'Italie, conservèrent, sous le règne des ariens, le libre et paisible exercice de leur religion. Ces maîtres orgueilleux respectèrent le zèle d'un peuple nombreux, déterminé à mourir au pied de ses autels, et les Barbares eux-mêmes admirèrent et imitèrent la fermeté de leur dévotion. Les vainqueurs, pour se sauver la honte et l'embarras d'avouer leurs craintes, attribuèrent leur indulgence à un sentiment d'humanité; et, affectant le vrai langage du christianisme, ils en prirent insensiblement le véritable esprit.

<small>Persécution arienne contre les Vandales orthodoxes.</small>

L'indiscrétion des catholiques et l'impatience des Barbares interrompirent quelquefois la paix de l'Église; mais les écrivains orthodoxes ont fort exagéré la sévérité et les injustices partielles du clergé arien. On peut accuser du crime de persécution Euric, roi des Visigoths, qui suspendit l'exercice des fonctions ecclésiastiques, ou du moins celles des évêques, et qui punit le zèle des prélats de l'Aquitaine par la prison, l'exil et la confiscation (1); mais les seuls Vandales eurent l'imprudence et la cruauté de vouloir forcer les opinions religieuses d'une nation entière. Genseric avait renoncé, dès sa jeunesse, à la

---

(1). Telles sont les plaintes de Sidonius, évêque de Clermont et contemporain. (l. VII, c. 6, p. 182, etc., éd. Sirm.) Saint Grégoire de Tours, qui cite cette épître (l. II, c. 25, t. II, p. 174), prétend, mais sans aucune garantie, avoir été assuré que de neuf évêchés vacans dans l'Aquitaine, la plupart l'étaient par le martyre de leurs évêques.

communion orthodoxe; et son apostasie ne lui permettait ni d'attendre ni d'accorder une sincère indulgence : il s'irritait d'éprouver dans les églises et dans les synodes la résistance des Africains qu'il avait vus fuir dans la plaine; et, dans sa férocité inaccessible à la crainte comme à la compassion, il prononça contre ses sujets catholiques les lois les plus intolérantes et les punitions les plus arbitraires. Les expressions violentes et terribles de Genseric, et ses intentions connues, ont autorisé à donner à ses actions l'interprétation la plus défavorable; et les ariens furent accusés de tout le sang qui souilla les États et même le palais de Genseric. Son fils Hunneric, tyran sans gloire, qui paraît n'avoir hérité que des vices de son père, exerça contre les catholiques les mêmes fureurs qui avaient été funestes à son frère, à ses neveux, aux amis et aux favoris de son père, et même au patriarche arien, qui fut inhumainement brûlé vif au milieu de Carthage. Une trêve insidieuse précéda et prépara la guerre de religion; la persécution devint la principale et sérieuse affaire de la cour de Carthage, et la cruelle maladie qui hâta la mort d'Hunneric vengea les injures de l'Église sans contribuer à sa délivrance. Le trône d'Afrique fut successivement occupé par deux neveux d'Hunneric, par Gundamond, qui régna environ douze ans, et par Thrasimond, qui gouverna les Africains durant vingt-sept années. Le parti orthodoxe eut également à souffrir de ces deux administrations. Gundamond sembla d'abord prétendre à égaler ou même à surpasser son

Genseric.
A. D.
429 - 477.

Hunneric.
A. D. 477.

Gundamond.
A. D. 484.

oncle en cruauté, et lorsqu'à la fin il se repentit, lorsqu'il rappela les évêques, et rendit la liberté à la doctrine de saint Athanase, sa mort fit perdre tout le fruit de cette clémence tardive. Son frère Thrasimond, le plus grand et le plus accompli des rois des Vandales, fut célèbre par sa beauté, sa prudence et sa grandeur d'âme; mais son fanatisme et les moyens insidieux qu'il employa pour le satisfaire, ternirent ces qualités brillantes. Au lieu de menaces et de tortures, il eut recours aux armes plus douces, mais plus efficaces, de la séduction. Les dignités, les richesses et sa faveur, étaient la récompense assurée de l'apostasie; en renonçant à leur foi, les catholiques obtenaient le pardon de tous les crimes; et lorsque Thrasimond voulait employer la rigueur, il attendait patiemment que ses adversaires lui en fournissent le prétexte par quelque indiscrétion. Fanatique jusqu'à sa dernière heure, il fit faire à son successeur le serment de ne jamais tolérer les disciples de saint Athanase; mais Hilderic, fils compatissant du sauvage Hunneric, préféra les devoirs de la justice et de l'humanité à l'obligation d'un vœu impie, et son règne ramena la paix et la liberté. Son cousin Gelimer, arien zélé, usurpa le trône de ce souverain vertueux; mais faible; mais Bélisaire l'en fit descendre et détruisit la monarchie des Vandales avant que leur nouveau souverain eût pu jouir ou abuser de son pouvoir; et le parti orthodoxe se vengea de ses souffrances (1).

_____

(1) Les monumens originaux de la persécution des Van-

Les déclamations violentes des catholiques, les seuls qui aient écrit l'histoire de cette persécution, ne présentent ni le tableau suivi des causes et des événemens, ni aucune vue impartiale sur le caractère et les projets de ceux qui l'ont excitée. Les faits qui méritent la confiance ou l'attention peuvent se réduire aux articles suivans : 1° Dans une loi d'Hunneric, qu'on peut encore trouver (1), il déclare, et, à ce qu'il paraît, avec vérité, avoir transcrit littéralement les réglemens et les punitions prononcés par les édits impériaux contre les assemblées des hérétiques, contre le clergé et les sujets qui rejetaient la religion établie. Si l'équité avait pu se faire entendre, les catholiques auraient été forcés de condamner leur propre conduite passée ou d'approuver la sévérité dont ils étaient les victimes ; mais ils persistaient à refuser aux autres l'indulgence qu'ils réclamaient

Tableau général de la persécution d'Afrique.

---

dales sont conservés dans les cinq livres de l'histoire de Victor, Vitensis, *de Persec. Vand.* (cet évêque avait été exilé par Hunneric) ; dans la vie de saint Fulgence, qui se distingua dans la persécution de Thrasimond (*in Bibl. Max. Patr.*, t. ix, p. 4-16), et dans le premier livre de la guerre des Vandales par Procope (c. 7, 8, p. 196, 198, 199). Dom Ruinart, le dernier éditeur de Victor, a éclairci tout ce sujet par une savante profusion de notes et par un supplément. *Paris*, 1664.

(1) Victor, iv, 2, p. 65. Hunneric refuse le nom de catholique aux homoousiens. Il présente comme les véritables *divinæ Majestatis cultores*, son propre parti, qui professait une foi approuvée par plus de mille évêques dans les synodes de Rimini et de Séleucie.

pour eux-mêmes. Au même moment où ils tremblaient sous la verge de la persécution, ils vantaient la *louable* sévérité avec laquelle Hunneric faisait brûler vifs ou bannissait un grand nombre de manichéens (1), et refusaient avec horreur l'offre de laisser jouir les disciples d'Arius et de saint Athanase d'une liberté égale et réciproque dans les États des Romains et des Vandales (2). 2°. On se servit, contre les catholiques, de la pratique des conférences dont ils avaient fait si souvent usage eux-mêmes pour insulter ou punir l'obstination de leurs adversaires (3). Hunneric fit assembler à Carthage quatre cent soixante-six évêques orthodoxes; mais en entrant dans la salle d'audience, ils eurent la mortification d'apercevoir saint Cyrille l'arien assis sur le trône patriarchal. Les deux partis se séparèrent après s'être reproché mutuellement, et comme à l'ordinaire, et leurs bruyantes clameurs, et le silence qu'ils gar-

---

(1). Victor, II, p. 121, 122. Laudabilior... *videbatur*. Dans les manuscrits qui omettent ce mot, le passage devient inintelligible. *Voy.* Ruinart, *Not.*, p. 164.

(2) Victor, II, 2, p. 22, 23. Le clergé de Carthage appelait ces conditions *periculosæ*, et elles semblent à la vérité avoir été proposées pour faire donner les évêques catholiques dans le piége.

(3) *Voyez* le récit de cette conférence et la manière dont les évêques furent traités, dans Victor (II, 13, 18, p. 35-42) et tout le quatrième livre (p. 63-171). Le troisième livre (p. 42-62) ne contient que leur apologie et leur profession de foi.

daient sur certaines questions ; et les délais et la précipitation qu'ils s'accusaient tour à tour et réciproquement d'apporter à leurs mesures, et l'appui qu'ils cherchaient ou dans la force militaire ou dans la faveur du peuple. On choisit parmi les évêques orthodoxes un martyr et un confesseur. Vingt-huit prirent la fuite, et quatre-vingt-huit cédèrent. Quarante-six furent envoyés en Corse travailler dans les forêts pour le service de la marine royale; trois cent deux furent bannis en différens cantons de l'Afrique, exposés aux insultes de leurs ennemis et privés soigneusement de tous secours spirituels et temporels (1). Les souffrances de dix ans d'exil réduisirent sans doute leur nombre ; et s'ils eussent observé la loi de Thrasimond, qui défendait les consécrations épiscopales; l'Église orthodoxe d'Afrique aurait fini avec la vie de ceux de ses membres alors existans. Ils désobéirent, et deux cent trente-huit évêques expièrent, par leur exil en Sardaigne, cette nouvelle désobéissance. Après y avoir langui quinze ans, ils durent leur délivrance à l'avénement du bienveillant Hildéric (2). La haine des ariens les avait

---

(1) *Voyez* la liste des évêques africains dans Victor (p. 117-140) et les notes de Ruinart (p. 215-397); le nom schismatique de *Donatus* se trouve souvent répété, et ils paraissent avoir adopté, comme nos fanatiques du dernier siècle, les pieux surnoms de *Deodatus*, *Deogratias*, *Quidvultdeus*, *Habetdeum*, etc.

(2) Fulgence, *Vit.*; c. 16-29. Thrasimond aimait à entendre louer sa modération et son érudition, et Fulgence

bien dirigés dans le choix de ces deux îles. Sénèque a déploré, d'après sa propre expérience, et exagéré probablement la misère de la Corse (1); et l'air malsain de la Sardaigne contre-balançait sa fertilité (2). 3° Le zèle de Genseric et de ses successeurs pour la conversion des catholiques, devait les rendre plus exacts à conserver la doctrine arienne dans toute sa pureté. Avant que les églises fussent absolument fermées, c'était un crime d'y paraître en habit de Barbare; et ceux qui négligeaient de se conformer à l'ordre du souverain étaient rudement traînés dehors par leur longue chevelure (3). Les officiers palatins qui refusaient d'embrasser la religion de

dédja au tyran arien trois livres de controverse, en lui donnant le titre de *piissime rex*. (*Bibl. Max. Patrum*, t. IX, p. 41.) Dans la vie de Fulgence, le nombre des évêques exilés n'est porté qu'à soixante: Victor de Tunnune et Isidore en comptent cent vingt; mais l'*Historia Miscella* et une Chronique authentique de ces temps fixent le nombre à deux cent vingt. *Voyez* Ruinart, p. 570, 571.

(1) *Voyez* les basses et insipides épigrammes de Sénèque; le disciple du stoïcisme ne supporta pas l'exil plus courageusement qu'Ovide. La Corse ne produisait peut-être ni grains, ni vins, ni huile; mais il n'était pas possible qu'elle fût destituée d'herbes, d'eau et de feu.

(2) *Si ob gravitatem cœli interissent,* vile *damnum*. (Tacit., *Annal.*, II, 85.) Dans cette application, Thrasimond aurait adopté volontiers la variante de quelques critiques qui lisent *utile damnum*.

(3) Lisez ces préludes d'une persécution *générale* dans Victor, II, 3, 4, 7, et les deux édits d'Hunneric, l. II, p. 35; l. IV, p. 64.

leur prince étaient ignominieusement dépouillés de leur rang et de leur emploi ; on les bannissait dans l'île de Sardaigne ou dans celle de Sicile, ou on les condamnait à travailler dans les champs d'Utique avec les paysans et les esclaves. L'exercice de la religion catholique était plus strictement défendu dans les districts particulièrement assignés aux Vandales ; et des peines sévères étaient infligées et au missionnaire et au prosélyte. Ces précautions maintinrent la foi des Barbares et enflammèrent leur zèle ; ils faisaient avec une fureur religieuse le métier d'espions, de délateurs et de bourreaux ; et lorsque leur cavalerie entrait en campagne, un de leurs amusemens favoris, pendant la marche, était de souiller les églises et d'insulter le clergé des catholiques (1). 4° Par un raffinement de cruauté, on livrait aux Maures du désert des citoyens accoutumés au luxe des provinces romaines. Hunneric fit arracher de leur demeure et chasser en grand nombre de leur pays natal de vénérables évêques, prêtres et diacres, suivis d'une troupe fidèle de quatre mille quatre-vingt-seize personnes, dont le crime n'est pas bien connu. Durant la nuit, on les entassait, s'il est permis de le dire, comme un troupeau, dans leur propre ordure : dans le jour, ils continuaient leur marche à travers les

---

(1) *Voyez* Procope, *de Bell. vand.*, l. 1, c. 7, p. 197, 198. Un prince maure s'efforça de s'attirer la faveur du dieu des chrétiens, par son zèle à effacer les traces des sacriléges commis par les Vandales.

sables brûlans du désert ; et lorsque, épuisés de chaleur et de fatigue, ils s'arrêtaient ou ralentissaient leur marche, on les chassait à coups de fouet, ou on les traînait jusqu'à ce qu'ils expirassent entre les mains de leurs persécuteurs (1). Lorsque ces malheureux exilés atteignirent les huttes des Maures, ils excitèrent sans doute la compassion d'un peuple dont l'humanité, si elle n'était pas perfectionnée par le raisonnement, n'était pas corrompue par le fanatisme ; mais ceux qui avaient pu échapper aux fatigues et aux dangers de la route, se trouvèrent condamnés à toutes les misères d'une vie sauvage. 5° Avant d'entreprendre une persécution, les princes devraient se demander sérieusement s'ils sont résolus de la soutenir jusqu'à la dernière extrémité : ils excitent la flamme en cherchant à l'éteindre, et ils ont bientôt à punir et le crime du coupable et sa désobéissance à la loi qui le châtie. L'amende qu'il refuse de payer, faute de moyen ou de volonté, expose sa personne à la rigueur de la loi, et l'inefficacité des punitions plus légères indique la nécessité d'une peine capitale. A travers le voile des fictions et des déclamations, on aperçoit distinctement que les catholiques éprouvèrent, principalement sous le règne d'Hunneric, les traitemens les plus cruels et les plus ignomi-

---

(1) *Voyez* cette histoire dans Victor, II., 8-12, p. 30-34. Victor raconte les souffrances de ces confesseurs comme en ayant été le témoin oculaire.

nieux (1). Des citoyens respectables, des matrones d'une naissance illustre, des vierges consacrées, furent dépouillés de leurs vêtemens, suspendus en l'air par des poulies avec des poids attachés à leurs pieds. Dans cette pénible attitude, on leur déchirait le corps à coups de fouet, et on leur brûlait les parties les plus sensibles avec des fers rouges. L'amputation des oreilles, du nez, de la langue, de la main droite, fut un des supplices infligés aux catholiques par les ariens. Quoiqu'on ne puisse pas fixer précisément le nombre de leurs victimes, il est évident qu'ils en firent beaucoup, et l'on cite un évêque (2) et un proconsul (3) parmi ceux qui purent réclamer la couronne du martyre. On a accordé le même honneur à la mémoire du comte Sébastien, qui professa la foi de Nicée avec une constance inébranlable. Genseric put en effet poursuivre comme hérétique le fugitif dont il redoutait la valeur et l'ambition. (4). Les ministres ariens employèrent un nouveau moyen.

---

(1) *Voyez* le cinquième livre de Victor; la justice de ses plaintes véhémentes est confirmée par le témoignage modéré de Procope, et par la déclaration publique de Justinien. *Cod.*; l. 1, t. 27.

(2) Victor, II, 18, p. 41.

(3) Victor, v, 4, p. 74, 75. Il se nommait Victorianus, né à Adrumète, d'une famille opulente; il jouissait de la faveur du monarque, ce qui lui valut l'office ou au moins le titre de proconsul d'Afrique.

(4) Victor, 1, 6, p. 8, 9. Après avoir raconté la résistance courageuse et la réponse du comte Sébastien, il

de conversion qui pouvait subjuguer la faiblesse et alarmer la timidité. Ils faisaient administrer le sacrement du baptême par force ou par ruse, et punissaient l'apostasie des catholiques lorsqu'ils désavouaient une cérémonie odieuse et sacrilége qui violait la liberté du consentement et l'unité du sacrement (1). Les deux partis avaient reconnu précédemment la validité du baptême conféré par leurs adversaires, et on ne peut imputer cette innovation, soutenue avec tant de fureur par les Vandales, qu'aux conseils et à l'exemple des donatistes (2). 6° Le clergé arien surpassait en cruauté religieuse Genseric et ses Vandales ; mais il était incapable de cultiver la vigne spirituelle qu'il était si ardent à envahir. Un patriarche pouvait s'asseoir sur le trône de Carthage ; quelques évêques, dans les villes principales, pouvaient usurper la place de leurs rivaux ; mais leur petit nombre et leur ignorance dans la langue latine rendaient les Barbares peu propres à remplir les fonctions ecclésiastiques d'une Église étendue (3). Après la perte de leurs pasteurs ortho-

---

ajoute : *Quare alio generis argumento posteà bellicosum virum occidit.*

(1) Victor, v, 12, 13; Tillemont, *Mém. eccl.*, t. vi, p. 609.

(2) *Primat* était plus proprement le titre de l'évêque de Carthage ; mais les sectes et les nations donnèrent à leur premier ecclésiastique le nom de *patriarche*. *Voy.* Thomass., *Discipl. de l'Égl.*, t. 1, p. 155-158.

(3) Le patriarche Cyrille déclara publiquement qu'il n'entendait pas le latin (Victor, 11, 18, p. 42), *Nescio latinè*;

doxes, les Africains furent privés de l'exercice public du christianisme. 7° Les empereurs protégeaient la doctrine homooushienne, et les peuples de l'Afrique, comme catholiques et comme Romains, préféraient leur souveraineté légitime à l'usurpation des hérétiques barbares. Durant un intervalle de paix, Hunneric, à la sollicitation de Zénon, qui régnait en Orient, et de Placidie, dernière postérité des empereurs et sœur de la reine des Vandales, rétablit la cathédrale de Carthage (1); mais il se lassa bientôt de ces égards, et prouva publiquement son mépris pour la religion de l'empire, en plaçant avec soin les scènes sanglantes de la persécution dans les rues que l'ambassadeur romain (2) devait traverser pour se rendre au palais. Humeric exigea des évêques qui s'assemblèrent à Carthage un serment de conserver le trône à son fils Hilderic, et de renoncer à toute correspondance avec les étrangers et au-delà des mers. Les plus prudens de l'assemblée (3) refusèrent,

---

et il était possible qu'il se servît de cette langue en conversation, sans être en état de prêcher et d'argumenter en latin. Son clergé vandale était encore plus ignorant, et l'on ne pouvait accorder beaucoup de confiance à ceux des ecclésiastiques africains qui avaient déserté le parti des catholiques.

(1) Victor, II, 1, 2, p. 22
(2) Victor, v, 7, 77. Il en appelle à l'ambassadeur lui-même : son nom était Uranius.
(3) *Astutiores*, Victor, IV, 4, p. 70. Il donne clairement à entendre que leur citation de l'Évangile, *non jurabitis in*

sous le faible prétexte qu'il ne convenait pas à un chrétien de jurer ; mais comme cet engagement paraissait ne présenter rien de contraire à la morale ni aux devoirs de la religion, une pareille excuse dut exciter le ressentiment d'un tyran soupçonneux.

<small>Fraudes des catholiques.</small>

Les catholiques, opprimés par l'autorité royale et par la force militaire, étaient, pour le nombre et les lumières, fort supérieurs à leurs antagonistes. Les armes dont les pères grecs et latins s'étaient servis contre les disciples de l'arianisme, leur servirent souvent à terrasser ou à réduire au silence les terribles et ignorans successeurs d'Ulphilas (1). Le sentiment de leur supériorité aurait dû les mettre au-dessus des artifices et des petites passions de la guerre théologique ; cependant les écrivains orthodoxes, séduits par la certitude de l'impunité, eurent la faiblesse de composer des fictions auxquelles on ne peut guère donner d'autre nom que celui de fraude et d'im-

---

toto, ne fut qu'un prétexte pour éluder le serment qu'on leur demandait. Les quarante-six évêques qui refusèrent furent bannis en Corse ; les trois cent deux qui firent le serment furent dispersés dans les provinces de l'Afrique.

(1) Fulgence, évêque de Ruspæ, dans la province de la Bysacène, descendait d'une famille de sénateurs, et avait reçu une éducation soignée : il savait Homère et Ménandre par cœur avant qu'on lui permît d'apprendre le latin, la langue de son pays. (*Vit. Fulgent.*, c. 1.) Il est probable qu'un grand nombre des évêques africains entendaient le grec, et qu'un grand nombre des ouvrages théologiques des Grecs étaient traduits en latin.

posture. Ils attribuèrent leurs propres ouvrages aux plus respectables écrivains de l'antiquité chrétienne. Vigile et ses disciples contrefirent maladroitement saint Athanase et saint Augustin (1), et leur école (2) est fortement soupçonnée d'avoir composé le fameux symbole qui explique si clairement les mystères de la Trinité et de l'Incarnation ; ils osèrent même falsifier les saintes Écritures. Le texte mémorable par lequel est affirmé l'unité des *trois* qui rendent témoignage dans le ciel (3), a été condamné par le silence

---

(1) Comparez les deux Préfaces au Dialogue de Vigile de Thapse, p. 118, 119, édit. Chiflet : il aurait pu vouloir amuser un lecteur instruit par une innocente fiction ; mais le sujet était trop sérieux, et les Africains trop ignorans.

(2) Le père Quesnel annonça le premier cette opinion, qui fut favorablement reçue ; mais les trois vérités suivantes, toutes surprenantes qu'elles puissent paraître, sont universellement reconnues aujourd'hui. (Gérard Vossius, t. VI, p. 516-552.) Tillemont, *Mém. ecclés.*, t. VIII, p. 667-671 : 1° Saint Athanase n'est point l'auteur du symbole qui se lit si souvent dans nos églises ; 2° il ne paraît avoir existé que plus d'un siècle après la mort du saint prélat ; 3° il a été composé originairement en latin, et par conséquent dans les provinces de l'Occident. Gennadius, patriarche de Constantinople, fut si scandalisé de cette extraordinaire composition, qu'il prononça hardiment que c'était l'ouvrage d'un homme ivre. Petau, *Dogmat. theologica*, t. II, l. VII, c. 8, p. 687.

(3) Saint Jean, v, 7. *Voyez* Simon, *Hist. crit. du Nouveau Testament*, part. I, c. 18, p. 203-218, et part. II, c. 9, p. 99-121, et la savante préface avec les notes du docteur Mill et de Wetstein, à leurs éditions du Testament grec.

universel des pères orthodoxes, des anciennes traductions et des manuscrits authentiques (1). Les évêques catholiques qu'Hunneric appela à la conférence de Carthage furent les premiers qui le citèrent (2). Une interprétation allégorique, en forme peut-être de note marginale, passa dans le texte des Bibles latines qui ont été revues et corrigées durant une période obscure de dix siècles (3). Après l'invention de

---

En 1689, Simon le Catholique s'efforçait d'être libre; en 1707, Mill, protestant, chercha à se rendre esclave; en 1751, Wetstein l'arminien profita de la liberté de sa secte et de son siècle.

(1) De tous les manuscrits qui existent, il y en a plus de quatre-vingts dont plusieurs ont au moins douze cents ans. (Wetstein, *ad loc.*) Les copies orthodoxes du Vatican, des éditeurs complutensiens, de Robert Étienne, sont devenues invisibles, et les deux manuscrits de Dublin et de Berlin ne sont pas dignes de faire une exception. *Voyez* les *OEuvres d'Emlyn*, vol. II, p. 227-255, 269-299, et les quatre lettres ingénieuses de M. de Missy, t. VIII et IX du *Journal Britann.*

(2) Ou plus proprement par les quatre évêques qui composèrent et publièrent la profession de foi au nom de leurs confrères. Ils appellent ce texte *luce clarius*. Victor Vitensis, *de Persecut. Vandal.*, l. III, c. 11, p. 54. Il est cité immédiatement après par Vigile et Fulgence.

(3) Dans les onzième et douzième siècles, les Bibles ont été corrigées par Lanfranc, archevêque de Cantorbéry, et par Nicolas, cardinal et bibliothécaire de l'Église de Rome, *secundùm orthodoxam fidem*. (Wetstein, *Prolegomen.*, p. 84, 85.) Malgré ces corrections, ce passage manque encore dans vingt-cinq manuscrits latins (Wetstein, *ad loc.*)

la presse (1); les éditeurs du Testament grec cédèrent ou à leurs propres préjugés, ou à ceux de leur temps (2); et la fraude pieuse, que Rome et Genève embrassèrent avec un zèle égal, se répandit dans tous les pays et dans toutes les langues de l'Europe moderne.

L'exemple de la fraude excite naturellement le soupçon; et l'on peut attribuer avec plus de raison à l'industrie des catholiques d'Afrique qu'à la protection du ciel, les miracles qu'ils citèrent à l'appui de la justice et de la vérité de leur cause. Cependant l'historien qui examine cette querelle religieuse d'un œil impartial, peut se permettre de citer un de ces événemens surnaturels qui édifiera les dévots et étonnera les incrédules. Les habitans de Tipasa (3), co-

<small>Et leurs miracles.</small>

---

les plus anciens et les plus beaux; deux qualités qui s'unissent rarement, excepté dans les manuscrits.

(1) L'art que les Allemands avaient inventé fut employé en Italie pour les écrits des écrivains profanes de Rome et de la Grèce. L'original grec du Testament fut publié à peu près dans le même temps (A. D. 1514, 1516, 1520) par l'industrie d'Érasme et la libéralité du cardinal de Ximenès. La Polyglotte complutensienne coûta au cardinal cinquante mille ducats. *Voyez* Mattaire, *Annal. typograph.*, t. II, p. 2, 8, 125-133; et Wetstein, *Prolegomena*, p. 116-127.

(2) Les trois témoignages ont été établis dans nos Testamens grecs par la prudence d'Érasme, la sincère bigoterie des éditeurs complutensiens, la fraude typographique ou l'erreur de Robert Étienne, qui a placé une virgule, et la fausseté délibérée ou l'étrange méprise de Théodore de Bèze.

(3) Pline, *Hist. natur.*; v, 1; *Itiner.*, Wesseling, p. 15;

lonie maritime de la Mauritanie, environ à seize milles de Césarée, s'étaient distingués dans tous les temps par leur zèle pour la foi orthodoxe, avaient bravé la fureur des donatistes (1), repoussé ou éludé la tyrannie des ariens. Ils abandonnèrent tous la ville à l'arrivée d'un évêque hérétique : ceux qui purent se procurer des vaisseaux passèrent sur les côtes d'Espagne; et ceux de ces malheureux persécutés qui demeurèrent en Afrique, refusant de reconnaître l'usurpateur, continuèrent à tenir leurs assemblées pieuses, mais illégales. Cette désobéissance enflamma la colère du barbare Hunneric. Un comte militaire fut envoyé de Carthage à Tipasa; il rassembla les catholiques dans le Forum, et, aux yeux de toute la province, fit couper la main droite et la langue aux coupables; mais les saints confesseurs continuèrent de parler après cette exécution inhumaine; et ce miracle est attesté par Victor, évêque africain, qui publia une histoire de la persécution deux ans après l'événement (2). « Si quelqu'un, dit Victor, révoque ce fait en doute, qu'il aille à Constantinople; il entendra parler distinctement Restitutus, sous-diacre, qui fut une de ces glorieuses victimes, et qui habite

---

Cellarius, *Geogr. antiq.*, t. II, part. 2, p. 127. Il ne faut pas confondre cette ville de Tipasa avec une autre du même nom, située en Numidie; celle dont il est question devait être une ville un peu considérable, puisque Vespasien lui accorda les priviléges du Latium.

(1) Optat. de Milève, *de Schis. donatist.*, l. II, p. 38.
(2) Victor Vitensis, v, 6, p. 76; Ruinart, p. 483-487.

en ce moment le palais de l'empereur Zénon, où il jouit de la vénération de la pieuse impératrice. » On trouve avec étonnement, à Constantinople un second témoin sans passion, désintéressé, savant et irrécusable. Énée de Gaza, philosophe de la secte de Platon, a rapporté avec soin ses observations sur les martyrs d'Afrique : « Je les ai vus de mes yeux, dit-il, je les ai entendus parler, je me suis informé soigneusement de ce qui pouvait produire des sons articulés sans le secours de la langue, et je me suis servi de mes yeux pour confirmer le témoignage de mes oreilles. J'ai ouvert leur bouche, et je me suis assuré que la langue avait été totalement arrachée jusqu'à la racine, opération que les médecins assurent être toujours mortelle (1). »

Le récit d'Énée de Gaza est confirmé par le témoignage surabondant d'un édit perpétuel de l'empereur Justinien, par la chronique du comte Marcellin, et par le pape Grégoire 1er, qui avait résidé à Constantinople en qualité de ministre du pontife romain (2):

---

(1) Æneas de Gaza, *in Theophrasto, in Biblioth. Patrum*, tom. VIII, p. 664-665. Il était chrétien, et composa ce dialogue, le *Théophraste*, sur l'immortalité de l'âme et la résurrection du corps, outre vingt-six épîtres encore existantes. *Voyez* Cave, *Hist. litteraria*, p. 297 ; et Fabricius, *Bibl. græc.*, t. 1, p. 422.

(2) *Justin. Codex*, l. 1, tit. 27 ; Marcellin, *in Chronic.*, p. 45, *in Thesaur. Tempor. Scaliger.* ; Procop., *de Bell. Vand.*, l. 1, c. 7, p. 196 ; Greg. Magnus, *Dialog.* III, 32. Aucun de ces témoins n'a donné le nombre de ces confes-

Ils vécurent tous dans le siècle qui fut témoin de ce prodige, et tous l'attestent comme témoins oculaires, ou comme en ayant la certitude par la notoriété publique. Ces miracles, dont il y eut plusieurs exemples successifs, se passèrent sur le théâtre le plus vaste et le plus éclairé du monde, et furent soumis durant plusieurs années à l'examen des sens. Ce don surnaturel des confesseurs africains qui parlaient, quoique privés de l'organe de la parole, obtiendra sans doute la confiance de tous ceux et de ceux seulement qui sont déjà disposés à croire que leur langage était celui de la pure orthodoxie; mais l'esprit opiniâtre des infidèles est défendu par des soupçons secrets et incurables; l'arien ou le socinien, qui a rejeté la doctrine de la Trinité, résistera toujours à l'évidence des miracles opérés par les disciples de saint Athanase.

Extinction de l'arianisme chez les Barbares. A. D. 500-700.

Les Vandales et les Ostrogoths persévérèrent dans l'hérésie d'Arius jusqu'à la destruction totale des royaumes qu'ils avaient fondés en Afrique et en Italie. Les Barbares de la Gaule se soumirent à la puissance des Francs et embrassèrent leur doctrine orthodoxe, et la conversion volontaire des Visigoths rétablit la foi catholique en Espagne.

---

seurs. Un ancien Martyrologe (*ap.* Ruinart, p. 486) le fixe à soixante. Deux d'entre eux perdirent le don de la parole en commettant le péché de fornication : la circonstance la plus singulière de ces prodiges est un enfant qui n'avait jamais parlé avant qu'on lui coupât la langue.

Cette révolution salutaire fut hâtée par l'exemple d'un martyr illustre, que, dans le calme de la raison, on pourrait accuser de révolte et d'ingratitude (1). Leuvigild, qui régnait sur les Goths d'Espagne, méritait l'estime de ses ennemis et l'amour de ses sujets. Les catholiques jouissaient dans ses États de la plus grande tolérance, et les synodes ariens tâchaient, sans beaucoup de succès, de réconcilier les deux partis en supprimant la cérémonie détestée d'un second baptême. Hermenegild, son fils aîné, à qui il avait donné le titre de roi et la souveraineté de la Bétique ou Andalousie, épousa la fille de Sigebert, roi d'Austrasie, et de la fameuse Brunehaut. La belle Ingonde, de race mérovingienne, et attachée à la foi orthodoxe, passa, à l'âge de treize ans, à la cour arienne de Tolède, où elle fut reçue, aimée et persécutée. Goisvintha, reine des Goths et grand'mère maternelle d'Ingonde, abusa de cette double autorité, et se servit alternativement des caresses et de la violence (2). Irritée de la pieuse résistance de cette jeune

Révolte et martyre d'Hermenegild en Espagne.
A. D.
577-584.

(1) *Voyez* les deux histoires générales de l'Espagne, Mariana, *Hist. de Reb. Hispan.*, t. 1, l. v, c. 12-15, p. 182-194, et Ferreras, traduction française, t. 11, p. 206-247. Mariana semble oublier sa qualité de jésuite pour prendre le style et l'esprit d'un littérateur romain. Ferreras, industrieux compilateur, examine ses faits et rectifié sa chronologie.

(2) Goisvintha épousa successivement deux rois des Visigoths; Athanigild, dont elle eut Brunehaut, mère d'Ingonde; et Leuvigild, dont les deux fils, Hermenegild et Recarède, étaient nés d'un premier mariage.

princesse, Goisvintha la saisit par ses longs cheveux, la terrassa, la mit en sang à force de coups, et termina cette scène de fureur par l'ordre inhumain de dépouiller Ingonde et de la plonger nue dans un bassin ou petit étang (1). L'amour et l'honneur excitèrent sans doute Hermenegild à venger l'injure de son épouse, et il se persuada insensiblement qu'elle avait souffert pour la cause de la vérité. Les plaintes touchantes de la princesse, et les argumens de Léandre, archevêque de Séville, achevèrent sa conversion : l'héritier de la couronne des Goths embrassa la foi de Nicée, et y fut initié par la cérémonie de la confirmation (2). Le jeune prince, emporté par son zèle, et peut-être par l'ambition, oublia le devoir d'un fils et d'un sujet, et les catholiques d'Espagne, quoiqu'ils n'eussent point à se plaindre de la persécution, applaudirent à sa pieuse révolte contre un père hérétique. La guerre civile fut prolongée par les siéges opiniâtres que sou-

(1) *Iracundiæ furore succensa, adprehensam per comam capitis puellam in terram conlidit, et diu calcibus verberatam, ac sanguine cruentatam, jussit expoliari, et piscinæ immergi.* Saint Grégoire de Tours, l. v, c. 39, t. ii, p. 255. L'autorité de saint Grégoire est une des meilleures pour cette portion de l'histoire.

(2) Les catholiques, qui reconnaissaient la validité du baptême des hérétiques, répétaient la cérémonie, ou, comme on l'appela par la suite, *le sacrement de la confirmation*, à laquelle ils attribuaient des prérogatives mystiques et merveilleuses, soit visibles, soit invisibles. *Voyez* Chardon, *Hist. des Sacremens*, t. 1, p. 405-552.

tinrent Séville, Mérida et Cordoue, étroitement attachées au parti d'Hermenegild. Il invita les Barbares orthodoxes, les Suèves et les Francs, à envahir ses États héréditaires; il sollicita le secours dangereux des Romains, qui possédaient l'Afrique et une partie des côtes maritimes de l'Espagne; et l'archevêque Léandre, son pieux ambassadeur, négocia personnellement et avec succès près de la cour de Byzance: mais l'activité d'un monarque qui disposait des forces et des trésors de l'Espagne, anéantit l'espoir des catholiques; et le coupable Hermenegild, après avoir essayé successivement de résister et de fuir, fut forcé de se rendre et d'implorer la clémence d'un père justement irrité. Leuvigild n'avait point encore oublié que le rebelle était son fils; il le dépouilla du rang et du titre de souverain, et lui permit de continuer à professer sa religion dans un exil honorable; mais des perfidies renouvelées sans succès et à plusieurs reprises, enflammèrent enfin l'indignation du monarque: il parut cependant signer à regret la sentence de son fils, qui reçut la mort dans la tour de Séville. La fermeté avec laquelle ce prince refusa de sauver sa vie en acceptant la communion arienne, peut excuser les honneurs que l'on rendit à la mémoire de saint Hermenegild. Les Romains retinrent sa femme et son fils dans une captivité ignominieuse, et cette calamité domestique rendit amers les derniers momens de Leuvigild, dont elle ternit la gloire.

Recarède, son second fils, son successeur et le premier roi catholique de l'Espagne, avait adopté les

Conversion de Recarède et des Visigoths d'Espagne.
A. D.
586-589.

principes religieux de son frère, et il les soutint avec plus de prudence et de succès. Au lieu de se révolter contre son père, Recarède attendit patiemment le moment de sa mort. Au lieu de condamner sa mémoire, il supposa pieusement que le monarque expirant avait abjuré les erreurs de l'arianisme, et recommandé à son fils de travailler à convertir ses sujets. Pour parvenir à ce but salutaire, Recarède convoqua une assemblée du clergé arien et de la noblesse, déclara publiquement qu'il était catholique, et les pressa d'imiter l'exemple de leur souverain. Une recherche trop curieuse sur des textes douteux, et des argumens métaphysiques, auraient élevé une controverse interminable; le monarque ne présenta que deux motifs à son ignorant auditoire, et tous deux d'une nature sensible et positive, la protection visible du ciel et la conviction de la terre. Le monde entier s'était soumis à la foi de Nicée; les Romains, les Barbares et les habitans de l'Espagne (1), la professaient unanimement; et les Visigoths résistaient seuls au vœu du monde chrétien. Dans un siècle de superstition, on attribuait facilement à la protection

---

(1) Osset, ou Julia Constantia, était située vis-à-vis de Séville, sur la rive septentrionale du fleuve Bœtis, aujourd'hui le Guadalquivir. Pline (*Hist. nat.*, III, 3) et le témoignage de saint Grégoire de Tours (*Hist. Francorum*, l. VI, c. 43, p. 288) méritent plus de confiance que le nom de Lusitania (*de Gloriâ Martyr.*, c. 24) adopté par la vanité superstitieuse des Portugais. Ferreras, *Hist. d'Espag.*, t. II, p. 166.

du ciel les cures effectuées par la vertu ou par l'adresse du clergé ; les fonts baptismaux d'Osset en Bétique, remplis spontanément chaque année la veille de Pâques (1), la châsse miraculeuse de saint Martin de Tours, qui avait déjà converti le souverain des Suèves et les peuples de la Galice, passaient pour des preuves incontestables de la faveur divine (2). Le roi catholique ne réussit point sans peine à réformer la religion nationale. On forma contre sa vie une conspiration secrètement fomentée par la reine douairière, et deux comtes excitèrent une révolte dangereuse dans la Gaule Narbonnaise; mais Recarède désarma les conspirateurs, défit les rebelles, et exerça une vengeance que les ariens auraient pu traiter à leur tour de persécution. Huit évêques, dont les noms attestent l'origine barbare, abjurèrent leur erreur, et les livres de théologie arienne furent réduits en cendres avec le bâtiment où on les avait rassemblés pour cet effet. Le corps de la nation des Suèves et des Visigoths rentra, soit par persuasion, soit de force, dans la communion orthodoxe; du moins la

---

(1) Ce miracle s'exécutait adroitement. Un roi qui suivait la doctrine d'Arius, fit mettre son sceau sur les portes et creuser un fossé profond autour de l'église, et les fonts baptismaux ne furent pas moins remplis à l'ordinaire la veille de Pâques.

(2) Ferreras (t. II, p. 168-175, A. D. 550) a éclairci les difficultés relatives au temps et aux circonstances de la conversion des Suèves. Leuvigild les avait récemment réunis à la monarchie des Goths en Espagne.

foi de la génération naissante fut-elle fervente et sincère, et les Barbares enrichirent de leurs libéralités les églises et les monastères de l'Espagne. Soixante-dix évêques, assemblés dans le concile de Tolède, reçurent la soumission de leurs vainqueurs, et le zèle des Espagnols perfectionna le symbole de Nicée en déclarant que le Saint-Esprit procédait également du Père et du Fils. Ce point de doctrine important produisit, long-temps après, le schisme des Églises grecque et latine (1). Aussitôt après ce succès, le monarque des Visigoths envoya saluer et consulter de sa part le pape Grégoire, surnommé le Grand, prélat pieux et savant, qui eut le bonheur de voir convertir sous son règne des infidèles et des hérétiques. Les ambassadeurs de Recarède lui offrirent respectueusement de l'or, des pierres précieuses, et acceptèrent comme un échange avantageux les cheveux de saint Jean-Baptiste, une croix où était renfermé un morceau de la croix de Jésus-Christ, et une clef qui contenait quelques limailles des chaînes de saint Pierre (2).

Conversion des Lombards d'Italie. A. D. 600, etc.

Le même Grégoire, après avoir converti la Bretagne, encouragea la pieuse Théodelinde, reine des

---

(1) Cette addition au symbole de Nicée, ou plutôt de Constantinople, fut faite pour la première fois dans le huitième concile de Tolède (A. D. 653); mais elle était conforme à la doctrine populaire. Gérard Vossius, tome VI, page 527, *de tribus Symbolis*.

(2) *Voyez* Greg. Magn., l. VII, *epist.* 126; *apud* Baron, *Annal. eccles.*, A. D. 599; nos 25, 26.

Lombards, à répandre la foi de Nicée parmi les sauvages victorieux dont le christianisme récent était taché par l'hérésie d'Arius. Ses pieuses entreprises laissèrent cependant encore une carrière ouverte aux travaux et aux succès des missionnaires qui vinrent après lui, et les évêques des deux partis se disputèrent encore plusieurs villes de l'Italie; mais l'influence de la vérité, de l'exemple et de l'intérêt, anéantit insensiblement la doctrine arienne; et les Lombards d'Italie terminèrent par leur conversion, après une guerre de trois cents ans, la controverse dont l'Égypte avait puisé les principes dans l'école de Platon (1).

Les premiers missionnaires qui prêchèrent l'Évangile aux Barbares en appelèrent au témoignage de la raison, et réclamèrent les lois naturelles de la tolérance (2); mais dès que leur autorité spirituelle fût établie, ils exhortèrent les rois chrétiens à extirper sans miséricorde les restes des superstitions romaines et barbares. Les successeurs de Clovis condamnèrent les paysans qui refusaient de détruire leurs idoles,

Persécution des Juifs en Espagne. A. D. 612-712.

---

(1) Paul Warnefrid (*de Gest. Longob.*, l. IV, c. 44, p. 853, édit. Grot.) avoue que l'arianisme prévalait encore sous le règne de Rotharis, A. D. 536-552. Le pieux diacre ne donne point la date précise de la conversion nationale, qui fut toutefois accomplie avant la fin du septième siècle.

(2) *Quorum fidei et conversioni ita congratulatus esse rex perhibetur, ut nullum tamen cogeret ad christianismum.... Didicerat enim à doctoribus, auctoribusque suæ salutis, servitium Christi voluntarium, non coactitium, esse debere.* Bedæ *Hist. eccles.*, l. I, c. 26, p. 62, édit. Smith.

à recevoir cent coups de verges ou de courroies. Les Anglo-Saxons punirent les sacrifices aux démons par l'emprisonnement et la confiscation, et le sage Alfred lui-même (1) adopta comme un devoir indispensable la rigueur des institutions mosaïques; mais le crime et la punition disparurent peu à peu chez les peuples chrétiens; une heureuse ignorance suspendit les querelles théologiques, et l'esprit d'intolérance, ne trouvant plus d'hérétiques ou d'idolâtres à persécuter, fut réduit à s'exercer contre les Juifs. Cette nation exilée avait fondé quelques synagogues dans les villes de la Gaule; mais depuis le règne d'Adrien, l'Espagne était peuplée de ses nombreuses colonies (2). Les richesses que les Juifs avaient obtenues par le commerce et par la gestion des finances, excitèrent la pieuse avarice de leurs maîtres; et ceux-ci purent opprimer sans danger un peuple qui avait perdu l'usage et jusqu'au souvenir des armes. Sisebut, roi des Goths, qui régnait au commencement du septième siècle, commença la persécution par le dernier excès de la rigueur (3). On força quatre-vingt-dix mille

---

(1) *Voy.* les *Histor. de France,* t. IV, p. 114; et Wilkins, *Leges Anglo-Saxonicæ,* p. 11-31. *Si quis sacrificium immolaverit præter Deo soli, morte moriatur.*

(2) Les Juifs prétendent qu'ils furent introduits en Espagne par les flottes de Salomon et les armes de Nabuchodonosor; qu'Adrien transporta quarante mille familles de la tribu de Juda, et dix mille de celle de Benjamin, etc. Basnage, *Hist. des Juifs,* t. VII, c. 9, p. 240-256.

(3) Isidore, alors archevêque de Séville, félicite Sisebut

Juifs à recevoir le sacrement du baptême; ceux qui refusèrent furent dépouillés de leur fortune; on leur fit souffrir la torture, et il paraît douteux qu'ils aient obtenu la liberté de sortir de leur pays. Le zèle de Sisebut était si excessif, que le clergé d'Espagne voulut le modérer, et prononça solennellement la sentence la plus inconséquente. On ne devait pas, disaient-ils, forcer à recevoir les sacremens; mais il fallait, pour l'honneur de l'Église, que les Juifs qui avaient été baptisés fussent forcés à persévérer extérieurement dans la pratique d'une religion qu'ils croyaient fausse, et qui leur était odieuse. Leurs fréquentes apostasies déterminèrent un des successeurs de Sisebut à bannir la nation entière de ses États; et le décret d'un concile de Tolède prononça que tous les rois des Goths feraient serment de maintenir l'exécution de cet édit salutaire; mais les tyrans ne consentirent point à éloigner les victimes qu'ils se plaisaient à persécuter, ni à se priver d'esclaves industrieux dont l'oppression satisfaisait leur avarice. Les Juifs restèrent en Espagne sous la verge des lois civiles et ecclésiastiques, qui ont été fidèlement transcrites dans le code de l'inquisition. Les rois des Goths et les évêques éprouvèrent enfin que l'injustice et les

---

de son zèle, et cependant le désapprouve (*Chron. goth.*, p. 728). Baronius (A. D. 614, n° 41) fixe le nombre sur l'autorité d'Aimoin, l. IV, c. 22. Mais cette autorité est faible, et il ne m'a pas été possible de vérifier la citation. *Hist. de France*, t. III, p. 127.

injures engendrent la haine, et que la haine finit toujours par trouver l'occasion de la vengeance. Cette nation, toujours, soit ouvertement, soit en secret, ennemie du christianisme (1), se multiplia dans l'esclavage et le malheur; et les intrigues des Juifs facilitèrent les rapides succès des conquérans arabes.

Conclusion. L'hérésie d'Arius, généralement détestée, fut anéantie dès que les Barbares cessèrent de la soutenir; mais les Grecs conservèrent leur subtile loquacité. L'établissement d'une doctrine obscure suggérait de nouvelles questions et de nouvelles disputes; un évêque ambitieux ou un moine fanatique réussirent toujours aisément à troubler la paix de l'Église et peut-être de l'État. L'historien de l'empire peut mépriser des disputes qui furent renfermées dans l'obscurité des écoles et des synodes. Les manichéens, qui voulaient concilier la religion du Christ et celle de Zoroastre, s'étaient secrètement introduits dans les provinces; mais ces sectaires étrangers furent enveloppés dans la proscription des gnostiques, et la haine publique se chargea d'exécuter les lois impériales. Les opinions raisonnables des pélagiens se répandirent de la Bretagne à Rome, dans l'Afrique et dans la Palestine, et disparurent insensiblement dans un siècle de su-

---

(1) Basnage (t. VIII, c. 13, p. 388-400) représente fidèlement la situation des Juifs; mais il aurait pu tirer des canons des conciles espagnols et des lois des Visigoths, des circonstances curieuses et essentielles à son sujet, quoiqu'elles soient étrangères au mien.

perstition ; mais les controverses d'Eutychès et de Nestorius déchirèrent l'Orient. En cherchant à expliquer le mystère de l'Incarnation, ils hâtèrent la ruine du christianisme dans le pays qui lui avait servi de berceau. Ces controverses s'élevèrent dès le règne de Théodose II; mais les événemens qui en furent les suites m'entraîneraient fort au-delà des bornes que je me suis proposées dans ce volume. La chaîne des argumens métaphysiques, les contestations d'un clergé ambitieux, et son influence politique sur le déclin de l'empire d'Orient, pourront fournir des matériaux à une histoire intéressante et instructive depuis les conciles généraux d'Éphèse et de Chalcédoine, jusqu'à la conquête de l'Orient par les successeurs de Mahomet.

FIN DU TOME SIXIÈME.

TABLE DES CHAPITRES

CONTENUS DANS LE SIXIÈME VOLUME.

Pages

CHAPITRE XXXI. Invasion de l'Italie par Alaric. Mœurs du peuple et du sénat romain. Rome est assiégée trois fois, et enfin pillée par les Goths. Mort d'Alaric. Les Goths évacuent l'Italie. Chute de Constantin. Les Barbares occupent la Gaule et l'Espagne. Indépendance de la Grande-Bretagne. 1

CHAP. XXXII. Arcadius, empereur d'Orient. Administration et disgrâce d'Eutrope. Révolte de Gainas. Persécution de saint Jean-Chrysostôme. Théodose II, empereur d'Orient. Sa sœur Pulchérie. Sa femme Eudoxie. Guerre de Perse et partage de l'Arménie. . 137

CHAP. XXXIII. Mort d'Honorius. Valentinien III, empereur d'Occident. Administration de sa mère Placidie. Ætius et Boniface. Conquête de l'Afrique par les Vandales. 205

CHAPITRE XXXIV. Caractère, conquêtes et cour d'Attila, roi des Huns. Mort de Théodose le jeune. Élévation de Marcien sur le trône de l'Orient. 245

CHAP. XXXV. Invasion de la Gaule par Attila. Il est repoussé par Ætius et les Visigoths. Attila envahit et évacue l'Italie. Mort d'Attila, d'Ætius et de Valentinien III. 298

CHAP. XXXVI. Sac de Rome par Genseric, roi des Vandales. Ses pirateries. Succession des derniers empereurs d'Occident, Maxime, Avitus, Majorien, Sévère, Anthemius, Olybrius, Glycerius, Nepos,

Augustule. Extinction totale de l'empire d'Occident. Règne d'Odoacre, premier roi barbare de l'Italie. . 363

Chap. xxxvii. Origine, progrès et effets de la vie monastique. Conversion des Barbares au christianisme et à l'arianisme. Persécution des Vandales en Afrique. Extinction de l'arianisme parmi les Barbares. . 465

FIN DE LA TABLE DES CHAPITRES.

TABLE DES MATIÈRES

CONTENUS DANS CE VOLUME.

	Pages
Faiblesse de la cour de Ravenne. A. D. 408.	1
Alaric marche à Rome. A. D. 408.	4
Annibal aux portes de Rome.	7
Généalogie des sénateurs.	9
Famille Anicienne.	11
Opulence de la noblesse romaine.	15
Ses mœurs.	18
Tableau du caractère de la noblesse romaine, par Ammien-Marcellin.	21
Distribution publique de pain, de lard, de vin et d'huile, etc.	36
Bains publics.	38
Jeux et spectacles.	39
Population de Rome.	42
Premier siége de Rome par les Goths. A. D. 408.	46
Famine.	48
Peste.	49
Superstition.	50
Alaric accepte une rançon, et lève le siége. A. D. 409.	51
Négociations de paix inutiles. A. D. 409.	54
Second siége de Rome par les Goths. A. D. 409.	61
Attale élu empereur par les Goths et les Romains.	64
Attale est dégradé par Alaric. A. D. 410.	66
Troisième siége et sac de Rome. A. D. 410.	68
Respect des Goths pour la religion chrétienne.	70
Pillage et incendie de Rome.	72
Captifs et fugitifs.	78
Sac de Rome par les troupes de Charles-Quint.	82
Alaric se retire de Rome et ravage l'Italie. A. D. 410.	85
Les Goths possèdent l'Italie depuis l'année 408 jusqu'en 412.	88
Mort d'Alaric. A. D. 410.	90
Adolphe, roi des Goths, fait la paix avec l'empire, et marche dans la Gaule. A. D. 412.	92
Mariage d'Adolphe avec la princesse Placidie.	94
Trésor des Goths.	97
Réglemens pour le soulagement de Rome et de l'Italie.	99
Révolte et défaite d'Héraclien, comte d'Afrique.	101
Révolution de la Gaule et de l'Espagne.	104
Caractère et victoires du général Constance.	106
Mort de l'usurpateur Constantin. A. D. 411.	109
Chute des usurpateurs Jovinus, Sébastien et Attale.	Ibid.
Invasion de l'Espagne par les Suèves, les Alains et les Vandales. A. D. 409.	113
Adolphe, roi des Goths, marche en Espagne.	116

	Pages		Pages
Sa mort. A. D. 415.	117	Son testament supposé.	182
Les Goths délivrent l'Espagne. A. D. 415-418.	118	Administration d'Anthemius. A. D. 408-415.	184
Leur établissement dans l'Aquitaine. A. D. 419.	121	Caractère et administration de Pulchérie.	186
Établissement des Bourguignons.	122	Éducation et caractère de Théodose le jeune.	189
Situation des Barbares dans la Gaule. A. D. 420.	124	Caractère et aventures de l'impératrice Eudoxie.	192
Révolte de la Grande-Bretagne et de l'Armorique.	126	L'Arménie partagée entre les Romains et les Persans.	200
État de la Bretagne. A. D. 409-499.	129	Dernières années d'Honorius et sa mort.	205
Assemblée des sept provinces de la Gaule. A. D. 428.	134	Élévation et chute de l'usurpateur Jean.	207
L'empire d'Orient. A. D. 395-1453.	137	Valentinien III, empereur d'Occident. A. D. 425-455.	209
Règne d'Arcadius. A. D. 395-408.	Ibid.	Administration de Placidie. A. D. 425-450.	212
Administration et caractère d'Eutrope. A. D. 395-399.	140	Ses deux généraux Ætius et Boniface.	213
Sa vénalité et ses injustices.	144	Erreur et révolte de Boniface en Afrique. A. D. 427.	215
Disgrâce d'Abundantius.	147	Il appelle les Vandales. A. D. 428.	216
De Timase.	Ibid.		
Loi injuste contre le crime de trahison. A. D. 397.	150	Genseric, roi des Vandales.	217
Révolte de Tribigild. A. D. 399.	153	Il débarque en Afrique. A. D. 429.	218
Chute d'Eutrope. A. D. 399.	156	Il fait la revue de son armée. A. D. 429.	219
Conspiration et chute de Gainas. A. D. 400.	161	Les Maures.	220
		Les donatistes.	221
Élection et mérite de saint Jean Chrysostôme. A. D. 398.	166	Repentir tardif de Boniface. A. D. 430.	224
Son administration pastorale et ses défauts.	169	Désolation de l'Afrique.	225
		Siége d'Hippone. A. D. 430.	227
L'impératrice Eudoxie persécute saint Chrysostôme.	173	Mort de saint Augustin. A. D. 430.	228
Émeute du peuple à Constantinople.	175	Défaite et retraite de Boniface. A. D. 431.	230
Exil de saint Chrysostôme. A. D. 404.	177	Sa mort. A. D. 432.	232
Sa mort. A. D. 407.	179	Succès des Vandales en Afrique. A. D. 431-439.	Ibid.
Ses reliques sont transportées à Constantinople.	180	Les Vandales surprennent Carthage. A. D. 439.	234
Mort d'Arcadius. A. D. 408.	Ibid.	Africains exilés et captifs.	237
		Fable des sept dormans.	239

TABLE DES MATIÈRES.

	Pages
Les Huns. A. D. 376-433.	245
Leur établissement, dans la Hongrie.	246
Règne d'Attila. A. D. 433-453.	248
Sa figure et son caractère.	249
Il découvre l'épée de Mars.	252
Il soumet la Scythie et la Germanie.	253
Les Huns s'emparent de la Perse. A. D. 430-440.	256
Ils attaquent l'empire d'Orient. A. D. 441.	259
Ravage de l'Europe jusqu'à Constantinople.	260
Guerre des Scythes ou Tartares.	263
État des captifs.	266
Traité de paix entre Attila et la cour d'Orient.	270
Courage des Azimontins.	273
Ambassade de Maximin à Attila. A. D. 448.	278
Le village royal et le palais.	283
Conduite d'Attila vis-à-vis des ambassadeurs romains.	286
Le banquet royal.	288
Il réprimande l'empereur et lui pardonne.	293
Mort de Théodose le jeune. A. D. 450.	295
Marcien succède au trône de Théodose.	296
Attila menace les deux empires, et se prépare à envahir la Gaule. A. D. 450.	298
Caractère et administration d'Ætius. A. D. 433-454.	300
Ses liaisons avec les Huns et les Alains.	302
Les Visigoths sous le règne de Théodoric.	305
Les Goths assiégent Narbonne. A. D. 435-439.	306
Les Francs dans la Gaule sous les rois de la race mérovingienne. A. D. 420-451.	310
Aventures de la princesse Honoria.	315
Attila entre dans la Gaule et assiége Orléans.	318
Alliance des Romains et des Visigoths.	322
Attila se retire dans les plaines de la Champagne.	325
Bataille de Châlons.	329
Retraite d'Attila.	332
Invasion de l'Italie par Attila. A. D. 451.	336
Fondation de la république de Venise.	340
Attila fait la paix avec les Romains.	345
Mort d'Attila. A. D. 453.	349
Destruction de l'empire d'Attila.	352
Valentinien assassine le patrice Ætius. A. D. 454.	354
Valentinien viole la femme de Maxime.	357
Mort de Valentinien et de l'eunuque Héraclius.	359
Symptômes de décadence et de destruction.	Ibid.
Puissance navale des Vandales. A. D. 439-455.	363
Caractère et règne de l'empereur Maxime.	365
Mort de Maxime. A. D. 455.	367
Sac de Rome par les Vandales. A. D. 455.	369
Avitus, empereur. A. D. 455.	373
Caractère de Théodoric, roi des Visigoths.	377
Son expédition en Espagne. A. D. 456.	381
Avitus est déposé. A. D. 456.	384
Caractère et élévation de Majorien. A. D. 457.	387
Ses lois sages. A. D. 457-461.	392
Les édifices de Rome.	395
Majorien se prépare à chasser les Vandales de l'Afrique.	399
Perte de la flotte.	402

	Pages		Pages
Mort de Majorien. A. D. 461.	404	Caractère et règne d'Odoacre. A. D. 476-490.	459
Ricimer règne sous le nom de Sévère.	405	Triste situation de l'Italie.	461
Révolte de Marcellin en Dalmatie;	406	La vie monastique. Origine des moines.	465
Et d'Ægidius dans la Gaule.	407	Saint Antoine et les moines de l'Égypte. A. D. 305.	468
Guerre navale des Vandales. A. D. 461-467.	408	Propagation de la vie monastique à Rome.	472
Négociations avec l'empire d'Orient. A. D. 462.	410	Saint Hilarion dans la Palestine. A. D. 328.	Ibid.
Léon, empereur de l'Orient. A. D. 457-474.	412	Saint Basile dans le Pont. A. D. 360.	473
Anthemius, empereur d'Occident. A. D. 467-472.	415	Saint Martin dans la Gaule. A. D. 370.	Ibid.
Les fêtes lupercales.	418	Causes de la rapidité de ses progrès.	476
Préparatifs contre les Vandales d'Afrique.	422	Obéissance monastique.	480
Mauvais succès de l'expédition.	425	Leur habillement et leurs habitations.	483
Conquêtes des Visigoths en Espagne et dans la Gaule.	429	Leur nourriture.	485
		Leurs travaux.	488
		Leurs richesses.	489
Procès d'Arvandus. A. D. 468.	432	Leur solitude.	492
Discorde d'Anthemius et de Ricimer. A. D. 471.	437	Leur dévotion et leurs visions.	494
Olybrius, empereur de l'Occident. A. D. 472.	440	Les cénobites et les anachorètes.	496
Sac de Rome et mort d'Anthemius. A. D. 472.	441	Saint Siméon Stylite. A. D. 395-451.	498
Mort de Ricimer et d'Olybrius.	443	Miracles et culte des moines.	500
		Superstition du siècle.	502
Julius-Nepos et Glycerius, empereurs de l'Occident.	444	Conversion des Barbares.	Ibid.
		Ulphilas, apôtre des Goths. A. D. 360.	503
Le patrice Oreste. A. D. 475.	446	Les Goths, les Vandales et les Bourguignons embrassent le christianisme. A. D. 400.	505
Son fils Augustule dernier empereur d'Occident.	448		
Odoacre, roi d'Italie. A. D. 476-490.	449	Motifs de leur foi.	506
Extinction de l'empire d'Occident. A. D. 476 ou 479.	452	Effets de leur conversion.	509
		Ils adoptent l'hérésie d'Arius.	511
Augustule est relégué dans la maison de campagne de Lucullus.	454	Persécution arienne contre les Vandales orthodoxes.	514
		Genseric. A. D. 429-477.	515
Décadence de la fierté romaine.	457	Hunneric. A. D. 477.	Ibid.
		Gundamond. A. D. 484.	Ibid.

	Pages		Pages
Thrasimond. A. D. 496.	516	menegild en Espagne. A. D. 577-584.	533
Gelimer. A. D. 530.	Ibid.		
Tableau général de la persécution d'Afrique.	517	Conversion de Recarède et des Visigoths d'Espagne. A. D. 586-589.	535
Fraudes des catholiques.	526		
Et leurs miracles.	529	Conversion des Lombards d'Italie. A. D. 600.	538
Extinction de l'arianisme chez les Barbares. A. D. 500-700.	532	Persécution des Juifs en Espagne. A. D. 612-712.	539
Révolte et martyre d'Her-		Conclusion.	542

FIN DE LA TABLE DES MATIÈRES.

ON TROUVE CHEZ LE MÊME LIBRAIRE :

ŒUVRES COMPLÈTES DE BEAUMARCHAIS; nouv. et belle édit., précédée d'une Notice sur sa vie et ses ouvrages; 6 gros vol. in-8°, imprimés sur papier d'Auvergne, ornés d'un beau portrait. *Paris, Ledoux*, 1821. 36 fr.

Les mêmes, papier satiné. 39 fr.

ŒUVRES COMPLÈTES DE MOLIÈRE, avec les Commentaires, Notes et Préfaces de M. Petitot; 6 vol. in-8°, *Paris*, 1823, imprimés sur beau papier, et ornés d'un portrait et de 12 gravures. 42 fr.

Les mêmes, papier satiné. 45 fr.

ŒUVRES COMPLÈTES D'ALEXANDRE DUVAL, membre de l'Institut (Académie-Française); 9 vol. in-8°. *Paris*, 1822. 63 fr.

ŒUVRES DU COMTE DE TRESSAN, de l'Académie-Française, précédées d'une Notice sur sa vie et ses ouvrages, par M. Campenon, de l'Académie-Française; édition revue et accompagnée de Notes par M. Pannelier; 10 vol. in-8°, imprimés par MM. Firmin Didot père et fils, sur papier superfin d'Annonay; ornés du portrait du Comte de Tressan, et de 12 gravures d'après les compositions de M. Colin, élève de Girodet, gravées par les premiers artistes; avec couvertures imprimées, papier satiné. 80 fr.

ŒUVRES COMPLÈTES DE BOURDALOUE; nouvelle édition, imprimée sur beau papier fin d'Annonay, et ornée d'un portrait; 16 vol. in-8°. *Paris*, 1826. 112 fr.

Les mêmes, papier satiné. 120 fr.

ŒUVRES COMPLÈTES DE MASSILLON, évêque de Clermont; nouvelle édition, imprimée par *Rignoux*, sur beau papier fin d'Annonay, et ornée d'un beau portrait d'après Deveria. *Paris*, 1824; 13 vol. in-8°. 91 fr.

Les mêmes, papier satiné. 98 fr.

ŒUVRES COMPLÈTES DU CHANCELIER D'AGUESSEAU; nouvelle édition, ornée d'un portrait, augmentée des pièces échappées aux premiers éditeurs, et d'un Discours préliminaire par M. Pardessus, professeur à la faculté de droit de Paris; 1819; 16 v. in-8°. 96 fr.

ŒUVRES COMPLÈTES DE COCHIN, avocat au parlement de Paris; nouvelle édition, classée par ordre de matières, précédée d'un Discours préliminaire, et suivie d'une Table analytique, par M. Cochin, avocat aux conseils du Roi et à la cour de cassation; 8 v. in-8°, avec un portr. 56 fr.

ŒUVRES DE BOILEAU DESPRÉAUX, avec un commentaire par M. de Saint-Surin; 4 forts vol. in-8°, imprimés chez M. Didot l'aîné, ornés de 10 figures, 3 portraits et un *fac simile*. 36 fr.

MANUEL DE L'AMATEUR DE TRUFFES, ou l'Art d'obtenir des Truffes; suivi d'un Traité sur la culture des Champignons; par Martin; 1 v. in-18, orné d'une fig. 2 fr.

MANUEL DE L'AMATEUR DE MELONS, ou l'Art de reconnaître et d'acheter de bons Melons; précédé d'une histoire de ce fruit, par Alexandre Martin; 1 vol. in-18, avec 4 planches coloriées. *Paris*, 1827. 2 fr.

www.ingramcontent.com/pod-product-compliance
Lightning Source LLC
Chambersburg PA
CBHW070832230426
43667CB00011B/1771